KB154002

열린 세상을 향한 **발표와 토론**

열린 세상을 향한 **발표와 토론** 〈제3판〉

초 판　　 **발행**　 2009년 2월 27일
수정증보판 발행　 2011년 3월 1일
제3판 3쇄 발행　 2018년 3월 26일

지 은 이　 최형용 · 김수현 · 조경하
펴 낸 이　 박찬익
편 집 장　 김려생
책임편집　 김경수
펴 낸 곳　 도서출판 **박이정**

주　　소　 서울시 동대문구 천호대로 16가길 4
전　　화　 02) 922-1192~3
팩　　스　 02) 928-4683
홈페이지　 www.pjbook.com
이 메 일　 pijbook@naver.com
등　　록　 1991년 3월 12일 제1-1182호

ISBN　 978-89-6292-676-7 (03710)

제3판

열린 세상을 향한

발표와 토론

최형용 · 김수현 · 조경하

도서
출판 박이정

\<제3판\>에 부쳐

　　수정증보판을 낸 지 2년 반의 시간이 지났다. 그 사이 2011년에 새로 표준어가 추가되고 역시 같은 해에 1992년에 제정된 『표준 화법 해설』이 『표준 언어 예절』이란 이름으로 수정되었다. 또한 본문에 제시된 예문 가운데 내용 이해에 보다 도움을 주는 것으로 교체할 필요가 있거나 없었던 것이 새로 추가되는 것이 좋겠다는 것들이 있었다. 〈제3판〉은 이러한 것들을 반영하는 데 주안점을 두었다. 앞으로도 독자들의 발표와 토론 능력 향상을 위해 기회가 있을 때마다 계속하여 수정 및 보완 작업을 지속하고자 한다. 그동안 지금까지와 마찬가지로 독자들의 아낌없는 질정(叱正)을 바라 마지 않는다.

2014년 8월 15일
저자 일동

\<수정증보판\>에 부쳐

    초판을 낸 지 정확히 2년의 세월이 흘렀다. 전공서는 물론이려니와 일반적인 교양서에 있어서도 2년이란 시간이 그리 긴 것은 아니다. 그러나 하루가 다르게 급변하는 세상과 '말하기'를 통해서 교감하는 것이 목적인 우리 책에 있어서는 2년이란 시간이 결코 짧다고 할 수 없다.

    '개정'이 아니라 '수정 증보'라는 이름을 붙인 것도 이러한 인식에 따른 것이다. 비교적 짧은 시간 안에 초판을 내는 과정에서 미처 간파하지 못한 잘못을 바로잡는 데 그치지 않고 '바로 지금', '이 자리'에서의 말하기 능력 향상에 도움이 될 수 있도록 예문을 보다 최신의 것으로 바꾸거나 보충하고 내용을 보강하는 데 주안점을 두었기 때문이다. 이는 초판을 내면서 부족한 부분을 끊임없이 보완해 나가겠다고 한 저자들의 약속을 잊지 않은 결과이기도 하다.

    앞으로도 이러한 노력이 독자들의 말하기 능력을 향상시키는 데 미력하나마 도움이 될 수 있기를 바라 마지 않는다. 아울러 지금까지 그랬던 것처럼 독자들의 끊임없는 관심과 격려 그리고 보다 나은 책을 위한 질책이 계속되기를 희망하는 바이다.

2011년 2월 16일
저자 일동

우리에게 '글로벌시대'라는 말은 이제 더 이상 신선한 느낌을 주지 못한다. 이것은 '글로벌시대'가 너무 멀리 있는 존재이기 때문이 아니라 우리가 이미 그 속에서 살고 있기 때문이다. 그만큼 급변하는 사회는 우리의 일상을 포함하고 우리와 함께 하고 있으며, 이러한 점에서 세상은 언제나 열려 있다고 할 수 있다.

그러나 열려 있는 세상에 내가 포함되어 있는 양상은 점점 극단화하고 있다. 변화의 속도가 무딜 때는 주저할 수 있는 여유가 있었지만 지금과 같은 급속한 변화 속에서는 변화의 주체가 되거나 변화의 뒤에 처지거나 둘 중에 하나이기 때문이다.

이러한 세상에서 점점 더 중요해지는 것 가운데 하나는 세상 속에서 나라는 존재를 확인하고 그 세상을 주도해 나가려는 진취성이다. 열린 세상을 향하여 나의 생각을 적극적으로 표현해 내고 무수한 의견 속에서 내 의견을 논리적으로 다듬을 수 있는 능력이 절실한 것이다.

여기에 내 놓는 '열린 세상을 향한 발표와 토론'은 이러한 능력을 배양하는 데 조금이나마 도움이 되길 바라는 저자들의 바람이 담겨 있다. 사회 구성원으로서 나를 드러내는 능력, 다른 사람들을 설득해 나가는 능력 그리고 타인의 생각을 수렴하여 융합적 발전을 이루어 내려는 능력의 배양을 '발표'와 '토론'이라는 이름 속에 담고자 하였다.

내 속에 담고 있는 생각을 겉으로 끄집어내는 것은 생각보다 쉬운 일이 아니다. 사회라는 테두리는 그 생각을 끄집어내는 일정한 방법과 절차를 요구한다. 일상적인 말하기가 아니라 공개적인 말하기에서 어느 정도의 딱딱한 이론이 필요한 것은 이 때문이다. 1부 '말하기의 기초'에서 이러한 문제를 다루었다. 즉 '말하기의 기초'는 마음속에 담겨 있는 생각을 겉으로 드러내기 이전에 그 생각과 말과의 관계 및 그 관계를 둘러싼 배경에 대해 조직적으로 학습하기 위한 부분이다.

머리말

　그 다음에 필요한 단계는 생각을 말로 연결시킬 수 있는 제반 사항에 대한 준비 과정이다. 우선 내 말을 듣게 될 청중에 대해 분석해야 하고 그에 따라 내용을 조직해야 하며 자료를 조사하여 말할 내용을 완성해야 한다. 이를 표현할 매체에 대한 이해도 이 단계에서 마무리해야 한다. 이러한 내용은 2부 '말하기의 준비'에서 다루었다.

　1부와 2부를 통해 축적된 이론적인 토대와 제반 준비 사항은 3부 '말하기의 실제'에서 외부 세계와 직접적인 접촉을 하게 된다. '자기소개', '연설', '토론', '토의', '면접'은 이러한 실제적인 말하기의 대표적인 범주들로 엄선한 것이다. 이들은 대학 생활은 물론 사회에서도 반드시 필요한 말하기 방법이라 할 수 있다.

　사실 '말하기'에 왕도가 있는 것은 아니다. 꾸준한 연습과 지속적인 피드백을 통한 훈련만이 훌륭한 말하기 능력을 보장할 수 있을 것이다. 이는 우리 저자들 모두도 알고 있는 사실이다. 따라서 우리 저자들도 지금의 이 책에 만족하지 않고 끊임없이 보다 좋은 내용 구성을 위해 계속 노력할 것을 다짐하는 바이다.

　끝으로 짧은 시간 안에 이만큼 훌륭한 책을 내기 위해 저자들의 불평과 불만을 묵묵히 감내해 준 박이정 출판사의 박찬익 사장님과 이기남 과장님에게 이 자리를 빌려 심심(甚深)한 감사의 인사를 전하고자 한다.

2009. 2. 16
저자 일동

차 례

제 1부

말하기의 기초

제 1 장

의사소통의 이해

　　의사소통은 언어적, 비언어적 요소를 사용하여 서로의 생각이나 마음 및 정보를 주고받으며 자신과 상대에 관해 이해하고, 사회의 일원으로 살아가는 총체적 과정을 의미한다. 의사소통의 대표적인 도구는 언어로 우리는 언어를 사용하여 감정을 표현하거나 지식을 전달하고, 자신이 원하는 방향으로 상대의 태도나 행동을 변화시킬 수 있다. 물론 표정이나 몸짓, 기호 등 비언어적 요소를 통해서도 어느 정도의 의사소통이 이루어지기는 하지만 언어를 본질적인 수단으로 하면서 동시에 비언어적 요소를 적절히 사용하는 것이 의사소통에 효과적이다.

　　언어는 사회 구성원의 약속에 의해 만들어진 기호 체계로 누가 어떻게 사용하느냐에 따라 그 뜻이 달라질 수 있으며, 받아들이는 사람이 누구인가에 따라서도 달라질 수 있다. 가끔 의도한 것과는 달리 가까운 사이에도 의사소통이 잘 안 되는 경우가 발생하는데 이는 우리의 사고를 사실 그대로 표현하기에는 언어 자체가 불완전하기 때문일 수도 있고, 말을 할 때의 주변 환경이나 분위기 혹은 화자의 심리 상태나 언어 능력 등의 영향 때문일 수도 있다. 일반적으로 동일 언어권에 속하는 사람들은 누구나 선천적인 언어 능력을 가지고 의사소통을 하며 살아간다고 생각하지만 실제 말하기의 모습은 개인에 따라 다양하다. 따라서 의사소통을 성공적으로 하기 위해서는 의사소통의 특징 및 구성 요소의 파악이 필요하고, 언어 능력을 향상시키기 위한 개인의 노력이 요구된다.

(1) 사고와 말하기

　　사고할 수 있는 능력은 말을 할 수 있는 능력보다 근본적이고 본질적이라 할 수 있다. 그러나 우리의 사고는 언어와 떼어 놓을 수 없을 만큼 융합되어 우리의 모든 감각 및 지각 정보는 언어를 통하여 개념화된다. 따라서 언어와 사고는 분리된 것이 아니며, 우리의 사고, 느낌, 믿음, 경험 등은 말과 소리, 몸짓으로 기호화하여 상대에게 전달된다.

그러나 인간에 의해 만들어진 언어는 하나의 기호 체계로서 우리의 사고를 표현하기에는 그 자체가 완전하지 않으며 여러 제약을 지니게 된다. 의사소통에 주로 사용되는 음성 언어는 시간상으로 발화 즉시 소멸되는 성격을 지닌다. 시간의 흐름에 따라 발화되기 때문에 글과는 달리 이전의 내용에 수정을 가하는 것이 불가능하다. 화자는 한번 발화된 말을 취소할 수 없으며 청자는 흘려들은 내용을 되돌려 확인할 방법이 없다. 또한 화자와 청자가 직접 대면을 하다 보면 양자의 심리 상태나 지식의 차이 혹은 발화 상황에서 벌어질 수 있는 돌발 사태 등에 의해 의사소통에 방해를 받을 수도 있다.

의사소통은 화자와 청자 상호 간의 협력에 의해 이루어진다. 사람들은 대개 자신의 의사소통 행위에 대해 깊이 생각하지 않는 경향이 있다. 그러나 의사소통은 쌍방향에서 이루어지는 것으로 의사소통 과정에서 상대방과의 의사소통 방식에 따른 의견 차이로 인해 서로 간에 오해가 발생할 수 있으므로 대화의 참여자들은 의사소통을 제대로 하려는 마음가짐과 함께 의사소통 기술을 익혀야 한다. 물론 의사소통 기술을 사용하면서 실수를 할 수도 있지만 자신의 실수를 인정하고 상대를 이해하고자 한다면 대화의 내용은 효과적으로 조정될 수 있을 것이다. 즉 의사소통은 언어를 도구로 하여 상징적이고 개인적으로 이루어지는 것이므로 의사소통 참여자의 생각이 항상 일치할 수는 없다는 것을 인식하고 서로를 이해하기 위하여 노력해야 한다.

(2) 의사소통의 특징

의사소통을 효과적으로 하기 위해서는 의사소통의 특징을 이해해야 한다. 의사소통의 특징은 다음의 네 가지로 정리할 수 있다. 첫째, 의사소통은 개인적이다. 개인이 가진 출신 배경, 경험, 문화 등 모든 것이 말의 의미에 영향을 끼친다. 화자는 청자에게 의미를 환기시키는 신호를 보내는데 의미 자체는 그대로 전달되지 않고 청자 측에서 상이한 연상을 일으키게 된다. 즉 의미는 말 그 자체가 아니라 사람들 사이에서 형성되는 것임을 인식해야 한다. 둘째, 의사소통은 상징적이다. 상징은 경험 또는 개념을 나타내기 위해 인간이 창조한 자의적인 신호 체계이다. 가령 우리가 '꽃'이라는 대상을 '꽃'이라는 용어로 부르는 데에 필연적인 이유는 없다. 한편 문화가 다르면 상징이 지닌 의미도 달라진다. 상징은 그 상징체계를 사용하는 집단이나 문화에 따라 상이할 수 있기 때문에 의미를 공유한다는 것은 쉽지 않은 일이다. 셋째, 의사소통은 쌍방향 과정이다. 이는 화자와 청자의 역할이 동시에 일어남을 뜻하는 것으로 의사소통의 참가자들은 반드시 협동하여 공통의 의미와 이해를 이끌어내야 한다. 넷째, 의사소통에 항상 의도가 있는 것은 아니다. 의사소통 과정에서 참여자는 비언어적인 신호를 끊임없이 전달하고 상대는 그것을 받아 해석하고 반응한다. 그러나 신호가 해석되는 방법은 신호의 주체가 의도한 바와 다를 수 있으며 사람들의 행동에는 특별한 의도가 아닌 습관에 의한 것도 있다. 따라서 타인의 말이나 행동에 복합적인 의미가 있을 수 있기 때문에 항상 긴장할 필요는 없다.

한편 의사소통에 장애가 발생하는 것은 상대방에 대한 이해가 부족하거나 편견을 가졌을 경우, 상대방의 습관이나 생각에 대해 이기적으로 생각하거나 이해하지 못하는 경우, 감정적인 언어를 선택하는 경우, 자기가 생각하고 있는 것을 꼭 관철시키고 말겠다는 목적성이 강한 경우, 공연한 권위 의식을 갖거나 열등감을 갖게 되는 경우 등이다. 효과적인 의사소통을 위해서는 이와 같은 방해 요소에 주의해야 한다. 아울러 의사소통을 성공적으로 수행하기 위한 노력도 필요하다.

성공적인 의사소통을 하기 위해서는 먼저 정확하게 말해야 한다. 정확성은 주로 전달되는 메시지의 형식적 측면에 관계된다. 발음은 정확하고 명확해야 하며, 어휘는 적절하게 선택하고, 문장은 어법에 맞게 구사해야 한다. 의사소통은 또한 상황과 밀접한 연관을 갖는다. 상황에는 말을 듣는 상대, 말의 목적과 주제, 시·공간적 배경, 그 밖에 말하기가 이루어지는 모든 환경이 포함된다. 언어 표현의 형식에 있어서 상대가 특별한 노력을 하지 않고도 충분히 수용할 수 있을 정도로 규범성을 갖추고 있고, 내용이나 방법에 있어서 말하기 상황에 부합하고, 상대방을 이해하기 위한 배려에서 의사소통이 진행된다면 어떤 종류의 말하기이든 그 목적의 상당 부분은 달성될 수 있을 것이다.

살다 보면 그런 인간 꼭 있다. 도무지 남의 말귀를 못 알아듣는다. 한 이야기 하고 또 해도 매번 같은 자리다. 도대체 어쩌면 이럴까 싶은 마음에 답답한 가슴이 터질 것 같다. 특히 나 같은 교수들이 그렇다. 평생 남을 가르치기만 할 뿐, 남의 이야기를 들을 기회가 별로 없기 때문이다. 나에 대한 내 가족의 불만도 마찬가지다. 매번 자기 이야기만 한다는 것이다. 그래서 서울에서 부산까지 양 백 마리를 끌고 가는 것보다 교수 세 명 설득해서 데리고 가는 것이 훨씬 어렵다는 이야기도 한다.

　　의사소통 장애는 교수의 직업병이다. 교수뿐만이 아니다. 대부분의 한국 남자들이 그렇다. 나이가 들수록 고집만 세지고, 남의 말귀는 못 알아듣는다. 이 심각한 의사소통 장애의 원인은 단순하다. 의미 공유가 안 되기 때문이다. 우리가 누군가를 사랑한다고 이야기할 때, 내가 이해하는 '사랑의 의미'와 상대방이 생각하는 '사랑의 의미'가 같다고 누가 보장해주는가? 그럼에도 우리는 서로 사랑한다고 생각한다. 사랑에 관한 암묵적 의미를 공유하기 때문이다.

　　나이가 들수록 부부관계가 삐걱대는 이유는 서로 이해하는 '사랑'의 의미가 달라지기 때문이다. 에로티시즘, 혹은 섹슈얼리티가 사랑의 의미에서 빠져나가는 중년 부부에게 의사소통 장애는 아주 현실적이고 구체적이다. 결혼 23년차인 내게 사랑은 '아침 식사' 다. 아침 식사를 집에서 못 얻어먹으면 더는 사랑받는 존재가 아니다. 그러나 내 아내에게 사랑은 '배려'다. 자신과 아이들에 대한 구체적 관심과 배려가 사랑의 기준이다. '아침 식사'와 '배려'의 의미론적 구조는 전혀 다르다. 그래서 매번 힘들다.

　　의미는 도대체 어떻게 공유되는 것일까? 동일한 정서적 경험을 통해서다. 우리가 태어나면서부터 언어의 의미를 공유할 수 있는 것이 아니다. 인지적·논리적 의미의 공유를 가능케 하는 것은 동일한 정서적 경험이다. 엄마의 품안에서 아기는 엄마와 똑같은 정서적 경험을 한다. 아기가 놀라면 엄마는 같이 놀라고, 아기가 기뻐하면 엄마는 함께 기뻐한다. 나와 전혀 다른 사람이 나와 똑같은 정서적 경험을 한다는 이 정서적 상호작용으로부터 의미 공유가 가능해지는 것이다.

　　이제 막 사랑하기 시작한 연인들이 놀이공원에서 무서운 놀이기구를 타고, 공포영화를 보는 이유도 마찬가지다. 인위적으로라도 과장된 정서 공유의 경험을 통해 '사랑'의 의미를 함께 구성하려는 것이다. 젊은 날의 뜨거운 사랑일수록 이런 정서 공유의 경험이 드라마틱하다. 그래서 젊어서 서로 죽고 못 사는 연애를 한 부부의 이혼율이 높은 것이다. 결혼이 일상이 되면, 그 번잡한 일상에서 서로 공유할 수 있는 정서적 경험이 밋밋해지기 때문이다. 그래서 사랑은 변한다.

정서 공유의 경험이 가능하려면 자신의 내면에서 일어나는 느낌을 알아야 한다. 말귀 못 알아듣는 한국 남자들의 가장 큰 문제는 자신의 내면에서 일어나는 정서적 경험에 너무 무지하다는 사실이다. 내가 도대체 뭘 느끼는지 알아야 타인과 정서를 경험할 수 있을 것 아닌가? 이 증상을 정신병리학에서는 '감정인지불능'(Alexithymie)이라고 한다. 이 증상이 심한 이들에게 나타나는 결정적인 문제는 판단력 상실이다. 인지능력은 멀쩡하지만 보통사람들과는 전혀 다른, 아주 황당한 결정을 하게 된다. 돌아보면 주위에 너무 많다.

멀쩡한 집 놔두고, 토마토케첩만 가득한 달걀토스트를 들고 서 있는, 그 싸한 길거리 기분부터 느낄 수 있어야 한다는 이야기다. 손님에 대한 아무 '배려' 없이, 펄펄 끓는 물을 부어 만든 싸구려 원두커피에 혓바닥을 델 때의 그 분노가 처절해질 때쯤, 아내와의 의사소통이 가능해진다는 이야기다. 내 내면의 느낌에 대한 형용사가 다양해져야 남의 말귀를 잘 알아듣게 된다. 자신의 느낌을 표현하는 단어라곤 기껏해야 쌍시옷이 들어가는 욕 몇 개가 전부인 그 상태로는 어림 반 푼어치도 없다는 거다.

〈김정운, 「한국 남자들이 말귀를 못 알아듣는 이유」, 한겨레신문(2010.11.24)〉

살면서 가장 힘든 것이 무엇이냐는 물음에 의외로 '인간관계'라고 대답하는 분들이 많다. 관계는 나 혼자 잘한다고 해서 유지되는 것도 아니고, 제3의 외적 요인에 의해 깨지기도 쉽기 때문이다.

하지만 관계가 어떻게 금이 가기 시작하는지 자세히 들여다보면 종종 '서운하다'는 마음이 나도 모르게 불쑥 올라올 때부터인 것 같다. 즉, 서운한 마음은 잘못하면 관계가 어긋날 수 있음을 알려주는 일종의 초기 경고등과 같다. 사람들에게 내가 강조하며 말하는 것 중 하나인데, 서운함은 그때그때 꼭 말해야 한다. 그 마음을 눌러놓으면 어느 순간, 예기치 않은 상황에서 폭발하게 되고 도저히 풀 수 없는 관계가 돼버린다.

그런데 재미있는 사실이 하나 있다. 모국어가 영어인 사람들은 "나, 너한테 좀 서운해"라는 식의 표현은 잘 쓰지 않는다. 미국 사람들을 대하다 보면 "너 때문에 상처받았어(hurt), 슬퍼(sad), 후회돼(regret)" 같은 식의 유사 표현들은 자주 들을 수 있지만 "나, 너한테 좀 서운해"라는 정확한 표현은 아직까지 들어본 적이 없다. 왜 그런가 생각해보니 '서운하다'라는 우리말의 의미가 조금 특별해서인 것 같다. '서운하다'라는 말은 내가 마음속으로 상대에게 어떤 기대를 했는데 상대는 그것을 인지하지 못하고 내 기대를 저버리거나 무시할 때 내가 느끼는 감정이다. 즉, '내가 굳이 내 입으로 말해야 알아듣겠니? 네가 내 표정이나 상황을 보고 내가 무엇을 원하는지 좀 맞춰줘야지 왜 그걸 못해?'가 바로 '서운하다'이다.

언어학자들에 따르면 영어나 독일어와는 다르게 일본어나 우리나라 말은 대화를 할 때 '비언어적 의사소통'을 많이 한다고 한다. 쉽게 말해, 우리나라 사람들은 '말뿐만 아니라, 전후 상황을 염두에 둔 얼굴 표정이나 몸동작, 억양이나 목소리 크기 등으로도 의사 표현을 많이 한다는 것이다. 말도 직접적인 표현보다는 완곡한 표현을 많이 쓴다. 그래서 영어보다 우리말은 눈치가 더 있어야 원만한 의사소통이 가능하단다. 하지만 제아무리 눈치가 빠른 사람이라 할지라도 상대가 무엇을 원하는지 전부 읽어내는 건 불가능하다. 타심통의 능력을 가진 것도 아닌데 어떻게 상대가 무슨 생각을 하는지 다 알고 맞춰줄 수 있단 말인가.

그렇다면 우리는 어떤 상황에서 서운함을 느끼는가 살펴보자. 나에게 상담을 요청하는 사람들의 말을 들어보면, 부모님이 다른 형제자매에게 해준 것에 비해 내게 좀 무관심하다고 느낄 때, 즉 내가 차별받았다고 느낄 때 서운함이 확 올라온다고 한다. 반대로 가족을 위해 인생을 다 바쳐 일했는데 어느 순간부터 아내와 아이들로부터 왕따를 당하고 있다고 느껴져 서운해하는 아버지도 많았다. 부인의 입장에서는 남편이 시댁식구와의 갈등에서 자신의 편을 들지 않아 서운한 경우도 있고, 연애를 하는 젊은 남녀의 경우에는 초기에 보여줬던 배려는 온데간데없고 묻는 말에 대답조차 건성인 상대에게 서운해진다. 회사에서는 내 의견을 매번 무시하는 상사와 동료들에게 서운하다.

서운함을 푸는 방법은 서운한 마음이 처음 올라왔을 때 '스스로를 돌아보는 성찰의 방법'과 '대화를 통해 푸는 방법'이 있다. 사람들에게 서운함을 자주 느끼는 사람일수록 먼저 스스로를 성찰해봐야 한다. 내가 나의 주체성을 잃어버리고 왜 자꾸 상대에게 기대려고만 하는지, 왜 항상 받으려고만 하는지 살펴보자. 또한 내 어떤 성장 배경이나 트라우마 때문에 남들보다 더 쉽게 서운함이 밀려오는지 깊이 성찰해 보자. 그리고 서운함이

들 때 나도 예전에 누군가에게 이와 비슷한 방식으로 서운하게 한 일은 없었는가 반성해 보는 것도 도움이 된다.

대화를 통해 푸는 방법은 서운한 마음이 올라왔을 때 쌓아두는 것이 아니고 초기에 표현하는 것이다. 그걸 어떻게 말로 하느냐고 힘들어할 수도 있겠지만 서운함을 표현해도 괜찮다. 왜냐면 우리가 다른 사람을 일부러 서운하게 하려고 의도적으로 계획해서 서운하게 만드는 경우는 거의 없기 때문이다. 그걸 표현하지 못하면 감정의 응어리가 단단해지면서 서운했던 것이 '꽁'한 감정으로 변하고 훗날 '한'이 될 수도 있다. 그런 상태까지 끌고 와서 뒤늦게 표현하려고 하면 눌러놓았던 감정이 폭발하면서 상대를 향해 퍼붓게 된다. 그래서 필히 초기에 그 느낌을 놓치지 말고 표현하라는 것이다.

다만 표현을 할 때는 절대로 상대방을 비난하거나 공격하는 투가 아니고 내가 지금 느끼는 상태만을 진지하게 묘사하는 것이 좋다. 처음엔 멋쩍을 수 있어도 조금씩 연습하다 보면 내 곁의 소중한 사람들과의 관계를 무너뜨리지 않고, 또한 내 감정을 누르지 않고도 말할 수 있다. "나 살짝 좀 서운한 마음이 드는데?"라고 말이다.

〈혜민 스님, 「"나 살짝 좀 서운한 마음이 드는데?"」, 중앙일보(2013.07.26)〉

02 의사소통의 구성 요소

  의사소통은 화자가 신호를 만들어서 청자에게 보내고 청자는 그것을 해석하고 반응하는 과정으로 이루어진다. 의사소통은 화자에게서 청자로 향하는 일방적인 과정이 아니라 화자와 청자가 상호 작용하는 과정이다. 청자는 화자의 메시지에 따라 피드백을 보내는데 이는 언어적 혹은 비언어적 요소로 이루어진다. 한편 성공적인 의사소통을 위해서는 내적, 외적 장애도 고려해야 한다. 내적 장애는 화자와 청자의 마음 속에서 발생할 수 있는 요인이며, 외적 장애는 의사소통 상황에서 발생하는 요인을 의미한다. 이와 같이 의사소통은 화자와 청자, 그리고 양측 사이에 주고받는 메시지와 피드백 및 맥락 등의 요인에 의하여 이루어진다.

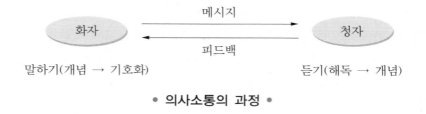

● 의사소통의 과정 ●

(1) 화자와 청자

  화자는 특별한 의도를 가지고 어떠한 내용을 청자에게 전달하고 청자는 화자와 화제, 말하기 상황 등에 대해 자신이 가지고 있는 선행 지식을 바탕으로 하여 그 내용을 이해하게 된다. 화자의 의도와 내용, 청자의 선행 지식은 말하기 장면을 이끌어 가는 중요한 축이 된다. 따라서 화자는 자신이 처한 상황, 즉 자신의 말을 들을 상대나 말하기의 목적과 주제, 시·공간적인 환경 등을 고려해서 말을 해야 하고, 청자 역시 이와 같은 상황 요소들을 고려해 가며 들어야 한다. 의사소통의 장면에서 화자와 청자의 역할은 절대적인 것이 아니라 수시로 바뀌면서 진행되며 내용의 전달 방향도 일방적인 것은 아니다. 일상의 대화나 회의, 토론, 토의와 같은 쌍방적인 말하기는 물론 연설이나 강연, 강의와 같은 일방적인 말하기에서도 청자는 어떤 식으로든 말하기 장면에 개입하게 된다.

화자는 청자와의 대화를 통해 청자에 대한 태도를 드러내는데 같은 말이라도 청자에 따라 표현을 각기 다르게 하기도 한다. 말을 한다는 것은 단순히 자신의 메시지를 상대에게 전달하는 차원에서 그치는 것이 아니라 청자와의 대인적 관계를 고려하는 차원인 것이다. 가령 '밥 먹었어? 식사하셨어요? 진지 잡수셨어요?' 등은 청자에 따라 달리 표현된다.

자신의 감정을 표출하는 언어 표현에서도 화자는 청자를 고려하여 자신의 감정을 간접적으로 표현할 것인지, 솔직하게 표출할 것인지 선택하게 된다. 또 동일한 상황이라 하더라도 화자는 청자 지향적 관점과 화자 지향적 관점 혹은 중립적 관점 등 다양한 관점 중에서 표현하고자 하는 방식에 따라 적절한 관점을 선택한다. 신속하게 일을 처리해야 하는 지도자의 경우에는 화자 지향적 관점에서 지시하는 것이 적당할 것이고, 교사나 부모 혹은 전문 상담가의 경우에는 청자 지향적 관점이 바람직할 것이다. 공적인 측면에서 일을 진행하기 위해서는 중립적 관점을 선택하는 것이 좋을 것이다.

관점 선택은 화자의 표현 효과에만 영향을 미치는 것이 아니라 청자의 이해를 증진시키는 데에도 영향을 미친다. 효과적인 의사소통을 위해서는 실제적으로 청자가 고려되어야 한다. 메시지를 구성할 때 청자의 이해를 고려해야 한다거나 청자의 지식 여부를 고려해야 한다는 것은 이미 아는 사실이다. 화자는 청자의 이해를 돕기 위해서 정확한 표현을 해야 한다. 따라서 발음에 주의하고 청자의 이해를 방해하는 악센트, 단어 끝을 흐리거나 단조로운 어조로 말하는 것, 어색한 말씨 등은 피하도록 한다. 또한 마음을 열고 청자의 반응을 살피며, 청자의 비언어적 요소에 민감해야 하며, 때로는 적절한 유머 감각도 사용할 필요가 있다. 그러나 무엇보다 화자에게 중요한 것은 청자를 배려하는 인격을 갖추는 일임을 명심해야 할 것이다.

한편 청자는 화자의 메시지를 듣고 그것을 해독하여 피드백을 보내는 역할을 한다. 청자는 단순한 청자로 끝나는 것이 아니고 화자와 끊임없는 상호 작용으로 의사소통을 이루어나가는 존재이다. 화자가 의도한 메시지는 청자에게 그대로 전달되지는 않는다. 메시지는 청자의 지식과 경험, 가치, 태도 등에 따른 기준에 의해 걸러진다. 그러므로 의사소통의 성공 여부는 청자에게도 달려 있다고 볼 수 있다. 청자는 선입견을 갖지 말고 열린 마음으로 경청하는 자세를 가져야 하고 화자가 말하고자 하는 본래의 의미를 있는 그대로 파악하도록 노력해야 한다.

의사소통 과정에서 청자의 역동성을 강조하게 되면서 점차 청자의 역할이 중요하게 인식되고 있다. 청자는 적극적인 대화 상대자이면서 대화 참여자로 화자와 상호 작용을 통해 의사소통을 한다. 따라서 성공적인 의사소통을 위해서 청자는 다음과 같은 태도를 지녀야 한다. 첫째, 진지한 태도로 듣는다. 화자가 말을 할 때에는 그것을 말하는 이유가 있게 마련이다. 말의 내용이 중요한 것이든 가벼운 일상의 것이든 화자가 말하는 동안에는 그것을 받아들이고자 하는 태도를 갖추어야 한다. 둘째, 긍정적 태도로 듣는다. 상대방이 이야기하는 동안에는 우호적으로 들어 주어야 한다. 비록 화자가 하는 말의 내용이 이치에 맞지 않거나 자신과는 상반되는 의견이라 하더라도 상대의 처지를 이해하는 태도를 지니고 들어야 한다. 셋째, 적극적인 태도로 듣는다. 말을 시작한 것은 상대방이라 하더라도 그 이야기를 이끌어 갈 책임이 전적으로 화자에게 있다고만 할 수는 없다. 이야기를 하는 도중에 막힐 수도 있고 때로는 잘못 말할 수도 있다. 이럴 때 청자는 화자를 돕고 협력할 준비가 되어 있어야 한다. 따라서 화자가 공감이나 격려를 요구할 때 청자는 거기에 호응하는 태도를 보여야 하며 화자의 요구에 따라 대답과 질문에도 적극적인 반응을 보여야 한다. 넷째, 바른 자세로 듣는다. 청자의 몸가짐 또한 화자에게 큰 영향을 줄 수 있다. 몸가짐은 바로 마음가짐을 반영하는 것으로 여겨지기 때문이다. 따라서 화자가 말하는 동안 가능하면 바르고 예의를 갖춘 자세를 유지하는 것이 중요하다.

일반적으로 청자는 자신이 듣고 싶은 방향으로 듣는 경향이 있다. 그러나 화자의 말을 청자가 듣지 않으면 의사소통은 이루어지지 않는다. 따라서 화자는 청자의 사고나 의도, 가치관 또는 목적에 부합하여 말을 하도록 노력해야 한다. 청자 역시 단순히 듣는 일을 수행하는 것만이 아니라 화자의 말에 공감하기도 하고, 때로는 자신의 의견을 제시하는 등 적극적인 대화 참여자로서의 역할을 해야 한다. 의사소통은 화자와 청자 상호 간의 가치 체계를 바탕으로 이루어져야 효과적인 것이다.

(2) 메시지와 피드백

메시지는 화자가 청자에게 보내는 신호이고, 피드백은 이 신호에 대한 청자의 반응이다. 말하기의 일차적인 목적은 의사소통에 있으며 그것은 무엇보다도 화자와 청자 간에 전달되는 내용의 공유를 핵심 과제로 한다. 따라서 말할 내용을 선정하고 그것을 효과적으로 전달하기 위한 의사소통의 구조화는 상당히 중요하다.

메시지는 언어적 혹은 비언어적 요소로 전달된다. 엄밀히 말해 메시지는 화자가 말하는 내용뿐 아니라 말하는 방법까지도 포함하는 다면적 특성을 갖는다. 즉 화자가 선택하는 어휘나 그 어휘를 배열하는 방법, 음성 변화, 얼굴 표정, 태도와 몸짓 등의 모든 것이 메시지를 이룬다. 의사소통 과정에서 비언어적 요소는 언어적 요소를 강조해 주며 때로는 언어적 요소보다 더 큰 호소력을 지니기도 한다. 그러므로 화자는 비언어적 요소를 사용할 경우 자기가 생각하고 있는 의미를 청자가 오해 없이 받아들일 수 있도록 고려해야 한다. 이때 비언어적 요소는 언어적 요소와 일치하도록 한다. 일치하지 않을 경우 청자는 언어적 요소보다는 비언어적 요소를 메시지로 받아들이기 쉽기 때문이다.

권순희(2005)에 따르면 청자의 지식이 메시지에 영향을 미치는 경우가 있다고 한다. 즉 청자는 적어도 두 가지 측면에서 메시지의 내용과 형태에 영향을 주는데 첫째, 청자의 개인적인 특징이 화자와 공유하게 되는 공통 지식을 규정하는 데 영향을 준다. 그 결과 화자가 메시지를 구성할 때 사용하는 지식에 영향을 미친다. 가령 청자의 특징이 화자에게 영향을 주는데 같은 사회에 소속된 구성원이냐 아니냐에 따라 메시지의 내용과 형태가 달리 나타나게 된다. 둘째, 대화에서 서로 간의 반응을 통해 화자로 하여금 서로 간의 지식 상태가 어떠한지 알게 해 주며 그 결과 효과적인 메시지를 전달하도록 도와준다. 이와 같이 청자의 반응을 토대로 화자의 메시지가 형태와 내용을 달리한다는 사회적 행동에 대한 연구는 언어를 깊게 이해하는 데 도움을 준다.

(3) 맥락

맥락은 사물 따위가 서로 이어져 있는 관계나 연관을 의미한다. 의사소통 과정에서 맥락이란 대화가 어떠한 시간, 어떠한 장소, 어떠한 상황에서 수행되느냐에 따라 그 결과에 영향을 미치게 되는 것을 의미한다.

맥락에는 시간적 맥락, 장소적 맥락, 문화적 맥락, 사회심리학적 맥락 등이 있다. 시간적 맥락은 상대가 말을 받아들이기에 적당한 시간과 시기를 고려해야 한다는 것이다. 가령 어려운 부탁을 해야 할 경우 이른 시간은 피하는 것이 바람직할 것이다. 장소적 맥락은 말할 내용에 따라 장소 선택이 중요한 역할을 하는 것으로 공개적인 장소에서 할 이야기와 조용한 장소에서 할 이야기는 달라야 할 것이다. 문화적 맥락은 문화권에 따라 다르게 대처해야 하는 것으로 특히 비언어적 의사소통의 요소를 사용할 경우 주의해야 한다. 사회심리학적 맥락은 말을 하는 상대와의 관계에 따라 그 표현을 다르게 해야 하는 것을 의미한다.

맥락은 의미를 해석하는 방식과 의사소통 방식에 영향을 미칠 수 있다. 또한 대화의 진행 과정에서 변화되기도 하므로 의사소통 과정에서 유의해야 할 요소이다.

타국에서 살면서 겪는 어려움 중 하나가 그 나라의 소통법에 적응하는 것이다. 그 나라의 언어를 배운다고 해결되는 것이 아니다. 한국어를 배우기 위해 2년간 고군분투해 온 나는 모국어만큼 외국어를 잘 하는 것은 거의 불가능한 일이라는 것을 잘 안다. 그러나 언어습득만큼 중요한 것은 말하는 스타일인 화법을 이해하는 것이다.

영국인들은 종종 '돌려 말하는(talking around the houses)' 화법 때문에 비판받는다. 결론에 이르기까지 장황하게 설명을 하는 것이다. 한국의 소통법은 또 다르다. 사실 필자는 소통법의 흥미롭고도 혼란스러운 조합이 한국과 영국을 이어주는 것이 아닌가 생각한다.

내가 조금 피곤한 기색으로 사무실에 도착하면 한국인 동료들은 내게 반드시 "콜린, 오늘 얼굴이 안 좋아 보여요"라고 아주 솔직한 평가를 내려줄 거다. 나를 걱정해 주는 것이고 보이는 것을 그대로 설명하는 것일 테지만 이렇게 솔직하고, 고통스러울 정도로 직접적인 화법에 영국인이 적응하려면 시간이 좀 걸리는 게 사실이다.

또 하나 한국에서 자주 듣는 표현이 "이미 말씀드린 대로"이다. 한국인 친구들로부터 이 표현은 강조의 뜻으로 사용된다고 들었다. 하지만 이에 익숙하지 않은 영국인들은 이 말을 들으면 화자가 청자에게 면전에서 대놓고 좌절감을 표현한다고 느낄 수도 있다. "저번에 한번 말했을 때 내가 못 알아들은 것 같아서 화가 났나요?"라고 반응할 수 있다.

직설적인 화법과는 반대로 문서를 통한 소통에선 다른 면이 엿보인다. 그간 한국인으로부터 받은 수많은 영문 e메일을 읽을 때마다 적어도 3~4 문단 정도를 읽어야 발신자가 e메일을 보낸 이유를 알 수 있었다. "요즘 날씨가 점점 따뜻해지고, 봄 기운이 완연해지고 있습니다."라는 문장 뒤에는 영국대사관과의 관계가 얼마나 중요한지에 대해 설명하는 문장이 이어진다. 이렇게 기분 좋은 문장들 뒤에야 발신자가 정보를 요청하거나 부탁을 하는 것이란 걸 알게 된다. 이러한 스타일에 대해 한국인 동료들에게 물어보면 "부탁 좀 들어주실래요?"라고 바로 쓰는 건 너무 직설적이고 예의 없어 보여서 그런 거라고 설명해 준다.

영국인들이 이해하기엔 힘든 점이다. 영국인들은 말을 할 때는 간접적인 화법을 사용하지만, 반대로 다른 이들의 말을 들을 때는 그들이 바로 결론에 도달해 주길 바란다. 이런 점은 다른 국가 사람들에게 정말 이해하기 어려운 점이라고 나도 동감한다.

한 친구가 영국인들이 하는 말의 속뜻을 알려주는 가이드를 보내준 적이 있다. 재미를 위해 과장한 면이 없진 않지만 현실과 동떨어진 내용도 아니었다. 몇 가지를 소개하자면 이렇다. 영국인이 "그거 명심할게 (I'll bear it in mind)"라고 하는 건 곧 잊어버릴 거라는 뜻을 아주 예의 바르게 말하는 것이다. "다른 옵션을 함께 생각해 볼까?(Could we perhaps consider some other options?)"라는 건 지금 얘기되고 있는 아이디어에 대해 긍정적이지 않다는 뜻이다. 가장 이상한 건 "나쁘지 않아(not bad)"의 속뜻은 "좋다(good)"이지만 "꽤 좋다(quite good)"는 대체로 "조금 실망스럽다(a bit of disappointing)"를 뜻한다. 정말이지 영국인의 속내는 알 수 없지 않은가?

각국마다 이렇게도 다른 소통법은 어렵기도 하지만 새로운 문화 경험을 풍부하게 해준다. 그렇기 때문에 이런 소통법은 흥미롭고도 중요하다. 만약 다음번에 한국인 동료가 "제가 전에 말씀드린 대로"라고 말한다고 해도 예민한 반응은 접어두려 한다. 또 내가 "정말 흥미롭다."고 말할 때는 속으론 반대로 생각하면서 말만 그렇게 하는 것이 아니라는 것도 약속한다.

〈콜린 그레이, 「달라도 너~무 다르네」, 중앙 Sunday column 제320호(2013.04.28)〉

4월은 폴란드에게 잔인한 달이었다. 비행기 추락 사고로 레흐 카친스키(Kaczynski) 대통령 등 정부 고위 관계자들이 한꺼번에 사망했기 때문이다. 그런데 이를 계기로 폴란드의 조종사들이 대한항공으로부터 교훈을 얻자는 목소리가 나오고 있다. 이들의 문제는 무엇이었을까? 이들은 왜 대한항공을 배우고자 하는 걸까?

1997년 8월 5일 여섯 시 대한항공 801기가 괌 공항 주변의 야산에 추락해 254명 중 228명이 사망했다. 당시 대한항공의 주가는 18,000원이었는데 사건 이후 주가가 계속 내려가 3,400원선까지 급락했다. 당시 기장은 1만 시간 이상의 비행 경험을 가진 베테랑이었다. 그런데 문제가 있었다. 바로 의사소통이었다. 위계질서가 생명인 항공업계의 관례 때문에 부기장이 위험 상황을 파악하고도 기장에게 상황을 정확히 보고하지 못했다. 즉, 문제를 직설적으로 이야기하지 않고, 빙빙 돌려 말하다가 결국 중요한 메시지를 전달하지 못한 것이다. 대한항공은 한국 문화에 뿌리 내린 권위에 대한 존중이 비행기 조종석의 현실과 전혀 부합하지 않음을 인정하고, 델타 항공의 데이비드 그린버그를 영입, 영어를 공용어로 사용하여 성공을 거두었다.

이처럼 직설적으로 이야기하지 않고 모호하고 우회적으로 완곡하게 말하는 것을 '완곡어법(Mitigated speech)'이라고 한다. 완곡어법은 '관계'를 부드럽게 유지하는데 중요한 역할을 하지만 항상 긍정적인 것만은 아니다. 완곡어법이 가져오는 문제는 무엇이고 또 어떻게 해결해야 할까?

공손하게 말하면서 사태의 위험이나 심각성을 알리기란 어렵다. 이처럼 심각하거나 중요한 일은 완곡어법으로 돌려서 말하기보다는 보다 직접적으로 의사소통을 해야 한다. 앞서 말한 대한항공 사례의 가장 큰 문제 역시 기장과 부기장의 의사소통에 있었다. 이는 기업에서 상사가 부하 직원에게 업무 지시를 하거나, 부하 직원이 상사에게 보고를 할 때 흔히 볼 수 있다. 하지만 이것이 기업에 만연한다면 엄청난 피해를 줄 수 있다. 예를 들어, 부하직원은 상사에게 "이것 좀, 월요일까지 확인해 주세요"라기 보단 "죄송하지만, 바쁘신 거 알지만, 주말에 혹시나 시간이 되신다면 잠깐 이것 좀 체크해 주실 수 있으실까요?" 라고 최대한 공손하게 말한다. 그런데 만약 이것이 월요일까지 관계사에 넘어갈 자료였다면, 문제는 심각해지는 것이다. 이처럼 분명한 의사전달이 필요할 때에는 직설적으로 의사를 전달해야 한다.

AT&T에서도 대한항공과 비슷한 사례가 있었다. 이들이 미국 통신 시장에서 독보적인 1위였을 때, 기업 내 작은 오류에 신경 쓰는 사람이 없었다. 그런데 더 큰 문제는 오류를 인지하고서도 이를 대놓고 솔직하게 드러내는 것이 아니라 묵인하는 등 비협조적으로 대응하고 있었다는 것이다. AT&T는 이에 'Robust training initiative(직설적으로 말하는 연습)'을 실시해 솔직하게 터놓고 대화함으로써 문제를 극복할 수 있는 분위기를 만들고자 했다.

우리 기업은 어떤가? 분명히 말해야 함에도 에둘러 말하는 문화 때문에 말 못하고 있는 것들이 있지는 않은가? 앞서 말한 기업의 사례들은 문제점을 파악하고 빨리 문제를 해결함으로써 더 큰 피해를 예방할 수 있었다. 우리 기업이 완곡어법 때문에 문제를 겪고 있지 않은지, 혹은 나도 모르게 불필요한 상황에 완곡어법을 쓰고 있지는 않은지 되짚어보자.

⟨이승엽, 「공손한 완곡어법, 기업에선 도리어 위험하다?」, Inside chosun.com(2010.08.30)⟩

연 · 습 · 문 · 제

01 우리는 인간만이 언어를 사용한다고 말한다. 그렇다면 동물과는 다른 인간 언어의 특징이 무엇인지 생각해 보자.

02 다음의 의사소통 과정에서 의미가 제대로 전달되지 않아서 오해가 발생한 경험을 이야기해 보자.

　(1) 부모님과의 대화

　(2) 선생님과의 대화

　(3) 친구와의 대화

　(4) 연인과의 대화

　(5) 동아리 선·후배와의 대화

03 어떤 유형의 청자가 대화하기 가장 어려운지 생각해 보고, 그러한 상대를 만났을 때 대처하는 좋은 방법은 무엇인지 이야기해 보자.

04 지금까지 지내오면서 어떤 상황에서의 말하기가 가장 어려웠는지 이야기해 보자.

05 다음 토론자의 문제점을 의사소통의 구성 요소와 관련하여 지적해 보자.

(1)

> 현재 한국 영화 금년에 102편 나온다 그랬죠. 벌써 제작이 완료됐는데 상영 극장을 못 잡은 영화들이 너무나 많아요. 그것뿐만 아니에요. 디지털 장편영화들에서도 너무 많아요. 예를 들면 이성광 감독이라고 애니메이션 감독인데 프랑스에서 유명한 영화제에서 작품상까지 받았는데 개봉이 안 되고 있어요. 잠깐만 계세요. 노종석 감독이라고 있죠. '우리에게 내일은 없다'라는 영화를 만들었는데 개봉 못하고 있어요. 잠깐만 기다려 보세요. 기다려 보시라고요.
>
> 〈MBC 100분 토론, 2006. 8. 17.〉

(2)

> A : B후보는 질문에 답변을 안 한다. 이럴 때는 길게 답변하지 마시고, '네·아니오'로 답변을 요청할 수밖에 없다. 감사원의 보고서 별거 아니라고 생각하시냐, 길게 답변하지 말고, '네·아니오'로 대답을 해 달라.
>
> B : 지금 이 자리가 어떤 자리냐, 품격 있는 질문을 하시라. … 나를 거짓말쟁이로 계속 몰고 있다. 좀 더 품격 있는 토론 펼칠 수 없겠는가.

제 2 장

언어적 의사소통과
비언어적 의사소통

01   언어적 의사소통과 비언어적 의사소통의 관계

의사소통의 주된 수단은 음성 언어이지만 의사소통이 언제나 음성 언어로만 이루어지는 것은 아니다. 상황에 따라서는 목소리, 얼굴 표정, 몸짓 등의 비언어적 요소가 말의 의미를 결정하기도 한다. Meharabian(1981)에서는 메시지 전달에서 음성 언어가 차지하는 비중은 7%, 준언어적 요소(억양, 고저 등)는 38%, 신체 요소는 55%에 달한다고 보고하였다. Birdwhistell(1952)에서는 사람들이 마주 대할 때 의미의 약 35% 정도만 음성 언어로 전달되고, 나머지 65%는 비언어적 신호로 표현된다고 하였다. 이러한 연구 결과를 통하여 실제 의사소통에서 비언어적 의사소통이 차지하는 역할이 상당히 중요하다는 것을 알 수 있다. 따라서 성공적인 의사소통을 위해서는 언어적 요소와 비언어적 요소를 적절히 사용할 수 있어야 한다.

비언어적 의사소통의 기능은 다음과 같다. 첫째, 비언어적 요소는 언어적 요소를 보완한다. 비언어적 요소는 언어적 메시지를 반복하고 강조할 수 있으며 가끔 말한 내용을 보충 설명할 수 있다. 둘째, 비언어적 요소는 말을 대신한다. 가령 우리 사회에서는 고개를 위아래로 끄덕이면 긍정의 의미이고, 좌우로 흔들면 아니라는 의미이다. 셋째, 비언어적 요소는 언어적 메시지와 상충하기도 한다. 따라서 비언어적 요소를 적절히 사용할 경우 언어적으로 표현하기 어려운 상황에 효과적인 역할을 할 수도 있다. 넷째, 비언어적 요소는 감정을 표현한다. 사람의 감정은 말보다는 비언어적인 요소에 의해 더 강하게 전달될 가능성이 많다.

이상과 같이 비언어적 요소가 여러 기능을 가지고 있지만 비언어적 요소만으로는 화자의 의도를 정확하게 전달할 수 없을 때가 많다. 가령 시계를 본다는 것은 지루함의 표현이기도 하지만, 동시에 다른 약속이 있다는 의미가 되기도 한다. 따라서 불필요한 오해를 피하려면 말로 확실히 해 주는 것이 필요하다. 이는 비언어적 요소와 언어적 요소가 일치하지 않을 때 대부분의 사람들은 무의식적으로 표출되는 비언어적 요소를 화자의 의도로 파악하여 비언어적 요소가 주는 메시지를 더 믿는 경향이 있기 때문이다.

비언어적 요소가 언어적 요소와 일치하지 않을 수 있듯이 비언어적 요소 사이도 가끔 상충하는 경우가 있다. 이는 화자의 내적 혼란 또는 불확실성에서 기인하기도 한다. 예를 들어 상대의 능력에 칭찬을 하며 긍정의 표정을 지으면서도 동시에 질투의 면을 드러내는 경우가 있다. 이렇게 되면 얼굴은 미소를 띠지만 자세는 긴장하는 등 복합적인 신호를 보이며 혼란스러움을 표출하게 된다. 따라서 청자에게 복합적인 메시지를 전달하지 않으려면 언어적 요소와 비언어적 요소의 일치를 통해 분명한 표현을 하도록 해야 한다.

02 비언어적 의사소통의 유형

비언어적 요소는 목소리의 크기, 강세, 억양, 속도, 휴지 등을 포함하는 준언어적 요소와 동작, 제스처, 시선, 얼굴 표정 등의 신체 요소 및 근접 거리, 장소 등의 공간요소로 구성된다. 비언어적 요소는 문화적 의미가 가미되어 세대별, 지역별, 성별 등의 특성에 따라 또는 개인적인 행위 습관에 따라 다를 수 있기 때문에 그 각각의 의미를 파악하기는 쉽지 않다.

(1) 준언어적 요소

가. 목소리

목소리는 청각을 수반하는 비언어적 표현 수단이다. 사람의 목소리는 개별성을 지녀 목소리로 그 사람의 성별과 나이뿐만 아니라 건강 상태, 감정 상태 및 정서 상태를 파악할 수 있다.

성공적인 의사소통을 위해서는 목소리를 적절하게 구사해야 한다. 변화 없이 단조롭게 말하거나 청자가 집중해서나 들을 수 있는 작은 소리, 이해하기 어려울 정도의 빠른 속도는 청자의 호응을 얻기 어렵다. 따라서 상황에 맞게 목소리에 변화를 주어 청자의 주의를 이끌도록 한다.

음량(volume)은 목소리의 크고 작은 정도를 의미하는 것으로 화자와 청자 간의 거리, 주변의 소음 정도, 장소의 크기, 청중의 수 등을 고려해서 정해야 한다. 화자는 상대가 자연스럽게 들을 수 있는 크기로 말해야 하나 처음부터 끝까지 한결같은 크기로 말하면 매우 단조롭게 들린다. 따라서 분위기나 메시지의 성격에 따라서 음량에 적당한 변화를 주어 청중의 흥미를 얻도록 해야 한다. 이때 청중이 보내는 비언어적 단서 즉 얼굴 표정이나 자세를 파악하여 적당한 크기의 말소리를 내는 것도 필요하다.

억양(intonation)은 소리의 높낮이에 의해서 만들어지는 것으로, 이야기할 때 그 내용이나 화자의 감정 상태를 생생하게 전달하는 중요한 요소가 된다. 억양으로 기쁨, 슬픔, 만족, 불만족, 긴장, 당황, 놀라움, 무관심, 지루함, 냉소 등의 상태를 나타낼 수 있기 때문에 메시지를 명확하게 전달하기 위해서는 상황에 맞는 억양을 구사할 필요가 있다. 가령 다음의 대화와 같이 같은 '네'라는 말도 억양에 따라 화자의 다양한 태도를 드러낼 수 있다.

> A: 일찍 들어왔네.
> B: (퉁명스럽게) 네.(\ )
>
> A: 시험 다 끝났니?
> B: (신이 나서) 네.(⌐\ )
>
> A: 이제 고등학생이 됐으니 열심히 공부해야지.
> B: (마지못해서) 네. (⌒)
>
> A: 어제 우리 아파트 단지에서 강도 사건이 났대.
> B: (놀라며) 네? (/)

발표의 경우 내용은 충실하지 않은데 화자의 특이한 억양 때문에 청중의 흥미를 얻는 경우가 발생하기도 하고, 내용은 충실하지만 발표자의 일정한 억양으로 청중이 집중하지 않는 경우도 발생할 수 있다. 따라서 성공적인 의사소통을 위해서는 내용의 충분한 준비는 물론 이와 함께 억양의 변화를 적절하게 하여 청자의 반응을 얻도록 해야 한다.

고저(pitch)는 소리의 높고 낮음을 말한다. 고저의 변화는 청자의 집중을 높여줄 뿐 아니라 메시지를 이해하는 데 도움을 준다. 고저의 변화 없이 일정한 목소리로 말하는 것은 단조롭고 지루하게 들리므로 적절하게 변화를 주어야 한다. 고저에 변화를 주어 표현하면 말하기에 활력을 주어 화자의 열의를 느낄 수 있으며 대화 내용에도 신뢰감을 얻을 수 있게 된다. 그러나 높낮이를 잘못 조절하면 의미를 흐리거나 반대 의미를 뜻하게 되기도 하므로 적절하게 변화할 수 있는 훈련이 필요하다. 김양호·조동춘(2006)에서는 목소리의 고저 훈련 방법을 다음과 같이 제시하고 있다. 첫째, 높은 목소리를 낮추어 말하는 습관을 들이려면 슬프고 장엄한 글을 큰 소리로 아주 천천히 읽는 훈련을 한다. 둘째, 낮은 목소리를 높여서 말하는 습관을 들이려면 즐겁고 활기가 넘치는 글을 큰 소리로 빠르게 읽는 훈련을 한다. 셋째, 다양하게 말하는 습관을 들이려면 보통의 목소리보다 한 단계 높거나 낮게 해서 읽는 훈련을 한다.

강약(stress)은 소리의 세기로 말을 부드럽게 또는 날카롭게 표현하는 데 사용된다. 흔히 목소리의 강약을 음량으로 생각하거나 고저로 혼동하는 경우가 있다. 그러나 아무리 크고 풍부한 음량이라도 강약과는 다르다. 목소리의 강약으로 여러 가지 감탄사나 감탄형의 말을 할 수도 있고 강력한 표현으로 의미를 강조할 수도 있다. 또 들을 수 있을 정도의 속삭임은 어떤 상황에서는 언어적 강조뿐만 아니라 강력한 비언어적 강조까지도 가능하게 된다.

속도(speed)는 말의 빠름과 느림을 말한다. 너무 느리거나 빠른 속도는 좋지 않다. 속도가 너무 느리면 상대가 지루하고 답답하게 느끼고, 너무 빠르면 잘 알아들을 수 없게 된다. 또한 적절한 속도를 유지하는 것이 좋다고 하지만 고정된 속도로 단조롭게 말을 한다면 상대는 쉽게 피곤해 질 것이다. 말하는 속도에 변화를 주는 것은 분위기를 조성하거나 강조를 하는 데 효과적이다. 따라서 메시지의 소재와

난이도, 분위기, 감정 상태, 장소의 크기나 음향 상태, 청중의 수나 반응 등에 따라서 말의 속도에 변화를 주어서 생동감이 느껴지도록 하는 것이 중요하다.

휴지(pause)는 끊어 말하기로 쉼, 포즈 등으로 말하기도 한다. 말을 할 때 적당한 간격을 두고 조금씩 쉼으로써 의미를 명료하게 하여 말의 내용을 강조하거나 감정 전달의 극적인 효과를 거두는 역할을 하게 된다. 또한 청자에게 새로운 이야기가 나올 것을 기대하도록 하는 효과를 가져다주기도 한다. 그러나 필요 이상으로 자주 말이 끊어지는 것은 의미가 제대로 전달되지 않을 뿐만 아니라 세련되지 못한 인상을 주어 오히려 기대한 것과는 다른 결과를 가져 올 수도 있다. 따라서 잦은 휴지는 경계하도록 한다.

이 밖에 음폭은 목소리의 굵고 가늚을 말한다. 일반적으로 굵직한 목소리는 남성의 특징이며, 가는 목소리는 여성의 특징이다. 여성의 경우 지나치게 음폭이 좁으면 신경질적인 사람으로 평가받기 쉽다. 남성의 경우 음폭이 좁으면 신뢰감을 얻기 어렵고 위엄이 서지 않는다.

음질은 목소리의 맑고 탁함을 말한다. 일반적으로 여성의 음성은 맑고, 남성의 음성은 여성보다는 탁하다. 음질이 지나치게 탁하면 듣는 사람이 불쾌감이나 싫증을 느끼게 된다. 음질은 비록 말의 속도나 고저, 음량처럼 조절할 수는 없지만 우리의 감정 상태를 나타내는 데 효과적으로 사용할 수 있다.

나. 발음

효과적인 의사소통을 위해서는 발음을 정확하게 해야 한다. 부정확한 발음은 메시지를 제대로 전달하지 못하며, 청자에게 과도한 주의력을 요구한다. 이는 청자를 피곤하게 하여 더 이상 화자의 말을 듣지 않는 결과를 가져온다. 또한 부정확한 발음 때문에 의사소통에 오해가 생길 수 있으며, 정확한 의미를 파악하기 위해 청자가 자주 되묻는 경우가 발생하여 이야기의 흐름이 끊길 수도 있다. 일상의 대화는 어느 정도 허용이 되나 토론이나 강의 등에서 복잡하고도 민감한 내용의 발언이 오고 갈 때 발음마저 정확하지 않다면 의사소통에 큰 문제가 아닐 수 없다.

부정확한 발음은 긴장하거나 조급한 마음에 말을 빨리 하려고 할 때 나타나기도 하며 혀나 입술 등의 조음기관을 될수록 덜 움직이려는 습관에 기인하기도 한다. 이러한 문제를 해결하기 위해서는 우선 느긋한 마음으로 말을 천천히 하는 습관을 가져야 하며, 발음 교정을 위한 훈련을 꾸준히 해야 한다. 발음 훈련의 방법으로는 자신의 발음을 녹음해서 스스로 들어보거나 주변 사람에게 물어보는 것이 좋다. 또한 표준 발음을 구사하는 사람들을 모델로 삼아 그들의 발음을 따라하는 연습을 한다. 이를 위한 기본적인 사항은 첫째, 입술 및 입을 크고 정확하게 움직이며, 혀의 움직임을 원활하게 하도록 훈련한다. 둘째, 말머리는 부드럽게 말끝은 분명하게 발음하도록 한다. 말끝을 흐리면 뜻의 전달도 어렵지만 자신 없어 보이는 인상을 주기 때문이다. 셋째, 낱말은 물론 음절 하나하나까지 분명하게 발음하는 것을 습관화하도록 한다.

화자는 발음의 중요성을 인식하여 부정확한 발음으로 인해 메시지를 제대로 전달하지 못하거나 성공적인 의사소통에 방해 요소가 생길 수 있다는 점을 고려하여 발음 훈련에 최선을 다해야 한다. 또한 화자는 정확한 의미의 전달을 위해서 표준발음법을 숙지하여 자연스럽게 구사하도록 노력해야 한다. 국어 화자 중에서 국어의 음운 규칙을 제대로 이해하지 못하여 틀린 발음을 하는 경우도 있다. 가령 '내복약[내:봉냑], 신여성[신녀성], 색연필[생년필]' 등은 'ㄴ' 첨가 규칙을 모를 경우 각각 '[내보갹], [신여성], [새견필]'과 같이 발음한다. 또한 국어의 연음 법칙을 이해하지 못할 경우 '무릎이[무르피], 부엌에서[부어케서]'를 '[무르비], [부어게서]'와 같이 발음하기도 한다. 표준발음은 효율적인 의사소통에 필수적일 뿐만 아니라 교양인의 요건이라 할 수 있다. 이는 말이 의사소통의 도구를 넘어서서 그 사람의 인격과 교양을 드러내기 때문으로 상대에게 신뢰를 주기 위해서는 표준발음의 원리를 이해하여 올바르게 발음하도록 해야 한다.

(2) 신체 요소

말을 할 때 신체 요소를 이용한 동작 언어를 수반하여 언어적 의미를 강조하거나 보완하기도 한다. 동작 언어는 화자의 심리적 상태를 나타내 주며, 시각적 특징이 있기 때문에 목소리에 변화를 주는 것과 마찬가지로 내용이나 상황에 따라서 동작이나 표정 등에 변화를 주는 것은 청자의 주의를 집중시키는 데 효과가 있다.

표정 관리는 성공적인 의사소통에 중요한 역할을 한다. 긴장된 표정으로 청자의 시선을 피한다거나 굳은 얼굴로 원고만 쳐다보는 등의 행동을 하게 되면 청자에게 화자가 자신감이 없고 이야기를 성실히 준비하지 않았다는 인상을 주게 되어 결과적으로 화자의 이야기를 신뢰하지 않게 된다.

자연스러운 자세를 취하는 것도 중요하다. 화자가 전혀 움직이지 않고 꼿꼿한 자세를 취하게 되면 생동감을 느끼지 못하게 될 것이다. 자연스러운 동작은 상대의 불쾌감을 유발하지 않으면서 메시지의 내용에 의미를 싣는 역할을 한다. 예를 들어 강의를 할 때 청중 앞으로 다가가는 것은 청중의 주의를 끌기 위한 것이고, 판서를 하기 위해 몸을 움직이는 것은 새로운 내용의 도입을 암시하는 것이다.

화자는 의사소통에서 듣는 것보다 보는 것에 청자가 훨씬 더 잘 반응한다는 것을 인식해야 한다. 이는 사람의 감정이 언어보다 태도에 더 잘 나타나기 때문이다. 화자는 자신의 신체 요소를 신중히 표현하여야 하며 상대의 동작을 통한 반응을 파악해 가면서 화제를 적절히 조절해야 한다. 신체 요소를 사용하여 말을 하는 것은 화자의 긴장감을 해소해 주는 효과도 얻을 수 있으므로 성공적인 의사소통을 위해서 신체 요소의 유형을 인지할 필요가 있다.

가. 표정

표정은 화자의 감정이나 정서를 드러내 주는 가장 전형적인 비언어적 의사소통의 요소이다. 사람들은 예외적인 경우가 아니면 대개 상대방의 얼굴을 보는 것으로부터 의사소통 행위를 시작한다. 따라서 상대방에 대한 일차적인 정보는 대개 그 사람의 얼굴 표정을 통해서 얻게 된다.

화자는 무엇보다도 말하는 내용에 어울리는 표정을 지어야 한다. 즉 얼굴 표정을 통해서 상대에게 말을 통해 전달하는 내용을 해석할 수 있는 단서를 제공해야 한다. 또한 청자가 편안한 마음으로 들을 수 있도록 자연스러운 표정을 하는 것이 좋다. 얼굴 표정을 거의 바꾸지 않는 무표정한 사람들은 표정에 감정을 싣는 사람들에 비해 신뢰도가 낮다. 청자는 화자의 얼굴 표정을 보고 화자의 심리 상태를 읽기 때문에 얼굴에 미소를 띠면 자신감과 여유가 있어 보이고 청자에게 호감을 주게 된다. 그러나 대화를 하는 동안 쉬지 않고 미소를 짓는 것은 무표정만큼이나 좋지 못하다. 따라서 미소는 메시지를 강화시킬 수 있을 때 자연스럽게 짓는 것이 좋다.

나. 시선

눈은 대화의 시작을 알리는 기능을 한다. 대화를 시작하려면 일단 상대를 쳐다보고 시선을 마주친다. 우리는 시선을 통해서 많은 메시지를 전달한다. 먼저 시선은 상대에 대한 예의 즉 상대와 의사소통할 의지가 있음을 보여 준다. 시선을 주지 않으면 상대는 자신을 무시한다고 생각할 수 있다. 또한 시선을 통해서 의사소통이 활발하게 이루어진다. 이는 시선을 통해 상대의 반응을 살피고 상대의 반응에 적절하게 대응하는 것이 가능해지기 때문이다.

한편 시선을 주지 말아야 할 경우도 있다. 일반적으로 서양에서는 진정한 의사소통이 성립되려면 눈을 마주보며 이야기해야 한다고 주장하나 동양에서는 웃어른과 대화하면서 눈을 마주 보는 것은 예의가 없는 일로 간주되어 왔다. 따라서 문화에 따라, 상대에 따라, 내용에 따라 적절한 시선 교환이 필요하다. 가령 상대를 화나게 만들었거나 윗사람에게서 꾸중을 들었을 때 상대를 빤히 쳐다보면 건방지다는 인상을 주게 된다. 따라서 이와 같은 경우에는 시선을 아래로 두어 상대의 말을 수용한다는 인상을 주어야 한다.

의사소통이 세련되지 못한 화자가 가장 고심하는 것 중의 하나는 시선 처리이다. 시선 처리는 화자의 신념과 자신감 및 청자와의 교감 정도를 보여주는 징표가 될 수 있으므로 성공적인 의사소통을 위해서는 시선 처리를 능숙하게 하는 습관을 길러 두어야 한다.

다. 자세

바르고 안정된 자세는 청자에게 자신감 있는 모습으로 비춰진다. 자세는 자연스럽고 편안하지만 긴장을 늦추지 않는 것이 좋다. 주의 집중을 방해하는 행동, 가령 안경을 올리거나 머리를 만지는 행동, 손가락이나 필기도구를 두드리거나 발을 흔드는 행동, 원고나 메모장을 소리 나게 뒤적이는 행동 등의 신체적 습관은 고치는 것이 좋다. 이를 해결하기 위한 가장 좋은 방법은 상대에게 피드백을 받아 자신의 습관을 파악하고 행동의 변화를 위한 연습을 하는 것이다.

사람들은 몸짓과 제스처를 통해 여러 감정을 드러낸다. 몸의 일부분을 이용하는 것과 몸 전체를 이용하는 것을 구분하기는 쉽지 않다. 몸 전체를 이용하는 몸짓은 화자와 청자 간의 사회적 관계, 친밀감 등 상황적 측면에 합당한 태도를 취하는 비언어적 표현이다. 몸의 일부분을 이용하는 제스처는 대화의 내용이나 정보의 흐름과 관련하여 특정 부분을 움직이는 것이다.

(가) 몸짓

의사소통 과정에서 처음부터 끝까지 동일한 자세를 유지하는 것보다는 경우에 따라서 말하는 내용이나 분위기를 고려하여 의도적으로 몸을 적당히 움직이는 것이 필요하다. 적당하게 몸을 움직여 줌으로써 화자는 피로감을 줄일 수 있고 청자는 시야의 변화를 통해 단조로움에서 벗어날 수 있다. 그러나 쓸데없이 몸을 많이 움직이거나 쉬지 않고 왔다 갔다 하는 것은 분위기를 산만하게 할 수 있다. 이러한 동작이 오랫동안 지속되면 결국 청자의 주의와 시선은 자연스럽게 내용에서 화자의 동작으로 모아지고 만다.

몸 전체를 이용하는 몸짓은 화자의 자세나 태도를 보여 주는 것이기도 하므로 신중할 필요가 있다. 대부분의 말하기는 적절한 시기에 행동을 추가함으로써 완벽하게 될 수 있으므로 목적을 가지고 동작에 변화를 주는 것이 좋다. 청자에게 다가간다든지, 오른쪽이나 왼쪽으로 약간 움직인다든지 하는 것은 말하기에 강조와 변화를 줄 수 있다. 상대에게 질문을 던질 때 상대 쪽으로 좀 더 가까이 다가갈 수도 있다. 신체적인 움직임은 말하는 동안의 긴장을 풀어 줄 수 있는 방법이 되기도 한다. 그러나 복잡한 내용을 설명할 때나 감정적인 내용을 말하거나 힘 있는 주장을 할 때는 움직이는 것이 효과적이지 못하다. 따라서 신체적 움직임은 분위기, 상황 혹은 형식이 변한다는 신호가 필요한 지점에서 행하도록 한다.

한편 몸짓의 사용은 문화에 따라 다르다. 동양인들은 말을 할 때 몸짓을 과도하게 사용하지 않는다. 반면에 유럽인 특히 이탈리아인들은 몸짓을 매우 활발하게 사용한다. 또한 전달하고자 하는 말의 내용에 따라 몸짓의 유형이 달라지기도 한다. 몸짓은 말하는 사람의 기분이나 감정을 나타내므로 바람직한 의사소통을 위해서는 몸짓을 통해 자신의 생각이나 느낌을 효율적으로 표현하거나 상대방의 몸짓 속에 담겨있는 생각과 느낌을 파악하는 것이 중요하다.

(나) 제스처

적절한 제스처는 메시지의 의미를 명확하게 하고 강조해 줄 뿐 아니라 청자의 집중력을 높여 준다. 이와 더불어 시각적인 특징 때문에 상대의 시선을 잡아끄는 효과도 나타나게 된다. 그러나 제스처를 너무 빈번하게 사용하면 대화가 산만해지고 역효과를 일으킬 수도 있다.

제스처는 대부분 손과 함께 이루어진다. 신체의 다른 부분의 움직임은 말을 보조하는 역할만 하지만 손동작은 그 자체만으로도 화자의 태도가 드러나 상대에게 좋거나 나쁜 인상을 심어주기도 하고, 직접적인 의사 전달을 하기도 한다. 가령 팔짱을 끼거나 양손을 주머니에 넣고 말을 하면 상대를 깔보고 자기를 높이려는 자세로 보여 건방진 인상을 준다. 양손을 앞에 모으고 말하는 경우는 겸손함을 나타내기는 하나 나약해 보이는 단점이 있다.

손은 신체 중에서 가장 자유롭게 움직일 수 있는 부분이기 때문에 제스처의 의미는 아주 다양하고 구체적이다. 예를 들면 거부의 의사를 밝힐 때 양손의 검지를 세워서 X자로 교차하거나 한 손을 좌우로 흔들고, 수락의 뜻으로는 엄지와 검지를 동그랗게 모아서 원을 만든다. 화가 난 모습을 나타낼 때에는 뿔 모양으로 양쪽 손의 검지를 세워 머리 위에 대고, 상대를 좋아할 경우 양손으로 하트를 만들어 표현하기도 한다. 제스처는 그 자체로도 의사가 전달될 수 있으므로 사용에 주의해야 한다.

효과적인 제스처의 사용을 위해 유의할 사항은 다음과 같다. 첫째, 제스처는 자연스러워야 한다. 제스처는 미리 계획해서 사용하기보다는 자연스러운 것이 좋다. 자연스러운 제스처가 되기 위해서는 적절한 타이밍에 맞춰 말과 손동작을 해야 하는데 그러기 위해서는 손을 긴장을 푼 상태로 두는 것이 좋다. 깍지를 끼거나 팔짱을 끼고 있거나 뒷짐을 지거나 호주머니에 손을 넣고 있으면 제스처를 적절하게 하기 어렵다. 따라서 팔이나 손목, 손가락을 편안하게 해서 손을 자연스럽게 움직일 수 있도록 한다. 둘째, 제스처는 역동적이어야 한다. 어깨나 팔에 힘을 뺀 상태에서 팔 전체를 움직이면서 제스처를 구사하는 것이 좋다. 팔은 주로 위치를 가리키거나 강조하기 위해서 사용되는데 손만 사용하지 말고 팔과 어깨를 함께 사용하여 역동적인 제스처를 표현하여 말하는 내용에 대한 확신과 열정이 느껴지도록 한다.

제스처의 빈도나 크기는 대화 내용이나 상황에 따라 달라진다. 큰 공간에서 대규모의 청중을 상대로 하는 연설이나 강의에서는 제스처를 비교적 많이 그리고 크게 사용하는 것이 좋다. 반면 소규모의 청중을 대상으로 하는 발표나 토론에서는 제스처를 비교적 적고 작게 사용하는 것이 보통이다.

(3) 공간 요소

가. 근접 거리

화자와 청자의 거리도 의사소통에 중요한 비언어적 요소이다. 거리는 화자와 청자의 관계를 반영하는데 접촉이 가능한 거리는 개인적으로 친밀한 사이임을 보여주며, 손이 닿을 수 없는 먼 거리에 있는 것은 공적인 관계임을 나타낸다. 정현숙 옮김(1992)에서는 근접 거리를 다음의 네 가지로 구분한다.

- 친밀 거리(intimate distance): 15cm~46cm. 상대방의 숨결을 느낄 수 있을 정도의 거리. 자신의 소유물처럼 보호하는 가장 중요한 공간으로 정서적으로 가까운 친구나 일부 친척 등으로 제한된다.
- 개인적 거리(personal distance): 46cm~1.22m. 팔을 뻗어서 닿을 정도의 거리. 다른 사람과 편안하게 이야기할 수 있고 접촉할 수 있는 거리이다.
- 사회적 거리(social distance): 1.22m~3.6m. 낯선 사람과 유지하는 일반적인 거리. 주로 대인 업무를 수행할 때의 공간이다.
- 공공 거리(public distance): 3.6m 이상. 목소리를 높여서 이야기를 해야 하는 거리. 강의나 연설을 할 때 편안하게 느끼는 거리이다.

화자와 청자는 적당한 거리를 유지해야 하나 그렇다고 그 거리를 절대적으로 지켜야만 되는 것은 아니다. 상대와 가까워지고 싶으면 한 걸음 더 다가가 보고 상대와 멀어지고 싶으면 한 걸음 물러서 보는 전략적 표현도 경우에 따라 사용할 필요가 있다. 즉 상대방에 대한 친밀감의 표시로 또는 좀 더 활발한 상호작용을 위해서 청자와 가까운 거리에서 의사소통을 하고 싶으면 의도적으로 거리를 좁힐 수 있다. 개방적인 화자의 모습에서 청자는 친밀감이 생기면서 호감을 갖게 될 것이다. 그러나 청자에게 너무 가까이 가서 말을 하면 불편하게 느낄 수도 있다. 따라서 상황에 따라서 융통성 있게 거리를 조절하는 것이 중요하다.

거리를 두는 정도는 문화에 따라 혹은 화자와 청자의 관계에 따라 큰 차이를 보인다. 따라서 효과적인 의사소통을 위해서 화자는 청자와의 관계 및 청자의 성격이나 상황 등을 고려하여 거리를 적절하게 조절해야 한다.

나. 장소

의사소통이 수행되는 장소에 따라 화자의 메시지 전달에 영향을 주는 경우가 있다. 화자는 말하는 장소가 실내인지 실외인지에 따라 말하기에 변화를 주어야 한다. 실외에서의 의사소통은 상대가 집중하기 어려우므로 평상시보다 더 열정적으로 힘 있게 말해야 한다. 또한 장소의 규모에 따라 음량을 조절하여 메시지가 제대로 전달될 수 있도록 적절하게 대처해야 한다. 말할 장소에 미리 가서 마이크나 기계 장비의 설치 유무, 조명 상태 등을 확인하여 의사소통이 원활히 이루어질 수 있도록 점검하는 태도도 필요하다.

　'요일별 직장인 표정'이라는 제목의 사진이 인터넷 상에 화제다. 최근 한 블로그에 올라온 이 사진은 머리를 양 갈래로 묶은 귀여운 어린이 캐릭터가 월요일부터 일요일까지 요일별로 직장인들의 심리를 재미있는 표정으로 나타냈다.

　월요일에는 피곤하고 지친 표정, 수요일에는 인상을 쓰고 울고 있는 표정, 토요일에는 활짝 웃으며 좋아하고 있는 등이 담겨 있다.

　이 그림은 실제 직장인들의 심리를 잘 묘사하고 있다며 네티즌들의 공감을 이끌어내고 있다. 네티즌들은 "너무 절묘한 표정"이라며 "마치 내 표정을 보는 것 같다."며 재미있다는 반응을 보이고 있다.

〈세계닷컴 뉴스팀, 「요일별 직장인 표정' 화제···네티즌 "완전 공감" 폭소」, 세계일보(2010.09.03)〉

　표현에는 입으로 말하는 언어적 요소만 있는 게 아니다. '온몸으로 말하라'고 하듯이 비언어적 요소인 몸이 더 효과적이기도 하다. 벌거벗은 몸, 알몸은 더 말할 것도 없다. 스스로 벗은 알몸은 강력한 의사 표시이며, 뜻을 이루기 위한 간절함과 진실함의 상징이다.

　알몸 시위의 원조로 간주되는 고디바(Godiva) 부인의 예부터가 그렇다. 고디바는 11세기 영국 코벤트리 지방의 영주 레오프릭 백작의 아내였다. 가혹한 세금으로 비참해진 농민들의 처지를 보다 못해 고디바는 남편에게 세금 감면을 간청한다. 레오프릭은 마지못해 고디바가 벌거벗은 채 말을 타고 마을을 돌면 청을 들어주겠다고 한다. "농민에 대한 사랑이 그렇게 간절하고 진실하다면 몸으로 보이라"는 거였다. 고디바를 포기하게 만들려는 의도였지만, 고디바는 고민 끝에 농민을 위해 알몸 시위에 나선다. 누구도 상상할 수 없었던 행동을 실천에 옮김으로써 고디바는 결국 뜻을 이루게 된다. 숭고한 뜻을 관철시키기 위해 관행·상식을 뛰어넘어 행동하는 걸 고디바이즘(godivaism)이라고 일컫는 연유다.

알몸 시위는 흔히 항의의 수단이다. 서양에선 옷이나 신발을 벗는 행위가 '자연으로 돌아간다'는 의미로 통하기도 한다. 옷이나 신발을 정신 이상자나 흉악범에게 입히는 구속복을 뜻하는 '스트레이트 재킷(strait jacket)'에 곧잘 비유하는 문화이다 보니 그럴 만도 하다. 그래서 알몸이 된다는 건 자연스럽지 않거나 평화롭지 않은 현실에 대한 강력한 항의인 셈이다. 오죽하면 지난해 1월 독일 공항에서 전신이 적나라하게 비춰지는 '알몸 투시기' 설치에 항의하는 대목에서도 알몸 시위를 동원했을까.

알몸 노출은 사람들의 이목을 끌게 마련이다. 그러니 개인이나 집단의 주장을 펴는 데 효과 만점의 도구일밖에. '동물을 윤리적으로 대우하는 사람들(PETA)' 같은 동물보호단체들이 툭하면 알몸 시위를 벌이는 까닭이다.

설악녹색연합 박그림 대표가 엊그제 대청봉 정상에서 알몸으로 시위를 벌였다. 설악산 케이블카 설치를 저지하기 위해서란다. 오죽 간절했으면 새해 벽두 살을 에는 혹한 속에 맨몸으로 대청봉에 섰을까. 정부가 국립공원 내 케이블카 설치 기준을 확대하면서 뜨거워진 찬반 논란이 절충점을 찾는 계기가 되면 좋으련만. 그나저나 염려스럽다. 소통 부재의 세상, 또 어떤 극단적 알몸 시위가 등장하려나.

〈김남중, 「알몸 시위」, 중앙일보(2011.01.05)〉

2008년 힐러리 클린턴이 대선 후보 출마 선언 연설을 마쳤을 때, 남편 빌 클린턴은 아내를 가볍게 포옹하고 그녀의 등을 가볍게 세 번 툭툭 두드렸다. 이 책의 지은이는 클린턴 부부의 이 행동은 "우리는 부부라기보다 친구"라고 말하는 것과 같았다고 분석한다. "친근하고 편해 보이긴 했지만 사랑이 넘치는 부부의 모습은 아니다."는 얘기다.

지은이는 신체 언어 전문가다. "사람 간의 의사통의 93%가 비언어적인 표현으로 이뤄진다."고 강조하는 그는 "신체 언어를 잘 알아듣고 활용을 잘하면 의사소통의 달인이 될 수 있다."고 말한다. 따라서 이 책엔 악수·미소·타인과의 거리·포옹·목소리·동공크기·손가락질 등 다양한 몸동작의 의미가 세세하게 풀이돼 있다. 이를테면 '가볍게 등을 두드리는 행동'은 마음에 큰 위로를 주는 행동이다. 그러나 정치가들은 특히 조심해야 한다. 그들은 유권자들과 친근하게 보이고 싶어 등을 잘 두드리지만, 이런 접촉을 싫어하는 여성 유권자들이 적지 않기 때문이다.

머리를 끄덕이는 행위는 여러모로 도움이 된다. 대화를 하고 있을 때 머리를 끄덕이면 상대와 신뢰감을 형성하는 데 도움이 된다. 혼자 있을 때도 고개를 끄덕이는 게 좋다고 한다. 스스로에게 믿음과 자신감을 키워주는 효과를 낸다.

기업의 트레이닝 코치로 활약해온 지은이는 '잘못된 악수법 12가지'를 비롯, 좋은 첫인상 만들기 등 직장인이 알아두면 좋을 신체 언어를 시시콜콜 소개했다. 이성을 유혹하는데 쓰는 낯뜨거운 방법은 얼마나 활용할 수 있을지 미지수지만, 사랑이 시들하거나 외도를 할 때 보이는 행동 등 남자와 여자의 '신호'를 설명한 대목은 제법 설득력 있게 들리기도 한다.

〈이은주, 「포옹할 때 등 함부로 두드리지 마라 - 왜 그녀는 다리를 꼬았을까 『The Power of Body Language』」. 중앙일보(2009.03.21)〉

연·습·문·제

01 자신만의 특별한 비언어적 의사소통의 수단을 이야기해 보자. 또한 주변 사람들의 특징적인 비언어적 요소를 이야기해 보자.

02 언어적 의사소통과 비언어적 의사소통이 일치하지 않을 경우 예상되는 신체적 반응을 말해 보자.

03 타인을 대할 때 상대의 비언어적 요소 중 특별히 신경이 쓰이는 것은 무엇인지 이야기해 보자.

04 다음 사진 속 인물들을 비언어적 의사소통의 유형으로 설명해 보자.

(1)

(출처 서울신문, 2013.05.07)

(2)

(출처 일간스포츠, 2013.01.16)

05 다음 대화의 (   ) 안에 제시되는 비언어적 요소를 생각해 보고, 비언어적 요소가 대화에 어떠한 영향을 주는지 이야기해 보자.

S#31. 카페. 낮. 〈거품키스〉

주 원 (라임 입술 빤히 쳐다보며 한심해 하는) 저 봐, 저 봐.

라 임 (윗입술에 커피 거품 묻은 줄도 모르고 콘티 보는)

주 원 (   ) 여자들은 왜 그래?
        자기들끼리 있음 안 그러면서 꼭 남자랑 있으면
        입술에 크림 묻히고!

라 임 (!!)

주 원 묻은 지 모르는 척 하더라?

라 임 (노려보고 소매 들어 닦으려 하는데)

주 원 (   ) 아, 드러.

라 임 (??)

주 원 (   ) 이리와 봐.

다짜고짜 한 손은 라임의 손목 잡고, 한 손으로는 라임 턱 받치고 윗입술에 키스하는 주원. 얼떨결에 키스당한 라임, 놀라서 금방 뒤로 물러나고.

주 원 (태연하게 빤히 보며) 왜? 티슈가 없잖아? 그럼 옷으로
        닦아? 한 코 한 콘데?

라 임 (당황해서 주원이 잡고 있는 오른 손목 빼서 한 대 치려는데)

주 원 (오히려 라임의 양 손목 꼭 잡아 꼼짝 못하게 X자로 교차시키며 라임
        눈 빤히 보고) 경고하는데, 앞으로 나한테 폭력 쓰지 마! 나한테 또
        폭력 쓰면 난 앞으로 이렇게 대처할 거야.

라 임 (   )

(SBS TV 시크릿가든 10회 중에서)

제 3 장

말하기와 듣기

01 말하기와 듣기의 관계

우리는 의사소통의 주된 수단인 음성 언어를 통하여 말하고 듣는다. 쓰기와 읽기를 통해 비교적 복잡한 정보를 전달하기도 하지만 이는 특정한 경우에 한정된 것이며, 일반적으로는 말하기와 듣기를 통하여 서로의 감정과 지식을 교환한다.

듣기는 말하기와 상보적으로 작용하여 대화를 지속시키는 필수적인 기능을 한다. 듣기를 흔히 청자만이 하는 의사소통 행위로 생각하기 쉬운데 화자도 듣기를 적극적으로 해야 한다. 화자는 생각이나 말을 하기 전에 먼저 듣기를 통해 청자의 의사소통의 목적이나 기대 또는 욕구를 파악하여 일방적이 아닌 상호 만족스러운 의사소통이 될 수 있도록 해야 한다. 또한 의사소통을 하는 중에도 청자의 반응에 지속적으로 관심을 갖고 이에 대처할 수 있어야 한다.

의사소통 과정에서 듣기는 표면적으로는 말하는 행위를 연결해 주는 역할만 하는 것 같지만 실제로 우리는 말을 하는 시간보다 듣는 시간이 더 많다. 이찬규 옮김(2003)에 따르면 미국인은 평균 하루의 50~80%를 듣는 데 사용하지만 그중 반만 적극적으로 청취하고, 그중 25%만 이해하고, 기억은 그보다 더 적게 한다고 한다. 이는 우리의 의사소통에서 듣기가 제대로 이루어지지 않고 있음을 단적으로 나타내 주는 것이다. 듣기는 단순히 화자의 말을 해석하는 수동적이고 소극적인 행위가 아니라 화자의 이야기를 바탕으로 하여 청자 자신이 내용을 재구성하는 능동적이고 적극적인 행위이다. 상대의 말을 귀담아 듣고 그 내용을 바르게 이해하는 행위는 곧 상대가 한 말에 대한 적절한 응답으로 이어지며 이는 의사소통의 질을 향상시키는 데에도 기여하게 된다. 화자는 청자의 응답을 바탕으로 자신이 한 말을 되돌아보고 앞으로 할 말의 내용과 방향을 결정하게 된다. 반대로 화자가 상대의 말을 바르게 이해하지 못했을 경우에는 엉뚱한 응답을 하여 분위기를 어색하게 만들거나 심지어는 오해를 불러일으킬 수도 있다. 따라서 듣기가 의사소통에 미치는 영향은 상당히 크다고 할 수 있다.

우리는 성공적인 의사소통을 위해서 말하기 못지않게 듣기의 중요성을 알고는 있지만 효과적으로 듣는 법을 배우지는 못했다. 듣기는 인내와 노력이 요구되기 때문에 대부분의 사람들은 듣기가 어려워지면 귀담아 들으려는 노력을 하지 않고 수동적으로 듣는다. 그러나 듣는 것은 그 자체만으로는 충분하지 않기 때문에 듣기 능력의 계발을 위해서는 상대에 대한 배려와 훈련이 필요하다.

듣기는 단순히 생리적인 차원에서 들리는 것을 자동적으로 받아들이는 것이 아니라 들은 것을 해석하는 정신적, 지적인 노력의 과정이다. 따라서 화자와 청자 사이에는 상호 의존성이 있다는 것을 인식하고 화자는 청자의 피드백에 주의를 집중해야 하고, 청자는 화자의 메시지를 이해해야 한다.

"사랑해. 우린 한 몸이 될 거란다." 나는 아침저녁 물에 담긴 당근 밑동에게 한마디씩 말을 건넸다. 아내는 농약을 친 데다 방사선 처리했을 묵은 농약 당근에게 허튼 짓을 한다고 핀잔을 주며 유기농 당근만 사랑했다. 나 역시 비관적이기는 했지만 포기하지는 않았다. 날마다 진심을 담아 당근에게 내가 할 수 있는 최고의 카피를 선사했다. 그렇게 얼마나 지났을까? 플라스틱처럼 무생명한 몰골을 하고 있던 당근이 드디어 조심스럽게 푸른 싹을 내미는 게 아닌가?

우리는 말이 모양이나 형태가 없어서 내뱉는 즉시 연기처럼 사라진다고 생각한다. 그러나 말은 연기처럼 사라지는 것이 아니다. 말은 눈에 보이지 않는다 뿐이지 진동하는 파동이자 에너지로 주변의 모든 생명이 있는 것들에게 영향을 미친다. 그래서 옛사람들은 말에 영혼이 있다고 믿었을 것이다. 말은 특히 가장 가까운 관계에 있는 부부사이에 막대한 영향을 미치게 된다. 무심코 내뱉은 말 한마디가 고통을 주는 나쁜 에너지로 작용한다면, 상대의 뇌는 진화의 시간 저편으로 되돌아가 한 마리 도마뱀으로 변신하고 무서운 독을 내뿜을 것이다. 그렇게 된다면 부와 명예, 지위, 미모 같은 세속적 가치로는 쉽사리 회복할 수 없는 관계가 된다.

부부 사이에 말을 할 때 너무 간지러워서 피부에 소름이 돋을 정도의 '닭살전략'을 사용해야 하는 이유가 바로 여기에 있다. '닭살전략'을 사용한다는 것은, 말 한마디에 의해 언제든지 독을 내뿜을 준비가 되어 있는 편도체라는 뇌 속 한 부위를 자극하지 않는 것이다. 언제든지 폭발할 준비가 되어 있는 편도체가 터진 뒤에는, 아무리 근사한 레스토랑의 분자요리라 해도 위궤양의 병인이 되며, 볼쇼이 백조의 호수를 복수의 호수로 만들며, 칠성호텔의 특급침대를 불면의 형장으로 바꿔버릴 것이 분명하니 말이다.

"사랑해, 네가 곧 내가 될 거란다."

시간에 쫓겨 이 글을 다듬고 있는 지금, 아내는 현미를 발아현미로 만들기 위해 무표정한 현미 쌀에게 닭살 돋는 말로 대화를 하는 중이다. 나는 그런 아내를 보면서 한참 웃고 있다. 내가 보기에 부부란 말을 통해 뉴런이 변화하고 나중에는 유전자까지 닮아가는 사이다.

〈탁정언, 「관계를 푸는 언어의 기술 - 사랑해, 네가 곧 내가 될 거란다」, 한겨레신문(2010.10.21)〉

02　효과적인 듣기

듣기는 화자의 표현 내용을 청자가 이해하는 과정으로 화자는 주관적 의미를 객관적인 언어로 표현하고, 그것을 청자가 객관적 의미로 수용한 다음 다시 주관적 의미로 이해하는 과정으로 이루어진다.

화자 ──────→ 청자

주관적 의미 → 객관적 언어 표현　　　　객관적 의미 → 주관적 이해

• 듣기의 과정 •

의사소통에 있어 듣기가 적극적인 기능을 한다고 말하는 이유는 상대의 말을 진지하게 듣는 태도가 자신뿐만 아니라 상대방에게도 큰 영향을 주기 때문이다. 화자가 머릿속에 들어 있는 내용을 조리 있게 펼쳐 보이기 위해서는 무엇보다도 뛰어난 말하기 능력이 필요하겠지만 그에 못지않게 중요한 것은 듣는 사람이 얼마나 잘 들어 주느냐 하는 것이다. 화자에게 상대가 자신의 마음을 알아주고 있다는 점보다 더 큰 힘이 되는 것은 없을 것이다. 즉 잘 듣는다는 것은 화자의 의도를 바르게 알아듣고 그 처지를 이해하며 의사소통을 효과적으로 이끌어 가는 하나의 과정인 것이다.

(1) 듣기의 방법

의사소통 과정에서 어떻게 말을 해야 하는가에 대해서는 관심을 기울이지만 듣기에 대해서는 그 중요성을 인식하지 않는 경향이 있다. 그러나 말을 하는 것 이상으로 듣는 것 또한 중요하다.

듣기는 종류에 따라 방법이 달라지는데 사실과 개념 및 정보를 얻기 위한 사실적 듣기, 상대의 말을 분석하거나 비판하는 비판적 듣기, 상대방의 입장에서 이해하려는 공감적 듣기 등으로 구분된다.

사실적 듣기는 화자가 말한 내용의 요점을 이해하기 위해서 듣는 것이다. 이는 적절한 자료와 정보를 추려내고 기억하기 위해 메시지에 집중을 하는 듣기 유형이다. 사실적 듣기의 방법으로는 대화 상황에 집중하고 중요한 사항을 필기하는 것이 있다. 또한 화자의 보조적인 자료를 발견하고, 화자의 대화 구조 및 패턴을 찾아내며 듣는다.

비판적 듣기는 상대가 말한 내용을 이해하는 것에서 더 나아가 메시지를 객관적으로 분석하며 듣는 것이다. 이를 위해 화자의 주장이 편파적이지 않고 객관적이며 타당한 것인지를 파악하며 듣는다. 또한 화자가 적절하고 신뢰할 수 있는 증거 자료를 바탕으로 구체적으로 자신의 주장을 제시하고 있는지를 확인한다.

공감적 듣기는 상대의 심리적, 감정적인 상태를 이해하는 데 일차적 목적을 두는 듣기의 유형이다. 상대방의 눈을 바라보며 비언어적 요소에 주의하여 상대의 표현에 적절히 반응을 하면서 듣는다. 상대의 말을 집중하여 들으면서 그 말에 대하여 비판 없이 반응하므로 상대는 대화에서 충분히 존중받는다고 느끼게 되며 결과적으로 대화를 효과적으로 지속할 수 있게 된다. 또한 자신의 말에 공감을 해 주기 때문에 화자는 청자에 대해 공격적이거나 방어적인 자세를 허물고 친밀감을 느끼게 된다.

공감적 듣기에는 소극적인 방법과 적극적인 방법이 있다. 소극적 듣기는 상대방의 말에 맞장구를 치며 공감해 주는 방법으로 '그래?, 정말?, 그랬구나?, 그래서?' 등과 같이 언어적으로 짧게 표현해 줌으로써 상대가 계속 자신의 말을 할 수 있도록 하는 것이다. 적극적 듣기는 상대방이 한 말을 자신이 이해한 대로 다시 구성하여 말하는 것이다. 다음은 공감적 듣기의 예로 B는 A의 말에 '어머, 그래서?'로 반응하고 다시 '정말 많이 아팠나 보구나'와 같이 A의 말을 해석하여 자신의 말로 표현한다. 이러한 공감적 듣기는 화자와 청자 간의 관계를 긴밀하게 연결해 주는 것으로 효과적인 의사소통의 한 방법이다.

A: 어제 사람들 많은 곳에서 넘어진 거 있지.
B: 어머, 그래서?
A: 어찌나 아프던지 창피한 것도 모르겠더라.
B: 정말 많이 아팠나 보구나.
A: 응, 지금도 얼얼해.
B: 그나마 크게 다치지 않은 게 다행이야. 몸조리 잘 해.

(2) 듣기의 태도

효과적인 듣기는 화자가 이야기한 내용을 수동적으로 받아들이는 것에서 끝나는 것이 아니라 들은 내용을 능동적으로 재구성하는 행위이므로 준비가 필요하다. 우리는 말할 때는 준비해서 말하지만 들을 때는 대체로 아무 준비 없이 듣는다. 그러나 잘 들으려면 반드시 듣기를 위한 준비를 해야 한다. 일반적으로 듣기는 목적에 따라 각기 다른 태도를 가지고 다르게 접근할 필요가 있다.

정보 수집을 위하여 들을 때는 들은 내용을 메모해 가며 정리한다. 그리고 자신이 요점을 잘 이해했는지 점검해 보며 자신의 생각을 화자에게 확인하거나 명료해질 때까지 질문한다.

비판적 분석을 위하여 들을 때는 화자의 말을 다 들은 다음에 판단하도록 한다. 화자를 엄격하게 비판하는 태도를 취하는 대신 말하고 있는 것이 정확하게 무엇인가, 주장이 타당한가, 예시·근거·통계 자료 등이 적절한가, 요점들 사이의 관계는 논리적인가, 지적인 논증 대신에 감정적으로 호소하고 있지는 않은가 등을 분석한다. 무비판적으로 메시지를 받아들이는 것은 청자 스스로에게도 바람직하지 못한 태도이다. 따라서 질의응답 시간이 되면 적극적으로 질문을 하도록 한다.

새로운 정보나 지식을 얻기 위한 목적이 아니라 상대를 파악하기 위하여 들을 때는 총체적으로 듣는 태도가 필요하다. 모든 발화에는 피상적인 메시지만 있는 것이 아니라, 분명하게 드러나지 않지만 그 사람이 화제나 대화에 대해 어떻게 느끼는지를 드러내 주는 메시지도 있다. 따라서 이 경우는 다양한 층위에서 들어야 한다. 단어 선택, 비유, 강조된 표현에 주의를 기울여 전체 의미를 이해하고 비언어적 요소를 파악하며 듣는다. 화자의 어조나 신체 요소를 잘 살피면 화자가 무엇을 강조하며 어떤 점이 모순되는지 잘 알 수 있다. 화자가 자신의 감정을 어떻게 조절하는지 살피면 의미를 더 잘 파악할 수 있다. 또한 화자가 말을 하지 않는 경우 어떠한 이유에서인지 화자의 침묵에도 주의를 기울일 필요가 있다.

효과적인 듣기를 위해서는 듣기에 방해가 되는 요소에 주의해야 한다. 듣기의 방해 요소는 다음과 같다. 첫째, 화자가 말하고자 하는 내용에 주의를 집중하지 않는 태도이다. 화자의 발음이나 문법적 오류, 특이한 억양 혹은 외모 등 사소한 것들에 빠져들면 잘 들을 수 없다. 물론 듣는 척만 하면서 다른 생각을 하여서도 안된다. 둘째, 화자의 말을 끝까지 듣지 않는 태도이다. 성급하게 청자 스스로 결론을 내린다거나 너무 어렵거나 쉬워서 혹은 자신과 무관한 것이라 판단하여 듣기를 포기하여서는 안 된다. 끝까지 주의 깊게 들으면 새로운 논증을 듣거나 생각하지 못했던 흥미로운 내용들도 발견하게 된다. 셋째, 좋지 못한 메모 습관이다. 전혀 메모를 하지 않거나 반대로 화자의 이야기 모두를 메모하려는 습관은 좋지 못하다. 메모할 경우 요점을 정리하여 체계적으로 재구성한다. 넷째, 지엽적인 부분에 집착하는 태도이다. 전체적인 맥락은 고려하지 않은 채 귀에 거슬리는 일부 혹은 마음에 드는 일부에만 집중해서는 안 된다. 메시지를 청자가 지니고 있는 지식 체계에 맞추다 보면 정작 화자가 말하고자 하는 바가 제대로 전달되지 않는다는 점을 명심할 필요가 있다. 다섯째, 감정적인 반응으로 화자가 자신의 견해와 상반되는 것을 주장한다고 하여 감정을 앞세우면 올바른 비판은 할 수 없다는 것을 인식해야 한다.

의사소통은 말하기와 듣기의 상호 작용을 통하여 완성된다. 따라서 성공적인 의사소통을 위해서는 듣기에도 준비가 필요하다는 것을 인식하고 상대의 말을 잘 듣기 위해 듣는 연습을 해야 한다. 또한 듣기에 방해가 되는 요소를 피하고 듣는 목적에 따라 경청하는 습관을 들이도록 노력해야 한다.

어느 젊은이가 스코틀랜드 산골을 여행하다 선술집을 발견했다. 아담하면서 고풍스러운 술집이었다. 손님은 노인 한 명뿐이었다. 맥주를 홀짝거리던 노인이 갑자기 젊은이를 향해 돌아앉았다. "젊은 양반, 이 술집을 누가 지었는지 아나? 바로 나야. 스코틀랜드에서 가장 좋은 나무만 골라 맨손으로 만들었지. 내 아들을 키울 때보다 더 사랑스럽게 만들었어. 그러면 사람들이 나를 위대한 술집 건축가 맥그리거라고 부를 줄 알았지. 하지만 아니었어." 노인은 턱으로 창밖을 가리켰다. "돌담 보이지? 내가 쌓았어. 비바람 뚫고 돌을 하나하나 옮겨 만들었지. 사람들은 나를 돌담 건축가라고 부를까? 아니야." 젊은이는 대체 무슨 말을 하나 궁금했다. "돌담 너머 호수 보이지? 그 둑도 내가 만들었어. 얼음보다 차가운 물에 몸을 담그고 판자 하나하나를 말뚝으로 박았지. 그래서 둑을 세운 장인으로 나를 부르는 줄 아나? 전혀 아니지." 노인은 잠시 숨을 고른다. "이건 가정인데 말이지, 내가 염소와 갔다면 어떻게 될 거 같나?"

미국 영화 제작자 앤드루 스탠턴이 스토리텔링에 대해 강의하면서 예로 든 에피소드다. 사람들은 무슨 이야기를 재미있어하는가? 어떤 이야기에 꾸벅꾸벅 졸고 어떤 이야기에 번쩍 눈을 뜨나? 어떻게 해야 내 이야기에 주목할까? 〈토이 스토리〉·〈벅스 라이프〉를 만든 이 제작자는 흥미로운 이야기를 찾는 법을 오랫동안 고민해왔다.

신화도 이야기의 한 형태라면 이야기야말로 인류의 가장 오래된 유산이다. 그런데 근래에 새삼 스토리텔링이 주목받는다. 영화와 드라마는 본래의 숙명이니 당연하다 하더라도 기업까지 스토리에 주목하는 것은 뜻밖이다. 스토리를 담은 경영 전략을 만들고, 그 전략을 텔링(말)하는 광고에 담는다. 소비자와 소통하는 가장 좋은 도구가 스토리라는 것을 눈치챈 까닭이다. 단순한 이미지보다 스토리의 잔상이 오래 남고, 그래서 상품에 대한 이해와 설득에 더 효과적이다. 물론 모두 성공하지는 못한다. 어느 화장품 회사 광고는 소비자 반응을 예상하지 못해 된서리를 맞았다. 광고의 여주인공은 명품 가방을 갖고 싶다. 돈은 적고 무슨 방법이 있을까? 친구와 만나는 횟수를 줄이는 등 여러 가지가 있겠지만 가장 간단한 방법은 남자친구를 사귀는 것이다. 화장품의 여러 기능을 하나로 모은 자사 화장품 성능을 비유적으로 풀어냈다. 하지만 인간관계를 물질적 도구로만 본다는 반응은 예상하지 못했다. 역효과가 났다. 비슷한 처지에 놓인 생명보험 광고도 있었다. 남편은 죽었지만 남편이 든 생명보험이 아내와 아이를 지켜준다는 광고였다. 잔잔한 음악을 배경으로 삼아 남편이 없는 일상을 담담히 그렸지만, 문제는 멀리서 그 아내를 지켜보는 보험설계사였다. 내가 죽고 없는 자리에 잘생긴 젊은이가 있는 그림은 유쾌할 수 없다. 보험의 목적에 충실한 이야기인데 소비자는 왜 불편해할까? 위트 있게 화장품 기능을 보여주었는데 왜 유머를 받아들이지 못하는 것일까?

화자와 청자의 소통이 문제다. 이야기는 넘쳐나지만 듣는 사람과 교통하는 이야기는 부족하다. 주고받지 않고 전하기만 하는 것은 이야기가 아니라 강요에 불과하다. 인간 심리의 깊은 곳을 꿰뚫어보는 통찰이 필요하다. 우리의 다큐멘터리는 어떠한가. 무슨 이야기를 어떻게 풀어나가고 있는가. 듣는 이한테 얼마나 관심을 가졌는가. 고민해 볼 지점이다.

〈김형준, 『혼자만 말하는 다큐의 '불통' - 김형준의 다큐 세상』, 한겨레뉴스(2013.05.02)〉

기괴한 신음이 울려 퍼지는 아르코미술관의 기획전 '플레이그라운드'는 분위기가 묘한 전시회다. 작품 하나하나는 기발한데 보고 있으면 기분이 모호해진다. 조명도 일부러

어둡게 했다. 왠지 불안감이 느껴진다고? 그렇다면 당신은 전시회의 메시지를 정확하게 포착했다. 이 전시회는 '불안'이 주제이기 때문이다.

"불안은 공포와는 다릅니다. 공포는 명확한 대상이 있죠. 하지만 불안은 대상이 불분명해요. 지금 2012년 하반기를 사는 대한민국 사람들이 불안해하는 것은 미래가 안 보여서라고 생각해요. 정규직과 비정규직 문제, 양극화 문제, 그리고 다양한 사회적 갈등 속에서 불안할 수밖에 없는 상황을 미술의 눈으로 보자는 취지입니다." 전시를 기획한 고원석 큐레이터의 말이다.

전시 작품들은 그러나 작품 자체로 불안감을 표현하지 않는다. 자세히 들여다보면 이유 모를 어색함과 불편함, 파악하기 어려운 모호함 등이 스멀스멀 피어오른다는 것이고 큐레이터의 설명이다. 겉으로는 불안을 감추는 것, 그게 지금 한국의 풍경이란 것을 작품들은 보여주고 있다. (중략)

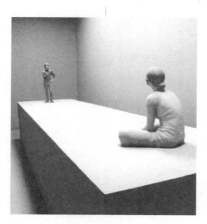

- 최수앙 작가의 〈화자〉, 〈청자〉

〈화자〉와 〈청자〉라는 두 작품이 짝을 이뤄 하나가 되는 최수앙 작가의 조각 작품은 명쾌하면서도 묵직하다. 말하는 이와 듣는 이란 제목이 조건반사적으로 소통을 떠올리게 하지만, 정작 화자와 청자 사이의 거리는 실로 멀다. 말하는 이는 뭔가 강하게 이야기하는데, 듣는 이는 무슨 소리인지 모르겠다는 경직된 표정. 두 사람의 얼굴은 흐릿하게 처리하고 화자의 입과 청자의 귀만 정교하고 사실적으로 도드라지게 묘사했다.

〈구본준, 『불안이 스멀스멀, 뭐지 이 느낌은?」, 한겨레신문(2012.08.29)〉

잘 듣기 위한 기본 스킬

1. 잘 듣기 위한 조건을 갖춘 사람이 되기
   (1) 말하기의 중요성과 가치를 아는 사람
   (2) 말하기를 즐기는 사람
   (3) 설득에 능숙한 사람
   (4) 화제가 풍부한 사람
   (5) 말을 능숙하게 잘 하는 사람
2. 대답 잘 하기
3. 웃는 얼굴로 듣기
4. 바른 자세로 듣기
5. 적절한 맞장구치기
6. 상대의 말을 도중에서 가로채지 않기
7. 상대의 말을 도중에서 가로막지 않기
8. 듣는 척 안 하기
9. 상대의 말을 정리하며 듣기
10. 이야기를 끝까지 듣기
11. 상대의 눈을 바라보며 듣기

〈福田 健, 「上手な聞き方・話し方の技術」, ダイヤモンド社(2001)〉

연 · 습 · 문 · 제

01 3명 이상의 대화 참여자를 구성하여 10분 동안 대화 상황을 녹음한 후 화자 개인별로 말하기와 듣기의 비율을 조사해 보자.

02 5명을 한 팀으로 구성하여 각각 다음 시의 일부를 들려 준다. 각자가 들은 내용을 팀원에게 전달하여 시를 완성해 보자. 빠진 내용이나 시 본래의 순서와 다른 부분이 있다면 그 이유에 대해 생각해 보자.

　　6은 나무 7은 돌고래, 열 번째는 전화기

첫 번째는 나
2는 자동차
3은 늑대, 4는 잠수함

5는 악어, 6은 나무, 7은 돌고래
8은 비행기
9는 코뿔소, 열 번째는 전화기

첫 번째의 내가
열 번째를 들고 반복해서 말한다
2는 자동차, 3은 늑대

몸통이 불어날 때까지
8은 비행기, 9는 코뿔소,
마지막은 전화기

숫자놀이 장난감
아홉까지 배운 날
불어난 제 살을 뜯어 먹고

첫 번째는 나
열 번째는 전화기

〈박상순, 「6은 나무 7은 돌고래」, 민음사(2005)〉

03 다음의 대화를 공감적 듣기와 비판적 듣기의 기준에 맞게 완성해 보자.

(1)

> 고등학생인 딸이 미장원에서 머리를 자르고 들어오면서 볼멘소리로 말한다.
> 딸: 엄마! 머리를 너무 짧게 잘라서 엉망이야. 창피해서 학교도 못 가겠어.
> 엄마: (   )

(2)

> 면접을 마치고 돌아온 친구가 힘없이 말한다.
> 여: 졸업은 다가오는데 취업이 되지 않아 고민이야. 어떻게 해야 할까?
> 남: (   )

04 다음의 대화가 바람직하지 않은 이유를 설명해 보자.

(1)

> 퇴근한 남편이 불쑥 말한다.
> 남편: 이번 주말에 부부 동반 모임이 있어.
> 아내: 아니, 그걸 지금 말하면 어떻게 해요.

(2)

> 함께 본 영화가 상대도 재미있었다는 이야기를 듣고 싶은 마음으로 여자가 말한다.
>
> 여: 영화 재미있죠? 주인공이 살아남아서 정말 다행이었어요.
> 남: 원래 대부분의 영화가 해피앤딩으로 끝나기 마련이잖아.
> 여: 그래도 도중에 아슬아슬했잖아요.
> 남: 결국은 주인공이 이겼잖아.

05 자신의 의사소통 경험 가운데 '듣기'가 힘들었던 상황을 이야기해 보자.

제 4 장

남성과 여성의 의사소통

01 남성과 여성의 언어

우리가 사용하는 언어는 남녀에 따라 어휘나 문법, 화용상의 특징적인 차이가 발생한다. 이는 생활 영역이나 관심 분야 혹은 심리적 원인에 의해 남녀가 언어 표현을 달리하기 때문이다.

사회가 변화함에 따라 남성과 여성의 지위나 역할의 차이가 줄어들면서 사용하는 언어의 차이도 적어졌지만 남녀 언어의 특징적인 면은 여전히 존재한다. 구현정·전영옥(2005)에서는 남녀 언어의 특징을 음성, 어휘, 문법, 화용적 측면으로 구분하여 설명한다.

음성적 측면에서는 동서양을 불문하고 일반적으로 여성은 남성에 비하여 정확한 발음과 표준어를 사용하는 것으로 알려져 있다. 이는 사회적 지위가 남성에 비하여 상대적으로 낮은 여성이 의도적으로 높은 지위의 언어를 사용하고자 하기 때문으로 해석된다. 반면에 남성의 경우 방언권 화자는 표준 발음 습득에 노력하지 않는 경우를 흔히 보게 되는데 이는 사회적 기득권을 과시하기 위한 의식이 반영된 것이라 할 수 있다.

어휘적 측면에서 여성은 남성에 비해 감탄사, 부사를 자주 사용하는 편이다. 이는 상대와의 유대를 중요시하는 여성의 대화 목적과도 관련이 있는 것으로 상대의 말에 공감하고 반응하기 위한 하나의 방법이다. 그러나 이러한 표현이 지나치면 유아적인 느낌을 줄 수 있으므로 상황에 따른 적절한 표현이 필요하다.

문법적 측면에서 남성은 서술문, 여성은 의문문을 선호하는 편이다. 여성이 사용하는 언어는 남성에 비하여 상대적으로 간접 표현이 많다. 가령 명령을 하는 경우에도 여성은 청유문이나 의문문을 사용한다. 이는 상대를 배려하고 유대 관계를 중시하는 여성의 대화 방식에 따른 것이다. 또한 남성은 격식체, 여성은 비격식체 어미를 주로 사용하는데 격식체와 비격식체는 의사소통 상황에 맞게 적절하게 선택해야 한다.

화용적 측면에서 여성은 모호한 표현을, 남성은 직접적인 표현을 많이 한다. 여성이 모호한 표현을 하는 이유는 직접적인 표현이 상대의 체면을 손상시킬 수 있기 때문이다. 그러나 정확하지 않은 표현은 상대의 신뢰를 얻기 어려우므로 상황에 맞춰 적절하게 표현해야 한다. 반면에 남성의 직접적인 표현은 상대의 마음을 상하게 하여 갈등을 초래할 수 있으므로 남녀 간의 언어 표현의 차이를 인식하고 상대를 배려하여 대화하도록 해야 한다. 흔히 여성은 상대의 말에 공감하며 들을 때 맞장구를 친다. 맞장구 치기는 여성 언어의 대표적인 표현으로 대화를 지속하는 데 긍정적 역할을 한다. 상대를 칭찬하는 표현도 남성에 비해 여성이 자주 사용하는 정중어법 가운데 하나인데 상대와의 충돌이나 갈등을 줄이는 데 효과적이다.

여자가 셋이 모이면 접시가 깨진다는 말도 있고 경상도 남자가 퇴근하여 집에서 하는 말은 '밥도, 아는? 자자.'라는 세 마디라는 말도 있다. 우리가 부부로 살아가면서 저 사람이 왜 저럴까 화도 나고 이상하게 생각된 적도 있는 것은 남녀 간에 문화가 다르고 언어 사용 방법이 다른 데도 그것을 인식하지 못하고 있기 때문이다.

선천적인 남녀 간의 차이도 있지만 어떤 사회에서도 남자와 여자는 다르게 길러지며 그 문화가 다르다. '남자답다, 여자답다'라는 말의 의미는 남성과 여성의 문화의 차이를 나타낸다. 문화가 다르면 그에 따라 언어가 달라지게 된다. 남성과 여성은 그 육체가 다르고 심리가 다른 것만큼 언어도 다르게 된다. 이를 성별방언이라 한다.

적과의 동침? 남녀, 다른 문화, 다른 언어 이렇게 서로 다른 방언을 사용하는 이질적인 문화 간에는 늘 의사소통 문제가 대두되게 된다. 이런 분명한 예를 동서양의 문화의 차이와 그에 따른 의사소통의 장에서 살펴볼 수 있다. 서양인은 나이가 많아도 이름을 불러 주면 좋아하지만 우리는 나이 많은 사람의 이름을 부르면 화를 낸다. 문화가 다른 서양 아이가 우리집에 와서 친근감을 나타내기 위하여 어른의 이름을 부르면 싸움이 일어날 수 있는 것이다.

행복한 결혼 생활은 사람을 젊어지게 하고 독신이나 이혼은 수명을 단축시킨다는 이야기도 있다. 이것은 남녀 간의 원만한 의사소통이 그만큼 중요하다는 것이다. 요즘 우리나라의 이혼율이 급격히 늘어나고 있다고 하는데 처음부터 이혼하려고 결혼하는 사람은 없을 것이고 살다보니 여러 이유로 이혼하게 되겠지만 다툼이 일어나기 전에 반드시 말이 오고 가며 몇 번만 말꼬리 잡고 씩씩거리다 보면 서로 안 맞는 부부가 되고 돌이킬 수 없는 지경에 놓이게 되고 적과의 동침이 되는 것이다. 그래서 우리는 의사소통의 도구가 되는 말의 사용에서 남녀 간의 차이를 다시 한 번 생각하고 상대를 이해하고 배려하는 언어생활을 하여야 한다.

(중략)

우리는 성별 방언의 차이를 흔히 잊고 산다. 옷차림이나 행동은 눈에 보이지만 말은 눈에 보이지 않으므로 실제로 경험하기 전까지는 그 차이를 인식하지 못한다. 따라서 남녀의 언어에 차이가 있을 수 있다는 인식만 하여도 그것이 훌륭한 대화 방법 모색의 시작이 되는 것이다. 대화의 원리는 상대에 대한 이해와 배려이다. 상호간의 문화의 차이를 인식하고 그것을 바탕으로 대화를 전개하여야 한다.

〈왕문용, 「여성문화, 남성문화 그리고 의사소통」, cafe.daum.net/JesusmyLord(2006.01.21)〉

02 남성과 여성의 의사소통 방식과 목적

남성과 여성은 동일한 언어 공동체 속에서 살아가지만 생각하는 방식과 그것을 언어로 표현하는 방법에는 개인에 따라 정도 차이는 있으나 특징적인 차이가 나타난다.

남성은 여성에 비해 직설적 표현을 선호하고, 필요한 정보를 전달하거나 다른 유용한 관점들을 제시하기 위해서라면 논쟁도 필수 불가결한 것으로 여긴다. 따라서 상대의 말을 가로채거나 직접명령을 많이 한다. 그러면서도 자신에 대한 지시적 말투에는 반감을 가지게 되며, 의사소통 상황에서 상대방과의 상하관계에 촉각을 세우는 것이 일반적 특징이다.

여성은 기본적으로 유대 관계를 중시하기 때문에 의사소통에 있어서도 분명한 사실의 확인이나 논쟁, 충고나 현실적 해결책보다는 맞장구를 치거나 찬사 및 공손한 표현 등의 협동적 대화 방식을 선호하는 편이다. 그러나 애매한 어법이나 의문형, 청유형 등을 많이 사용하여 자신의 의견을 표현하는 면에서는 다소 서툰 경향이 있다.

이상과 같이 남성과 여성은 기본적으로 의사소통 방식이 다르다. 의사소통 과정에서 남성은 독립에 중점을 두고, 여성은 유대 관계에 관심을 쏟는다. 따라서 남성은 독립의 틀 속에서 직접적으로 이야기해 주기를 원하지만, 여성은 유대 관계의 틀 속에서 말로 표현하지 않아도 자신이 느끼는 것을 상대가 함께 느껴주기를 기대한다. 다음의 대화와 같이 남녀의 직·간접 의사소통 방식의 차이는 상대에게 불만을 느끼게 하는 상황으로까지 발전할 수 있으므로 조심할 필요가 있다.

> 여: 당신 배고프지 않아요?
> 남: 아니, 생각이 없네.
> 여: 하긴, 난 입맛이 없어 먹는 둥 마는 둥 했는데, 당신은 옆에서 잘도 먹더라.
> 남: 왜, 또? 뭐가 불만이야?
> 여: 꼭 그런 식이지. 남은 배가 고픈지 어떤지 관심도 없고.
> 남: 그럼 빙빙 돌리지 말고 배고프니까 밥 먹으러 가자고 말을 하지.

독립의 틀에서 대화를 하는 남성은 지위를 바탕으로 하여 상하 관계를 기준으로 대화를 나누고, 유대 관계의 틀에서 대화를 하는 여성은 균형과 평등을 바탕으로 하여 대등 관계를 기준으로 대화를 나눈다. 여성들은 협력 관계를 중시하기 때문에 남성의 요청에 부정적이지 않은 반면 남성은 여성의 요청을 상하 관계의 기준으로 파악하여 여성이 자기보다 위에서 지시하는 것이라고 생각하고 그 일을 하지 않으려는 경향이 있다. 다음의 대화는 부인의 요청에 기분이 상한 남편의 반응을 보여준다. 이와 같은 상황에서 부인은 명령조로 말을 할 것이 아니라 남편의 일정을 확인한 후 "마당에 낙엽이 많이 떨어졌네. 비 오면 미끄럽겠다. 좀 치워주면 안 될까?" 등의 우회적인 부탁을 하는 것이 바람직하다.

> 여: 여보, 오늘 마당 좀 치워 줘.
> 남: (침묵)
> 여: 아니, 왜 대답을 안 해?
> 남: 나 등산 약속 있어.
> 여: 약속 있다는 말 없었잖아?
> 남: 그럼 일일이 당신한테 얘기해야 돼?

남성과 여성은 의사소통의 목적에서도 차이를 보인다. 일반적으로 남성은 문제를 해결하는 것에 목적을 두지만 여성은 상대방과 함께 대화를 나누면서 서로 공감하는 것에 목적을 둔다. 다음의 대화에서 부인은 공감을 원하며 자신의 어려움을 남편에게 털어놓지만 남편은 원인 분석에 목적을 두고 부인의 고민에 대하여 충고를 하게 된다.

> 여: 요즘 회사에 일이 많아서 참 힘들어.
> 남: 그러게 연말이라 우리 회사도 바쁘긴 해. 그런데 당신의 그 완벽주의
>   성격 때문에 더 힘든 건 아니야? 지난번에도 당신만 야근했잖아. 좀
>   적당히 살아.
> 여: 당신은 꼭 그렇게 말하더라. 내 성격이 어때서 그래.

일반적으로 남성은 과묵하다고 생각하고 여성은 수다스럽다고 한다. 그러나 이것은 의사소통의 상황에 따라 다르게 반응하는 남녀의 일면만을 보고 평가하는 말이다. 대부분 남성들은 직장이나 공적인 모임에서 말을 많이 하고, 여성은 가족이나 사적인 모임에서 말을 많이 한다. 남성들은 다른 사람에게 정보를 전달해 주거나 자신의 지식을 과시하면서 대화의 중심적인 역할을 할 수 있는 것을 좋아한다. 이에 비하여 여성들은 별 내용이 없는 말이라도 이야기를 나눔으로써 서로 감정을 공유하며 친교를 쌓을 수 있는 것을 좋아한다.

여1: 이 모자 참 예쁘다.

여2: 정말, 요즘 유행하는 거네. 한번 써 봐.

여1: 아니야. 내가 모자 쓰고 어딜 다닌다고…….

여2: 왜? 잘 어울릴 것 같은데. 추울 때는 모자가 얼마나 따뜻한데.

여1: 그래? 그럼 한번 써 볼까?

여2: 어머, 정말 잘 어울린다.

남성이든 여성이든 의사소통에 있어서 중요한 것은 상대가 자신을 인정하고 이해해 주는 것이다. 따라서 성공적인 의사소통을 위해서는 상대방의 대화 목적에 관심을 가지고 귀를 기울여 주는 것이 필요하다.

[사례 1] 퇴근 후 거실에서 저녁 뉴스를 보고 있는 남편. 아내는 남편에게 아이 교육 문제를 상의하고 싶어 한다. 옆에 다가가 얘기를 꺼냈지만 남편의 시선은 채널에 고정, 듣는 둥 마는 둥 무성의한 태도를 보이는 게 아닌가. 아내는 화가 났고, 결국 부부 싸움으로 이어졌다.

[사례 2] 건강가정지원센터에서 개최한 부부학교에 참석한 중년의 부부. 아버지 교육에서 강조한 남성과 여성의 언어 차이에 대한 강의를 연신 고개를 끄덕이며 열심히 듣던 부부였다. 남녀의 차이를 새겨들은 뒤로 남편은 인내심을 가지고 아내의 이야기를 들어주었다. 자신의 말에 귀 기울이지 않던 남편이 불만이던 아내는 남편의 변화에 우울증이 없어지고 부부 금실도 좋아졌다.

중년 여성의 상담 내용 중 가장 많은 불만은 '남편이 말을 하지 않고 잘 들어주지도 않는다'는 하소연이다. 미혼 때는 가벼워 보이는 말 많은 남자보다 오히려 과묵한 남자가 인기다. 그러나 결혼 후 과묵한 남자는? 여자 속을 답답하게 만들 뿐이다. 특히 말 많던 남자도 결혼만 하면 '아는?' '밥 줘' '자자' 등 하루에 세 단어로 대화를 끝낸다는 경상도 남자가 돼버리는 것은 왜일까?

임상 심리학자 피즈 부부에 의하면 남녀 간에는 커뮤니케이션 능력에 커다란 차이가 있다고 한다. 보통 여성은 하루에 6천~8천 개의 단어를 사용한다. 얼굴 표정이나 머리를 끄덕이는 신체적 언어까지 포함하면 약 2만 개 정도의 언어를 사용하는 것이다. 반면 남성은 하루에 4천 개의 단어를 말한다. 신체 언어 포함 7천 개 정도의 언어만을 사용한다. 이는 여성의 3분의 1 수준, 그러니 아무리 남자가 자신의 할당 언어를 다 사용한다고 해도 여자에게는 '조용한 남자'로 인식될 수밖에 없다.

게다가 직장에서 이미 많은 언어를 사용한 남자는 집에 오면 말을 하고 싶지 않다. 맞벌이하는 경우라면 그나마 '조용한 남자'를 이해할 수 있다. 하지만 전업주부일 경우에는 갈등의 원인이 된다. 기껏해야 아이와의 대화가 전부였을 아내는, 오늘의 언어 사용량이 다 끝나지 않아 잠을 이룰 수 없다. 그래서 소진되지 않은 언어를 쏟아내기 위해 남편의 퇴근만을 기다린다. 이럴 때 남편은 피곤하겠지만 인내를 가지고 아내의 말을 들어주는 습관을 가져야 한다. 아내의 이야기를 들어주면서 아내가 정서적으로 편안함을 가질 수 있도록 배려한다면 일단은 부부 대화에 문제 없는 부부가 될 수 있다.

내 남자의 입을 움직이는 조건, 용건

남녀는 대화의 동기에도 상당한 차이를 보인다. 남자는 '용건이 있을 때만 말하는 습성'이 있다. 여성이 전화하면 남성이 제일 먼저 '왜?'라고 묻는 것도 이러한 이유 때문이다. 남성의 반응에 여성은 꼭 이유가 있어야 하나 싶은 섭섭함을 토로할 것이다. 하지만 당신의 남자만 이러는 것도 아니고, 당신의 전화가 귀찮아서도 아니다. 그들은 그저 늘 '용건이 있어야 말하는 습성'을 갖고 있기 때문이다.

남녀가 말싸움을 할 때에는 대부분 남성이 진다. 가장 큰 이유는 말을 입 밖으로 내뱉는 과정의 차이 때문이다. 남성은 머릿속으로 먼저 자신이 할 말을 생각한 뒤 말을 내뱉는다. 반면 여성은 말을 하면서 생각을 정리한다. 몸싸움을 할 때도 '선방을 먼저 날리는 사람이 유리한 것처럼 말싸움도 마찬가지다. 먼저 내뱉고 반박할 기회를 주지 않으면 이길 수밖에 없다. 게다가 남성은 문제 해결을 위해 말을 하기 때문에, 싸워서 해결될 문제가 아니면 아예 시작도 하지 않는다. 그러다 보니 말싸움을 할 때면 남성은 조용히 듣고 있고, 여성 혼자 떠드는 경우가 많다.

부부 상담가의 입장에서 보면, 이들 부부의 싸움은 단순한 오해에서 비롯된 것이다. 아내 입장에서 보면 분명히 남편의 무성의한 태도를 문제 삼을 수 있다. 하지만 그전에 위에서 설명한 남자의 대화 습성을 이해했다면, 이들 부부는 싸움으로까지 이어지지 않았을 것이다.

앞으로 대화할 때는 남편에게 양해를 먼저 구하자. 그리고 TV를 잠시 끈 뒤에 대화를 시도하면 문제는 충분히 해결된다. 여성과 달리 남성은 한 번에 하나의 일밖에 할 수 없는 뇌 구조를 갖고 있다. 따라서 아내는 중간 중간 '여보, 지금 제 말 듣고 있어요?'라고 한 번쯤 물어보며 대화를 끌어가는 것이 좋다.

부부간 소통의 문제는 사소한 문제로부터 비롯된다. 하늘 아래 반반씩 살고 있는 남녀 간의 차이를 이해한다면 부부 행복 지수를 높이고 행복한 가정을 만들 수 있다.

〈최강현,「침묵하는 남성을 이해하라 - 단미 부부이야기」, chosun.com(2014.04.28)〉

연·습·문·제

01 드라마나 영화 속 남성과 여성의 대화를 자료로 하여 남녀 대화의 특징을 말해 보자.

S#11. 미리의 오피스텔 안

미　리: 휴지 줘.

호　철: 애들 장난질 가지고... 울 일도 많다.

미　리: (어이없는) 로미오와 줄리엣이 애들 장난이라구?

호　철: 그럼 저게 장난이 아니면, 난장이냐?

미　리: 저런 건 사랑이라고 하거든요?

호　철: (황당한) 사랑? 웃기고 있네. 사랑이 올겨울에 추워서 다 얼어 죽었나부네.

미　리: (황당하고 어이없게 보며)?

호　철: 너두 머리가 있음 생각을 해봐? 첫눈에 기집애한테 반해가지고, 도둑놈처럼 기집애네 집 담장 밑에 가서 달빛이 어쩌네, 저쩌네 운명이네 마네.

미　리: (호철 보며, 인간이 왜 저러나 싶은 표정이다) 기집애 아니거든, 줄리엣이거든.

호　철: 이름이 중요하냐, 지금? 하는 짓이 중요하지. 신부님이 약 쳐먹지 말라는데, 왜 쳐먹어? 앞뒤 분간 안하고, 신부 말 듣지도 않을 거면, 뭐하러 신불 찾아가. 사랑? 야, 사랑하면 죽는다고 같이 따라죽어야 하는 거냐?

미　리: 너무 사랑하면 그럴 수도 있지.

호　철: 너 니 자식이 그런데도 그런 말 할 수 있냐? 사랑하면 죽을 때 따라죽으라고?

(KBS 2TV 굿바이솔로 1회 중에서)

---

02 다음에 제시된 대상과 의사소통 방식이나 목적에 차이가 있어 문제가 되었던 경험을 이야기해 보자.

(1) 가족: 아버지, 오빠(형), 남동생(여동생)

(2) 남자(여자) 친구, 남자(여자) 선배

03 다음 대화와 관련하여 남녀 의사소통의 특징을 지적해 보자.

(1)

> 여: 요즘 엄마랑 얘기만 하면 충돌이라서 고민이야
> 남: 네 행동을 잘 분석해 봐. 네가 무슨 잘못을 한 건 아닌지.
> 여: 그럼, 너는 나한테 문제가 있다고 생각하는 거야?
> 남: 아니. 그래도 뭔가 어머니와 너 사이에 문제가 있으니까 대화가 안 되는 거잖아. 그러니까 일단 네 행동을 돌이켜 보고 앞으로 어떻게 하는 게 좋을 지 생각해 보는 것이 좋잖아.
> 여: 넌 항상 서당 훈장님 같은 말만 해.

(2)

> 여: 와, 저기 노을 좀 봐. 정말 환상적이다.
> 남: 그게 다 먼지 같은 입자 때문이야. 먼지나 화산재 등이 발생한 지역으로부터 먼 지역에서 보면 멋있는 노을로 보이는 거야.
> 여: 뭐?
> 남: 해가 지기 시작하는 저녁에는 대기권의 큰 입자들이 광선을 심하게 분산시키기 때문에 파장이 긴 붉은색과 노란색만이 우리의 눈에 보이는 거야. 낮은 각도에서 비치는 햇빛이 구름의 밑 부분을 물들여 저렇게 화려한 색깔로 나타나는 거라구.
> 여: 너 정말 무드 깨는 데 재주도 좋다. 아무리 맞는 말이라고 해도 지금 이 상황에서 그런 말 하고 싶니?

04 다음 상황에 관하여 각각 남성과 여성의 표현으로 얘기해 보자.

(1) 진로 상담의 경우

(2) 토론 과정에서 상대의 의견에 반박하는 경우

05 남성과 여성이 사용하는 언어에 차이가 발생하는 근본적인 원인이 무엇인지 이야기해 보자.

제**2**부

말하기의 준비

제 1 장

청중 분석

청중 분석의 중요성

말하기에 있어 듣기가 중요한 것처럼 말 듣는 사람 즉 청중에 대한 분석은 필수적이다. 청중에 따라 말하기의 주제에서부터 내용에 이르기까지 모든 부분이 직접적인 영향을 받기 때문이다. 청중을 말하기의 공동 화자라고도 부르는 것은 이 때문이다. 따라서 청중에 대한 분석은 모든 말하기의 출발이 된다고 할 수 있다.

청중에 대한 분석이 없는 말하기는 자신에게 향하는 독백과도 같은 것이다. 자신이 말하고 싶은 대로만 이야기하는 것은 청중과의 단절을 가져오기 쉽고 청중을 고려하지 않은 말하기는 결국 역효과를 불러오게 마련이다. 태인영 옮김(2007)에서는 말 잘하는 리더들의 8가지 비밀 가운데 하나로 "청중에게 친근하게 다가가라."는 사실을 역설하고 반대로 리더들이 가장 많이 저지르는 8가지 실수 가운데 하나로 "청중을 염두에 두지 않는 것"을 들었다. 이는 말하기에서 청중 분석의 중요성을 단적으로 보여 주기에 충분하다.

만약 청중이 어떠한 성격을 가지고 있는지 모르고 말을 한다고 가정해 보자. 그렇게 되면 말하고자 하는 것 중에서 강조해야 할 것이 무엇인지 알 수 없게 되고 따라서 생각을 가장 효율적으로 제시하는 방법이 무엇인지, 또 어떤 수준에 맞추어야 하는지 전혀 알 수 없게 된다.

강연과 연설은 청중을 위해서 하는 것이지 자신을 위해 하는 것이 아니다. 하지만 많은 연설자가 이런 기본 원칙을 잊고 항상 자기 주위만을 맴돈다. 우리는 비즈니스 커뮤니케이션을 교육하며 뜻 밖에도 '어떻게 하면 청중과 함께 호흡할 수 있는가?'는 생각하지 않고 혼자만의 생각에 빠지는 타입의 연설자들이 무척 많다는 것을 알게 되었다. 그런 사람들은 공통적으로 연설을 준비하며 '어디에서 문제가 생길까?' 또는 '어떻게 하면 강연을 무난하게 넘길 수 있을까?' 등에 중점을 둔다. 청중보다는 자기의 입장만을 신경쓰는 것이다. 이러한 잘못된 방향 설정은 결국 부정적인 결과를 가져온다.

또한 '청중을 열광시키는 연설'이라는 도전을 정면으로 받아들이려 하기보다는 애매모호한 걱정 속을 헤매는 연설자들도 많다. 이런 생각들이 만들어 내는 부정적인 에너지는 당연히 강연장을 무겁고 침통하게 만들 뿐만 아니라 연설자가 청중에게 다가서는 것을 막는다. 이와 같은 경우 연설자와 청중 사이에는 처음부터 벽이 생겨난다. 연설자는 불안감에 빠져 청중이 자신에게 거부감, 심지어 적대감을 가지고 있다고 추측한다. 그는 자신이 가상으로 만들어 낸 적에 맞서기 위해 '공격이 최상의 방어'라는 전략을 도입한다. 이로써 자신의 예언을 스스로의 행동을 통해 성취시키는 '자기 실현적 예언'이 나타나게 된다. 즉 연설의 공격적인 태도는 그가 두려워했던 청중의 반응을 불러일으키게 되고 결국 연설자의 두려움은 현실이 되는 것이다.

한편 자기 도취 때문에 청중이 원하는 것이 무엇인지에 대해 무심한 경우도 있다. 그들은 강연을 청중의 수준에 맞추기보다는 자신의 욕구에 맞춘다. 전문 분야 종사자들이 자주 이런 어리석음을 저지른다. 그들은 자신의 전문성만을 강조하다가 청중을 소외시키고 마는 것이다. 자신이 가지고 있는 폭 넓은 배경 지식을 청중도 똑같이 가지고 있을 것이라고 전제해 버리는 것이 그들이 벌이는 가장 큰 실수다. 그 결과 청중은 연설자를 향해 이해하지 못하겠다는 듯한 눈빛을 던지게 되고 그는 자신의 스피치에 대해 자신감을 잃게 된다. 이들의 공통점은 그러고 나서도 쉽게 반성하지 않는다는 것이다. 그들 중 일부는 청중이 모두 문외한들인 이런 강연은 차라리 하지 않는 편이 나았다는 자기 중심적인 생각을 다시 한 번 확고히 굳힐 것이다. 아마 그 점에 있어서는 그의 강연에 억류되어 있었던 청중도 마찬가지일 것이다.

〈윤진희 옮김(2004), 『두려움 없이 말하기』〉

02   청중 분석의 실제

그렇다면 청중을 분석하기 위해 고려해야 할 점은 무엇인지 생각해 보자. 경우에 따라서는 보다 더 세밀하게 나눌 수도 있지만 청중의 태도(3부 3장에서도 다시 언급된다), 청중의 지식 수준, 청중의 욕구, 청중의 구성상 특징, 청중의 물리적 특성은 청중 분석을 위한 필수 요소로 언급된다.

(1) 청중의 태도

사람들은 성장과정을 거치면서 스스로의 가치체계를 확립해 간다. 그런데 그 성장과정에서 겪은 경험도 서로 다르고 처한 입장도 서로 다르므로 주어진 대상에 대하여 가지고 있는 태도도 다를 수밖에 없다. 여행을 주제로 말하기를 할 때에도 이미 많은 여행을 다닌 사람이 여행에 접근하는 시각과 여행을 자주 다니지 않은 사람이 그에 대해 바라보는 시각은 같기가 어려우며 운동을 화제로 말하기를 할 때에도 남성이 바라볼 때와 여성이 바라볼 때 관점이 달라질 수밖에 없다.

심리학적 연구들에 따르면 사람은 자신의 기존 태도에 따라 선택적으로 참여하고 선택적으로 인식하며 선택적으로 저장하고 선택적으로 회상한다고 한다. 이것을 말하기와 연관시켜 생각하자면 청중은 자신이 듣고 싶은 것을 골라 듣고 그 내용을 자신에게 유리한 쪽으로 해석하며 자신이 원하는 것만을 듣고 필요하면 그것을 끄집어낸다는 것이다. 따라서 이러한 청중의 기본 속성을 염두에 두는 것은 청중 분석의 시작이라 할 수 있다.

청중의 태도 분석에서 가장 중요한 것은 청중이 말하는 이에게 가지는 태도가 어떠한가를 파악하는 일이다. 예를 들어 청중은 말하는 이에게 우호적일 수도 있고 그렇지 않을 수도 있다. 만약 우호적이라면 말하기의 내용은 감정을 공유할 수 있는 측면을 부각하는 것이 좋다. 그러나 만약 우호적이 아니라면 논리적인 내용을 중심으로 청중의 이성에 호소할 수 있도록 말할 내용을 구성하는 것이 좋다.

마찬가지로 말할 내용에 대한 청중의 태도가 어떠한지를 따지는 것도 매우 중요하다. 가장 일반적인 경우는 말할 내용에 대해 청중의 입장이 말하는 이와 일치하는가 혹은 그렇지 않은가를 따지는 것이다. 만약 말할 내용에 대해 청중도 같은 생각을 가지고 있다면 말하는 이는 자신의 주장을 관철시키기 위해 많은 증거를 댈 필요가 없지만 반대로 청중이 반대의 생각을 가지고 있다면 자신의 관점을 이해시키기 위해 타당한 근거를 지속적으로 제시해야 한다. 한편 말할 내용에 대한 흥미의 정도를 분석하는 일도 빠질 수 없는 요소이다. 아무리 타당한 근거를 많이 제공한다고 하더라도 청중이 흥미를 가지고 있지 않은 주제라면 자연히 적극적인 호응을 기대할 수 없기 때문이다.

(2) 청중의 지식 수준

아무리 훌륭한 말하기라도 그것을 듣고 있는 청중이 제대로 이해하고 있지 못하면 아무 소용이 없을 것이다. 그만큼 청중의 말할 내용에 대한 이해 여부에서 가장 직접적인 요인이 되는 것이 청중의 지식 수준이다.

청중의 지식 수준 분석은 두 단계를 거쳐 진행하는 것이 좋다. 첫 단계는 청중의 일반적인 지식 수준이다. 이 경우의 지식 수준은 대체로 교육 수준과 비례한다. 교육 수준이 낮은 청중의 경우에는 어휘력과 논리력에서 취약하다. 따라서 가급적이면 문장의 길이가 짧아야 하고 논리도 단순한 것이 좋다. 반대로 교육 수준이 높은 청중의 경우에는 전문용어나 복합적인 문장, 그리고 정교한 논리의 전개가 오히려 이해도를 높이는 데 도움이 될 수 있다.

두 번째 단계는 말할 내용에 대해 청중이 가지고 있는 지식 수준에 대한 분석이다. 교육 수준이 높다고 하더라도 말할 내용에 대해서는 잘 모를 수 있기 때문에 교육 수준과는 별도로 주제에 대한 지식 수준도 분석할 필요가 있다. 주제를 잘 모르는 경우에는 정보 제공의 양도 조절해야 하며 용어도 가급적이면 일반적인 용어를 사용해야 한다. 주제를 잘 아는 청중인 경우에는 기초적인 부분을 설명하는 데 시간을 낭비하기보다는 청중이 가지고 있는 지식과는 구별되는 새로운 지식을 제공하는 데 초점을 맞추어야 한다.

(3) 청중의 욕구

청중은 무언가를 원하기 때문에 들으러 오는 것이다. 그러나 다른 사람의 말을 들으러 오는 청중의 욕구는 매우 다양하다. 어떤 청중은 말하는 사람에게 관심이 있어서 오는 경우도 있을 수 있고 또 어떤 청중은 말하는 사람보다 말할 내용에 흥미가 있어서 올 수도 있다. 따라서 청중의 욕구가 무엇인지를 정확히 파악하고 있어야 말하기의 효과를 극대화시킬 수 있다.

청중의 욕구를 분석하기 위한 방법은 매우 다양하다. 가장 쉬운 방법 가운데 하나는 청중이 어디에 소속된 사람인가를 알아보는 것이다. 소속을 알면 청중이 관심을 보이는 것, 청중을 설득할 방법 그리고 청중의 흥미를 유발할 수 있는 방법에 대해 힌트를 얻을 수 있기 때문이다. 다만 이러한 직접 관찰법은 시간이 충분한 경우에 효과가 더 크다. 청중의 욕구를 알아보기 위한 가장 좋은 방법은 그들에게 직접 물어보는 것이다. 정치인들과 광고업자들이 대중의 의견을 수렴하고 시장을 조사하기 위해 적지 않은 돈을 쓰는 것을 보면 직접적으로 물어 보는 것이 가장 좋은 방법이 된다는 사실을 알 수 있다. 이때 몇 가지 질문을 준비하되 사소한 것에도 신경을 쓰는 것을 잊으면 안 된다. 만약 청중과 직접적으로 만나기가 어렵다면 청중이 속한 집단의 일부와 이야기를 해 보는 것도 청중의 욕구를 파악하는 방법이 된다. 만약 그것도 어렵다면 청중과 비슷한 특성을 가진 사람들을 찾는 방법을 쓸 수도 있다.

청중의 욕구를 분석하기 위한 간접적인 방법으로 흔히 사용되는 것은 질문지법이다. 질문지는 청중의 욕구를 가장 빠르고도 객관적으로 알아볼 수 있는 방법이기는 하지만 표본의 수가 적을 때에는 일반화의 오류를 범할 수 있다는 사실을 경계해야 한다. 또한 너무 장황하거나 대답하는 데 시간이 오래 걸리는 것은 자칫하면 무성의한 답변으로 이어질 수 있으므로 청중의 욕구를 분석하기 위한 질문지법은, 말하기를 처음 시작할 때 흥미를 끄는 재미있는 이야기로부터 시작하는 것처럼 간결하면서도 부담없는 내용으로 구성하는 것이 좋다.

(4) 청중의 구성

청중은 집단을 이루는 경우가 일반적이다. 따라서 이러한 집단으로서의 청중이 어떻게 구성되어 있는지를 파악하는 것은 성공적인 말하기를 위해 필수불가결한 요소이다.

먼저 고려할 수 있는 부분은 청중이 동질적인가 아니면 이질적인가 하는 것을 파악하는 것이다. 한 회사의 직원이나 수업을 듣는 학생이 청중이 되는 경우에는 대체로 동질적인 성격을 가지지만 말하는 이의 견해에 따라 다른 선택을 하게 되는 유권자 집단은 이질적인 성격을 가지는 청중의 예가 된다. 이 가운데 말하기가 어려워지는 경우는 청중이 이질적으로 구성되어 있는 경우인데 이때는 말할 내용도 청중의 하위 집단 각각이 소외감을 느끼지 않도록 신중하게 조직해야 한다. 즉 어느 한쪽 집단이 불쾌감이나 거부감을 느끼지 않도록 집단 간의 비교보다는 각 집단의 관심사를 따로따로 취급하는 방법을 사용하는 것이 좋다.

한편 청중이 조직적인지 그렇지 않은지에 대해서도 분석할 필요가 있다. 동질적인 집단의 경우에는 그 조직성의 정도도 대체로 높다. 이러한 경우에는 청중들의 집중도도 높기 때문에 그들의 시선이나 관심을 끌기가 그리 어렵지 않다. 그러나 청중이 조직적이지 않은 경우에는 집중도가 떨어지기 때문에 자칫하면 분위기가 산만해질 수 있다. 따라서 조직적이지 않은 청중을 대상으로 말하기를 할 경우에는 주의나 시선을 끌 만한 화제를 곳곳에 배치해 두는 전략이 필요하다.

(5) 청중의 물리적 특성

청중의 수, 나이, 성별이나 장소 및 청중의 배치 형태 등도 말하기의 내용 및 형식을 결정하는 데 빠져서는 안 될 사항이다. 만약 청중의 수가 많은 경우라면 목소리의 크기뿐만이 아니라 몸짓과 같은 비언어적 요소의 중요성이 상대적으로 커진다. 반대로 그리 많지 않은 청중을 대상으로 하는 경우라면 대화에서의 목소리나 몸짓 정도로도 충분할 수 있다.

청중의 나이는 지식 수준과도 일정 정도 연관성을 갖기는 하지만 반드시 비례

관계에 있는 것은 아니다. 물론 70~80세인 사람이 20~30세인 사람보다 새로운 경험을 받아들일 열린 마음과 자세를 가지고 있을 수도 있다. 그러나 보다 중요한 것은 나이가 들어갈수록 나타나는 일반적인 사실들이다. 여기서 신체적 성장은 비교적 일찍 멈추지만 정신적 성장은 일생을 통하여 계속적으로 성장한다는 심리학의 이론을 참고할 필요가 있다. 다음에 그 가운데 몇 가지를 예로 제시해 보기로 한다.

- 젊은 사람들은 이상주의적 경향이 있다. 젊은이들은 변화와 개혁을 하는 토론에 적극적이다. 사회적 변화를 좋아하고 미래에 발생할 결과를 예측하고 싶어한다.
- 젊은 사람들은 동료의 가치 기준에 의해 크게 영향을 받는다.
- 젊은 사람들은 유창하고 유행적인 표현을 좋아한다. 젊은 사람들은 빠르고 흥미진진한 템포, 여러 미디어나 의사소통 채널을 사용하는 것을 좋아한다.
- 나이든 사람은 보수적이다. 전통적인 가치에 호소할 때 나이든 사람이 더 잘 반응한다. 그들은 큰 변화를 싫어하고 현 사회적 지위에 집착하는 경향이 있다. 그들은 결과를 기다리는 것에 대해 침착하고 참을성이 있다.
- 나이든 사람은 분명한 서론과 전문, 요약 등이 있는 논리적이고 구조화된 표현을 더 좋아한다. 나이든 사람은 느리고 사려 깊은 표현을 더 편안해 한다.

대체로 비슷한 나이의 청중에게 말하기를 하는 것이 다양한 연령층으로 구성된 청중에게 말하는 것보다 쉽다. 그러나 그렇다고 해서 나이에 따라 경험을 일정하게 형식화하는 것은 바람직하지 않다. 앞에서도 언급한 바와 같이 같은 나이라도 경험이 다양할 수 있기 때문이다.

한편 청중의 성별도 매우 중요한 요소이다. 성별과 관련하여 청중은 크게 세 가지로 나뉠 수 있다. 남성으로만 이루어진 청중, 여성으로만 이루어진 청중, 남성과 여성으로 이루어진 청중이 그것이다. 마지막의 경우에는 어떤 성이 보다 더 많은지에 따라 더 많은 하위 부류를 가질 수도 있다. 일반적으로 여성은 성숙하고 민감하며 동정심이 있고 감정적이다. '집', '가정', '안정', '사랑' 등이 주로 여성과 관련되는 것으로 보이는 것은 이 때문이다. 이에 비해 남성은 지배적으로 공격적이며 야심이 있고 비감정적이다. '권력', '성공', '경쟁적 가치', '논리' 등이 남성 집단에서 흔히 언급되는 것을 보면 이를 잘 알 수 있다. 그러나 이러한 구분은 다분히 도식적이며 시대착오적인 것으로 보일 수도 있다. 최근의 사회는 남성과 여성의 평등이 강조될 뿐만 아니라 여성의 사회적 활동이 큰 비중으로 높아지고 상대적으로 남성의 영역이 가정과 연관된 분야로 퍼지고 있다는 사실이 이를 방증한다. 따라서 이러한 사정을 함께 고려해야 말하는 과정에서 발생할 수 있는 실수를 미연에 방지할 수 있다. 가령 '이 일은 여성들이 전담하였다.'와 같이 여성들에게 과거에 경험했을 중압감 등을 상기시키는 말은 그들의 권위나 역할을 경시하는 것으로 여겨질 수 있으며 '남자가 그런 것도 하지 못하냐?'와 같이 편벽되게 성을 나타내는 듯한 표현들도 불쾌감을 줄 수 있다. 청중이 남성과 여성으로 이루어져 있을 때에는 특히 말하기를 통해 편가르기를 하고 있다는 인상을 주지 않도록 주의해야 한다. 가령 군대 얘기는 남성에게는 흥미와 감동의 효과를 주기에 충분할 수 있지만 여성에게는 기껏해야 간접적인 효과를 줄 수 있을 뿐이다. 여성 화자가 동성을 비하하는 듯한 말을 하는 것도 경계해야 한다. 가령 '남성의 적극성이 여성의 소극성을 보완해야 한다.'와 같은 말은 여성을 비하하는 듯한 인상을 줄 수 있으므로 '남성의 적극성이 여성의 침착함과 조화를 이루어야 한다.'와 같이 표현을 바꾸는 것이 좋다.

청중이 강당이나 교실과 같은 폐쇄된 공간에 있는지 아니면 운동장과 같은 개방된 공간에 있는지 하는 것이나 청중들이 앉아 있는지 아니면 서 있는지 하는 것도 중요하게 고려해야 할 사항이다. 운동장과 같은 개방된 공간은 날씨와 같은 외적 요소에 영향을 받는 경우가 적지 않고 또 대체로 서 있는 경우가 많으므로 청중들에게 일방적인 정보를 전달받는다는 느낌을 주기보다는 서로 대화하고 있다는 느낌을 주도록 노력해야 하고 화제도 일정 시간마다 적절하게 바꾸어 환기 효과를 거둘 수 있도록 구성하는 것이 좋다. 강당이나 교실과 같은 폐쇄된 공간은 운동장과 같은 개방된 공간보다 주의를 집중시키는 것이 더 용이하므로 시각적인 자료를 통한 말하기 전개가 효과적일 수 있다.

한편 청중이 횡으로 늘어서 있는지 아니면 종으로 배열되어 있는지 하는 것은 시선 처리에 있어 특히 고려해야 할 사항이다. 만약 청중이 횡으로 늘어서 있다면 시선을 고루 나누어 주기 위해 몸을 좌우로 움직여야 하지만 청중이 종으로 배열되어 있다면 눈만 움직여도 큰 문제가 없을 것이다. 청중의 배치에 따라 말하는 사람의 동선(動線)도 고려해야 하는 경우가 있다. 만약 말하는 이가 연단에서 고정적으로 이야기를 전달하고 청중이 전면에 배치되어 있는 경우라면 별 문제가 없지만 청중이 반원 모양으로 배치되어 말하는 사람의 좌우에도 청중이 있을 수 있고 경우에 따라서는 청중이 원형으로 배치되어 말하는 사람을 에워싸는 경우도 있을 수 있다. 반원 모양이나 원형으로 청중이 배치되어 있는 경우에는 옆이나 뒤에 있는 청중들과 시선을 맞추기 위해 자연스럽게 움직이는 것도 말하기에 포함시켜야 한다. 또한 청중이 복도형으로 배치되어 있는 경우라면 말하는 동안 청중 사이를 움직이는 경우도 적지 않다. 따라서 이들 각각의 배치에 대해 사전에 미리 파악하여 자료의 제시 방법이나 말할 내용의 전달법에 대해 미리 연습해 두어야 한다.

이상 지금까지 제시된 청중 분석에서 주의해야 할 점을 체크 리스트 형태로 만들어 제시하면 다음과 같다.

청중 분석에서의 주의점	체크 리스트
청중의 태도	① 청중은 말하는 이에게 우호적인가? ② 청중은 말하는 내용과 일치하는 의견을 가지고 있는가?
청중의 지식 수준	③ 청중의 교육 수준은 어떠한가? ④ 청중의 주제에 대한 지식 수준은 어떠한가?
청중의 욕구	⑤ 청중이 관심을 가지는 것은 무엇인가? ⑥ 청중이 요구하는 것은 무엇인가?
청중의 구성	⑦ 청중은 동질적인 집단으로 이루어져 있는가? ⑧ 청중은 조직적으로 구성되어 있는가?
청중의 물리적 특성	⑨ 청중의 크기는 어느 정도인가? ⑩ 청중의 나이는 어느 정도인가? ⑪ 청중의 성별 구성은 어떠한가? ⑫ 말하기가 이루어지는 장소는 어디인가? ⑬ 청중은 어떻게 배치되어 있는가?

말이란 무엇일까? 일반적으로 말은 '내가 하는 것'이라고 생각하지만, 실은 '듣는 사람의 귀로 들어가 머릿속에 박히는 것'이다. 허공에서 흩어지는 말은 허무하다.

즉 말하기는 듣는 사람에 대한 서비스의 개념에서 바라봐야 한다. 내가 아닌 듣는 사람의 처지에서 말하면, 우리가 말하기에서 자주 범했던 오류를 줄일 수 있다. '듣는 사람'을 명심하며 말하기의 '기본기'를 닦아본다.

[Basic 1] "당신은 내가 사랑하는 사람!"

"너를 만나면 더 멋지게 살고 싶어진다."

용혜원의 시 '너를 만나면 더 멋지게 살고 싶어진다'의 한 구절이다. 정경진 회장은 "말할 때 가져야 할 마음가짐은 이 시구로 요약된다."고 말했다. 즉 상대방이 이 시의 '너'라고 생각한다면, 더 멋지게 보이고 싶은 마음에서 최선을 다해 말한다는 것. 듣는 사람을 사랑하는 마음으로, 그 사람의 상황을 고려해 말해야 한다.

이는 5000여 명이 모인 대중 강연에서도 마찬가지다. 청중 하나하나가 바로 내가 사랑하는 사람이다. 또 말하기의 시작이 듣기에 있음을 명심해야 한다. 우리는 상대방의 말을 듣고 있지만, 제대로 듣지 않는 경우가 많다. 상대방의 말을 잘 듣는 척하지만 실제로는 내 생각을 정리하거나 이야기의 결론을 추론하고, 선택적으로 듣는다.

판단하지 않고, 있는 그대로 들어야 한다. 말하기 전에는 '나는 잘할 수 있다'고 자기 암시를 하는 게 중요하다. 하지만 '너무 잘해야지'라고 다짐하는 건 금물. 아무리 어려운 상대와 이야기를 하더라도, 연단에 올라 대중 강연을 하더라도, 중요한 프레젠테이션을 하더라도 평상시와 똑같이 말할 수 있다고 마음속으로 다짐한다.

[Basic 2] "다른 사람들도 다 떤다!"

누구나 대중 앞에서 말할 기회가 주어지면 두려움을 느낀다. 꼭 연단에 오르는 게 아니더라도 회의 중 의견을 말하거나 상사에게 보고할 때도 떤다. 이때 명심해야 할 것은 나만 떠는 게 아니라는 사실이다. 여유롭고 당당해 보이는 사람들도 실상은 떨고 있다. 이 사실만으로도 마음의 위안이 될 수 있다.

떨림을 극복하려면 먼저 떨림의 이유가 무엇인지부터 생각해 본다. 자신감의 결여인지, 완벽해야겠다는 욕심인지, 아니면 발표 경험이 부족해서인지 분석한 뒤 그에 따른 극복 방안을 모색해 본다. 대부분은 준비를 제대로 못하는 경우 떤다. 철저히 준비하고 여러 차례 리허설을 해 발표 경험을 쌓으면 자신감이 생긴다.

편안한 상태로 말하다가 갑자기 떨리기도 한다. 이럴 때 솔직하게 "떨린다."고 고백하는 것이 좋다. 청중에게 질문을 던지는 것도 유용하다. 이 경우 청중의 흐트러진 관심을 모을 수 있고, 답변자가 대답하는 동안 마음을 가다듬을 수 있다. '했습니다' 등의 딱딱한 말투를 '했어요' 등으로 부드럽게 바꿔도, 발표가 아니라 일상의 대화처럼 느껴져 마음이 편해진다. 말하는 사람에게 긍정적 반응을 보이는 이에게 시선을 주는 것도 좋다. 그 사람의 따뜻하고 부드러운 눈빛에 불안한 마음이 진정된다.

[Basic 3] "말이 아니라 이야기를 하라!"

공식적 스피치든, 비공식 모임에서의 말하기든 말의 물꼬를 어떻게 트느냐는 매우 중요하다. 말의 오프닝이 독창적일수록 듣는 사람이 말하는 사람을 기억할 가능성이 높아진다.

"저는 배한수입니다."보다는 "배움에 목말라 있는 남자, 한 수 배우러 왔습니다. 배한수입니다."라고 말한다. 자신만의 독창적인 오프닝은 준비해놓는 게 좋다.

말의 본론으로 들어가서는 단순한 정보전달자가 아닌 다양한 에피소드를 재미있게 구성해 말하는 '스토리텔러'가 돼야 한다. 개인적인 경험이나 가족사, 속담이나 격언, 신문이나 잡지, 책, 방송 등이 에피소드의 소재가 될 수 있다. 한편 상대방에게 좋은 대답을 이끌어내는 질문을 던지는 것도 말하기의 중요한 요소 중 하나다.

정 회장은 "'왜'를 '어떻게' 또는 '무엇'으로 바꾸고, 미래형 질문을 하라"고 조언했다. "왜 이렇게 일이 늦어졌니?"가 아닌 "일이 늦어진 원인은 무엇일까?"로 질문을 바꿔보라는 것. 또 잘못을 질책해야 할 경우도 단순히 나무라는 게 아니라 앞으로 어떻게 극복할 것인지를 묻는다.

[Basic 4] "'네, 뭐라고요?' 되묻지 않게 말한다!"

"에너지를 덜 쓰려는 게으름, 절약정신(?)이 발음을 제대로 하지 않게 한다."

유정아 강사는 "입을 크게 안 벌리고 말하거나 이중모음을 단모음으로 발음해 얼렁뚱땅 넘기려는 습관이 안 좋은 발음과 발성을 낳았다."고 꼬집었다. 상대방이 "네, 뭐라고요?"라고 되묻게 만들고, 스스로도 한 번 더 이야기해야 하는 수고를 줄이기 위해서라도 발음 트레이닝은 필요하다.

우선 음가 하나하나를 또박또박 발음하도록 노력한다. 특히 모음을 정확히 발음해야 전체 발음이 좋아진다. 모음은 혀를 입안의 제대로 된 위치(조음점)에 놓아야 정확히 발음된다. 혀의 위치(앞, 중간, 뒤와 위, 아래)와 입을 벌리는 정도(열림, 반만 열림, 반만 닫힘, 닫힘)에 따라 모음의 발음이 달라진다.

다양한 목소리를 개발하는 것도 중요하다. 정 회장은 "인간은 서너 가지 목소리를 자유자재로 쓸 수 있지만, 이를 개발하지 않고 한 가지만 고수한다."고 설명했다. 즉 여러 목소리를 내는 성우들처럼 일반인도 각기 다른 목소리를 낼 수 있지만, 하지 않고 있다는 것. 목소리 개발을 위해선 낭독의 습관을 들이는 게 중요하다.

그런데 무작정 읽는 게 아니라 한 번은 아나운서 톤으로, 한 번은 대중 앞의 연설자 톤으로, 또 한 번은 내담자를 앞에 둔 상담자의 톤으로 읽으라는 것. 하루에 2장씩 매일 읽으면 서너 달이면 한 권을 다 읽는다. 낭독 연습을 꾸준히 하다 보면 목소리 개발뿐 아니라 발음 교정, 어휘력 향상에도 유용하다. 또 발음이나 목소리가 좋지 못하다고 생각하면 말하는 속도를 천천히 하고, 중간 중간 포즈를 두면서 이야기하는 것도 좋다.

[Basic 5] "효과 2배! 눈과 손이 메시지다!"

손은 또 하나의 말이다. 어떤 사람이 지금 진실을 말하고 있는지 알아내는 가장 좋은 방법은 손을 살펴보는 것. 사람들은 진실된 이야기를 할 때 손바닥을 펴는 습성이 있다고 한다. 스피치를 할 때도 손을 적절히 사용하면 전달 효과를 2배 이상으로 높일 수 있다.

간청하고자 할 때: 손바닥을 위로 편다.

유순하고 위협적이지 않은 자세로 무엇인가를 간청하고자 할 때 손바닥을 위로 펴는 것이 효과적이다.

스피치 내용에 권위를 싣고자 할 때: 손바닥을 아래로 향한다.

손바닥을 아래로 하여 손짓하는 건 지배적이고 위협적인 제스처다. 내용에 권위를 싣고자 할 때 사용하면 좋다. 하지만 청중이 내용을 이해하지 못한 상태에서 제스처만 본다면 명령을 받은 것으로 느낄 수 있다. 심지어는 적대감을 유발하기도 한다.

청중에게 명령할 때: 주먹을 쥐고 손가락으로 지시한다.

매우 공격적인 제스처다. 강한 카리스마를 보여 주려고 할 때 효과적이지만 손가락으로 청중을 지칭하는 건 당사자의 마음을 다치게 할 수 있으니 조심한다.

손의 움직임만큼 중요한 것이 시선 처리다. 정확히 상대방의 눈을 보며 말할 때 전달

효과가 커진다. 여러 사람과 이야기할 때도 한 사람만 보지 말고 따뜻한 눈빛으로 전부를 찬찬히 쓰다듬어 준다. 대규모 강연을 할 때는 청중을 몇 그룹으로 나누는 '그루핑'을 한 뒤 자연스럽게 시선을 돌리며 살펴본다.

왼쪽, 오른쪽, 앞, 뒤로 이동하면서 말하는 것도 좋다. 움직일 만한 여건이 안 되면 몸이나 고개를 좌우로 돌려가면서 말한다. 또 웃으면서 말하는 것도 중요하다. 상황에 따라 이를 드러내고 웃어도 되고, 살포시 미소만 지어도 된다.

〈이지은, 「'청중은 애인' 자기 암시를 하라」, 주간동아(2009.8.26)〉

연·습·문·제

01 청중에 대한 분석이 말하기의 다양한 상황에서 어떻게 달라질 수 있는지 생각해 보자.

① 자기소개
② 연설
③ 토론
④ 토의
⑤ 면접

02 '대학생의 여가활동 실태'라는 주제로 말하기를 한다고 가정하고 청중이 원하는 바를 알아보기 위한 설문지를 작성하여 보자.

03 수업 시간에 처음으로 만난 사람들 앞에서 자기소개를 할 경우를 가정하여 본문에 제시된 청중 분석의 체크 리스트에 대한 답을 마련하여 보자.

04 주변에서 청중 분석에서 실패한 연설과 청중 분석에서 성공한 연설의 구체적인 경우를 찾아보자.

05 본문에서 제시된 것 이외에 청중 분석에서 고려해야 할 점에 또 무엇이 있을 수 있는지 조사해 보자.

제2장

말하기의 목적과 화제의 선택

01 말하기 목적의 분석

청중을 상대로 하는 말하기의 목적은 대체로 새로운 정보나 지식을 전달하기 위한 것과 청중으로 하여금 말하는 사람의 생각과 의견에 동조하게 만드는 것으로 나뉜다. 친교나 정서를 표현하는 것도 말하기의 목적 가운데 하나이지만 이는 주로 대화에서 실현되는 경우가 일반적이고 청중을 상대로 한 경우에는 정보나 지식을 전달하는 말하기나 설득을 위한 말하기의 한 부분으로서만 가치를 가지게 된다.

(1) 정보의 전달

지식이나 정보를 전달하는 말하기에서 가장 흔하게 사용되는 방법은 '설명(說明)'이다. 설명은 미지의 사실이나 아직 이해되지 않은 사실의 의미를 청중이 잘 알 수 있도록 상세하고 분명하게 밝히어 말하는 것이다.

설명을 할 때는 한꺼번에 너무 많은 양을 담지 않도록 주의해야 한다. 청중은 자신이 받아들이는 정보 가운데 어떤 것이 더 중요하고 덜 중요한지를 판단하기 쉽지 않다. 따라서 정보량이 너무 많게 되면 청중은 초조함을 느끼게 되고 혼란스러워할 뿐만 아니라 나중에는 짜증을 내게 마련이다. 연구에 따르면 보통 사람이 한 번에 이해하는 요점의 수는 7개 내외라고 한다. 따라서 청중이 꼭 알아야 한다고 생각하는 정보를 몇 가지만 골라 청중으로 하여금 정보량에 대한 부담을 느끼지 않도록 해야 한다.

청중에게 제공하는 정보는 말하는 이에게는 조직화되어 있지만 청중에게는 그렇지 않다. 설명을 하는 화자는 자신의 머리 속에 이미 정리된 그림을 가지고 있지만 이를 받아들이는 청중은 그러한 체계에 처음 접할 가능성이 높기 때문이다. 수백 개의 퍼즐 조각을 던져 주고 청중들이 즉시즉시 맞추도록 하는 것은 고문에 가까운 일이 된다. 따라서 말하는 이는 청중에게 제공되는 정보를 가급적 조직화하여 전달해야 한다. 정보를 조직화하기 위해서는 정보의 단순 나열을 피하고 정보를 일정한 단위로 묶는 것이 좋다.

말하기는 그림과 다르다. 그림은 한 눈에 전체 모습을 담을 수 있지만 말은 선조성(linearity)을 가지고 있기 때문에 먼저 한 말이 이해되어야 나중에 오는 말의 의미를 해석할 수 있다. 따라서 설명을 하는 경우에도 먼저 간단한 것으로부터 시작하여 복잡한 것으로 옮겨가는 순서를 따르는 것이 좋다. 우리가 글을 읽을 때에 제목을 먼저 보고 그 다음에 목차를 보고 그리고 나서 책의 본문으로 들어가는 이치와 같다. 마찬가지로 친근한 것으로부터 낯선 것으로, 구체적인 것으로부터 추상적인 것으로 설명의 대상을 옮겨가야 청중들의 정보에 대한 이해도를 높일 수 있다.

설명을 할 때는 글쓰기에서처럼 다양한 방법이 사용된다. 정의, 예시, 인용, 비교·대조, 분류·분석 등의 방법이 그것이다. 그 방법에 대한 세부적인 사항도 글쓰기와 다르지 않다. 따라서 정보를 전달하는 말하기에서도 잃지 말아야 할 것은 객관적인 태도의 유지이다. 객관성은 설명의 핵심이다.

말할 때 가장 많이 쓰이는 방법은 단연 예시라 할 수 있다. 예시는 바로 앞에서 보인 설명의 원리들 가운데 '간단한 것에서부터 복잡한 것으로', '친근한 것으로부터 낯선 것으로', '구체적인 것으로부터 추상적인 것으로'의 전자를 설명할 때 가장 잘 어울리는 방법이다. 예시를 통해 설명을 할 때 주의해야 할 점은 예시는 그야말로 설명의 방법일 뿐이지 설명하고자 하는 대상 그 자체는 아니라는 사실을 염두에 두는 일이다. 우리는 가끔 재미있게 들은 강연이나 연설에서 생각나는 것이 그 강연이나 연설의 주요 내용이 아니라 그것을 위한 예시뿐일 때가 적지 않다는 사실을 발견하고 놀라곤 한다. 그러나 이것은 바람직한 결과라 할 수 없다. 청중들은 단순히 시간을 보내기 위해 온 것이 아니다. 따라서 자극적인 예시는 오히려 설명하려고 하는 내용을 묻히게 할 수 있다는 사실을 늘 마음 속에 새겨야 한다. 말하는 사람은, 그럴 소지가 있는 예시를 보여 주는 경우에는 반드시 말하고자 하는 내용을 다시 한번 강조해 주는 것이 좋다.

인용은 가시적인 사실을 제시하기 어려우면서도 정보에 대한 신뢰성을 높이고자 할 때 사용하기 좋은 방법이다. 텔레비전에서의 보도 가운데 대부분이 이미 언급된 설명을 전문가의 말로 마무리하는 것은 이러한 효과를 노린 것이다. 통계적인 수치를 인용하는 것도 효과적인 방법이다. '성인 가운데 대부분'이라는 말보다 '성인 가운데 80%' 혹은 '성인 다섯 명 가운데 네 명'이라는 말이 보다 구체성을 획득하기 때문이다.

말하기를 할 때도 흔히 사용되는 설명의 방법 가운데 비교와 대조를 들 수 있다. 비교와 대조는 비교되거나 대조되는 대상을 확연히 드러내고자 할 때 사용하는 방법이다. 이전의 제품보다 새로 나온 제품이 가지는 장점을 소개하여 판매를 높이고자 할 때 비교와 대조의 방법이 자주 사용되는 것은 이 때문이다.

분류 혹은 분석은 말하기의 원리 가운데 내용의 조직화와 가장 밀접한 설명 방법이다. 분류나 분석은 덩어리로 되어 있는 정보에 일정한 질서를 부여하여 크게 묶거나 잘게 나누어 주기 때문이다. 여기서 중요한 것은 '기준'이다. 작은 것들을 더 큰 것으로 묶어 가든 반대로 큰 것을 작은 것으로 나누어가든 기준이 분명하지 않으면 그 정보는 신뢰할 수 없는 것이 된다. 그런데 실제로 기준을 명확히 제시하여 분류 혹은 분석의 절차를 진행해 나가는 것은 그리 쉬운 일이 아니다. 분류를 할 때에는 여기에도 혹은 저기에도 속하지 않는 것들은 없는지 주의해야 하고 분석을 할 때에는 미처 발견하지 못한 또 다른 사항은 없는지 신경써야 한다. 가령 동물들을 육상 동물과 수상 동물로 분류를 할 때에는 개구리와 같은 양서류(兩棲類)들이 문제가 되고 어떤 일의 원인을 분석할 때는 그것 말고도 다른 원인은 또 없는지 끝까지 생각해 보아야 한다.

어떤 개념에 대한 의미를 규정할 때 사용되는 것이 정의이다. 말하기에서는 특히 추상적인 것을 설명할 때 효력을 발휘하는 것이 정의이다. 정보를 제공하는 말하기에서 주의해야 할 부분은 비유나 은유를 사용하는 정의이다. 가령 "문학은 우리 삶의 멍든 데를 쓰다듬어 평정을 회복케 하는 위안의 묘약입니다."와 같이 말하는 것은 그 자체로는 다른 무엇보다 적확한 표현이 될 수 있을지는 몰라도 정보의 전달 측면에서는 별달리 기여하는 바가 없다. 청중으로부터 어떤 질문을 받을 때 흔히 사용되는 방법도 정의이다. 대개 질문은 보다 분명하고도 간결한 설명을 요구하는 경우에 나오는 것이기 때문에 이 경우에는 장황한 설명보다는 요점을 간단명료하게 정의하는 것이 말하기 전체의 흐름을 끊지 않는 방법이 된다.

(2) 설득

설득은 말하는 이 자신이 옳다고 생각하는 것을 청중들로 하여금 받아들이게 하거나 더 나아가 청중의 태도나 행동에 변화를 일으키려는 말하기의 한 유형이다. 말하는 이 자신이 옳다고 생각하는 것을 '주장'이라고 한다. 이러한 주장이 청중들의 동의를 불러일으키려면 그 주장에 대한 근거가 분명해야 한다. 즉 설득의 핵심은 주장과 그 주장에 대한 논리정연한 근거이다. 근거는 구체적인 사실일 경우가 많기 때문에 설득에서는 설명의 방법을 원용하는 경우도 적지 않다.

설득하는 말하기에서는 우선 설득의 목표를 분명히 해야 한다. 설득은 마음의 변화를 목표로 삼는 경우도 있고 행동의 변화를 목표로 정하는 경우도 있다. 교통신호를 잘 지키자는 주장이 청중들로 하여금 피켓을 들고 거리로 모두 뛰쳐 나가야 한다는 것을 의미하는 것은 아닐 수 있다. 목표의 설정이 중요한 이유는 목표의 설정에 따라 설득의 유형이 달라질 수 있기 때문이다. 설득의 유형에는 어떤 행동을 하게 하는 것뿐만이 아니라 어떤 일을 중단하도록 하기도 하고 계속하도록 하기도 하며 시작하지 않도록 하기도 하는 것이 있다.

설득에서의 주장은 명제의 형태를 띠고 나타난다. 이러한 명제에는 사실 명제, 가치 명제, 정책 명제가 있다. 사실 명제는 그 자체로 진위 여부가 드러나는 것도 있지만 그 자체로는 사실 여부를 따지기 힘들기 때문에 타당한 결론의 도출에 논의의 초점이 놓이기도 한다. '우리나라는 2002년에 월드컵을 개최하였다.'는 전자에 속하지만 '하루에 커피를 열 잔 이상 마시면 암에 걸릴 확률이 높다.'와 같은 것이 후자에 속한다. 가치 명제는 그야말로 어떤 것의 가치를 판단하여 좋은지 나쁜지, 현명한지 어리석은지, 윤리적인지 비윤리적인지 등을 따지는 것이다. '잦은 파업은 경제에 악영향을 끼친다.'와 같은 것이 그것이다. 정책 명제는 '모국어를 완전히 습득하기 전에는 다른 외국어를 배우지 말아야 한다.'와 같이 어떤 행동의 유발을 목적으로 하는 것이다. 사실 명제와 가치 명제는 대체로 마음의 변화를 목표로 삼고 있고 정책 명제는 행동의 변화를 목적으로 삼는다. 말하는 사람은 자신이 주장이 이 가운데 어디에 속하는지 분명하게 나타내야 한다. (명제에 대해서는 3부 3장에서 더 자세히 언급할 기회가 있다.)

앞 장에서 제시한 청중 분석의 원리와 방법은 설명보다는 설득을 염두에 두는 말하기에서 효용성이 더 높다. 설명은 대체로 정보의 '전달'에 초점을 두고 있지만 설득은 청중의 정신적·육체적 공동 행동을 목표로 삼기 때문에 정확한 청중 분석을 바탕으로 하지 않으면 원하는 효과를 거둘 수 없다. 설명과는 달리 설득에서는 '성공'이라든가 '전략'과 같은 표현을 쓰는 것이 자연스러운 것도 청중과의 상호 작용을 염두에 둔 때문이다. 특히 말할 내용에 대한 청중의 태도는 설득하는 말하기에 있어 가장 중요한 부분이라 할 수 있다. 여기서는 이에 대해 좀 더 자세히 언급해 보기로 한다.

가장 설득하기 좋은 경우는 청중이 우호적일 때이다. 이 경우에는 청중의 지지를 보다 굳건하게 하기 위해 감정적인 측면에 대한 호소도 적당하게 이용할 수 있다. 더 나아가 청중으로 하여금 어떤 약속을 하게 만들 수도 있다. 그 자리에서 서명을 받는다든지 아니면 손을 들어 찬성의 입장을 적극적으로 표현할 수 있도록 미리 준비하는 것도 좋다. 청중이 우호적일 때 거둘 수 있는 가장 큰 효과는 청중으로 하여금 다른 청중을 설득하도록 만드는 경우이다. 이러한 경우에는 구체적인 자료를 준비하여 청중이 다른 청중을 설득할 때 객관성을 확보하도록 해 두어야 한다.

청중이 중립적일 경우도 있다. 이 경우에는 보통 아직 어떤 쪽으로 결정하지 못했거나 혹은 정보가 부족하거나 아니면 아예 관심이 없거나 중 어느 하나에 해당한다. 어느 쪽으로 결정을 하지 못한 경우는 양쪽 입장이 팽팽하게 맞서고 있는 경우가 대부분이다. 이러한 경우에는 우선 신뢰성을 높이는 것이 중요하다. 그러기 위해서는 자신의 주장에 대한 새로운 증거나 차별적인 해석을 강조해야 한다. 청중에게 정보가 부족한 경우에 그것을 탓하는 식의 발언을 하는 것은 절대 금물이다. 그리고 정보가 부족한 청중을 이해한다는 자세를 견지하고 시간이 걸리더라도 부족한 정보를 최대한 객관적인 위치에서 채워주도록 노력해야 한다. 청중들은 의외로 이러한 과정에서 자신의 입장을 정하는 경우가 많다. 논리에 강한 지식층일수록 이러한 경향이 많은데 이는 정보가 부족한 상황에서 감정적으로 접근하는 것보다는 자기 스스로가 판단할 수 있는 기회를 제공하는 것에 만족하는 경우가 많기 때문이다. 관심이 없는 청중에게는 주장이 청중과 관련될 수 있는 부분을 찾는 것이 급선무이다. 관심이 없다는 것은 주제와 자신과의 연관성을 찾지 못한 경우가 대부분이기 때문이다. 가령 담배를 피우지 않는 사람에게 담배의 해악성을 주장한다고 가정해 보자. 이 경우에는 간접 흡연의 폐해라는 쪽에서 접근해야 한다. 간접 흡연이 직접 흡연보다도 더 나쁜 영향을 미칠 수 있다는 통계적인 수치까지 제시된다면 그 청중은 말하는 이의 말에 귀를 기울이지 않을 수 없을 것이다.

청중이 비우호적이거나 심지어 적대적인 경우의 설득은 가장 힘든 경우가 아닐 수 없다. 청중은 오해할 수 있는 모든 경우에 오해를 할 준비가 되어 있다. 따라서 처음부터 너무 많은 욕심을 내는 것은 오히려 역효과를 가져올 수 있다. 말하기를 진행하면서 청중들과 공통점을 찾는 것이 가장 시급하다. 논리의 전개는 감정을 최대한 절제하고 명확함에 기대야 한다. 증거도 분명한 것으로만 제시해야 하고 표현도 가급적 청중들을 자극하지 않는 것으로 선택해야 한다. '이렇게 해야 한다.' 는 식보다 '이렇게 하는 방법도 있다.'는 식이 그것이다. 쓸데없는 말이나 회유적인 태도도 부정적으로 비춰질 수 있다. 주장을 관철시키기보다는 이미지만이라도 좋게 해 보자는 식으로 자세를 낮추어야 한다. 쉽지는 않겠지만 표정에서 감정의 변화를 드러내서는 안 되고 어디까지나 평정심을 잃지 않도록 노력해야 한다. 다소 역설적 이게 느껴질 수도 있지만 말하기 능력의 향상은 오히려 비우호적인 청중을 대상으로 할 때 더 크다는 것은 시사하는 바가 적지 않다. 비우호적인 청중을 대상으로 하는 말하기가 가장 많은 준비 과정을 필요로 한다는 것도 잊어서는 안 된다.

설득하는 말하기에서 가장 많은 실수를 범하면서도 그 중요성을 잘 인식하지 못 하는 경우는 유추를 통한 설득이다. 유추는 두 개의 사물이 여러 면에서 비슷하다는 것을 근거로 다른 속성도 유사할 것이라고 추론하는 일이다. 그러나 만약 서로 상관 없는 부분을 근거로 삼아 추론을 하게 되면 그 추론은 심각한 타격을 입게 된다. 가령 '청자는 고려청자, 페인트는 고려페인트'라고 한 경우를 생각해 보자. 이 문구 가 의도하는 것은 이해가 되지만 이것이 추론의 하나로 인정을 받기 위해서는 페인 트 가운데서도 '고려페인트'가 '고려청자'와 같은 정도의 대표성을 가져야만 한다. '네가 학교를 가야 하는 이유는 마치 나뭇잎이 가을에 낙엽이 되어 떨어지는 이유와 같아.'와 같은 것도 잘못된 유추의 전형이라 할 수 있다. 유추의 근거가 되는 것과 유추를 통해 새롭게 끌어내야 하는 결론 사이에서 어떠한 공통성도 찾을 수 없기 때문이다.

역대 최고 득표. 전 세계의 환호와 기대. 오바마가 만들어내고 있는 열광의 비밀은 무엇일까.

부시정권 8년간 횡행했던 독선적 근본주의와 무력을 동반한 일방적 패권주의에 대한 전 세계의 반발이 이 흐름의 기저를 형성하고 있다는 분석도 가능하겠다. 석유산업, 군수산업 그리고 월스트리트의 이른바 주류들이 독점해온 권력이 중산층, 서민, 사회적 소수자들의 손으로 돌아올 것이라는 전망이 새로운 희망에 대한 기대를 촉발시키고 있다는 분석도 설득력 있다. 중요한 것은 이 모든 변화의 한 가운데에 오바마가 서 있다는 점이다. 오바마의 무엇이 지금껏 엄두도 내지 못했던 이 모든 변화를 가능케 하고 있는 것일까.

오바마 리더십의 핵심은 대중과의 교감이다. 무명에 가까운 오바마를 일약 전국적 인물로 부상시킨 2004년 전당대회 연설의 힘도 청중과의 교감에서 나온 것이었다. 유럽을 열광시킨 베를린 연설도, 청중들로 하여금 감동의 눈물을 흘리게 만든 시카고 당선연설도 청중과 교감하는 오바마 만의 대중 흡인력과 감정이입 능력 때문에 가능했다. 오바마는 청중들이 자신을 동료로 이웃으로 친구로 느끼게 만들었다. 오바마는 청중들로 하여금 문제를 잘 알고 있고 문제를 해결하겠다는 의지를 분명히 갖고 있는 젊고 능력 있는 지도자와 함께 하고 있다는 확신을 갖게 만들었다.

소통과 교감의 오바마 리더십은 다음의 세 가지 요소로 구성되어 있는 것으로 보인다. 첫째 대중의 객관적 상황과 주관적 심리상태에 대한 정확한 파악, 둘째 대중의 요구에 대한 설득력 있는 대안적 입장 정리, 그리고 마지막으로 이를 가슴에 닿게 전달하고 대중의 반응을 자신의 것으로 만듦으로써 대중과 자신을 일체화시키고 대중의 책임성과 주체성을 촉발시켜 자발적 참여를 이끌어내는 능력이 그것이다.

첫 번째와 두 번째 요소는 자신의 신념에 대한 확신, 대중에 대한 믿음, 그리고 변화를 통해 희망을 만들어내겠다는 열정이 없어도 가능한 것들이다. 말하자면 후보가 똑똑하거나 똑똑한 스텝들로 캠프를 구성하면 할 수 있는 일이라는 뜻이다. 그러나 아무리 후보가 똑똑하고 캠프 스텝들이 능력이 있어도 세 번째 요소가 없다면 대중을 감동시키고 대중과 교감할 수 없다. 세 번째 요소를 단순한 수사학적 기술의 문제로 치부해서는 안 되는 이유다.

대중과 교감하려면 지도자는 먼저 대중이 만들어내는 흐름에 몸을 실어야 한다. 그 흐름은 변화일 수도 있고 건설일 수도 있다. 중요한 것은 같은 흐름을 만들어 가는 같은 세대로서 눈높이도 감성도 태도도 같다는 느낌을 공유하면서도 그 흐름의 맨 앞에서 방향을 조정할 수 있어야 한다는 것이다. 그냥 대중과 흐름을 같이 하는 것만으로는 지도자가 될 수 없다는 뜻이다.

대중과의 교감은 기본적으로 문화적 행위이다. 정치지도자와 대중 간의 정치적 교감도 문화적 교감에서부터 시작될 때 힘 있게 이루어진다. 머리가 아니라 가슴과 몸으로 느끼는 정서적 감성적 교감이 필요하다. 그러나 정치 지도자의 교감은 같은 경험, 같은 감성을 갖는 동세대간 교감에 그쳐서는 안 된다. 다른 경험, 다른 감성, 다른 마인드와 다른 감각을 가진 더 많은 사람들과 교감하지 못하는 정치 지도자는 또래들의 아이콘은 될 수 있을지 모르나 국민적 지도자는 될 수 없다. 이 점에서 같은 감성 같은 마인드를 가진 또래세대와의 교감 못지않게 중요한 것이 다른 감성 다른 마인드를 가진 이질적 세대와의 교감이다.

개방적 태도와 겸손함이야말로 이질적 세력 세대와의 교감을 시작하는 열쇠다. 불쾌해 하지 않으면서 차이를 인정하는 것. 다른 사람의 생각이 내 생각보다 더 사실에 가깝거나 유효한 해법이 될 수 있다는, 인정하기 어려운 사실을 인정하는 것. 당장의 격렬한 토론 후에도 상대방과 같은 목표를 향해 손을 잡고 나아가야 한다는 생각을 흔들리지 않는 신념으로 확고하게 견지 하는 것. "미국의 힘은 군사력이나 경제력에서 나오는 것이 아니라 차이에 대한 존중과 기회균등과 민주주의에서 나오는 것"이라는 당선 연설을 현실 속에서 일상적으로 구현하는 것. 이러한 태도와 자세와 마인드가 교감의 리더십을 가능케 하는 핵심요소다.

미국 민주주의의 성취를 보면서, 미국 민주주의의 전진을 이끌고 있는 젊은 리더십을 보면서, 무기력해진 중산층 서민 사회적 소수자들로 하여금 '변화에 대한 희망'을 갖게 하고 '희망을 위한 변화'를 시작케 하는 교감의 리더십을 보면서 추운 겨울로 접어들고 있는 대한민국을 되돌아본다. 어느 때보다 절실한 '소통의 리더십', '교감의 리더십'을 생각하면서.

〈고성국, 「오바마 리더십'의 비밀」, Pressian(2008.11.11)〉

말하기의 목적이 설정된 다음에 해야 할 일은 화제를 선택하는 일이다. 즉 화제의 선택은 말하기의 목적을 구체적으로 달성하기 위한 첫 출발인 셈이다.

(1) 화제 선택의 방법

화제는 이야깃거리이다. 그러나 이야깃거리 즉 화제는 말하기에 있어 여러 가지 측면에서 다른 접근법이 필요한 실체라는 사실을 인식할 필요가 있다. 가장 중요한 것은 중심 화제와 주변 화제의 구분이다. 중심 화제는 말하기의 전체를 이끄는 중심 내용 곧 주제이다. 그러나 그에 비해 주변 화제는 중심 화제를 뒷받침하는 역할을 담당하는 부수적인 화제를 말한다.

청중을 대상으로 말하기를 진행하는 경우에는 중심 화제 즉 주제가 미리 주어지는 수도 있고 그렇지 않을 수도 있다. 전자의 경우라면 청중 분석의 결과는 주로 내용의 조직 방법에 초점이 놓여지고 말하기의 도입이나 마무리 또는 매끄러운 이야기 전개를 위해 주변 화제의 선택에 상대적으로 신경을 더 쓰게 된다. 이러한 경우의 화제는 가벼우면서도 다루기 쉬운 것이어야 한다. 후자 즉 중심 화제가 미리 주어지지 않는 경우에는 청중 분석을 통해 얻어진 결과를 중심 화제의 선택에 온통 할애해야 한다. 이 경우 화제는 청중에게 가장 적합하면서도 말하는 이가 가장 자신 있게 이야기를 전개할 수 있는 것으로 선택해야 한다. 자신이 다양한 경험을 가지고 있다면 그 경험을 이용할 수 있는 화제를 선택하는 것이 좋고 복잡한 현상을 쉽고 재미있게 설명하는 데 재능이 있다고 판단된다면 정치나 경제에서 화제를 선택하는 것도 고려해 볼 만하다.

주변 화제는 말하기의 처음과 끝에 배치되고 중심 화제 즉 주제는 말하기의 중간에 놓이는 것이 일반적이다. 말하기의 처음과 끝에 배치되는 주변 화제는 그 역할에서 미묘한 차이를 갖는다. 말하기의 처음에 배치되는 주변 화제는 중심 화제로 들어

가기 위한 대문 역할을 한다. 그러나 이 대문은 청중에 대해 수동적인 위치에 있으면 안 되고 청중을 이끌 수 있을 만큼 능동적인 역할을 담당해야 한다. 어렵지 않으면서도 참신한 화제가 도입부에 필요한 이유이다. 대화에서 날씨 얘기로 시작하는 것은 청자의 반응을 얻어내기 위한 것이지만 청중을 대상으로 하는 말하기에서는 청자의 반응이 대화하고는 완전히 따르기 때문에 중심 화제가 기후에 대한 것이 아니라면 오히려 전체 분위기를 가라앉힐 수도 있다. 만약 청중이 학생이라면 학교에서 최근에 이슈가 되는 것이나 학생의 관심사에서 화제를 찾는 것도 한 방법이다. 우선 청중의 시선을 끄는 것이 목적이라면 말하기의 처음에 제시되는 화제는 중심 화제 즉 주제를 살짝 건드리는 정도여도 나쁘지 않다. 말하기의 시작에서 제시되는 화제는 청중의 마음을 열어 중심 화제에 관심을 가질 수 있도록 주의를 모으는 것을 목표로 삼는 것이어야 하기 때문이다.

말하기의 끝에 놓이는 화제는 중심 화제의 연속선상에 있다는 점에서 말하기의 처음에 놓이는 화제와는 질적으로 구분된다. 말하기의 끝에 놓이는 화제는 중심 화제를 다시 한번 강조하는 역할을 담당한다. 따라서 화제도 중심 화제를 다시 환기할 수 있는 것을 선택해야 한다. 학생을 대상으로 정보를 전달하는 말하기를 한 경우에는 그 정보를 찾을 수 있는 방법을 구체적인 사례로 보여 준다거나 더 나아가서 자신이 직접 행했던 경험을 소개해 주는 것도 좋은 화제가 될 수 있다. 설득을 목적으로 말하기를 한 경우에는 그런 행동을 한 위인의 얘기나 명언 혹은 격언 등을 화제로 선택하여 얘기를 마무리하는 것도 좋은 방법이다. 설득을 목적으로 말하기를 하는 경우의 끝 화제는 짧고 간결하게 제시하여 감정에 호소할 수 있는 것일수록 강한 여운을 남겨 더 큰 효과를 거둔다는 연구 결과도 있다.

이화여대 안에 '아트하우스 모모'라는 이름의 근사한 극장이 생겼다.

그곳에 갈 때마다 요즘 대학생들이 너무 부러운 생각이 든다. 그럼에도 젊음이 부럽지 않은 이유는 행복하지 않기 때문이다. 그 시절 신촌역에서 떠나는 기차를 타는 일은 내 유일한 행복 중의 하나였다. 그나마 문산역이 종점인 내 기억 속의 기차는 멀리 가지도 못했다. 그 시절 우리들 마음 속의 기차는 어둡고 적막한 기차역에서 마냥 출발을 기다리며 하염없이 서 있었다.

어느 날씨 좋은 초가을, '아트하우스 모모'에서 다큐 필름 '가미카제 특공대'를 보면서 나는 젊은 날 내 마음 속의 기차를 다시 떠올렸다. 스무 살도 채 되지 않은 소년병들이 죽으러 가기 위해 타는 비행기는 상상만 해도 목이 멘다. 일흔살이 넘은 사람들만 전쟁에 나가야 한다고 말한 '찰리 채플린'의 정신을 사랑하던 젊은 날, 내 마음 속을 지배하던 가장 극단적인 젊음의 상징이 바로 '가미카제 특공대'였다.

나이 든 사람들은 어린 소년병들을 부추겨 죽음의 전쟁터로 내몰았다. 나는 죽어도 일본은 죽지 않는다는 허망한 정신 하나를 붙들고 비행기 한 번도 타보지 않은 일본의 수많은 젊은이가 비행기를 타고 떠난 뒤 다시는 돌아오지 않았다.

하지만 가미카제 특공대는 오늘날에도 존재한다. 자살 테러를 불사하는 소년 탈레반들은 오늘날에도 살아 있는 가미카제 특공대원이 아닌가. 아니 자기 앞의 생을 한 순간에 끝내버리는 자살자들도 몹시 개인적인 가미카제 특공대들이다. 단지 죽는 이유가 다를 뿐이다. 갚을 수 없는 빚 때문에, 참을 수 없는 악플들 때문에, 하지만 결국 사람을 죽음에 이르게 하는 것은 그 아무와도 나눌 수 없는 절대 고독이다.

얼마 전 유명 연예인 두 사람의 죽음에 이어 여기저기서 모방 자살이 잇따랐다. 나이와 관계없이 스스로 목숨을 끊을 수 있는 사람들은 젊은 영혼들이 아닐까. 나이 들면 대부분의 사람들은 아무리 고통스러운 상황에서도 목숨을 연장해가는 방법을 저절로 배운다. 가끔은 이유도 없이 정말 죽고 싶었던 스무 살, 지금 와서 생각하니 그 시절을 송두리째 도둑맞은 기분이다. 아니면 감옥에서 보낸 한철 같기도 하다.

가끔 면회를 오던 사람들의 얼굴이 기억나는 듯도 하다. 이제 와 생각하니 젊음이란 100% 순도에 대한 열망이었다. 구름 한 점 없는 완벽한 푸른 하늘, 완전한 우정, 완전한 사랑, 완전한 자유. 하지만 이 세상에 완전한 건 아무것도 없다는 걸 그때는 몰랐다. 나이가 든다는 건 사물의 혼탁함을 용납해가는 일이 아닐까. 세탁기 속의 각기 다른 종류의 빨래들처럼 감성과 현실이 마구 섞여 돌아 어느 정도 순도의 깨끗한 빨래가 되어 나오는 것만 해도 다행한 일이다.

대학 시절 나는 1주일에 한번 꼭 참석해야 하는 채플 시간에 늘 '땡땡이'를 쳤다. 사실 이화여대 채플은 그 어떤 수업 시간보다도 참석할 만했던, 고루하지도 지루하지도 않은 소중한 시간이었다. 마음은 늘 하느님을 찾아가고 싶었지만 마음과 달리 몸은 늘 '땡땡이'를 치곤했다. 채플 수업 시간을 다 못 채운 대가로 나는 키에르케고르와 니체에 관한 논문을 쓰고야 졸업을 할 수 있었다. 그 시절에 읽었던 니체와 키에르케고르의 구절들은 사실 어떤 수업 시간의 기억보다도 오래 갔다.

'인간은 산산이 부서진 라디오와 같은 존재로 태어난다. 그러므로 본래의 기능을 발휘하기 위해서는 스스로 자기의 고장을 고쳐야 한다.'(키에르케고르)

하지만 그 누가 자신의 고장을 고칠 수 있을까. 그 누가 죽지 말고 살라고 할 수 있을까.

문득 이런 구절이 떠오른다. "오늘은 어제 죽은 사람이 그렇게 살고 싶어 하던 내일이다."

엉뚱하게 이런 책 제목도 생각난다. '그러니까 당신도 살아.'

죽은 사람에게도 악플을 다는 사람들을 보며 이런 생각이 드는 건 나뿐이 아닐 것이다. 진심어린 말 한 마디로 죽을 사람을 살리기도 하는데, 당신은 이세상에 태어나 타인의 죽음에 한 몫을 더하다니, 무슨 인생이 그리도 모진가.

〈황주리, 「가미카제」, 문화일보(2008.10.23)〉

(2) 자료의 조사 및 수집

자료는 말하는 내용에 객관적인 토대를 제공해 준다. 말하는 내용을 보다 구체적인 것으로 만들어 주며 그만큼 청중들에게 더 잘 다가갈 수 있도록 실질적인 도움을 주는 역할을 한다. 대개 주제가 주어지는 경우에는 자료의 조사 및 수집도 그와 관련된 것을 위주로 하는 것이 일반적이지만 주변 화제를 위한 자료의 조사와 수집은 특별한 범위를 정할 필요가 없다. 보다 중요한 것은 널려 있는 자료들을 목적에 맞게 잘 이용하는 것이다.

자료를 조사하고 수집하는 데 흔히 사용되는 것은 인쇄물이다. 신문, 잡지, 백과사전, 전문서적, 보고서, 통계자료 등은 구체적인 사실을 제시해야 하는 화제를 위해 늘 주의깊게 살펴보아야 할 것들이다. 비디오, CD-ROM, 마이크로필름 등의 시청각 자료도 자주 사용되며 요즈음에는 이들이 모두 인터넷을 통해 접근이 가능하므로 가장 널리 쓰이는 자료 조사의 원천은 인터넷이라고 할 수 있다. 이 밖에 전문가와의 대담, 강의, 강연을 통해서도 자료를 얻을 수 있다.

자료는 몇 가지 요건을 갖추고 있어야 한다. 가장 중요한 것은 출처가 분명한지를 따지는 것이다. 인터넷은 정보의 바다이기는 하지만 출처가 분명하지 않은 경우가 적지 않다. 출처가 분명하지 않은 자료는 신빙성에 의문을 가지게 하고 사실과 일치하는지를 따져 볼 수 없으므로 자료가 갖추어야 할 요건에 커다란 흠이 된다. 또한 자료는 듣는 사람에게 흥미를 불러일으키는 것이어야 하고 주제와 관계가 깊으며 나아가 주제를 뒷받침해 줄 수 있는 것일수록 좋다.

모아진 자료를 조직적으로 정리하는 일도 빼놓아서는 안 된다. 당장의 말하기를 위해서는 필요하지 않은 자료라 하더라도 관련이 있는 자료들끼리 정리해 두는 습관을 가지는 것이 좋다. 그렇게 되면 말하기를 급박하게 준비해야 하는 경우에 특히 많은 도움을 받을 수 있다. 자료는 말하기의 내용에 객관성과 함께 생동감과 참신함을 안겨 줄 수 있다는 사실을 다시 한번 염두에 둘 필요가 있다.

이제 자료 수집에 대한 주의 사항을 체크 리스트로 정리해 보자.

자료 조사 및 수집에서의 주의점	체크 리스트
자료의 출처	① 자료의 출처는 분명한가?
자료의 신빙성	② 자료는 믿을 만한가? ③ 자료는 사실과 일치하는가?
자료의 성격	④ 자료는 청중에게 흥미를 불러일으킬 수 있는가? ⑤ 자료는 주제와 연관이 있고 주제를 뒷받침할 수 있는가?

01 아래의 동물들은 네 마리만 공통점을 가지고 있다. 차이가 나는 한 마리는 무엇
인지 말해 보자.

> 호랑이, 고래, 독수리, 코끼리, 사자

- 만약 '코끼리'가 답이라면 어떠한 기준이 사용된 것인지 말해 보자.
- 만약 '고래'가 답이라면 어떠한 기준이 사용된 것인지 말해 보자.
- 만약 '독수리'가 답이라면 어떠한 기준이 사용된 것인지 말해 보자.

02 다음 글의 주장을 명제로 제시해 보고 이 명제가 사실 명제, 가치 명제, 정책
명제 가운데 어떤 것인지 말해 보자.

> 지구의 물은 순환하고 있다. 매년 바다에서 3만 세제곱 마일의 물이 증발하고,
> 다시 비나 그 밖의 형태로 바다에 되돌아온다. 이 바닷물에 들어 있는 물질 가운
> 데 증발하는 것은 오직 물뿐이므로 비가 거의 순순한 물인 것은 바로 이 때문이
> 다. 회귀하는 물의 일부는 우선 비가 되어 육지로 떨어지고 땅 속을 흐르다가
> 녹기 쉬운 화학 물질을 담아 바다로 운반한다. 예를 들면, 강물은 0.01%의 염분
> 을 함유한다. 이 정도의 함유량은 짠 느낌이 들 정도는 아니지만 문제가 되기에
> 는 충분하다. 이는 바다가 강물을 통하여 육지에서 끊임없이 소량씩이나마 염분
> 이나 그 밖의 화학 물질을 얻지만 증발로는 전혀 잃지 않기 때문이다. 그렇다면
> 바다는 점점 염분이 증가하지 않을까?

03 다음 질문에 대한 '갑'과 '을'의 생각이 설득적인 답변이 될 수 없는 이유는 무엇인지 생각해 보자.

질문: 어렸을 시절, 가장 위급한 상황에서 세상 사람들로부터 외면을 당한 아픈 기억을 가지고 있던 A씨는 아내조차도 남처럼 대하고 장인의 장례에도 가지 않는 등 다른 사람에게 의지하지도 도움을 주지도 않는 자신만의 세계에서 살고 있었다. 그러던 어느 날 교통사고가 난 인적 드문 거리를 지나던 A씨는 경찰관이 그에게 도움을 요청하자 냉정히 거절하고 말았다. 이 경우 경찰의 요청을 거절한 A씨에게는 죄가 있을까?

갑: 저도 어렸을 때 A씨와 비슷한 경험이 있었습니다. 유달리 왜소했던 저는 성격도 내성적이었던 터라 다른 아이들로부터 괴롭힘을 당했고 또 그것을 드러내지 못해 정신적으로 심한 스트레스가 쌓여 학교도 결석하고 다른 사람들을 피해 다니곤 했습니다. 그런 시절을 생각하면 지금도 마음이 답답합니다. 여러분들도 세상이 자기를 버린 것은 아닌가 하는 기분을 한 번쯤은 모두 경험하셨을 겁니다. A씨도 아마 그런 심정이 상처가 되어 그렇게 차가워졌을 겁니다. 그런 A씨에게 죄를 묻는다는 것은 바람직하다고 생각하지 않습니다.

을: 그러나 한 번 생각해 보십시오. 예를 들어 건너 집에서 불이 났다고 칩시다. 우리 집이 아니니 가만히 그냥 있을 겁니까? 그 불은 언제고 우리 집으로 옮겨 붙을 수 있습니다. 그렇다면 여러분들은 아마 당장 소방관들을 도와 불을 끄는 데 앞장설 겁니다. 마찬가지로 어느 순간 자기 자신도 교통 사고의 피해자가 될 수 있다는 생각을 한다면 그냥 지나치는 것은 문제가 있다고 봅니다. 따라서 A씨에게는 죄가 있다고 생각합니다.

---

04 다음의 주제들에 대해 도입 화제와 마무리 화제로 적당한 것은 무엇인지 생각해 보고 이를 뒷받침하는 자료를 조사해 보자.

- 라면을 맛있게 끓이는 법
- 인터넷 실명제를 도입하자.

제 3 장

내용 조직하기와 배열하기

01 내용 조직의 단계

성공적인 말하기는 말하고자 하는 목적을 달성하는 말하기이다. 청중을 분석하여 그 결과를 바탕으로 화제를 결정하고 그 화제를 잘 구현할 수 있는 자료를 수집하는 번거로운 절차가 모두 목적을 달성하는 말하기를 위한 절차이다. 이제 남은 것은 이들 과정을 하나로 잘 조직하는 일이다. 내용을 조직하는 것은 건축으로 치면 건물의 뼈대를 세우고 살을 붙여 완성해 나가는 과정이다. 따라서 아무리 청중을 잘 분석하고 좋은 화제를 선택했다 하더라도 그것을 제대로 조직하지 못하면 결국 말하기의 목적을 달성하기는 어려울 것이다.

말하기에 있어서 내용 조직은 글쓰기에 있어서 개요를 작성하고 그것에 살을 붙이는 과정과 흡사하다. 특히 말하기 가운데 원고를 미리 준비해야 하는 경우는 글쓰기가 곧 말하기와 직접적으로 연관된다는 사실을 알 수 있다. 그러나 말하기가 글쓰기와 본질적으로 다른 점은 말하기는 글과는 달리 한번 지나가면 다시 참조하기가 어렵다는 점이다. 따라서 글쓰기와는 달리 화제의 연속성을 놓치지 않도록 부단히 노력해야 하며 내용 조직에 있어서도 이 점을 특히 잊어서는 안 된다.

(1) 내용을 덩어리로 묶기

내용 조직에서 가장 중요한 것은 말하기가 내용의 단순한 나열이 아니라는 점을 늘 염두에 두는 것이다. 따라서 내용 조직에 있어 가장 먼저 해야 할 일은 말할 내용을 그 의미적 연관성에 따라 몇 개의 덩어리로 묶는 것이다. 말할 내용을 묶는 작업은 말할 내용에 입체적인 질서를 부여한다는 의미를 갖는다. '음악'과 관련된 다음의 말들을 덩어리로 묶는 과정을 통해 이에 대해 살펴보기로 하자.

농악, 한국 전통 음악, 교회 음악, 성가, 민속악, 서양 중세 음악

위의 말들은 모두 음악과 관련되어 있지만 아무 질서도 없이 나열되어 있다. 그런데 잘 보면 한국과 관련된 것과 서양과 관련된 것 두 가지로 덩어리를 지을 수 있다는 것을 알 수 있다.

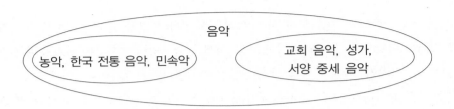

이렇게 놓고 보면 이들에는 한국과 서양이라는 나뉨이 '음악'을 중심으로 새로운 질서가 생기고 있음을 알 수 있다.

(2) 덩어리 사이의 연관성 찾아내기

말하기의 내용이 간단한 경우는 전체 내용을 몇 개의 덩어리로 묶는 것만으로도 충분할 수 있다. 그러나 말하기의 내용이 복잡한 경우에는 전체 내용을 몇 개의 덩어리로 묶은 다음 그 덩어리 사이에 존재하는 연관성을 포착하는 작업을 수행해야 할 경우가 적지 않다. 특히 하나의 덩어리를 이루는 요소들이 계열적으로 동질적인 무게를 가지고 있지 않을 경우에는 그들 사이의 위계 관계까지 고려해 주어야 한다.

위에 제시한 '음악'의 덩어리 짓기도 이러한 양상을 보여 준다. 즉 음악을 한국과 관련된 것, 서양과 관련된 것으로 묶은 것은 좋았지만 한국과 관련된 요소들인 '농악', '한국 전통 음악', '민속악'의 위계가 서로 같지 않을 뿐만 아니라 이들 사이에는 일종의 포함 관계가 있음을 알 수 있다. 즉 '한국 전통 음악'이 가장 상위의 범주이고 그 안에 '민속악'이 포함되며 '농악'은 '민속악' 가운데 하나이기 때문에 역시 '농악'은 '민속악'의 부분집합이 된다. 이를 도해하면 다음과 같다.

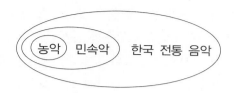

그런데 이러한 관계는 '서양 음악'에서도 찾을 수 있다. '서양 중세 음악'이 '교회 음악'을 포함하고 '교회 음악'은 '성가'를 포함한다. 따라서 이도 '한국 전통 음악'과 같이 다음과 같은 계층적 구조를 가지고 있음을 알 수 있다.

이렇게 정리하고 보면 다시 '농악'과 '성가', '민속악'과 '교회 음악', '한국 전통 음악'과 '서양 중세 음악'이 대등한 자격을 가지고 서로 대응된다는 사실을 알 수 있다.

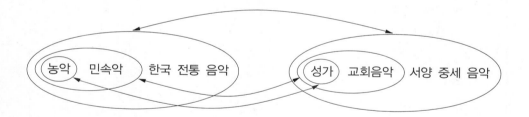

(3) 말하기의 개요 작성하기

말할 내용을 덩어리 짓고 그들 사이의 연관성을 찾아 그 관계가 일목요연해지면 이를 서론, 본론, 결론이나 기승전결의 방식으로 구성해야 한다. 이러한 구성 방식은 글쓰기의 개요 작성과 매우 흡사하다. 다만 글쓰기에서는 화제 개요가 선호되는 데 비해 말하기에서는 문장 개요가 보다 보편적으로 사용된다는 것이 차이라면 차이일 수 있다.

개요가 가지는 가장 큰 장점은 말할 내용을 균형있게 분배해 준다는 것이다. 개요를 작성하지 않는 글쓰기가 끝 부분으로 갈수록 문제점을 노출하는 것처럼 개요를 작성하지 않는 말하기도 끝 부분으로 갈수록 균형감을 상실하게 된다. 더욱이 앞서도 지적한 것처럼 말하기는 글쓰기와는 달리 다시 되돌릴 수 없기 때문에 어찌 보면 개요 작성의 필요성을 더 실감할 수 있는 것은 말하기에서라고 할 수 있다.

이제 위에서 살펴본 '음악'을 예로 들어 말하기의 개요 작성에 대해 살펴보기로 하자. 지금까지의 내용 조직 단계로 보아 이는 '설명'을 목적으로 하는 말하기에 알맞다는 것을 알 수 있다. 따라서 주제도 '한국 전통 음악과 서양 중세 음악의 공통점'과 같은 것임을 예측할 수 있고 이때 쓰이는 설명의 방식은 비교나 대조가 가장 적당하다는 것도 눈에 들어온다. 따라서 처음에 제시된 '농악, 한국 전통 음악, 교회 음악, 성가, 민속악, 서양 중세 음악'은 다음과 같은 개요 형식의 일부분으로 정리될 수 있다.

주제: 한국 전통 음악과 서양 중세 음악의 공통점
  I. 서론
 II. 한국 전통 음악
    A. 민속악
      a. 농악
      b. …
    B. …
 III. 서양 중세 음악
    A. 교회 음악
      a. 성가
      b. …
    B. …
 IV. 결론

내가 연설을 위해 수년 동안 사용해 온 아주 효과적인 준비 방법이 있다. 먼저 깨끗한 종이를 한 장 준비하고 맨 위에 말하기의 주제를 쓴다. 그리고 말하기의 목표를 한 문장으로 써 본다. '내 스피치의 목표는 무엇인가?' 그런 다음 내가 사용할 수 있는 모든 아이디어와 견해, 인용문, 통계, 사례들을 '우르르' 종이 위에 쏟아낸다. 나는 쓰고, 쓰고, 또 쓴다. 가끔은 그렇게 A4 용지 두세 페이지를 꽉 채우기도 한다. 쓴 내용 가운데 특정 부분들을 골라낸 뒤에는 논리적인 순서에 맞게 구성한다. 처음부터 끝까지 자연스럽게 말이 흐르도록 말이다. 당신도 이러한 방식을 활용해 보라. 스피치에 사용하기에 적절하다고 여겨지는 요점이나 생각을 짜내다 보면 20가지, 30가지 또는 50가지 아이디어가 자신도 모르게 떠오를 것이다. 모든 아이디어를 정리한 후에는 다시 처음부터 읽으면서 스피치에 가장 큰 영향을 끼칠 요점들에 빨간 펜으로 동그라미 표시를 하라. 그리고 다시 그 요점들을 순서에 맞게 구성하고 나면 말하고자 하는 내용이 자연스럽게 논리적인 구성을 갖추게 된다.

〈이수경 옮김(2008), 『브라이언 트레이시처럼 말하라』〉

02 효율적인 내용 배열의 방법

같은 내용이라고 하더라도 그것을 배열하는 구체적인 방법에 따라 전달 효과가 커질 수도 있고 작아질 수도 있어서 말하기의 목적을 달성하는 정도가 크게 달라질 수 있다. 우리가 하는 말하기는 대체로 '시간', '공간', '원인과 결과', '문제점과 해결방안', '주장과 근거'와 같은 내용 배열의 방법 가운데 어느 하나에 해당하는 경우가 일반적이지만 말하기의 내용이 복잡하거나 말해야 할 내용에 여러 가지 화제가 나타나는 경우는 두 가지 혹은 그 이상의 내용 배열 방법이 사용되기도 한다.

　내용 배열의 방법은 덩어리로 묶인 내용들 사이의 횡적 균형 유지에 특히 큰 도움을 준다. 즉 같은 층위에 있는 화제들의 무게를 동등한 것으로 유지하게 해 준다. 위에 예시한 개요를 예로 들면 '한국 전통 음악'과 '서양 중세 음악', '민속악'과 '교회 음악', '농악'과 '성가'의 쌍은 그 비중이 대등하다는 것을 알 수 있다는 점에서 내용 배열의 방법을 잘 활용하고 있음을 알 수 있는 것이다. 따라서 말하기의 목적을 가장 잘 달성할 수 있는 내용 배열 방식을 선택하는 일은 매우 중요하다고 할 수 있다.

(1) '시간'의 순서로 내용 배열하기

　'시간'의 순서에 따라 말할 내용을 배열하는 가장 일반적인 경우는 성장 과정이나 여정(旅程)이 드러나는 말하기를 할 때이다. 어떤 과학적 실험 내용을 보고하는 말하기를 할 때도 흔히 '시간'의 순서에 따라 내용을 배열하게 된다. 내용을 '시간'의 순서로 배열할 때의 가장 큰 장점은 '시간'이 내용 사이의 연결 고리 역할을 담당하기 때문에 별도의 장치가 필요하지 않다는 것이다. 가령 성장 과정에 대해 말할 때 '유치원 시기-초등학교 시기-중학교 시기-고등학교 시기' 순으로 내용을 배열한다고 하면 그 각각이 개요의 최상위를 차지할 수 있다는 것이다. 다만 똑같은 성장 과정을 '시간'의 순서로 배열한다고 하더라도 다양성을 추구할 수는 있다. '유치원 시기-초등학교 시기-중학교 시기-고등학교 시기' 대신 '3세까지-10세까지-18세까지' 등으로 얼마든지 초점을 달리 맞출 수도 있는 것이다.

　'시간'의 순서에 변화를 줄 수도 있다. 영화나 소설을 보면 현재의 모습이 먼저 나오고 그 다음에 과거의 이야기가 전개되는 경우를 흔히 볼 수 있는데 이는 '시간' 구성이 역전된 경우이다.

　　여러분, 점점 많은 도로들이 보행자 전용 구역으로 바뀌고 이 때문에 개인 교통은 계속해서 도심지로부터 내몰리고 있습니다. 짐을 싣거나 부리기 위해 보행자 전용 구역에 차를 타고 들어가는 것이 정해진 시간에만 허용되는 것이 법적으로 확정되었습니다. 이 규정 때문에 상인들처럼 배달 일을 하는 사람들 사이에서 비판의 소리와 이해하기 어렵다는 목소리가 점점 커지고 있습니다. 많은 상인들은 자기 고객이 예전처럼 차를 타고 가게 앞까지 들어올 수 없기 때문에 생업에 어려움이 생길 것을 걱정하고 있습니다. 여러분 이 규정은 로마의 가이우스 율리우스 카이사르의 율법에 정해져 있었고, 이런 상황도 그 시대에서 유래했습니다.

특히 '시간'이 '원인과 결과'와 맞물려 어떤 사건이 벌어지고 그 원인을 찾아가는 방식으로 말할 내용을 전개하는 경우에는 보다 극적인 효과를 가져올 수도 있다. 먼저 예측되지 않은 결과를 제시해 주고 그 원인이나 과정에 대해 청중의 궁금증을 불러일으키면 주의를 끄는 데 그만큼 더 효율적일 수 있기 때문이다.

(2) '공간'의 순서로 내용 배열하기

내용을 '공간'의 순서로 배열하는 경우는 장면의 이동을 염두에 둘 때 가장 일반적으로 사용된다. 가령 여정(旅程)은 대개 시간의 순서를 따르지만 공간의 순서로 그 내용이 배열되는 경우도 적지 않다. 다만 시간의 순서는 과거와 현재 그리고 미래라는 자연스러운 흐름이 있지만 공간의 순서는 그렇지 않다는 점에서 한 공간에서 다른 공간으로 전환할 때 일정한 질서가 부여되어야 한다. 가령 어떤 건물의 구조를 설명하는 말하기를 할 때 '건물의 외형 → 건물의 내부 → 건물의 하층 내부 구조 → 건물의 상층 내부 구조'와 같은 순서는 자연스럽지만 '건물의 내부 → 건물의 외형 → 건물의 상층 내부 구조→ 건물의 하층 내부 구조'와 같은 순서는 특별한 설명을 덧붙이지 않으면 혼란스러울 수 있다. 그럼에도 불구하고 말할 내용을 '공간' 에 의지하는 경우가 적지 않은 것은 '공간'이 가지는 시각적 효과가 말할 내용을 청중에게 구체적으로 전달하는 데 큰 도움을 주기 때문이다.

우리가 먼저 들어간 곳은 1층 고고역사실이었습니다. 거기에는 구석기 시대부터의 유물들이 사진과 함께 전시되어 있었습니다. 입구 옆에는 움집 이 복원되어 있어 그 시대의 주거 생활을 체험해 볼 수 있었습니다. 고고역

사실을 둘러 본 후 전통미술실로 향했습니다. 특히 생활 용품들에서 우리 선인들의 미의식이 잘 드러나고 있음을 볼 수 있었습니다. 2층에는 특별전 시실이 있었는데 마침 몽고문화체험전이 열리고 있었습니다.

내용을 '공간'의 순서로 배열하는 경우는 대체로 눈으로 볼 수 있는 실질적인 '공간'을 대상으로 하지만 추상적인 개념을 공간화하는 경우도 있을 수 있다. 앞에서 내용 조직하기의 예로 든 음악에 대한 설명도 이에 해당한다. 즉 보다 '넓은' 개념에서 더 '좁은' 개념으로 개요가 작성되고 있는데 이 때 더 포괄적인 개념과 더 세부적인 개념은 구체적인 공간으로 치면 전체와 부분의 관계와 대응이 되는 것이다. 우리는 실제 말하기나 글쓰기를 할 때 생각보다 이 '공간'에 따라 내용을 조직하는 경우를 쉽게 찾을 수 있는데 이는 인간의 사고가 구체적인 것을 바탕으로 추상적인 것을 이해하는 구조로 되어 있기 때문이다. 우리 말만 하더라도 추상적인 것을 설명하기 위해 구체적인 것 특히 공간에 의존하는 예들을 쉽게 만날 수 있다.("역사 앞에 부끄럽지 않도록 … ", "네 얘기는 앞뒤가 맞지 않는다.", "당신이 사용하는 개념 안에는 모순이 가득하다.", "그렇게 생각하는 것 밖에는 다른 가능성을 찾을 수 없다.", "너는 위아래도 모르고 그 분에게 실례를 범한 것이다." …….)

(3) '원인과 결과'로 내용 배열하기

이 방법은 말할 내용이 서로 원인과 결과 즉 인과적인 틀로 묶여 있는 경우에 적합한 내용 배열법이다. 원인과 결과는 서로 밀접한 연관을 가지기 때문에 청중들의 이목을 집중하는 데 큰 효과를 거둘 수 있다. 그리고 원인과 결과는 시간적인 선후성을 가지기 때문에 순차적이든 역전적이든 '시간'과도 연관성을 가진다는 사실은 이미 언급한 바 있다. 다만 말하고자 하는 내용이 '원인'에 맞추어져 있는지 아니면 '결과'에 초점이 있는지에 따라 그 순서를 자유롭게 바꿀 수 있다. 대체로 말하고자 하는 주된 내용이 뒤에 오는 구성을 취하는 것이 일반적이다. 즉 '원인'에 강조점이 있으면 '결과'를 먼저, '결과'에 강조점이 있으면 '원인'을 먼저 말하게 된다. 그러나 청중이 '결과'에 대해 어느 정도 인지하고 있다면 '결과'에 초점을 두는 것은 말하기의 효과가 그만큼 떨어지므로 이때는 '원인'에 대한 분석을 뒤에 배열하게 된다.

　말할 내용을 '원인'과 '결과'의 방식으로 배열하는 경우에 가장 신경써야 하는 부분은 제시한 인과 관계가 타당한 것인지를 살펴보아야 한다는 것이다. 다음을 예로 들어 이에 대해 살펴보자.

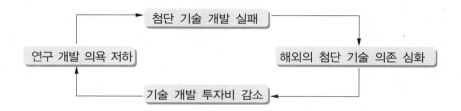

　위의 그림은 어느 회사 제품의 국제 경쟁력이 약화된 원인을 주제로 말할 내용을 보인 것이다. 내용을 잘 보면 각각의 요인들이 인과적인 순환 관계를 보임을 알 수 있다. 따라서 어떤 것에서부터 출발해도 문제가 없겠지만 그 다음 단계는 그 이전 단계로 말미암는다는 사실을 잘 나타낼 수 있도록 배열해야 한다. 이를 다음과 같이 나타낸다면 그 관계가 분명하게 드러날 수 있다.

　　　기술 개발 투자비가 감소한 것은 해외의 첨단 기술을 무분별하게 도입
　　한 탓입니다. 그렇기 때문에 연구 개발 의욕이 떨어지고 첨단 기술 개발에
　　실패하게 되는 것입니다. 결국 또 다시 해외 기술에 의존하게 되는 문제가
　　발생하는 것입니다.

⑷ '문제점과 해결 방안'으로 내용 배열하기

　'시간', '공간' 혹은 '원인과 결과'의 방법은 대체로 말할 내용이 정보를 전달하는 경우에 보편적으로 쓰이는 데 비해 '문제점과 해결 방안'으로 내용을 배열하는 경우는 말하기의 목적이 설득일 경우에 가장 일반적으로 사용된다. 이러한 측면에서 '문제점'은 구체적인 '해결 방안'의 제시를 위해 철저하게 분석되어야 하며 '해결 방안'은 청중들이 실제로 행동에 옮길 수 있는 것이어야 한다. 문제점의 제시에서는

'원인과 결과'의 방식이 원용될 수도 있고 따라서 '시간'이 드러날 수도 있다.

'문제점과 해결 방안'으로 내용을 배열할 때 설득하는 말하기가 실패하는 일반적인 경우 가운데 하나는 제시된 문제점을 해결 방안이 그야말로 '해결'할 수 없을 때이다. 말하는 사람뿐만 아니라 청중들도 문제점을 지적하는 데는 큰 차이가 없다. 청중들이 시간을 내 그 자리에 온 것은 자신들이 가지고 있는 문제를 말하는 사람이 해결해 주기를 바라기 때문이다. 따라서 장황한 문제 제기보다는 실현 가능한 해결 방안에 초점을 맞추어야 한다는 사실을 잊어서는 안 된다. 흔히 결론 부분에서 해결안을 추상적으로 제시하는 경우가 많은데 말하기의 목적이 단순한 문제 제기에 그치는 것이 아니라면 모든 신경을 구체적인 해결 방안 제시에 쏟아야 한다. 가령 '과소비를 추방하자'는 주제로 다음과 같은 개요의 말하기를 한다고 가정해 보자.

I. 과소비 실태
II. 과소비의 폐해
   A. 물질만능적 사고 조장
   B. 계층 간의 갈등 유발
III. 과소비 억제 방법
   A. 과소비에 대한 무거운 세금 부과
   B. 건전한 소비 생활 운동 전개
IV. 과소비 억제책 시행 강조

이 개요는 겉으로 보기에는 균형있게 잘 짜인 것으로 보이지만 '문제점'과 '해결 방안'을 자세히 보면 그렇지 않다는 사실을 알 수 있다. 여기서 문제점은 '과소비의 폐해'이고 해결 방안은 '과소비 억제 방법'이다. 제시된 문제점은 매우 구체적인 데 비해 해결 방안은 다분히 추상적이어서 그것을 통해 문제점이 어떻게 해결될 수 있는지 직접적으로 연결되어 있지 않다. 반면 '태풍 피해의 문제점과 그 해결 방안'을 주제로 작성된 다음의 말하기 개요를 살펴보기로 하자.

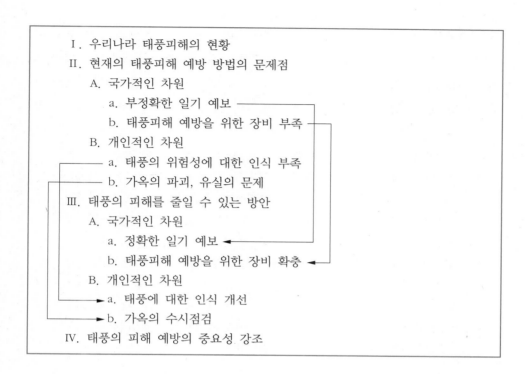

Ⅰ. 우리나라 태풍피해의 현황
Ⅱ. 현재의 태풍피해 예방 방법의 문제점
    A. 국가적인 차원
        a. 부정확한 일기 예보
        b. 태풍피해 예방을 위한 장비 부족
    B. 개인적인 차원
        a. 태풍의 위험성에 대한 인식 부족
        b. 가옥의 파괴, 유실의 문제
Ⅲ. 태풍의 피해를 줄일 수 있는 방안
    A. 국가적인 차원
        a. 정확한 일기 예보
        b. 태풍피해 예방을 위한 장비 확충
    B. 개인적인 차원
        a. 태풍에 대한 인식 개선
        b. 가옥의 수시점검
Ⅳ. 태풍의 피해 예방의 중요성 강조

여기에서는 바로 앞의 개요와는 달리, 화살표로 표시한 것과 같이 제시된 문제점이 해결 방안에서 구체적으로 '해결'되고 있다는 점에서 신뢰성을 얻고 있음을 알수 있다.

(5) '주장과 근거'로 내용 배열하기

'주장과 근거'로 내용을 배열하는 것은 설득하는 말하기의 대표적인 방법이다. '원인과 결과'로 내용을 배열하는 경우와 마찬가지로 '주장과 근거'도 그 순서를 바꿀 수 있다. 청중들이 만약 호의적인 태도를 가지고 있다면 '주장'을 먼저 제시하는 것이 효율적이지만 반대로 적의적인 태도를 가지고 있다면 충분히 '근거'를 대고 그에 따라 자연스럽게 '주장'을 제시하는 것이 좋다.

또한 '주장'이 먼저 나오고 '근거'가 뒤에 온다고 해서 그 중요성이 덜한 것은 아니라는 사실을 명심해야 한다. 말하는 사람의 '주장'을 따를 것인가 말 것인가 하는 것은 결국 '근거'에 달려 있으므로 어떤 면에서 보면 '주장'보다 '근거'가 더 중요하다고도 할 수 있다. '근거'가 없거나 부실한 '주장'은 감정에 호소하는 것으로 내비치기 쉬워 객관성과 합리성을 얻기 힘들다. 따라서 '주장'은 '근거'를 댈 수 있는 것이어야 하며 '근거'는 '주장'을 뒷받침하기에 모자람이 없는 것이어야 한다.

향후 10년 동안 사람들은 과거 100년 동안 번 것보다 더 많은 돈을 벌 것입니다. 백만장자와 억만장자의 수가 지난 5년 사이에 60%나 증가했습니다. 그리고 이 증가 속도는 더욱 빨라지고 있습니다. 1900년에 미국의 백만장자는 5,000명이었고 억만장자는 한 명도 없었습니다. 2000년에는 백만장자가 500만 명이었고 억만장자가 500명 이상이었습니다. 〈비즈니스 위크〉지에 따르면 2007년도에는 미국의 백만장자가 890만 명이었고, 전 세계적으로는 억만장자가 700명 이상이었습니다. 이들 가운데 대부분이 자수성가한 사람들입니다. 오늘날은 그 어느 때보다도 여러분과 같은 소수의 창의적인 사람들이 경제적인 성공을 이룰 기회가 많아졌습니다. 그리고 앞으로는 더 많은 기회가 있을 것입니다.

연·습·문·제

01 다음은 '운동이 건강에 미치는 영향'이라는 제목의 말하기를 위한 내용들을 임의로 섞어 놓은 것이다. 이를 첫째, 몇 개의 덩어리로 나누고 둘째, 덩어리의 연관성을 찾아 셋째, 말하기의 개요를 작성해 보자.

① 매일 아침 줄넘기를 했더니 심폐 기능이 좋아졌다.

② 축구를 격렬하게 하여 발목을 다친 적이 있다.

③ 지나친 운동은 몸을 상하게 한다.

④ 몸에 맞는 운동은 건강에 좋다.

⑤ 우리 농구팀이 져서 잠을 못 이룬 적이 있다.

⑥ 건강한 신체에 건강한 정신이 깃든다.

⑦ 승부에 집착하면 정신 건강에 해롭다.

⑧ 태권도를 꾸준히 했더니 매사에 자신감이 생겼다.

02 다음 내용을 '원인'과 '결과'로 나누어 보자.

> 먼저 접속 볼트의 와해가 일어날 수 있다. 우리는 이런 선례를 납덮개를 둘러싸고 있고 집게 사이에도 앉아 있는 희고 노란 가루가 생기는 것에서 알게 된다. 이는 전류의 통과를 방해한다. 그래서 납덮개 속에 분해자국들이 발생한다. 강철솔이나 급한 경우에는 칼을 이용해서도 우리는 접속 볼트와 집게를 다시 닦아낼 수 있다. 다음으로 깨끗해진 곳을 무산성 지방을 문질러 넣고 잠시 휴식을 취한다. 배터리의 덮개 표면은 자주 닦아주어야 한다. 그렇지 않을 경우 즉시 증류수가 이 상태에 이르기까지 다시 채워져야 한다. 이렇게 하지 않을 경우 배터리는 내구성에 손상을 입는다. 왜냐하면 전류 충전에 관여하는 부분은 용액으로 뒤덮인 금속판 부분뿐이기 때문이다. 그래서 건조된 부분은 딱딱해져서 나중에 전류 공급에서 배제된다.

03 다음 말하기의 개요에 제시된 해결 방안이 가지는 문제점을 지적하여 보자.

> I. 청소년 문제의 현실
> II. 청소년 문제의 발생 요인
>   A. 입시 위주의 교육 환경
>   B. 사회의 무관심
>   C. 대중매체의 영향
>   a. 인터넷의 급속한 보급
>   b. 청소년들의 모방 심리
> III. 청소년 문제의 해결 방안
>   A. 사회적 제도의 개선
>   B. 청소년들 스스로의 인식 개선
> IV. 청소년 문화의 전망

04 다음 내용을 '주장'과 '근거'로 나누어 그 관계를 도식화하여 나타내 보자.

① 역사는 어느 시대, 어떤 상황에 있어서도 삶과 동떨어진 가치란 존재하기 어렵다는 사실을 우리에게 일깨워 주고 있다.

② 문학은 그 시대적 상황을 수렴한다.

③ 따라서 작가는 현실에 대한 바른 안목으로 그 안에 용해되어 있는 삶의 모습들을 예술적으로 형상화하는 데 부단한 노력을 경주하여야 한다.

④ 현실적 상황이 제시하고 만들어 내는 여러 요소들을 깊이 있게 통찰하고, 이를 진지한 안목에서 분석하여 의미를 부여할 때, 문학은 그 존재 가치가 더욱 빛나는 것이다.

⑤ 그뿐만 아니라, 문학의 궁극적인 목적이 인간성을 구현하는 데 있는 것이라면, 이를 효과적으로 드러낼 수 있는 현실의 가능성을 찾아내고, 거기에 사람의 옷을 입혀 살아 숨쉬게 하는 작업이 필요하다.

⑥ 그런 면에서, 문학은 삶을 새롭게 하고, 의미를 부여하며, 그 삶의 현실을 재창조하는 작업이라 할 수 있다.

제4장

프레젠테이션의 기법과 활용

효과적인 프레젠테이션을 위한 전략

예전의 말하기에 비해 오늘날의 말하기가 가지는 가장 큰 차이점은 음성언어뿐만이 아니라 그림, 사진, 도표, 유인물, 슬라이드, 자료화면 등이 폭넓게 사용된다는 것이다. 이처럼 다양한 매체를 종합적으로 활용하는 말하기를 흔히 '프레젠테이션'이라 부른다. 이러한 프레젠테이션은 회의나 심포지엄, 강연에서부터 대학 수업이나, 학회 발표, 기업의 신입사원 채용에 이르기까지 다양하게 활용되고 있다. 특히 기업에서는 각종 제안서, 기획안, 보고서의 발표에 폭넓게 이용되고 있다.

오늘날 프레젠테이션이 이처럼 보편화한 것은 프레젠테이션이 말하기의 목적을 달성할 수 있는 여러 가지 다양한 방법을 구비하고 있기 때문이다. 앞에서 말한 다양한 매체는 청중에게 전달할 내용들을 가장 효율적으로 담을 수 있는 도구가 된다. 그러나 과도한 매체의 사용은 오히려 청중들의 집중력을 분산시킬 수 있으므로 효과적인 프레젠테이션을 위한 전략을 마련해야 할 필요가 있다.

(1) 제한된 시간에 충분한 정보 전달하기

현대인은 다양한 매체에 노출되어 있다. 매체에 대한 의존도가 높지 않았던 예전에는 새로운 매체의 출현이 곧 프레젠테이션의 성공과 직결되는 것으로 간주되었지만 지금은 오히려 역효과를 가져오기도 한다. 한 조사에 따르면 다양한 매체가 여러 종류의 스트레스가 되어 현대인이 어떤 것에 집중할 수 있는 시간을 5분 내외로 단축시키고 있다고 한다. 우리가 자주 사용하는 인터넷만 보아도 이에 대해 쉽게 공감할 수 있다. 팝업이나 배너가 처음 출현했을 때에는 인터넷 사용자의 시각을 끄는 데 매우 효과적이었지만 지금은 원하는 정보를 가린다는 점에서 오히려 역효과를 내고 있다. 한 화면을 가득 메운 정보들이 산만한 느낌을 주는 것도 같은 이치이다.

이는 주어진 시간은 제약되어 있는데 그 안에 너무 많은 양의 정보를 담으려는 의욕이 빚은 결과라 할 수 있다. 따라서 프레젠테이션에 임하는 사람이 반드시 가지고 있어야 하는 전략은 제한된 시간에 최대한의 정보를 담을 수 있는 방법을 모색하는 것이다. 즉 수집된 자료의 양을 줄이는 과정에 문제의 핵심이 빠져나가는 안 되며, 반대로 예상되는 모든 문제를 검토하기 위해 자료의 양이 지나치게 늘어나서도 안 된다.

(2) 청중의 호응 이끌어내기

프레젠테이션이 다른 말하기와 다른 점 가운데 하나는 그 프레젠테이션을 접하는 청중들이 말하는 사람보다 더 높은 정도의 지식을 가지는 경우가 적지 않다는 사실이다. 즉 프레젠테이션은 특정한 이해관계를 공유하는 사람들 사이에 진행될 뿐만 아니라, 주제도 상당히 전문적이며 특히 정책의 입안자가 정책의 결정권자 앞에서 행하는 경우가 많은 것이다. 이러한 경우에는 청중들이 비판적인 자세를 가지기가 쉽기 때문에 청중의 호응을 얻어내기가 그만큼 어렵다. 다소 역설적이라고 할 수 있을지 모르지만 프레젠테이션을 준비하는 사람은 자신보다 더 우월한 위치에 있는 사람들이 청중이라는 생각을 가지는 것이 도움이 될 때가 있다. 마찬가지로 자신보다 더 우월한 위치에 있는 사람들이 아니라 하더라도 청중들을 무관심하고 냉소적인 사람들로 간주하고 프레젠테이션을 준비하는 것이 더 나을 수 있다.

청중들은 화려한 쇼를 구경하러 온 관객이 아님을 명심해 두어야 한다. 따라서 프레젠테이션을 치장하는 데 지나치게 많은 정성을 쏟을 필요는 없다. 그보다는 적재적소에 필요한 정보를 간략하고도 분명하게 전달할 수 있는 방법을 찾아야 한다. 따라서 프레젠테이션을 위해 가장 널리 쓰이는 보조 장비에 대해서 제대로 활용할 수 있는 방법을 숙지하고 있어야 한다.

한편 청중의 주의를 집중시키는 방법으로 흔히 사용되는 것은 다음과 같다. 상황에 따라 다음 가운데 하나 혹은 두 가지 방법을 사용하면 흐트러진 청중들의 주의를 환기하여 청중들의 시선을 모으는 데 효과를 거둘 수 있다.

① 프레젠테이션 속도를 늦춘다.

② 발표 도중 갑자기 멈춰서 시선을 집중시킨다.

③ 목소리 크기에 변화를 준다.

④ 유머를 활용한다.

⑤ 다양한 자료를 활용한다.

⑥ 주의 집중하지 않는 청중에게 다가간다.

⑦ 발표를 하면서 자연스럽게 청중의 이름을 부른다.

⑧ 참가자 중 특정 인물을 지정하여 질문하고 의견을 물어본다.

⑨ 청중을 프레젠테이션 활동에 참여하도록 한다.

⑩ 빈 화면을 이용해 프리젠터에게 집중하도록 한다.

이 세상에서 가장 두려운 것은 뭘까. 죽음? 지진? 태풍? 외계인 침공? 지구의 종말? 캐나다 토론토대학에서 조사해 보니, 다른 사람 앞에서 말하는 거였다. 당신도 발표만 하면 식은땀을 줄줄 흘리고 말더듬이가 되지 않는가.

10여 년 전 나는 그랬다. 취직 준비를 포기하고 생소한 프레젠테이션 컨설팅 일을 해 보기로 결심했는데 워낙 말재주가 없어서 고민이었다. 어쩌다 등 떠밀려 여러 사람 앞에서 발표라도 해야 하면 스트레스를 받아 준비하는 내내 소화제를 달고 지냈다. 그렇게 하루하루를 견디며 달려오다 보니 지난 10년간 다양한 PT를 경험할 수 있었다. 대통령 업무 보고부터 수주 경쟁, 기관 소개, 개인의 창업까지 말이다. 처음엔 뛰어난 말재주를 타고난 사람이 마냥 부러웠다. 하지만 현장에서 숱한 경험을 하며 전혀 다른 결론에 이르렀다. 'PT에서 탁월한 성과를 내는 사람은 말재주가 뛰어난 사람이 아니라 체계적으로 성실하게 준비하는 사람이다.' 그렇다. PT는 말재주가 아니라 준비의 싸움이다.

무엇부터 어떻게 준비해야 할까? 내용을 만드는 기획 단계부터 차근차근 알아보자. 첫 번째 고민거리는 '무슨 내용을 말해야 할까'. 몇 년 전 건물관리 시스템을 제작하는 한 중소기업에서 전화가 왔다. 몇 달 동안 고민해 제안서를 준비했는데 영업 실적이 형편없다는 하소연이었다. 제품은 훌륭한데 PT를 본 고객이 시큰둥하다고 했다. 제품의 상세 기능까지 정성껏 넣었는데 참 이상한 일이라고.

회사 일이 아니더라도 이런 경우는 얼마든지 있다. 한바탕 부부싸움을 한 뒤 아내의 화를 풀어주려고 '무슨 내용을 말할까' 며칠간 고민해 말을 꺼냈는데 그게 더 큰 싸움의 계기가 돼버린 경험, 누구에게나 있다. 왜 이런 비극이 일어나는 것일까? 질문이 잘못돼서다. '무슨 내용을 말할까?'를 '청중은 무슨 내용을 궁금해할까?' '아내는 어떤 말을 듣고 싶을까?'로 바꾸면 '만사형통'이다. PT의 주체는 프레젠터가 아니라 청중이기 때문이다. 앞서 중소기업은 내 권유에 따라 고객이 궁금해하는 대표 질문과 답을 보여주는 PT를 다시 만들었다. 원고 분량을 3분의 1로 줄였는데도 고객 만족도가 높아져 매출 곡선이 급상승했다.

가정에서도 마찬가지다. 신혼 초 우리 부부는 싸우면 한참이나 냉전을 겪었다. 화해하려고 비싼 꽃다발을 사갔다가 된통 바가지만 긁히고 전투는 2차, 3차로 확전됐다. 반면 요즘엔 금세 해결한다. '무조건 미안해'라고 말하고 꼭 안아주면 그만이다. 아내가 원하는 화해의 제스처란 그것이니까.

회사에서 인정받고 가정의 평화도 지키고 싶은가. 그렇다면 '청중은 무엇을 궁금해하고 원하는가'라는 질문을 지금 던져라.

〈남기만, 「청중이 궁금해하고 원하는 것에 포인트를」, 한겨레21 980호(2013.10.7)〉

프레젠테이션을 위한 보조 장비로 과거에는 전지로 만든 차트나 OHP필름, 슬라이드 등이 이용되었지만, 컴퓨터와 디지털 매체가 발달한 오늘날에는 주로 멀티미디어를 지원하는 프레젠테이션 소프트웨어와 컴퓨터 모니터상의 영상을 스크린에 확대시켜 보여 주는 빔 프로젝터를 이용한다. 프레젠테이션 슬라이드의 제작에 가장 많이 이용되는 소프트웨어는 마이크로소프트사의 '파워포인트'이다. 파워포인트를 이용하면, 텍스트와 함께 각종 통계자료, 그림, 동영상, 음향을 적절히 활용하면서 프레젠테이션을 진행할 수 있다.

(1) 슬라이드의 전체 설계

프레젠테이션 슬라이드는 '서론-본론-결론'의 3단계 구조를 취하는 것이 가장 보편적이다. 그러나 글을 쓸 때와는 달리 그 각각에 담을 내용은 조금 차이가 있다. 우선 이를 정리하여 도식화하면 다음과 같다.

서론	• 프레젠테이션 주제의 소개 • 본론 내용의 요약을 통해 청중의 주의 환기 • 결론 내용 간단히 제시

본론	• 본론 내용을 몇 가지 핵심으로 제시 • 중심 생각이 담긴 핵심 내용에 대한 사례 제시 • 도출된 해결안에 대한 논리적인 근거 제시

결론	• 전체에 대한 요약 정리 • 본론의 핵심 내용 재강조 • 전망을 통한 발전 가능성 제시

서론 부분에서는 청중의 주의 환기를 위해 독창적인 도입을 준비하는 것이 좋다. 슬라이드를 통한 프레젠테이션은 한번 지나가면 다시 되돌리기가 쉽지 않기 때문에 어느 곳을 진행하든 그 위치에서 전체를 조망하는 기회를 가져야 할 필요가 있다. 서론에서 결론에 대한 언급을 미리 하는 것도 이러한 배려의 소산이다. 또한 서면으로 된 자료도 준비하여 청중들이 지나간 내용에 대해 참조할 수 있도록 하는 것도 좋다.

본론 부분에서는 중심 생각이 그것을 뒷받침하는 구체적인 사례와 한 쌍을 이루도록 제시되어야 한다는 점을 명심해야 한다. 이 역시 슬라이드가 가지는 특성에서 말미암는 것이다. 청중에게 앞에서 제시된 내용과 뒤에서 제시된 내용을 스스로 연결짓도록 기대하는 것은 무리이다. 또한 제시된 문제에 대한 해결안도 모두 본론에서 제시되어야 한다는 사실을 잊어서는 안 된다. 요약문이 함께 제시되어 있지 않거나 혹은 본론 부분이 길 경우에는 다음 슬라이드의 (예1)처럼 지금 어느 부분을 하고 있는지를 따로 표시해 주는 것이 좋다.

(예1)

여가생활의 목적

| 여가생활? |
| 목   적 |
| 여가생활 조건? |
| 현 실태/문제점 |
| 해 결 방 안 |

○ 피로를 회복하기 위해
○ 기분 전환을 위해
○ 건강 증진을 위해
○ 소질을 계발하기 위해
○ 사회에 봉사하기 위해
○ 친목을 도모하기 위해

결론 부분에서는 전체를 요약할 뿐만 아니라 앞의 내용 가운데 중요한 것을 다시 한번 언급해야 한다. 또한 전망의 단계를 가져 해당 프레젠테이션이 앞으로도 연속성을 가지고 끊임없이 보완될 수 있다는 생각을 청중으로 하여금 가지게 할 필요가 있다.

(2) 슬라이드의 구성

슬라이드의 배경 화면(탬플릿)은 어디까지나 내용을 뒷받침할 수 있는 것으로 하되 너무 튀지 않는 것으로 선택하는 것이 좋다. 또한 페이지마다 배경이 다르면 지루해 보이지는 않겠지만 혼란스러울 수 있으므로 가급적 피하는 것이 좋다.

슬라이드를 제작할 때 특히 유의해야 하는 것은 다음과 같은 것들이다.

① 슬라이드 전체가 통일성을 유지하고 있어야 한다.
② 하나의 슬라이드에는 하나의 메시지를 전달하도록 구성한다.
③ 사실적이고 구체적인 설명을 위해 사진이나 이미지를 사용하도록 한다.
  단, 한 슬라이드에 사진이나 이미지는 2~4개 정도가 적당하다.
④ 1시간을 기준으로 할 때 30개 정도 슬라이드를 기준으로 하는 것이 좋다.
⑤ 슬라이드의 바탕색은 붉은색 계열이 아닌 흰색, 청색, 남색 계열로 한다.
⑥ 시선의 흐름에 주의하여 슬라이드를 제작한다.

이 가운데 시선의 '움직임 우선 정도'와 '청중의 시선 흐름'을 보이면 다음과 같다.

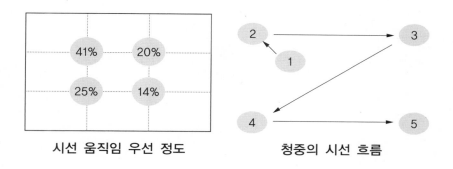

시선 움직임 우선 정도　　　　　청중의 시선 흐름

(3) 텍스트의 작성

파워포인트 문서는 읽는 문서가 아니라 보는 문서이기 때문에 텍스트 정보는 최대한 간단하게 정리해야 한다. 다음 (예2)와 (예3)을 비교해 보자. (예2)와 (예3)은 같은 내용을 담고 있지만 간단하면서도 분명한 것은 (예3)임을 알 수 있다.

(예2)

1. 국어 단어의 범위

- 국어의 '단어'는 '어절'을 단어로 보는 음운론적 개념, 어휘적 개념, 문법적 개념을 뒤섞어 제대로 정의되지 못하고 있다.
- 이는 특히 조사의 지위에 대한 문제에서 두드러지는데 복합어를 다시 파생어와 합성어로 나누는 체계에서는 국어의 조사를 위한 자리가 마련되어 있지 않다. 파생어와 합성어는 어휘적 단어의 예이다.
- 이러한 측면에서 Aronoff(1994:9)가 그동안 '단어(word)'를 '어떤 단어의 음성 형식(sound form of a word)', '문법적 단어(grammatical word)', '어휘소(lexeme)'로 나눈 것은 획기적이라 할 만하다.
- 이렇게 단어의 개념을 구분하고 보면 조사는 단어로 인정된다고 해도 '문법적 단어'에 해당하는 것이라고 할 수 있다.

(예3)

1. 국어 단어의 범위

음운론적 단어 – 어절

단어 ─ 어휘적 단어 ─ 단일어 – '밥'
복합어 ─ 파생어 – '개나리'
합성어 – '논밭'

문법적 단어 – 조사와 어미

텍스트를 작성할 때 특히 고려해야 하는 것들은 다음과 같다.

① 가독성을 고려하여 문자 크기와 글꼴을 선택한다. 내용의 폰트 크기는 16포인트에서 24포인트까지가 좋다. 글꼴은 가독성이 높은 돋움체, 굴림체, 헤드라인체, 고딕체 계열을 사용한다.

② 텍스트는 7×7의 원칙을 지키는 것이 좋다. 즉 한 슬라이드에 7줄, 한 줄에 7 단어 정도를 사용하는 것이 보기에 좋다.

③ 폰트의 종류와 글자 색상이 너무 다양한 것은 좋지 않다. 2~3가지 이상을 넘지 않도록 한다.

④ 내용의 상위개념과 하위개념을 구분하여 내어쓰기, 들여쓰기로 구분하되 글자 포인트도 내림차순으로 작성해야 한다.

⑤ 내용을 간결하게 표현하기 위해 명사 혹은 명사형으로 문장을 끝맺는 것이 좋고 조사나 마침표도 가급적 생략하도록 한다.

⑥ 핵심 내용은 글자색이나 진하기로 구별하여 강조하도록 한다.

⑦ 내용의 개념 관계는 차트나 그래프를 이용하여 도식화하도록 한다.

⑧ 문장만 나열하지 말고 동영상이나 사진자료를 적극적으로 이용하도록 한다.

지난 1월15일 애플이 주최한 '맥월드(Macworld) 2008' 행사가 미국 샌프란시스코에서 열렸다. 기조연설을 맡은 사람은 애플의 최고경영자(CEO)인 스티브 잡스. 열흘 뒤 미국의 경제 주간지 〈비즈니스위크〉는 이날 행사를 모델로 '프레젠테이션(설명회)'의 달인인 잡스의 프레젠테이션 노하우를 10가지로 분석했다. 이를 정리했다.

1. 화제를 제시하라

스티브 잡스는 이날 연설에서 "오늘 무엇인가 있습니다(There is something in the air today)"라며 말문을 열었다. 그런데 그는 의도적으로 '에어(air)'라는 단어가 들어간 문장을 사용한 것. 애플의 새 노트북 컴퓨터인 '맥북에어(MacBook Air)'를 의식한 말이었다.

2. 열정을 표출하라

잡스는 기조연설에서 자신이 소개하는 컴퓨터의 디자인에 대한 자신감을 유감없이 드러냈다. 〈비즈니스위크〉는 그의 이런 노하우를 두고 "청중이 졸지 않고 설명회에 빠져들게 하기 위해서는 그런 열정을 표출해야 한다."고 분석했다.

3. 윤곽을 보여 주라

본격적 설명에 앞서 잡스는 자신의 말의 요지가 몇 가지인지 분명히 전달한 뒤 설명에 들어간다고 한다. 가령 "오늘 제가 말하고 싶은 것은 4가지입니다."라는 식으로….

4. 숫자를 의미 있게 활용하라

스티브 잡스는 이날도 어김없이 숫자를 잘 활용했다. 아이폰의 판매량이 400만 개라는 설명을 하면서도 그는 "하루 평균 2만 개 꼴"이라고 덧붙이는 센스를 발휘했다. 이는 아이폰의 파급력이 얼마나 대단한지 강조하기 위한 것이었다.

5. 잊지 못할 순간을 선사하라

스티브 잡스는 설명회를 할 때면 청중이 잊지 못할 순간을 연출하는 것으로 유명하다. 이날도 잡스는 들고 있던 누런 서류봉투에서 세상에서 가장 얇은 '맥북에어'를 꺼내 들었다고 한다.

6. 시각적 자료를 극대화하라

일반적으로 프레젠테이션에서 사용하는 시각자료는 텍스트·데이터·차트 등이다. 하지만 잡스는 다르다. 텍스트가 짧은 대신 하나의 이미지를 제시함으로써 설명을 극대화한다.

7. '쇼'를 하라

잡스의 프레젠테이션은 뭔가 다르다. 정보의 단순 전달이 아닌 영상과 모의 테스트 등을 곁들여 청중이 마치 쇼를 보는 듯한 착각을 불러일으키게 한다.

8. 작은 실수는 잊어라

아무리 많은 준비를 해도 실수는 있게 마련. 잡스도 때로는 실수를 한다. 하지만 이때 그는 웃으며 농담으로 넘긴다고 한다. 실수도 잘 이용하면 청중을 만족시키는 데 큰 효과를 볼 수 있다.

9. 장점을 팔아라

잡스는 애플이 내놓은 제품이나 서비스의 장점을 잘 전달하는 것으로 유명하다. 이역시 설명회를 잘 이끄는 데 필요한 능력이다.

10. 연습만이 살 길이다

거저 얻는 것은 없다. 연습하고 또 연습해야 프레젠테이션을 성공적으로 마칠 수있다. 잡스도 그렇게 한다.

〈김상진, 「스티브 잡스처럼 쇼를 하라! 쇼」, 중앙일보(2008.03.09)〉

(4) 리허설

프레젠테이션을 하는 가운데 발표자가 당황하는 경우를 적지 않게 볼 수 있다. 이는 다른 데서도 이유를 찾을 수 있겠지만 의외로 가장 일반적인 원인은 사전 연습 즉 리허설을 충분히 하지 못한 때문이다. 훌륭한 프리젠터가 거의 예외없이 프레젠테이션 연습에 많은 시간을 투자하는 것은 발표 내용을 숙지하고 그 여력을 청중에게 집중하기 위한 것이다.

리허설을 할 때는 실제 프레젠테이션과 관련된 모든 사항을 점검해야 한다. 우선 시간 배분이 중요하다. 50분을 기준으로 하면 도입을 포함한 서론이 5~8분, 본론 35~40분, 결론 7~10분 정도가 적당하다. 만약 예기치 못하여 원래 시간 배분에 실패할 경우에는 그 대안까지도 마련해 두어야 한다.

질의·응답에도 대비해야 한다. 질의 사항이 미리 제시되어 있는 경우에는 크게 문제가 없지만 그렇지 않은 경우가 대부분이므로 관련 자료를 정리하고 예상 질문과 그에 대한 답변을 만들어 두어야 한다. 제시한 자료가 많은 경우에는 해당 사이트를 링크해 두는 것도 좋은 방법이다.

리허설을 위한 원칙 몇 가지를 들면 다음과 같다.

① 가능하면 발표하게 될 장소에서 실시한다.
② 시청각 도구를 사용해 기자재의 성능을 확인해 둔다.
③ 모든 것을 실전과 똑같이 한다.
④ 프레젠테이션에 걸리는 시간을 측정해 본다.
⑤ 피드백을 실시하여 다음 리허설에 반영할 수 있도록 한다.

01 다음 프레젠테이션 파워포인트 화면이 가지고 있는 문제점에 대해 말하고 이를 적절하게 수정해 보자.

들어가며

"익히 알려진 말은 외래어이고, 덜 알려진 말은 외국어로 생각하는 사람들이 많다.
그러나 외래어는 단어 부류를 일컫는 데 비해 외국어는 언어 자체를 가리키는 경우가 많다. 이를 테면 영어, 독일어, 프랑스어는 외국어이고 '택시,모델,커피'는 외래어이다.
그런데 외국어는 언어를 가리키기도 하지만 어떤 언어에 속하는 다른 단어도 가리키기도 한다.
따라서 beautiful, Arbeit, mademoiselle은 외국어(외국어 단어)라 할 수 있다."

02 다음 조건에 따라 프레젠테이션을 하여 보자.

가. 주　　　제 : 학교 식당의 문제점과 개선방안
나. 제한시간 : 10분
다. 청　　　중 : 대학생
라. 목　　　적 : 설득

03 위의 프레젠테이션을 다음 사항에 따라 평가해 보자.

구분	검 토 사 항	평가 (5점 만점)	보완할 점
발표 태도	시선은 청중을 향했는가?		
	음량은 적절했는가?		
	청중의 흥미를 유발하기 위해 노력했는가?		
	복장과 자세는 적절했는가?		
슬라이드 구성	슬라이드는 발표의 주제를 적절히 보여 주었는가?		
	슬라이드는 보기 좋게 편집되었는가?		
	멀티미디어는 충분히 활용되었는가?		
발표 내용	주제는 적절히 선정되었는가?		
	발표 내용은 주제에 부합했는가?		
	성실히 자료를 수집했는가?		
	독창적인 견해를 개진했는가?		
	견해는 논리적으로 표현되었는가?		
계			

제 5 장

언어 예절

언어 예절의 중요성

우리 속담에 '가는 말이 고와야 오는 말이 곱다.'라는 말이 있다. 이 말은 언어생활에서 예절의 중요성을 단적으로 드러낸 말이라 할 수 있다. 언어 예절은 상대방을 존중하고 그 처지를 배려하며 말하는 것이 기본이다. 예의에 맞지 않는 언어를 쓰는 사람은 청중의 호응을 얻기 힘들고 결과적으로 말하는 내용도 제대로 전달할 수 없게 된다. 따라서 청중을 대상으로 말하는 데 있어 특히 언어 예절에도 소홀함이 없어야 한다.

(1) 전통적인 언어관과 「표준 언어 예절」

우리의 전통적인 가치관에서는 언어의 중요성을 소극적인 측면에서 규정하려는 논의가 적지 않았다. 대표적으로 논어(論語)의 "巧言令色 鮮矣仁(교언영색 선의인: 교묘한 말과 꾸민 얼굴빛은 어짊이 드물다)"이라는 구절에서 이를 단적으로 살펴볼 수 있다. 그래서 역경(易經)에서도 "吉人之辭寡 躁人之辭多(길인지사과 조인지사다: 훌륭한 사람은 말이 적고, 성급한 사람은 말이 많다)"라 하여 말을 삼가는 것을 덕목으로 삼았다. 이러한 사정은 속담에서도 드러난다. 말과 관련된 속담이 전체 속담 가운데 여섯 번째를 차지할 만큼 큰 비중을 차지하는 것도 그러하거니와 '말을 하면 백 냥이요 입을 다물면 천 냥이다'나 '말이 씨가 된다'와 같이 말조심을 강조하는 것이 대부분이기 때문이다.

이처럼 우리의 전통적인 가치 체계에서는 언어에 대한 예절이 생활 전반에 영향력을 행사하는 것으로 간주되었다. 이러한 현실을 반영하여 1990년 10월부터 1년여에 걸쳐 '조선일보사'와 '국립국어연구원(현 국립국어원의 전신)'에서 「우리말의 예절」을 기획하여 신문에 연재하고 1992년 10월 19일에 심의 확정한 것이 「표준 화법」(아래에서는 이를 '「표준 화법」(1992)'라 부르기로 한다)이다. 이 「표준 화법」은 현대인의 실제 언어 생활에 지침이 될 수 있도록 품위 있고 정형화된 말을 갖추어 이를테면 화법의 표준어를 정한 것이다. 그러다가 변화하는 사회상을 반영하기 위해 2009년과 2010년에 걸쳐 국민을 대상으로 언어 예절에 관한 국어 사용 실태를 조사하였고 이를 바탕으로 2011년 3월에는 국어학자, 언론계 인사 등 10명으로 표준 화법 보완 자문위원회를 구성하여 1992년의 「표준 화법」에서 수정하고 보완할 부분을 논의하였다. 그 이후 11차에 걸쳐 자문위원회를 열고 공개 토론회를 거치고 2011년 12월 국어심의회 보고를 거쳐 최종 「표준 언어 예절」(아래에서는 이를 「표준 언어 예절」(2011)이라고 부르기로 한다)을 내게 되었다.

가까운 사이지만 부르기 애매한 남편 누나의 남편은 '아주버님'이라 하고 여동생의 남편은 'ㅇ 서방'과 함께 말하는 사람이 남자일 경우 '매부', '매제', 여자일 경우 '제부'라고 한다. 또 커피 전문점에서 흔히 듣는 '커피 나오셨습니다. 뜨거우시니, 조심하세요.'는 손님이 아닌 커피를 존대하는 잘못된 표현이다. 'ㅇㅇㅇ[친구 부모 성명] 배상(拜上)'이라 적힌 청첩장 봉투 속에 친구가 자신의 결혼을 알리는 글이 담겨 있다면 발송 주체와 결혼 당사자가 달라 혼란을 줄 수 있으므로 바람직하지 않다.

국립국어원(원장 권재일)에서는 국민이 일상생활에서 겪는 호칭어, 지칭어, 경어법에 대한 혼란과 어려움을 덜고자 「표준 언어 예절」을 발간하였다. 이 책은 1992년에 나온 「표준 화법 해설」을 20년 만에 개정한 것이다. 「표준 화법 해설」(1992)은 언어 예절에 대한 표준을 담은 지침으로 이용되어 왔으나, 그동안 가정에 대한 의식이 변화하였고 직장 내에서 존중과 배려의 태도가 점차 확산되면서 현실과 맞지 않는 부분이 생겨남에 따라 개정된 표준 언어 예절이 필요하게 되었다.

또 「표준 화법 해설」(1992)에서는 화법의 전 영역이 아닌 일부분만을 다루고 있어 제목과 맞지 않아 이번 개정에서는 실제 담고 있는 내용에 맞추어 「표준 언어 예절」로 제목을 바꾸었다.

국립국어원은 2009년과 2010년에 걸쳐 국민을 대상으로 국어 사용 실태를 조사하였고 2011년 3월부터 11월까지 총 열한 차례에 걸쳐 서정목(서강대 교수) 위원장 등 국어학자, 언론인, 유학자 등 10인으로 구성된 자문위원회를 열어 개정해야 할 대상과 범위를 검토, 표준 화법 개정안을 마련하였다. 또 2011년 11월에 '표준 화법 보완을 위한 토론회'를 개최하여 각계의 다양한 의견을 수렴하였고, 12월 국어심의회 보고를 거쳐 「표준 언어 예절」을 발간하게 되었다.

「표준 언어 예절」은 가정에서의 호칭·지칭, 사회에서의 호칭·지칭, 경어법, 일상생활의 인사말, 특정한 때의 인사말로 구성되어 있으며, 실생활에서의 활용도를 높이고자 혼례, 상례, 축하, 위로와 관련된 서식들을 추가하였다.

「표준 언어 예절」에서는 표준 화법에 없었던 조부모, 손주, 사촌에 대한 호칭, 지칭을 추가하였다. 또 부모에 대한 호칭으로 어릴 때에만 '엄마', '아빠'를 쓰도록 하였던 것과 달리 현실을 반영하여 장성한 후에도 격식을 갖추지 않는 상황에서는 '엄마', '아빠'를 쓸 수 있도록 하였다. 여동생의 남편을 호칭하거나 지칭할 때에는 '○ 서방'과 함께 남자일 경우 '매부', '매제', 여자일 경우 '제부'를 쓸 수 있도록 하였다. 반면, 남편 누나의 남편을 호칭하거나 지칭할 때에는 '아주버님', '서방님'을 쓸 수 있다고 하였던 것을 '아주버님'만 쓰도록 하였다.

이와 함께 직장에서 윗사람에게는 '-시-'를 넣어 말하고 동료나 아래 직원에게는 '-시-'를 넣지 않고 말하도록 했던 것을 직급에 관계없이 누구에게나 '-시-'를 넣어 존대하도록 하였다. 또 '축하드리다'가 불필요한 공대라 하여 '축하하다'만 쓰도록 하였던 것을 '축하합니다.'와 함께 공손함이 담긴 '축하드립니다.'도 인정하였다.

〈「생활 속 애매한 호칭·지칭, 인사의 표준 마련」, 연합뉴스(2012.3.13)〉

(2) 「표준 언어 예절」의 내용

「표준 언어 예절」(2011)의 내용은 크게 호칭어 및 지칭어, 높임법, 인사말을 아우르는 것이다. 이들은 다시 가정이나 직장과 같은 구체적인 장소에 따라 달리 실현된다. 가령 결혼한 후 가정에서 남편을 '형, 오빠, 아저씨' 등으로 부르는 것은 옳지 않다.

『춘향전』, 『심청전』 등 고대 소설을 보면 조선 시대에는 남편에 대한 호칭으로 '서방님'이 널리 쓰였음을 알 수 있다. 춘향이 감옥으로 달려온 이 도령에게 "여보 서방님"하는 것이나 심청의 어머니 곽씨 부인이 남편 심 봉사에게 "여보시오 서방님"하고 부르는 것 등이 대표적인 예이다. 서방(書房)은 원래 벼슬 안한 남자를 일컫는 말이었으나 남편에 대한 호칭어로 의미가 바뀌었다. 후엔 "서희는 '서방님'이라는 호칭 대신 '당신'이라며 따지고 들었다."(박경리 작 『토지』 6권)는 구절에서도 보듯 남편에 대한 존칭으로 발전했다.

'여보'란 말이 남편에 대한 호칭어로 사용되기 시작한 것은 20세기부터인 것으로 보인다. 이광수의 『무정』(1917년)이나 현진건의 『빈처』(1920년)는 이 말이 등장하는 초기의 문헌 자료로 꼽히고 있다.

개화기, 일제 시대에는 '여보' 외에 '영감', '영감님', '영감마님', '여보 낭군님', '낭군님', '○○ 아버지', '서방님', '○○씨', '여보 임자', '여보시오' 등의 호칭어가 쓰였던 것으로 조사됐다.

현대 한국 사회에서 쓰이고 있는 남편에 대한 호칭어를 처음 조사한 것으로 여겨지고 있는 서정수(한양대) 교수의 『존대말은 어떻게 달라지고 있는가』를 보면 남편에 대한 호칭은 주로 세 가지이다. 565명의 주부를 대상으로 한 이 조사에 다르면 '여보' 65.5%, '아빠' 22.1%, '자기' 10.3%로, 이 세 가지 호칭어가 전체의 97.9%를 차지하고 있다. 그러나 최근 국어연구소가 소설 등 문헌을 통해 조사한 자료에 의하면 '○○씨', '○○야, '자기', '자기야', '당신', '이봐요', '아저씨', '오빠', '형', '○선생', '너', '남편!', '미스터 ○', '임자', '영감' 등 세대별로 20여 가지나 되는 등 원칙 없는 호칭어가 범람하고 있는 것으로 밝혀졌다. 개방화나 남녀 평등화의 추세에 따라 남편을 높여 부르는 정도가 과거에 비해 현저히 줄었고, 다른 친·인척간에 쓰는 호칭어들이 원용돼 아무렇게나 사용되고 있는 것이다.

그러면 현대 사회에 알맞은 남편에 대한 호칭어는 무엇일까? 문제는 전문가들조차 이 문제에 관한 한 의견이 구구해 한 목소리를 찾을 수 없다는 사실이다.

오늘날 가장 널리 쓰이고 있는 '여보'가 국어사전에 남편에 대한 호칭어로 정식으로 오르게 된 것은 극히 최근의 일이다. 문세영의 『조선어사전』(1938년 판)이나 한글학회의 『중사전』(1958년 판)을 보면 '여보'는 평교간에 부르는 소리나 '여보시오'의 좀 낮은 말로 풀이돼 있을 뿐이다. 1982년 판 『국어대사전』(민중서림 간행)에야 비로소 제2의 뜻풀이로 '자기 부인 또는 남편을 부르는 말'로 나와 있어, 부부간 호칭어로서의 이 말의 역사가 의외로 짧다는 것을 알 수 있다. 'ㅇㅇ아빠', 또는 '아빠'라는 호칭에 대해선 대부분의 학자들이 한결같이 반대한다. 한성대 교수를 지낸 전통 예의 연구가 김복길 씨는 "8·15 해방 후의 과도기 때 부부간 호칭이 애매하던 차에 일본말을 본받아 남편을 '주인'이라 하기도 하고 '아빠'라 하는 풍조가 생겨났다."며 "요즘 젊은이들이 성인이 돼서도 아버지를 아빠라 부르는 것도 웃음거리인데, 제 남편까지 '아빠'라고 공동 호칭하고 있는 것은 예의의 차원을 넘어 존속 모독이며 인륜을 문란케 하는 망측한 것"이라고 분개했다.

'자기'란 호칭에 대해 박갑수(서울대) 교수는 "애인이나 부부간에 상대방을 부르는 속어로 보여지고 있으나, 어떤 사람을 다시 부르는 대명사 역할도 하고 있어 표준어로 수용해도 좋을 것"이란 입장을 밝혔다. 그러나 김복길 씨는 "6·25 후에 출생한 젊은 아내가 '자기'하고 남편을 부르는 신조어는 정상이 아니므로 말살시켜야 한다."고 강조했다. 또 '서방님'에 대해 정재도(한글학회 이사) 씨는 "부부는 주종 관계가 아니라 평등 관계이므로 그런 호칭은 삼가는 것이 좋다."는 의견을 보였다.

〈국립국어연구원 편(1991), 『우리말의 예절』〉

「표준 화법」(1992)에서는 '여보'로 넘어가기 전 단계에 인정했던 '여봐요'는 오늘날 거의 쓰이지 않기 때문에 「표준 언어 예절」(2011)에서는 인정하지 않고 있다는 점은 시대에 따른 언어 변화 양상을 반영한 것이라 볼 수 있다.

한편 직장에서는 직함이 있어 이에 따라 호칭 및 지칭어가 다르게 나타난다. 'ㅇ 과장, ㅇ부장'으로 부르거나 'ㅇㅇㅇ씨'로 부르는 호칭 및 지칭을 가정에서는 사용할 수 없는 일이다. 가정에서의 존칭에서 조심해야 할 것은 이른바 압존법의 사용인데 가령 할아버지께 아버지에 관한 말을 건넬 때는 아버지를 높이지 않는다는 데 조심해야 한다. 직장에서도 이러한 경우가 발생하는데 때에 따라서는 불필요한 오해를 불러오는 경우가 있으므로 주의해야 한다.

직장은 사람들에게 생계의 터전이 되고, 사람들은 그 직장의 동료들과 가족보다 더 많은 시간을 함께 보낸다. 따라서 직장에서 이루어지는 인간관계, 주고받는 말 한마디는 그 사람의 희로애락에 직접적인 영향을 끼친다.

"입사한 지 삼년이 넘었는데 아직도 동료들은 나를 부를 때 '미스 박'한다. 심지어 어떤 상사는 '어이', '야'하고 부르기도 한다. 아침에 출근해 이런 경우를 당할 때마다 일할 기분이 싹 가신다."

회사원 박명숙(27, ㄷ증권) 씨의 불평은 직장에서의 화법(호칭·지칭, 경어법)이 얼마나 중요한 것인가를 단적으로 보여 준다.

이 같은 언어 예절과는 다른 차원에서 지금 통용되고 있는 많은 직장에서의 화법들이 과연 어법에 맞는 것이냐는 문제도 있다. 다음은 김태경(35, ㅌ화학 대리) 씨의 얘기.

"상사에게는 아랫사람이지만 나보다는 높은 직책의 사람을 지칭할 때 아주 곤란하다. 예를 들어 부장에게 과장에 관해 말해야 하는 경우, '최 과장이 이렇게 지시했습니다'라고 해야 할지, 또 '최 과장님이 이렇게 지시했습니다' 혹은 '최 과장이 이렇게 지시하셨습니다' 해야 할지 몰라 얼버무리는 경우가 많다. '최 과장이 이렇게 지시했습니다'라고 해야 한다고 알고 있지만, 실제는 이렇게 말이 나오지 않는다. 더구나 부장과 과장이 한 자리에 있는 경우엔 과장을 높이지 않을 수 없다. 이런 고민을 나만 갖고 있을까?"

직장에서의 화법은 대개 동료, 상하간의 호칭·지칭어 문제와 상급자 앞에서 차상급자를 높여야 하는가 낮춰야 하는가의 문제로 나뉜다.

모든 직장에서 흔히 쓰이는 호칭(지칭)어들은 ○○○ 씨, 미스터(미스) ○, ○ 선배, ○ 형, ○ 선배님, ○ 선생님(주로 연구 기관이나 학교), ○ 여사, ○○ 양 등. 이 가운데 많은 사람들이 가장 선호하는 호칭(지칭)어는 무엇일까?

조선일보사와 국립국어연구원이 직장인들을 대상으로 '어떻게 불리기를 원하십니까?'를 물어본 결과 절대다수가 '○○○ 씨'라고 응답했다. 이것은 남자가 남자를 부를 때나 남자가 여자를 부를 때, 여자가 남자를 부를 때, 여자가 여자를 부를 때 등 모든 경우에 동일하다.

'○○○ 씨' 호칭(지칭)을 선호하는 이유에 대해 이계현(24, ㅈ테크 사원) 씨는 "이름을 정확히 불러주는 것이 나에 대한 존중의 뜻을 담고 있는 것 같아 기분이 좋다."고 말했다.

흔히 '미스 ○'로 불리고 있는 여사원들의 경우엔 '○○○ 씨' 호칭에 대해 더욱 강한 선호성을 나타냈다. 호수기(24, ㅅ약품 사원) 씨는 "'미스 ○'는 외국어이기도 하고 남녀 차별의 의미를 담고 있는 것 같아 불쾌하다."고 말했다.

남녀 또는 직장 분위기에 따라 약간의 편차도 물론 있다. 일부 남자 직원들은 '○ 선배', '○ 형'이 좋다고 응답했다. 이는 '○○○ 씨'보다 친근감이 느껴지기 때문이란 것이 그 이유다. 마찬가지로 여자들끼리는 '○○ 언니', '○ 언니'라는 호칭(지칭)이 좋다는 일부 의견도 있었다.

호칭(지칭) 문제가 대체로 '○○○ 씨' 쪽으로 통일되는 경향인 데 반해 상사를 그보다 더 높은 분에게 어떻게 말해야 하는가 하는 문제에 대한 견해는 역시 천차만별이다. 송찬섭(30, ㄷ생명 사원) 씨 등 27명에게 '평사원의 입장에서 과장을 부장에게 말할 때 다음 중 어떻게 말합니까?'라고 물은 결과 다음과 같은 응답 분포를 보였다. '과장님께서 외출하셨습니다'(3명), '과장께서 외출하셨습니다'(0명), '과장께서 외출했습니다'(2명), '과장님이 외출했습니다'(9명), '과장님이 외출하셨습니다'(9명), '과장이 외출하셨습니다'(0명), '과장이 외출했습니다'(4명).

상급자나 회사 밖 손님에게 차상급자를 지칭할 때, 높임말을 써선 안 된다는 일반적 원칙이 무너지고 있을 뿐 아니라 그 대안 또한 가지각색인 것이다.

〈국립국어연구원 편(1991), 『우리말의 예절』〉

다양한 직급 사이에 구별되는 호칭과 지칭은 인간관계에도 적지 않은 영향을 미치기 때문에 오늘날에는 회사 차원에서 호칭과 지칭의 범위를 따로 정하는 경우도 늘고 있는 실정이다.

"김○○ 매니저, 오늘 미팅 준비는 잘돼 가요?"

포스코에 입사한 지 올해로 7년째인 김모 씨(33)는 3년 전 '김 대리'에서 '김 매니저'가 됐다. 이 회사가 2011년 대리부터 차장까지의 직급을 '매니저'로 통일하면서부터다. 타 업계에 비해 보수적인 철강업계이지만 새 호칭제도를 도입한 이후로는 수직적인 상하관계가 상당 부분 해소됐다는 평가를 받고 있다.

김 씨는 "대리~차장이 모두 매니저라는 직급으로 통일됐지만 실제로는 다양한 연령과 연차가 포함돼 있다."면서 "이전까지는 회의 중 쉽게 말을 꺼내기 어려웠지만 새 호칭이 도입된 이후로는 선배들과의 대화가 훨씬 자연스러워졌다."고 말했다.

"일 그딴 식으로 해서 언제 과장 될래?"

"대리 나부랭이가 뭘 안다고…."

회사에서 심심치 않게 들을 수 있던 이 같은 핀잔도 점차 사라져 갈 것으로 전망된다. 최근 국내 기업들이 세세하게 나뉘어 있던 직급별 호칭을 단순화하는 추세를 보이고 있기 때문이다.

이유는 기업들이 해외 진출에 나서면서 국가별로 제각각인 호칭에 대한 인식에 우리나라에서 흔히 쓰는 직급 체계를 일괄적으로 적용하기 어려웠기 때문이다. 아울러 수평적 조직문화를 확산하고 외부 관계자와의 소통에서도 전문성을 갖고 대등하게 업무에 임하게 하려는 의도에서다.

기업들의 '호칭 실험'은 선후배 직원들이 서로 주고받는 말에 큰 영향을 미쳤다. 호칭을 바꾸는 것만으로도 '아랫사람'에겐 당연하게 여겨졌던 하대(下待)를 삼가는 분위기가 생겼고 존중을 담은 말을 쓰기 시작했다. 연차가 낮은 직원들의 자존감과 업무 만족도가 높아졌음은 물론이거니와 대졸 구직자들의 취업 선호도가 높아지는 효과도 가져왔다.

재계 10대 그룹 중에서는 CJ가 2000년 모든 임직원의 호칭을 '님'으로 통일했다. SK텔레콤은 2006년 인사제도 혁신을 발표하고 매니저 직급을 도입했다. 기존 직책명을 유지하는 본부장, 실장 등 직책자를 제외한 직원들은 호칭을 매니저로 모두 단일화했다. 매니저라는 호칭에는 직위와 연공서열에 상관없이 '자신의 업무에 대해 전문지식과 책임을 가진 담당자'라는 의미를 담았다고 회사 측은 설명했다.

이 밖에도 KT 한화 롯데 유한킴벌리 아모레퍼시픽 아주 등 대기업들이 직원 호칭을 매니저로 통일하거나 직급별 구분을 줄이고 있다. '카카오톡'으로 유명한 카카오는 한발 더 나아가 이름과 직급 대신 영어이름으로 된 애칭을 쓴다. 김범수 이사회 의장은 '브라이언', 이석우 공동대표의 이름은 '비노'다.

이처럼 수평적 호칭을 도입한 기업에 근무하는 사원들은 대부분 "업무 효율성이 높아졌다."는 반응. 더욱 자유로운 의견 개진이 가능해졌다는 이유에서다.

최근 새 호칭제도를 도입한 A기업에 근무하는 유모 씨(42)는 "처음엔 상사를 '님'이라고 부르는 게 무척 어색했지만 조금씩 입에 붙기 시작했다."면서 "호칭에 연연하지 않다 보니 후배를 대할 때도 전처럼 말을 함부로 하지 않게 됐다."고 말했다. 유 씨는 "자연스레 서로를 존중하며 말을 주고받다 보니 토론이 활발해지고 새로운 아이디어도 많이 얻게 된다."고 덧붙였다.

김재휘 중앙대 심리학과 교수는 "1980년대까지만 해도 기업 내 위계질서를 중시했지만 최근에는 창의성이 기업 경쟁력으로 직결되는 만큼 자유로운 의사소통의 중요성이 커지고 있다."고 말했다.

1997년 8월 김포공항발 대한항공 801편이 괌 국제공항에서 추락해 225명이 사망하는 사고가 발생했다. 작가 맬컴 글래드웰은 저서 '아웃라이어'에서 이 사고를 언급하며 기장과 부기장 사이의 의사소통 문제를 중요한 요소로 꼽았다. 부기장이 기장에게 위험한 상황을 직설적으로 전하면서 충고를 했어야 하는데 그러지 못했다는 것이다. 이 사례는 경직된 의사소통이 때로는 재앙이 될 수 있음을 시사한다.

대한상공회의소가 지난해 5월 직장인 500명을 대상으로 조사한 '창조경제시대 기업문화 실태와 개선과제'에 따르면 구글, 페이스북 등 창의적 기업문화를 가진 글로벌 기업을 100점으로 했을 때 우리 기업의 평균 점수는 59.2점에 불과한 것으로 집계됐다.

응답자 10명 중 6명(61.8%·309명)은 기업의 창의성을 가로막는 기업문화로 '상명하복의 경직된 의사소통 체계'를 지목했다. 자신이 속한 직장이 보수적 기업문화를 갖고 있느냐는 질문에는 71.5%가 '그렇다'고 답했다. 개선 방안으로는 87.5%가 '자유로운 의사소통을 통해 창의성을 발휘할 수 있는 기업문화'를 지목했다.

박종갑 대한상공회의소 상무는 "기업문화에서 조직원 개개인의 개성이 점차 중요해지고 있다."면서 "혁신을 위해서는 상명하복의 보수적인 문화에서 벗어나 자유로운 의사소통이 이뤄지는 개방적 관계를 만들어야 한다."고 말했다.

〈이진석, 「말이 세상을 바꿉니다-기업들의 호칭 실험」, 동아일보(2014.2.5)〉

인사말도 상황에 따라 달리 나타난다. 아침, 저녁에 만났을 때의 인사말이나 헤어질 때의 인사말, 소개할 때의 인사말, 전화 통화할 때의 인사말, 송년 및 신년 때의 인사말, 축하 및 위로할 때의 인사말, 문상 갔을 때의 인사말이 모두 다르므로 상황에 따른 인사말에 대한 적절한 이해를 바탕으로 해야 예의에 맞는 언어생활을 영위할 수 있다.

상주에 대한 문상객의 말을 보면 "무어라 위로의 말씀을 드려야 할지 모르겠습니다."와 "얼마나 마음이 아프십니까?"(문교부) 등이 가장 먼저 떠오르는 일반형 어법이다. 그 외에 "상사 말씀 무어라 드릴 말씀이 없습니다."(고정기『새시대의 식사·연설 전서』), "상사 말씀이 웬 말씀입니까?"(『국어생활』 10호), "상사란 웬 말이오?"와 "얼마나 망극하오?"(의례간행편집회) 등의 위로의 말이 있다. 여기서 망극(罔極)이란 부모상에만 쓰인다는 것을 염두에 둘 필요가 있다.

이처럼 정중하고 딱딱한 어투의 위로 말이 상주의 쓰라린 마음을 달랠 수 있는 것은 아니다. "얼마나 슬프십니까?"(이응백, 김성배, 모경준 씨 등)를 비롯 "참으로 훌륭한 분이셨는데.", "참으로 뜻밖의 일이었습니다."(최성호『대학예절』), "너무 상심하지 말고 뒷일을 잘 보살피십시오."(김성배『언어와 예절』) 등을 상황에 맞게 사용할 수 있다.

이와 함께 조문할 때 덧붙일 수 있는 말도 많다. 우선 "장지는 어디로 정하셨습니까?", "발인은 언제입니까?", "춘추는 얼마나 되셨습니까?" 등이 적합한 말들이다. 그러나 돌아가신 분이 장수를 누리시다가 별 탈 없이 운명하셨다 해서 흔히들 "호상입니다."하는 것은 결례라는 지적이 많다.

부모 상 외에 배우자를 잃거나 형제를 잃은 상주에게는 별도의 위로 인사가 필요하다.

남편 상을 당한 사람에게는 "천붕지통(天崩之痛)이 오죽하시겠습니까?"라거나 "천붕을 무엇이라 여쭈리까?" 등이 전통적인 어법이다. 상처한 사람에게는 "고분지통(鼓盆之痛)이 오죽하오리까?" 등이 있는데, 배우자를 잃은 사람에게는 "얼마나 섭섭하시겠습니까?"라는 의미의 말을 건네는 것이 바람직하다.

형제 상을 당한 경우에는 "할반지통(割半之痛)이 오죽 하오리까?", "복제 말씀 여쭐 말씀이 없습니다.", "중씨(仲氏) 혹은 계씨(季氏), 백씨(伯氏)상을 당하여 얼마나 애통(혹은 비감)하시겠습니까?" 등이 예부터 전해 내려오고 있다.

자녀 상을 당한 사람에게는 "얼마나 마음이 아프시겠습니까?", "얼마나 상심이 되시겠습니까?", "참척(慘慽)을 보시니 오죽이나 비감하십니까?", "참척(慘慽)을 보셔서 얼마나 마음이 아프십니까?", "참경(慘景)을 당하시어 얼마나 비통하십니까?" 등의 위로를 건넬 수 있다.

이와는 반대로 문상객에 대한 상주의 말도 여러 가지가 있다. 가장 일반적인 것으로는 "망극하기 한이 없습니다."라거나 "망극합니다." 등이 있다. 또한 "돌연히 상사를 당하여 효성 있게 해 드리지 못해 불효의 죄 크옵니다.", "일에 쪼들리고 봉양 못한 게 한이 되더니 또 이런 불효를 저질렀으니 몸 둘 바를 모르겠습니다.", "시탕 한 번 못 드려 더욱 망극합니다.", "저희들이 잘 섬겨 드리지 못하고 불효막심하여 잘 모시지 못하여 이런 일을 당하였습니다. 죄송합니다." 등이 적절한 인사말로 제시되고 있다.

구체적인 경우를 따라 살펴보면 우선 남편 상을 당했을 때 "꿈결같고 살아나갈 일이 걱정입니다.", "그저 하늘이 무너진 듯합니다.", "눈앞이 캄캄합니다." 등의 표현이 제시된다. "제가 박복하여 아까운 장부가 요수(夭壽)한 것이 한이 되옵니다."처럼 요즘 세태에 맞지 않는 표현도 전해 오지만, 전반적으로 남편을 잃은 여성이 실제로 문상객들에게 인사를 드리는 경우는 흔치 않다.

이 밖에 상처한 경우 "그저 땅이 꺼진 듯합니다.", "앞날이 막막하옵니다."라거나 형제 상을 당했을 때 "잊으려 해도 자꾸 기억이 되살아납니다." 등의 표현이 전해 오지만 진정으로 슬픈 표정만큼 더 정확한 말은 없다.

〈국립국어연구원 편(1991), 『우리말의 예절』〉

「표준 언어 예절」(2011)의 언어 예절은 대체로 가정이나 직장에서의 언어 생활을 대상으로 한 것이 대부분이다. 따라서 자기소개나 연설과 같은 일방향적 말하기보다는 토론, 토의, 면접과 같은 쌍방향적 말하기에서 더 큰 효용성이 있다.

02 정확한 말하기의 가치

앞에서 살펴본 「표준 언어 예절」에서 강조하고 있는 예의바른 언어는 말 듣는 상대방에 대한 배려로 귀결된다는 점에서 정확한 말하기와도 밀접한 연관을 맺는다. 정확한 말하기는 언어적 요소와 (2장에서 이미 살펴본) 비언어적 요소의 조화로 이루어진다. 음성이나 빠르기 혹은 억양 등도 정확한 말하기를 위해 매우 중요하며 이는 결국 청중들을 위한 배려와 맞닿는다. 언어적 요소 가운데 특히 청중을 대상으로 하는 말하기에서 중요한 것은 표준어와 격식체의 사용이다.

(1) 표준어 대 비표준어

표준어에 대한 사항은 현행 「표준어 규정」에 잘 정리되어 있다. 「표준어 규정」은 제1부 표준어 사정 원칙과 제2부 표준 발음법으로 구성되어 있는데 제1부 표준어 사정 원칙 제1장 총칙 제1항을 보면 "표준어는 교양 있는 사람들이 두루 쓰는 현대 서울말로 정함을 원칙으로 한다."고 되어 있다. 여기에는 '교양 있는 사람들', '두루 쓰는', '현대 서울말'의 세 요소가 담겨 있다.

먼저 '교양 있는 사람들'이라는 말에는 표준어를 사용하지 않으면 교양 있는 사람들로 간주되기 어려운 측면이 있다는 것을 의미한다. 특히 비속어, 은어, 유행어의 사용은 경우에 따라 청중을 소외시킬 수도 있을 뿐만 아니라 심한 경우 혐오감을 불러일으킬 수도 있다. 다음과 같은 밑줄 친 표현들이 모두 이에 해당한다.

"우리가 알고 있는 그 분은 정말 <u>무데뽑</u>니다."
"여러분 제가 들고 있는 이 물건은 <u>짜가</u>가 아닙니다."
"저는 어렸을 때 학교에 자주 찾아오는 엄마 때문에 <u>쪽팔려서</u> 혼났습니다."

다음으로 '두루 쓰는'이라는 조건은 그야말로 널리 쓰이는 것을 표준어로 삼았다는 것으로 비속어, 은어, 유행어처럼 저급한 표현은 분명 아니지만 표준어로 인정되지 않는 것이 있거나 혹은 그 이전에 표준어 대접을 받던 것이 다른 표준어로 바뀌었음을 의미한다. 예를 들어 준말과 본디말 가운데 준말만이 널리 쓰이는 것은 본디말을 표준어에서 제외한 것이 전자에 속한다. '또아리' 대신 '똬리', '귀치 않다' 대신 '귀찮다'만 표준어로 인정되는 것이 그 예이다. '아지랭이'는 현행 「표준어 규정」 이전에는 표준어였지만 'ㅣ' 모음 역행동화를 인정하지 않는 현행 「표준어 규정」에서는 '아지랑이'만 인정된다거나 '깡총깡총'이 '깡충깡충'에게 표준어의 지위를 내 준 것이 모두 후자에 해당한다.

마지막으로 '현대 서울말'은 다시 '현대'와 '서울말'로 세분하여 살펴볼 수 있다. '현대'는 과거의 말을 기준으로 삼지 않는다는 것이고 '서울말'은 방언은 표준어가 될 수 없다는 것을 의미한다. 전자는 특히 한자의 음이 바뀐 경우가 좋은 예가 된다. '삭월세(朔月貰)'가 '사글세'로 모습을 바꾸고 '주초(柱礎)'가 '주춧돌'에서 보듯이 '주추'로 그 음을 바꾼 것이 이에 대한 예이다. 한편 사전에서 '새뱅이'를 '새우의 충청도 방언'이라고 할 때 '~의 방언'으로 풀이되어 있는 것은 모두 표준어의 자격을 가지지 못한다. 그러나 여기에는 흥미로운 경우도 있다. 즉 원래 방언이던 것이 세력을 얻어 널리 쓰이게 되면 표준어의 자격을 얻을 수 있다는 것이다. '귀밑머리', '빈대떡', '코주부'는 각각 원래 표준어였던 '귓머리', '빈자떡', '코보'를 밀어 내고 새롭게 표준어 자격을 획득한 예이다. 사적인 자리이거나 공적인 자리에서도 특별한 경우가 아니면 방언을 사용하지 않고 표준어를 사용하는 것은 역시 청중에 대한 배려에서 나오는 것이라는 점에서 정확한 말하기를 통한 언어 예절의 구체적인 실현 양상이라 할 수 있다.

얼마 전 케이블 텔레비전의 골프 중계방송을 시청하다 겪은 일이다. LPGA 톱 10 안에 든 한국 선수들이 절반을 넘었다는 소식을 전하던 해설자가 적절하지 않는 표현을 사용한 것이었다. 전달하는 내용에만 귀가 기울여지면 얼마나 좋을까마는, 나는 다시 한 번 사반세기에 걸친 내 직업의식을 발휘하고 말았다.

"우리나라가 경제가 어려웠던 90년대 말 IMF 당시, 박세리 선수가 미국 LPGA US오픈에서 맨발의 투혼을 보이면서 우리 국민들의 가슴을 뭉클하게 만들었습니다. 그때 박세리 선수가 우승을 하는 모습을 보고 자란 선수들을 흔히 박세리 키즈라고 하는데요, 그 박세리 키즈들이 어느 새 자라서 박세리 선수처럼 미국에서 주목받는 선수가 되었습니다. 신지애, 최나연, 김인경, 지은희, 박지영 선수 등이 바로 박세리 키즈인데요, '약관'의 나이에 큰 활약을 하는 모습이 참 대견스럽습니다."

'약관'이란 말은 원래 스무 살 남자에게만 사용하는 말이다. 그런데 박세리 키즈의 활약에 잔뜩 고무된 해설자는 여자 선수의 나이를 일컬으며 '약관'을 쓴 것이다. 감격과 흥분의 상태에서도, 방송인들은 표준어 규정과 어법을 유념해야 한다. 잘못된 화법으로 시청자들이 상황에 몰입하지 못한다면, 방송인은 방송의 주인인 시청자들에게 결례를 저지른 것이기 때문이다. 참고로 나이와 관련된 표현 중에서 성별에 따라 구별해서 사용해야 할 말들은 다음과 같다.

'약관'이란 말은 원래 스무 살 남자에게만 사용하는 말이다. 그런데 박세리 키즈의 활약에 잔뜩 고무된 해설자는 여자선수의 나이를 일컬으며 '약관'을 쓴 것이다. 감격과 흥분의 상태에서도, 방송인들은 표준어 규정과 어법을 유념해야 한다. 잘못된 화법으로 시청자들이 상황에 몰입하지 못한다면, 방송인은 방송의 주인인 시청자들에게 결례를 저지른 것이기 때문이다. 참고로 나이와 관련된 표현 중에서 성별에 따라 구별해서 사용해야 할 말들은 다음과 같다.

- 약관(弱冠) → 20세에 관례를 한 데서 남자 나이 스무 살을 말함.
- 이팔(二八) → 2×8=16인 데서 열여섯 살을 이르는 말.
- 방년(芳年) → 꽃다운 나이, 곧 20세 전후의 여자 나이.
- 묘령(妙齡) → 예쁜 나이, 곧 20세 전후의 여자 나이.
- 이순(耳順) → 60세부터 귀가 순해져 남의 말을 듣기만 하면 곧 이해된다고 한 데서 예순 살을 이르는 말.

누구나 완벽하게 말을 할 수는 없다. 방송을 직업으로 하는 아나운서들조차 때때로 실수를 하곤 한다. 그렇지만 대중을 상대로 방송을 하는 방송인들은 가급적 무심결에 저지르는 실수들에 대해서도 경계의 마음을 가져야 한다.

말을 잘 하기는 어려워도, 틀린 곳을 찾아내기란 어렵지가 않다. 방송을 오래하다 보면 자연히 듣는 귀가 발달하기 때문인데, 이것도 직업병이라고 해야 할지 모르겠다. 이왕 이야기를 꺼냈으니, 내가 저지른 실수담도 고백해야겠다. 온 국민이 귀를 기울이는 올림픽 개, 폐회식 현장 중계방송이나, 올림픽 메달 색깔을 결정하는 각종 스포츠 중계방송은 물론이고, 퇴근길의 시청자들을 목소리로 만나는 KBS 1라디오 시사 프로그램 '생방송 오늘'에서도, 나는 가끔씩 방송이 끝난 다음에 혼자 얼굴을 붉히는 경우를 맞곤 한다. 생각 없이 습관적으로 내뱉은 말들 때문이다. 다음과 같은 사례들이다.

- 저희나라(X) → 우리나라(O)
- 후덥지근한(X) → 후텁지근한(O)
- 내노라하다(X) → 내로라하다(O)

등은 지금도 흔히 자주 틀리는 말이다.

또한 함께 방송을 하는 해설자가 실수하는 경우, 대부분은 바로 정정을 하지만 바로 잡기가 난감할 때가 있다. 분명히 잘못된 표현인 것을 알고 있는데도, 한껏 고무된 해설자 말의 오류를 지적하기란 쉽지 않기 때문이다.

베이징 올림픽 게임에서 있었던 일이다. 아시안 게임에서 금메달을 따냈던 선수가 경기에 출전을 하자, 나와 함께 방송을 하던 해설자가 "저 선수가 바로 지난 아시안 게임에서 금메달을 목에 걸었던 '장본인'입니다!" 라고 말을 하는 것이었다. 그 순간, 나는 '장본인'은 부정적인 의미의 사건을 일으킨 사람을 일컫는 말이므로, 이 경우에는 긍정적인 의미인 '주인공'으로 표현해야 맞는 말입니다."라고 이야기를 해야 하는 것인가 하고 한참을 망설였다.

우리말에는 맞이한 상황에 따라 다른 표현을 사용하는 경우가 있다. 다음과 같은 경우들이다.

긍정적인 말과 함께	부정적인 말과 함께
- 맞다(생일을 맞았다.)	당하다(사고를 당하다.)
- 드디어(드디어 성공했다.)	끝내(끝내 숨지고 말았다.)

- 아주, 무척(아주 좋아요.) 　　　　　너무(너무 힘들어요.)
- 회자(그의 선행은 널리 회자됐다) 　　구설수(한동안 남의 구설수에 올랐다.)

언젠가 아침에 라디오 경제 프로그램을 들으며 출근을 하고 있는데 방송에 출연한 리포터와 진행자가 다음과 같은 말을 주고 받았다

진행자: "올해는 더위가 일찍 찾아올 것 같은데, 거리 표정은 어떻던가요?"
리포터: "4월 초인데도 반팔 차림이 많았어요. 완전 여름 분위기가 나던데요, 특히 압구정에는 벌써 나시 차림도 등장했어요.
　　　　강남에는 오렌지족이 많아서 계절과 유행을 앞서 가니까요."
진행자: "오렌지가 아니고 발음이 오린지가 맞지요" (웃으면서)

오렌지, 오린지 발언은 농담으로 여긴다 해도 '반팔'이나, '나시'와 같은 낱말을 쓰는 상황 속에서는 미간에 주름이 졌다. 아직까지 '반소매'를 '반팔'로 쓰는 대담함과 왜색 표현에 대해서도 관대함을 준 모양이었다. 이 기회에 많이 개선되었다고는 하지만, 은연 중에 사용되는 일본어투의 의복용어를 한 번 더 짚어보고 싶다.

- (소데)나시 → 민소매, 소매 없는 옷
- 에리 → 깃
- 칠부(바지) → 칠푼(바지)
- 땡땡이 → 물방울 무늬

〈김성수, 「약관(?)의 나이 신지애」, 새국어생활(2009년 겨울호)〉

(2) 격식체 대 비격식체

청중을 상대로 하는 말하기에서는 비록 나이나 신분이 더 낮은 경우라도 높임 표현을 쓰는 것이 언어 예절을 따르는 길이다. 우리말에서 청자를 대우하는 방법은 일반적으로 '해라, 하게, 하오, 하십시오, 해, 해요'의 여섯 가지가 있다. 이들은 높임 과 낮춤, 격식과 비격식에 따라 다음과 같은 체계를 갖는다.

	격식	비격식
아주 높임	하십시오	해요
예사 높임	하오	
예사 낮춤	하게	해
아주 낮춤	해라	

이 가운데 예사 높임과 예사 낮춤의 '하오'와 '하게'체는 요즘 젊은이들 사이에서는 듣기 어렵다. 따라서 이들을 제외하면 높임에 '하십시오', '해요'체가 있고 낮춤에 '해라'체와 '해'체가 있는 셈이 된다. 격식체는 방송이나 연설과 같은 공식적인 말하기이고 비격식체는 대화와 같은 사적인 말하기이다. 따라서 그 상황에 따라 높임이 엄격히 구별되는 것이 우리말의 특징이라 할 수 있다. 그런데 최근에는 특히 높임에 있어서 격식적인 말하기에 비격식적인 요소가 널리 퍼져 있는 경우를 살펴볼 수 있다. 물론 격식적인 말하기가 가지는 딱딱함이 비격식적인 말하기가 가지는 친근함으로 보완되는 측면이 있기는 하지만 연설이나 뉴스와 같은 말하기에서 '해요'체를 섞어쓰는 것은 바람직한 현상이라고 할 수 없다. 높이는 정도에서도 '하십시오'체가 더 높을 뿐만 아니라 말하는 내용의 무게감 있는 전달을 위해서도 '해요'체는 썩 좋아 보이지 않는 것이 사실이다.

합쇼체는 상대를 가장 높여 대접하는 어법이다. 이 높임법은 일반 청중을 대상으로 한 연설이나 방송보도에서 흔히 들을 수 있다. 선거에 나선 후보자가 '이 사람을 국회로 보내주십시오' 하고 외치거나 아나운서가 '뉴스를 말씀드리겠습니다' 하고 말하는 경우다. 우리가 일상적인 대화에서 합쇼체를 구사하는 경우는 매우 드물다. 합쇼체가 이렇게 일상생활에서 거의 사라지게 된 까닭은 한마디로 '바빠서'다. 하기야, 요즘같이 시간과 속도를 중시하는 시대에 문장이 끝날 때마다 '-습니다' '-습니까' '-십시오' 따위를 붙이는 어법이 환영받기는 어려울 것이다.

일상생활 속의 높임말을 해요체가 거의 독차지하게 된 배경이 바로 이것이다. 해요체는 이름 그대로 해체(반말체)에 '요'를 붙인 것이다. '먹어'가 '먹어요'로, '반가워'가 '반가워요'로, '갔어'가 '갔어요'가 되는 식으로 방법이 더없이 간단해서, 따로 익히고 말고 할 것도 없다. 해요체가 한국어의 높임말 중에서 단연 선두주자가 된 것이 바로 이런 단순성 덕분이다. 그래서 외국인들이 우리말을 익힐 때 배우는 높임말도 거의 다 이 해요체다.(요즘 방송 중 〈미녀들의 수다〉에 나와서 합쇼체를 연발하고 있는 한 외국인 여성의 경우는 드문 예외다.)

합쇼체와 해요체는 둘 다 상대를 높이는 어법인데, 둘 사이에 다른 점은 뭘까? 합쇼체는 한마디로 격식체라고 할 수 있다. 그래서 대화에서 합쇼체를 쓸 경우 말하는 사람과 듣는 사람 사이에 상당한 거리감이 생겨나게 된다. 그만큼 상대를 정중하게 대접하는 말투라고도 할 수 있다. 그래서 합쇼체는 아무리 높여야 할 사람이라도 정서적으로 친밀한 상대에게는 거의 쓰이지 않는다. 이에 비해 해요체는 격식이 덜 느껴지고, 그만큼 말하는 이와 듣는 이 사이에 친밀감이 짙은 어법이다.

한 가지 흥미로운 사실은, 남자라면 합쇼체로 말하는 것이 더 자연스러운 상황에서 화자가 여자로 바뀌면 해요체가 좀더 쉬 받아들여지는 경우가 있다는 점이다. 예를 들어 처음 보는 사람한테 인사를 할 때 화자가 남자라면 '반갑습니다'가 적절하지만, 똑같은 경우에 여자가 인사를 한다면 '반가워요' 하는 쪽을 더 자연스럽게 느끼는 사람들이 많다.

또 한 가지 흥미로운 점이 있다. 어떤 상황에서 합쇼체가 기본적인 높임법으로 선택되었다 해도, 모든 문장에서 합쇼체가 쓰이는 것이 아니라 해요체가 무시로 섞여드는 일이 많다는 것이다. 이를테면 이런 식이다: '여러분, 반갑습니다. 오늘 날씨 좋지요? 저는 요즘 같은 계절을 가장 좋아합니다. 기온도 적당하고 바람도 알맞게 불어오기 때문이지요.'

합쇼체와 해요체의 이런 친근성 때문인지, 합쇼체에서 명령형이나 청유형을 써야 할 때 해요체를 가져와 대신하는 일이 많다. 예컨대 '가십시오'나 '갑시다' 대신 '가시지요' (줄여서 '가시죠')로 말하는 경우다. 합쇼체가 아무리 상대를 높이는 어법이라 해도 명령문이나 청유형은 어디까지나 상대를 강제하는 의미가 있다. 해요체는 이렇게 자칫 정중하지 못하게 들릴 수 있는 소지를 어느 정도 덮어주는 효과가 있다.

〈김철호, 「정중한 '합쇼체' 친근한 '해요체'」, 한겨레신문(2008.04.27)〉

01 다음 예문을 읽고 젊은이의 언행을 언어 예절의 측면에서 해석해 보자.

> 한 젊은이가 대중 연설과 웅변술을 배우려고 소크라테스를 찾아갔다. 그 젊은이는 이 위대한 철학자에게 자신이 소개되는 순간부터 유창하게 계속 이야기를 쏟아 내놓았다. 그 젊은이가 너무 오래 이야기하는 바람에 소크라테스는 지혜의 핵심부는 고사하고 그 가장자리에서 흘러나온 말 한마디도 제대로 할 기회를 갖지 못했다. 마침내 소크라테스는 그 젊은이의 손을 입으로 가져가 거침없이 쏟아지던 젊은이의 입을 막았다.
>
> 소크라테스는 "여보게 젊은이! 자네에게는 수업료를 두 배로 받아야 할 것 같네."라고 말했다. 그러자 그 사람은 불평을 했다.
>
> "수업료가 두 배라구요? 대체 왜 그런 거죠?"
>
> 소크라테스는 그 이유를 이렇게 답했다.
>
> "왜냐하면 말일세, 자네를 훌륭한 지도자로 만들려면 자네에게 두 가지 원리를 가르쳐야 하기 때문이네. 첫째는 혀를 자제하는 법을 배워야만 하네. 그리고 나서야 혀를 올바르게 사용하는 법을 배울 수 있을 걸세."
>
> 〈구현정·전정미(2007), 『화법의 이론과 실제』〉

02 이 책의 〈부록〉에 제시된 「표준 언어 예절」을 검토해 보고 이에 어긋나는 말하기를 했던 경험을 발표해 보자.

03 이 책의 〈부록〉에 제시된 「표준어 규정」을 참고로 하여 방송에서 표준어 규정에 어긋난 예를 조사해 보자.

04 다음 예문을 읽고 말하기에서 방언을 사용할 때의 장점과 단점에 대해 생각해 보자.

18일 오후 2시40분 헌법재판소 대심판정에서 '교양있는 사람들이 두루 쓰는 현대 서울말'인 '표준어'를 둘러싸고 공방이 벌어졌다. 2006년 5월 전국의 초·중·고등학교에 재학 중인 학생 60명과 학부모 63명이 제기한 '표준어 규정'에 대한 선고에 앞서 헌재가 마련한 공개변론의 장이다.

청구인측 대리인은 국어기본법에 따른 표준어 규정의 불합리성을 집중 공략했다. 장철우 변호사는 "표준어가 '교양 있는 사람들'이 사용하는 말이라면 표준어를 사용하지 않는 사람은 교양 없는 사람이라는 말이냐?"라며 "또 각 지역어는 해당 지역의 역사적 문화적 소산으로 우열이 있을 수 없는데도 표준어를 서울말로 한정한 것은 문제"라고 주장했다.

청구인측은 '공공기관의 공문서와 교과용 도서는 표준어 규정에 맞춰 작성해야 한다.'는 '구 국어기본법'의 문제점도 지적했다. 장 변호사는 "청구인들에게 익숙한 지역어를 버리고 서울말로만 교육 받게 하는 것은 정당한 교육권 및 행복추구권을 침해하는 것"이라고 말했다.

피청구인측은 표준어가 국민통합을 위한 도구임을 강조하며 맞섰다. 문화체육관광부 대리인으로 나온 이선애 변호사는 "표준어는 그 나라의 기준이 되는 언어이며 대개 각국의 수도에서 쓰는 말이 기초로 성립한다."며 "서울말이 표준어의 기본이 된 건 역사성과 보편성을 고려했기 때문"이라고 주장했다.

또 "표준어로 인해 지역어 사용에 제한이 있지만 이는 과잉금지의 원칙에 어긋나지는 않고, 영화나 소설 등에서는 방언 사용이 충분히 가능해 국가의 지나친 제약으로도 볼 수 없다."고 말했다.

이 변호사의 말이 끝나자 김종대 재판관이 "교양있는 사람이 쓰지만 서울말이 아니거나 서울말을 쓰지만 교양이 없는 사람이라면, 또는 교양있고 서울말을 아무리 쓰더라도 현대말이 아니면 표준어가 아닌 것이냐?"는 다소 공격적인 질문을 던지기도 했다.

종합부동산세에 대한 위헌심판 선고가 내려진 직후 같은 자리에서 이어진 이날 공개변론은 종부세 선고와는 달리 차분한 가운데 진행됐다. 청구인측으로 참석한 중고생 50여명과 학부모 2,3명만이 대리인들의 공방을 지켜봤다.

〈권지윤, 「왜 교과서엔 사투리 쓰면 안 되나」, 한국일보(2008.11.14)〉

제**3**부

말하기의 실제

제 1 장

자기소개

01 말하기로서의 자기소개

대학에 입학하거나 혹은 어떤 동아리에 지원했을 때 더 나아가 자신이 다니고 싶은 회사에 지원했을 때 흔히 하게 되는 것이 자기소개이다. 자기소개는 글로 하는 수도 있지만 말로 하는 경우도 적지 않다. 여기서는 말하기로서의 자기소개가 가지는 특성에 대해 살펴보기로 한다.

(1) 자기소개와 첫인상

다른 사람에게 자기를 소개하는 경우는 크게 두 가지로 나눌 수 있다. 한 가지는 청중도 자신과 마찬가지로 각자 모르는 경우이다. 또 다른 한 가지는 청중들은 서로서로 알고 있는데 자신만 새로 그 집단에 발을 들여 놓았을 경우이다. 전자는 대학에 입학한 후 가지게 되는 신입생 오리엔테이션 자리에서 쉽게 볼 수 있다. 후자는 동아리에 지원하는 경우 자신이 신입부원의 자격으로 기존의 멤버들에게 소개될 때와 같은 경우이다. 입사하고자 하는 회사에서 면접을 치르면서 하는 자기소개도 후자에 속한다.

어느 경우이건 자기소개는 다른 사람들에게 자신에 대한 정보를 스스로 제공하는 행위임에는 변화가 없다. 다른 사람들은 자기소개를 하는 사람에 대해 아무런 정보가 없는 경우가 대부분이기 때문에 자기소개를 통해 첫인상이 결정된다는 사실을 염두에 두어야 한다. 글쓰기를 통한 자기소개는 다른 사람을 신경쓸 필요가 별로 없지만 자신과 마찬가지로 자기소개를 해야 할 사람들이 많은 경우에는 상황에 따라 자기소개의 내용을 비교적 짧은 시간 안에 유연하게 조절할 수 있어야 하므로 글쓰기를 통한 자기소개보다 훨씬 어렵다는 느낌을 가지게 된다. 따라서 말로 하는 자기소개의 경우에는 상황에 따라 알맞게 내용을 조직할 수 있는 능력이 가장 중요하다. 경우에 따라서는 자기소개의 내용을 청자가 미리 한정하는 경우도 있을 수 있다. 이런 일은 면접 장소에서 흔히 찾아볼 수 있는데 이런 경우에는 사전에 충분한 준비가 되어 있는 사람이라도 당황하기 마련이다. 이런 측면에서 보면 자기소개는 가장 역동적인 말하기 가운데 하나라 할 수 있다. 따라서 상황에 따라 자기소개에 대한 전략을 가지고 있어야 할 필요가 있다.

(2) 자기소개의 구성 전략

아마도 대학의 신입생이 되어 이런 저런 자리에서 자기소개를 하는 경험을 많이 해 보았을 것이다. 그런데 대부분의 자기소개가 천편일률적이라는 사실을 발견하는 것은 그리 어려운 일이 아니다. 제일 처음으로 자기소개를 하는 사람의 틀을 따르는 수가 많고 또 그나마 빨리 마무리지으려는 의도가 보이기도 한다. 여기에는 우리의 전통적인 정서가 자신을 내세우는 데 아직도 수동적인 가치관에 서 있는 데에도 이유가 있을 것이다. 그러나 앞에서도 언급한 바와 같이 자기소개는 자신의 첫인상을 스스로 결정할 수 있는 기회이므로 이것을 적절하게 활용하지 못하는 것은 그만큼 손해임이 분명하다. 언제나 장황하게 자기소개를 해야 하는 것은 물론 아니다. 자기소개할 사람이 많은 경우에는 오히려 장황한 자기소개가 감점 요인이 될 수도 있다.

가벼운 자기소개에서는 어느 한 가지 사실을 집중적으로 말하는 것이 효과적인 방법이다. 1분 정도 되는 짧은 시간에 자기에 대한 모든 것을 다 보여 주려고 하는 것은 욕심이며 가능하지도 않은 일이다. 따라서 강렬한 인상을 심어줄 수 있는 한 가지만 제대로 말한다는 생각을 가지고 자기소개에 임하는 것이 좋다. 특이한 이름을 가지고 있는 사람은 그것을 활용하는 것도 좋은 방법이다. 외모에서 특징적인 부분을 찾는 것도 괜찮다. 자신의 장기를 짧게 보여 주거나 특별한 경험을 이야기식으로 전달하는 것도 주의를 끌 수 있는 방법이다. 간단한 자기소개의 기본 방식은 다음과 같이 처음과 끝을 '인사'로 구성하고 그 다음을 '이름'을 말하는 단계로, 가장 중요한 '내용'은 한가운데 배치하는 방식이다.

① 인사   ② 이름   ③ 내용   ④ 이름   ⑤ 인사

만약 어떤 모임에서 '자기소개' 순서가 예상된다면 여러 가지 다양한 얘깃거리를 구상해 두는 것이 좋다. 자신이 제일 처음에 자기소개를 하게 되면 별다른 문제가 없지만 자신이 하고자 하는 방식을 앞 사람이 먼저 하는 경우도 적지 않기 때문이다.

자기소개의 틀이 먼저 주어지는 경우도 있다. 취업을 위한 자기소개는 먼저 글쓰기로서의 자기소개를 하고 면접에서 간단히 자기소개를 하는 경우가 대부분이다. 이 경우에는 글쓰기로서의 자기소개가 매우 중요하지만 실제 면접에서도 자기를 소개하는 방식을 미리 구상해야 한다. 역설적으로 들릴지는 모르지만 가장 좋은 자기소개는 면접관으로 하여금 질문을 하게 만드는 것이다. 면접관은 자기소개를 통하여 지망생의 내면에 감추어진 잠재성을 발견해 내려고 노력한다. 이러한 경우에 글로 된 자기소개의 내용을 반복하는 것은 치명적이다. 글로 된 자기소개든 말하기로서의 자기소개든 가장 강조하고 싶은 사항을 첫머리에서 언급할 수 있도록 전략을 세워야 한다. 이 방법은 경우에 따라서는 끝까지 말할 기회를 가지지 못하는 경우를 대비할 수 있을 뿐만이 아니라 강렬한 인상을 심어 주는 가장 효과적인 방법이기 때문이다. 이러한 점에서 오히려 면접관이 질문해 주길 원하는 내용을 중심으로 자기소개를 하는 전략이 바람직하다.

"머리는 차갑게, 가슴은 뜨겁게"

자신의 일에는 완벽을 추구하듯 최선을 다하는 냉철함이 있고, 다른 사람을 배려할 줄 아는 정성스러운 마음도 있습니다. 저 ○○○은 이런 사람입니다.

1. 성장과정

"스포츠에만 팀플레이가 있는 것은 아닙니다."

말없이 조용히 우리를 보살펴 주시는 아버지, 공과 사를 확실히 구분하시고 이를 실천하시는 아버지는 회사 내에서도 일하실 때는 한없이 일에 몰두하시지만 퇴근 후

술 한 잔 같이 할 수 있는 친구 같은 분이십니다. 강한 카리스마로 집안일을 지휘하시는 어머니, 어머니의 모든 분야에서 적극적으로 참여하시는 모습은 저의 이상형입니다. 두 분의 성격을 많이 닮았다고 자신하면서도 아직도 부족한 저의 모습을 채워주시는 부모님이 있기 때문에 제 삶이 더욱 업그레이드 되어가는 것 같습니다. 그 곳에 또 다른 한 사람, 때로는 연인같이 때로는 친구같이 지내는 여동생, 두 살 차이지만 너무도 친한 여동생은 저에게 항상 에너지를 충전시켜주는 충전기 역할을 합니다. 이렇듯 네 명의 저희 가족은 서로 함께 자라왔습니다. 복잡한 도시의 삶을 살고 있지만 그 삶의 여유를 가족에서 찾을 수 있는 저는 그곳에서 편안함과 부드러움을 배웠다고 자신합니다.

"변화는 나의 힘"

대학시절은 저의 인생의 가장 큰 전환점이었습니다. 적성에 맞지 않아 고민하던 나날들을 과감히 떨쳐 버리고 제가 진정으로 원하는 학문의 길을 택했을 때의 행복은 아직도 남아 있습니다. 그에 대한 관심과 열정으로 만족할 만한 성적도 거두게 되었습니다. 특히 어학에 무척 관심이 많은 저는 영어뿐만이 아니라 일본어와 중국어를 동시에 공부하기도 하였습니다. 한국이라는 틀을 벗어나 다른 세계와의 접촉을 시도했을 때의 짜릿함은 지금 이 말도 다른 세계의 언어로 바꿔보고자 하는 저의 혀끝에 묻어나고 있습니다.

2. 장·단점 및 특기

"오늘 해야 할 일을 오늘 끝냅니다."

매사에 긍정적이고 남을 먼저 생각하는 배려심은 저의 중요한 장점이라 할 수 있습니다. 적극적인 성격과 의욕이 넘치다 보니 때론 그것이 단점으로 비춰질 때가 있고, 꼼꼼한 성격 탓에 비교적 일을 처리하는 시간이 조금 떨어질 수도 있지만 그에 비해 만족스러운 결과물을 낳습니다. 저의 함축적 세계관은 성실, 꼼꼼함, 계획성으로 설명될 수 있습니다. 성실은 주어진 책무에 최선을 다하는 것, 꼼꼼함은 매사에 빈틈없이 가능한 완벽을 추구하는 것, 계획성은 미리 준비하고 계획하는 것을 좋아하는 것입니다. 어제보다 나은 오늘을 위해 노력하는 현재 진행형입니다.

"Power of One"

방학 때마다 통장의 잔고를 확인합니다. 일정액의 수치가 되면 이내 배낭을 짊어지고 떠납니다. 처음에는 산으로 바다로 떠났었습니다. 이내 다른 곳과의 접촉을 시도하게 되고 지금은 지구촌에 안 가본 곳은 아프리카와 남미뿐이라고 자부심을 가지며 배낭여행을 즐깁니다. 그 곳에서 만난 친구들은 인종, 언어, 문화의 차이를 뛰어넘는 하나 되는 무언가가 있었습니다. 말로 표현할 수 없는 젊음의 힘, 저는 이것도 그대로 가지고 있습니다.

3. 지원동기

"안 되면 되게 하라"

저는 귀사가 원하는 신규 비즈니스 아이디어를 발휘할 수 있는 적임자라는 생각에 지원을 하게 되었습니다. 제가 말씀드리고 싶은 것은 4가지 측면, 환경의 변화, 고객가치, 핵심역량, 전략적 측면에서 귀사의 발전 가능성을 무궁무진하게 이끌어 나가고 싶습니다. 무엇보다 고객의 입장으로 귀사의 전략을 타사와 비교해 정확히 알고 있기 때문에 더욱더 가능하다고 생각합니다. 해답은 여기 있습니다.

4. 장래희망 및 포부

"노력하는 자를 따라올 천재 없고, 즐기는 자를 따라올 노력가는 없다."

사람은 자기가 좋아하는 일을 통해서 자기 성취와 보람 그리고 경제적 능력까지 가지고 갈 수 있다고 생각합니다. 전문 직무를 통해서 만족과 행복감을 성취하고 자연적으로 따라붙는 경쟁력도 챙겨갈 생각입니다. 제가 귀사와 함께 나아갈 수 있다면 철저하게 또 모두 함께 즐겨보고자 합니다. 일에 대한 즐거움, 이것은 모든 것을 자기만의 것으로 만드는 노력일 것입니다.

〈학생의 글〉

02　자기소개의 주안점

그렇다면 보다 효과적인 자기소개를 위해 염두에 두어야 할 것들은 무엇일까? 이제 이에 대해 살펴보기로 하자.

(1) 차별성과 구체성

앞에서도 언급한 바와 같이 구태의연한 자기소개는 지양하고 다른 사람들과 차별성을 가지는 자기소개를 위해 노력해야 한다. 다음과 같은 말들은 이런 점에서 선택하지 말아야 할 것들의 전형이다.

> "저는 인자하신 부모님 밑에서 2남 1녀 중 장녀로 태어났습니다."
> "대학 강의를 단 한 번도 빼먹은 적이 없을 뿐만 아니라 항상 맨 앞줄에서 수업을 들었습니다."
> "제 취미는 영화관람입니다. 가능하면 시간을 내서 영화를 자주 보러 다닙니다."

이상의 표현들은 대체로 구체성의 결여를 동반한다. 다른 사람과 차별되는 자기소개를 하기 위해서는 구체성이 겸비되어야 한다. 이는 자신감을 표현하는 경우에도 마찬가지이다. 가령 어떤 일에 대해 지원하면서 "맡겨만 주면 뭐든지 다하겠습니다."라고 하는 것은 다른 말로 치면 "내가 잘할 수 있는 것은 딱히 없습니다."라고 말하는 것과 같다. 구체성을 통한 차별성의 확보는 효율적인 자기소개를 위해 가장 중요한 요소라 할 수 있다. 앞으로의 포부를 밝히는 경우에도 목표와 연관지을 때에만 구체성이 확보된다. 목표가 없는 포부는 막연할 뿐만 아니라 단계적 발전 방안이 누락될 수밖에 없다.

취업난이 지속되고, 채용경쟁률이 점점 높아지면서 자신을 돋보이기 위해 참신한 아이디어와 열정을 내세워 공략하는 지원자들이 속속 눈에 띄고 있다. 취업포털 커리어(www.career.co.kr)는 올 상반기 기업 인사담당자들에게 강한 인상을 남긴 '베스트 & 워스트' 지원자 사례를 모아 28일 발표했다.

커리어 김기태 대표는 "남들보다 돋보이기 위해 참신함과 열정, 정성 등을 강조하는 것은 좋지만 기본적 요건들이 갖춰지지 않은 상태에서 지나치게 튀는 행동을 보이면 오히려 감점 요소가 될 수도 있다."고 말했다.

▲ 베스트 지원자

STX그룹 인사담당자는 지정된 면접일보다 하루 전날 찾아온 지원자를 기억에 남는 베스트 사례로 꼽았다. 날짜를 잘못 알았냐고 묻자 그 지원자는 면접장의 분위기와 면접 순서 등을 미리 파악해둠으로써 실제 면접에서 좋은 성과를 내기 위해 사전에 와봤다고 대답했고, 그의 강한 입사의지는 면접관을 흐뭇하게 했다.

CJ그룹 인사담당자는 회사의 사업성격과 규모 등에 대한 기본정보를 바탕으로 자신이 CJ그룹에 들어와서 하고 싶은 일들을 자기소개서에 상세히 나열한 지원자가 인상 깊었다고 전했다. 꼼꼼한 자료조사를 기반으로 작성했기 때문에 회사가 원하는 일과 지원자가 하고 싶은 일들이 대부분 일치했고, 이 지원자는 자기소개서뿐 아니라 면접에서도 좋은 평가를 받았다.

일진그룹 인사담당자는 등산복을 입고 얼굴이 상기된 채 면접 대기실로 들어온 지원자가 가장 기억에 남는다고 했다. 등산복을 입고 온 이유를 묻자, 일진그룹에 입사하고픈 마음이 간절해 이에 합격의지를 다지려고 등산복을 입고 9층에 위치한 면접 대기실까지 계단으로 걸어 올라왔다고 답했다. 물론 실제 면접에 들어갈 때는 가방에 넣어 들고 온 정장으로 갈아 입었다. 입사 지원한 회사에 대한 열정과 의지가 매우 돋보였고 아직까지도 아름다운 기억으로 남아있다고 인사담당자는 덧붙였다.

LG생활건강 인사담당자는 마치 1인 시위를 하듯 피켓을 목에 걸고 들어온 지원자가 눈에 띄었다고 했다. 피켓에는 왜 자신을 뽑아야 하는지에 대한 자기 PR의 문구들이 보기 좋게 적혀 있었다. 또 다른 지원자는 자신의 연고지도 아닌 지방사업장에 입사지원서를 접수하면서 사업장을 직접 방문하기도 했다. 외부인의 출입이 어려운 곳임에도 사전에 회사를 방문, 구석구석 살펴보는 모습에서 회사에 대한 관심과 애정, 열의를 느꼈다고 인사담당자는 전했다.

SK C & C 인사담당자는 오랜 기간 동안 회사에 대한 스터디를 진행, 면접관도 모르는 회사소식을 오히려 알려주는 지원자를 모범 사례로 들었다. 또한 대부분의 지원자가 자신의 자랑을 구체적으로 열거하는 데 반해 '저는 몸도 마음도 머리도 누구보다 건강합니다'라며 자신의 강점을 짧고 굵게 표현한 사례도 기억에 남는다고 했다.

▲ 워스트 지원자

CJ그룹 인사담당자는 타 기업에 지원했던 자기소개서를 '복사하기'와 '붙여넣기'를 통해 CJ그룹 자기소개서 작성에도 사용한 지원자를 워스트 사례로 들었다. 실제로 그 지원자의 자기소개서에는 CJ그룹이 아닌 타 회사명이 몇 차례씩 등장하기도 했다고. 이런 지원자들의 경우 열정 및 성의 부족으로 서류전형에서 100% 탈락이다.

농심 인사담당자는 자신을 소개해보라는 요구에 "화목한 가정의 ○○째로 태어나." 등 정해진 멘트만 하는 '앵무새형' 구직자를 최악의 지원자로 지목했다. 이러한 앵무새형 구직자들은 돌발질문에 대해서도 대부분 즉각 답변하지만 기존 책이나 신문에 실렸던 모범 답안의 내용들을 이야기하는 경우가 많다고 했다. 또 아무리 뛰어난 능력을 지녔더라도 면접에 지각하여 헐레벌떡 뛰어오는 지원자 역시 기피대상이며, 면접자는 최소한 30분에서 1시간 전에 대기실에 도착해 차분하게 준비하는 것이 좋다고 이 회사 인사담당자는 조언했다.

SK C & C는 회사의 사업영역은 물론 본사 위치도 모른 채 면접에 응한 지원자를 황당 사례로 꼽았다. 어떤 지원자는 회사 위치를 잘못 알고 엉뚱한 곳으로 가서 면접 대기실을 어떻게 찾아가면 되냐며 전화를 걸기도 했다. 또 전공과 관련 깊은 기업이라서 지원하게 되었다고 지원동기를 밝혔지만 실제 본인의 전공 평점은 형편없이 낮았던 지원자도 기억에 남는다고 했다. 이 외에도 부모님에게 떠밀려 지원했다는 느낌을 주는 지원자, 심지어는 부모님과 함께 면접에 오는 지원자는 사절이라고 말했다.

외식 전문기업 아모제 인사담당자는 면접 전에는 깍듯하게 인사하고 예의를 갖추다가 면접 중반부쯤부터 질문에 대해 연이어 답변을 못하자 스스로 떨어질거라고 생각했는지 끝나고는 인사도 없이 나가고, 불러도 대답이 없었던 지원자가 가장 불쾌한 기억으로 남아 있다고 했다. 휴대전화를 켜놓은 채 면접에 들어오는 지원자도 좋은 점수를 받기 어렵다고 덧붙였다.

경동나비엔 인사담당자는 사전에 연락도 없이 면접에 늦게 와놓고 면접을 보게 해달라고 조르는 지원자가 가장 황당했다고 말했다. 또 아무런 준비 없이 면접에 임해서 전공이나 직무관련 질문을 던졌을 때 '모르쇠'로 일관하거나, 오로지 '열심히 하겠다'는 지원자도 면접관을 씁쓸하게 만든다고 했다.

〈「2008년 상반기 베스트 & 워스트 지원자」, 연합뉴스(2008.07.28)〉

(2) 장·단점의 변증법

자기소개를 하는 경우 흔히 장점과 단점에 대해 언급하는 경우를 접할 수 있다. 장점과 단점을 밝히는 경우에는 어느 한쪽 측면에만 치우치지 않도록 주의해야 한다.

먼저 단점은 장점과 연결되는 것으로 제시해야 한다. 누구에게나 단점이 있을 수 있지만 그것을 발판으로 발전해 나가는 것은 개인의 능력에 달려 있다. 단점을 장점으로 승화시키는 말하기를 할 때는 정반합(正反合)의 변증법을 원용하는 것이 좋다.

저에게는 실행하고자 할 때 뒤도 안 돌아보고 급하게 추진하는 단점이 있습니다. 추진력이 저의 강점이라 생각하였는데 뜻밖에 그런 부분이 자칫 치명적인 단점으로도 다가올 수 있다는 것을 느꼈습니다. 신중함과 여러 경우의 수를 생각해야 완성된 결과가 나온다는 것을 느끼면서 대학, 어학연수 시절에 최대한 많은 사람들과 더불어 지내고 그들의 다양성을 인정하려고 노력했습니다. 그 덕분에 지금은 더 합리적으로 생각하고 적절한 시기에 추진력 있게 실행하는 사람이 되었습니다.

다음으로 장점을 언급할 때에도 마찬가지 과정을 밟는 것이 좋다. 장점이 가질 수 있는 부정적인 측면에 대해서도 언급함으로써 교만하다는 인상을 주지 않으면서도 자신 스스로의 장점을 객관적으로 파악하고 있다는 느낌을 줄 수 있기 때문이다.

> 제 성격을 한 마디로 요약한다면 '성실함'입니다. 어쩌면 고집스럽다고 할 만큼 늘 주어진 일에 최선을 다하고 완벽을 기하려 애씁니다. 결과가 어떨지언정 과정에 무조건 최선을 다하고 봐야 성이 풀리는 체질인지라 마음의 여유를 갖는 것이 참 힘듭니다. 몸이 바쁘지 않을 때에도 무언가 가치 있는 일을 해야 한다는 강박관념에 시달리지만, 그 성취욕이 오히려 제가 계속해서 목표를 이루고 앞으로 나아갈 수 있는 원동력이 되어 준다고 생각합니다.

(3) 진실성

다른 말하기도 마찬가지이지만 특히 자기를 소개하는 말하기는 철저하게 진실성을 토대로 삼고 있어야 한다. 이것이 같은 소개하기라도 다른 사람을 소개하는 것과 본질적으로 차이가 나는 부분이다. 다른 사람을 또 다른 사람에게 소개할 때는 그 사람이 실제로 가지고 있는 단점을 감싸주고 장점을 부각시켜 말하는 것이 오히려 예의에 맞지만 자기 자신을 소개할 때는 이것이 허용되지 않는다.

만약 자기소개의 내용이 실제와 다르다는 사실이 드러나면 그 사람은 해당 집단에서 치명적인 결함을 가지게 된다. 특히 입사 면접에서 이러한 일이 발생하면 해당 면접자는 형사적인 책임을 질 수도 있음에 유의해야 한다.

따라서 자기소개는 솔직하면서도 꾸밈이 없는 가운데 진솔함이 우러나도록 구성해야 한다. 자기소개에서 상대방에게 믿음을 주는 것이 가장 큰 목표가 되는 이유가 여기에 있다.

사람들이 가장 많이 하게 되는 스탠딩 스피치는 바로 자기소개다. 공식적인 모임은 물론 회식이나 술자리에서도 자기소개를 해야 할 경우가 생긴다. 그런데 대부분의 사람은 자기소개를 이런 식으로 한다.

"안녕하세요. 만나서 반갑고요, 이 모임에 제가 들어올 수 있게 돼서 기쁘게 생각하고요, 갑자기 쑥스러워서…. 제가 말을 잘 못하는데 앞에 나오니까 떨리네요(몸을 비비 꼬면서). 아무튼 오늘 모임이 잘 됐으면 좋겠고요. 만나서 반갑습니다."

어떤 사람은 자기가 어디서 태어났는지부터 지금 뭘 하는지, 우리 회사의 자본금은 얼마고 가족관계는 어떻게 되는지 구구절절 얘기한다. 이렇게 1분 이상 얘기하면 아무도 안 듣는다.

자기소개는 내 말만 하는 게 아니라 나를 '청중 속으로' 들이미는 일이다. 내가 가진 수많은 콘텐츠 중에서 모임의 성격에 맞는 것을 골라 청중과 소통할 수 있는 물꼬를 트는 것이다. 그러려면 제일 중요한 것 역시 콘텐츠다.

많은 이들이 1분 30초 동안 자기소개 하라면 "대충 생각나는 대로 얘기하면 되지" 하다가 망친다. 짧은 CM송 작곡이 훨씬 힘들듯 짧은 스피치일수록 더 어려운 법이다. 1분이지만 1시간과 맞먹는 콘텐츠 구조를 짜야 한다. 일반적으로 '이름—모임과의 연관성—에피소드 하나—파이널 멘트'가 적당하다.

한 은행장은 얼마 전 신입 행원들을 대상으로 자기소개를 겸한 짤막한 스피치로 강렬한 인상을 남겼다. 그는 제목을 이렇게 정했다. '그러지 마십시오'

"신입 행원 여러분 안녕하십니까. 행장 ○○○입니다. 저도 여러분처럼 신입 행원이었을 때 언젠가 행장이 되고 싶다는 꿈을 꾸었습니다. 그리고 수십 년 만에 결국 그 꿈을 이뤄서 여러분 앞에 서게 됐습니다. 제가 여러분들이 그 꿈에 한발 더 다가갔으면 하는 마음에서 오늘 두 가지 하고 싶은 말이 있습니다.

첫째, 저는 신입행원 시절부터 지금까지 가장 먼저 출근해서 가장 나중에 퇴근했습니다. 정시에 퇴근한 적은 한 번도 없고, 매일 상사들이 다 퇴근할 때까지 일했습니다. 여러분은 그러지 마십시오. 저처럼 일하면 머리가 굳어져 아이디어가 안 생깁니다. 오히려 자신만의 시간을 갖고 일해야 창의적인 아이디어가 샘솟습니다.

둘째, 지점장 시절 남들이 다들 부러워하는 지점을 맡았던 적이 있습니다. 공공기관

안에 들어가 있으니 가만히 있어도 고객이 늘 찾아왔습니다. 그런데 그것만 믿고 방만하게 경영하다가 수익이 밑바닥까지 떨어졌습니다. 여러분은 그러지 마십시오. 가장 안정된 곳이 가장 불안정한 일자리일 수 있습니다. 최악의 지점을 배정받았을 때 오히려 감사하십시오.

성공에 집착하기보다 실패를 두려워하지 않는 것이 바로 성공의 지름길입니다. 저의 실패를 반면교사로 삼아 꼭 꿈을 쟁취하시기 바랍니다."

〈김미경, 「1분 30초 자기소개도 전략이 필요하다」, 조선일보(2010. 7. 10.)〉

연·습·문·제

01 어떤 동아리에 가입하기 위해 자기소개를 하는 상황을 가정하여 1분 분량으로 준비해 보자.

02 다음 조건에 따라 자기를 소개하는 말하기를 3분 분량으로 준비해 보자.

(조건 1) 취업을 준비하는 미래의 시점을 상상할 것.
(조건 2) 현재 재학 중인 학부를 졸업했거나 졸업할 예정이라고 가정할 것.
(조건 3) 취업을 희망하는 회사와 부서를 한 곳 상정할 것.
(조건 4) 인사담당자의 주목을 끌 수 있는 장점 하나를 집중적으로 부각시킬 것.

03 위의 자기소개 말하기를 다음 사항에 따라 평가해 보자.

검토사항	평가 (5점 만점)	보완할 점
구성은 두괄식인가?		
내용은 차별성과 구체성을 가지고 있는가?		
취업을 희망하는 회사와 부서에 대한 정보가 제시되었는가?		
장·단점이 변증법적으로 잘 부각되어 있는가?		
내용에서 진실성이 우러나는가?		
정해진 시간을 잘 지켰는가?		

제 **2** 장

연설

연설은 정해진 대상에 대해 특정의 목적을 가지고 자신의 생각을 일방적으로 전달하는 말하기이다. 문화센터의 강연이나 대학에서의 강의도 이러한 일방적인 말하기라는 점에서 연설과 공통된다. 그러나 강연 및 강의가 어떤 내용을 청중들에게 이해시키는 것을 주된 목적으로 삼는 데 비해 연설은 말하는 이의 주의나 주장을 내세우는 데 주된 의도가 있다는 점에서 차이가 있다. 따라서 강연이나 강의에서는 내용에 치중하는 반면 연설은 표현 방식도 매우 중요하게 간주한다. 이러한 연설은 국회의원들의 연설, 선거 운동의 유세 연설 등을 포함하여 넓게는 각종 행사에서 행해지는 기념사, 축사, 환영사, 송별사, 추도사 등의 식사(式辭)까지를 포함한다.

안녕하십니까? 이화여자대학교 총장 김선욱입니다.

한국 최고의 명문사학, 세계 최대 여자대학교 이화를 찾아 주신 여러분을 진심으로 환영합니다.

1886년 5월 단 한 명의 학생과 함께 시작한 이화의 124년은 억압받는 여성의 인간화를 위해 노력해 온 헌신과 도전의 역사였습니다. 여성 교육의 불모지에서 오늘의 이화가 탄생하기까지 도움을 주신 모든 분들께 존경과 감사의 마음을 보냅니다.

현재 세계는 역사상 볼 수 없었던 무한 경쟁에 돌입해 있습니다. 이화는 이러한 현실의 급박함을 따라가는 데 안주하지 않고, '앞에 있는 푯대'를 향해 나아가려 합니다.

그 '푯대'란 기독교 정신에 기초한 평등과 평화, 사랑과 정의로움이라는 가치입니다. 경쟁이 아닌 상호 협력, 개인주의가 아닌 공동체 중심, 기독교적·여성적 가치에 근거하여 이화는 새로운 시대정신을 이끌어 가는 열린 학문 공동체를 만들겠습니다.

교육의 수월성(秀越性)을 확보하는 방식도 차별화하고자 합니다. 이화는 개방적이고 공감적이며 창의적인 차세대 여성 리더를 양성하기 위해 학생들의 도전을 자극하고 지지하는 적극적인 시도들을 이어갈 것입니다. 이화는 학생들의 실수나 실패마저도 귀중한 경험으로 인정하면서 '좌절을 제외한 모든 것이 가능한' 배움터가 될 것입니다.

'Non nobis solum.'

'우리 자신만을 위한 것이 아닌'이라는 로마 철학자 키케로의 말과 같이, 대학은 스스로를 위한 것이 아닌 사회 전체를 위하여 존립하는 존재여야 합니다. 사회적 역할을 다하는 이화, 역사적 소명에 응답하는 이화로 거듭날 수 있도록 최선을 다하겠습니다.

새날을 향한 이화의 앞길에 따뜻한 격려와 사랑을 부탁드리며,

홈페이지를 찾아주신 모든 분들께 하나님의 가호가 함께 하시길 빌겠습니다.

감사합니다.

이화여자대학교 총장 김 선 욱

연설은 목적에 따라 보고 연설, 설득 연설, 환담 연설 등으로 나뉜다.

(1) 보고 연설

보고 연설은 관찰자, 경험자, 견문자가 어떤 사실에 대하여 연구, 조사, 경험한 것 등을 정리하여 연설하는 것이다. 따라서 여기에는 연구나 조사의 이유, 사용된 방법이나 과정, 그리고 그 결과가 반드시 포함되어야 한다. 다른 연설 형식보다 논리적인 객관성이 중시되므로 보고의 주된 내용은 보통 연대순, 공간순, 인과순, 화제순 가운데 하나를 택하여 이루어지게 된다. 각종 통계수치 인용이 다른 연설 형식보다 많은 것도 보고 연설의 특징이다.

사랑하는 동료 여러분,

우리 작업팀에 위임된 과제는 경쟁사의 압도적인 시장 점유율에 효율적으로 대처하기 위해 신형 화물차를 구상하는 데 필요한 아이디어를 수집하는 것입니다.

다시 말해서, 바로 신형 F급을 말하는 것입니다. 이 차에서 새로운 것은 디자인이 약간 수정 보완되었으며 냉각기와 문짝 패드, 완충기, 보호테가 전체적으로 아주 역동적인 인상을 준다는 점입니다.

기술적인 면에서 볼 때 완전히 새롭게 고안된 V6 모터로 인해 훨씬 다이나믹해지고, 연료 소모가 줄어들고, 배기 가스에서 유해 물질이 감소했습니다. 그리고 소음도 줄어들었습니다. 소위 BAS라고 하는 보조 브레이크가 비상 사태 시 연속적으로 작동하고 순간적으로 최대의 제동력을 발휘합니다. 그래서 제동 거리가 45%까지 단축되었고, 구동축 조절 장치인 ASR로 인해서 견인력과 안전성이 향상되었습니다. 이것은 모든 F급 모델에 기본으로 장착되어 있습니다.

(2) 설득 연설

설득 연설은 연설의 가장 대표적인 형식이라 할 수 있다. 연사는 자신이 생각한 바대로 움직이도록 청중의 생각이나 태도 등을 바꾸는 데 궁극적인 목적을 둔다. 따라서 연사는 설득력 있는 태도를 견지해야 하는데 이러한 태도는 연사가 설득하려는 내용에 확신을 가지고 그것에 대한 충분한 지식 또는 정보를 가지고 있다는 사실을 보여줌으로써 가능하다. 이를 위해서는 청중의 성격을 면밀히 분석함과 동시에 그 속성에 부합하는 연설로 호응도를 높일 수 있도록 해야 한다. 이 과정에서 연사는 청중의 지적인 측면에 호소하는 보고 연설과는 달리 감정에 호소할 수 있는 방법을 적절히 사용해야 한다.

나의 사랑하는 로마 시민 여러분!

잠시 조용히 나의 말을 들어 주시기 바랍니다.

나의 인격을 믿고 나의 명예를 생각하여 이 브루투스의 말을 의심치 마십시오. 여러분은 분별력 있는 마음으로 냉정하게 내 말의 옳고 그름을 판단하여 주시기 바랍니다.

만약 여러분 가운데 시저를 사랑하는 분이 계신다면, 나는 그에게 이 브루투스의 시저에 대한 사랑이 결코 그분보다 뒤떨어지지 않는다고 단언합니다. 이렇게 말씀드리면 여러분께서는 그렇다면 무슨 까닭으로 시저를 죽였느냐고 물으실 것입니다. 그것은 결코 시저를 사랑하는 마음이 모자라서가 아니라 로마를 사랑하는 마음이 더 컸기 때문이라고 대답하겠습니다.

여러분은 시저가 살아 있음으로 해서 로마 사람들이 노예가 되는 것을 원하십니까? 아니면 시저가 죽음으로써 로마 사람들이 자유의 인민이 되는 것을 원하십니까?

나는 시저가 나를 사랑했기 때문에 그를 위하여 눈물을 흘리는 것입니다. 나는 그가 용감했기 때문에 존경합니다. 그러나 그가 야심을 품고 있었기 때문에 눈물을 흘리며 그를 죽였습니다. 야심에 대해서는 죽음이 있을 따름입니다.

여러분 가운데에는 노예가 좋아서 노예가 된 사람이 있습니까? 로마 사람이 아니기를 원하는 사람이 있습니까? 나라를 사랑하지 않는 사람이 어디 있겠습니까? 만약 있다면 있다고 말씀하십시오. 나는 여러분의 대답을 기다리겠습니다.

한 사람도 없습니다. 그렇다면 여러분이 내가 한 일을 책망하지 않는다는 것으로 알겠습니다. 내가 시저에게 한 일은 여러분이 이 브루투스를 대신해서 해야 할 일이 아니었습니까?

시저의 죽음 경위는 캐피탈 전당 기록에 올려져 그의 명예는 추호도 손상됨이 없이, 그의 죄과(罪科) 또한 더 이상 지워지는 일 없이 전해질 것입니다.

오! 시저의 시체 옆을 마르쿠스 안토니우스가 울면서 올라오고 있습니다. 안토니우스는 시저를 죽이는 일에 가담하지는 않았습니다. 다만 여러분과 함께 시저의 몰락으로 복리를 받는 공화국의 일원이 될 것입니다.

이 브루투스는 나라를 위해 눈물을 머금고 가장 사랑하는 친구를 죽였습니다. 만약 로마가 브루투스의 죽음을 원할 때에는 브루투스는 언제든지 시저를 죽인 것과 같은 똑같은 칼을 이 몸에 받기를 사양하지 않을 것입니다.

브루투스(Brutus)의 연설(B.C. 44년)

지금으로부터 87년 전 우리의 선조들은 이 대륙에서 자유 속에 잉태되고 만인은 모두 평등하게 창조되었다는 명제에 봉헌된 한 새로운 나라를 탄생시켰습니다.

우리는 지금 거대한 내전에 휩싸여 있고 우리 선조들이 세운 나라가, 아니 그렇게 잉태되고 그렇게 봉헌된 어떤 나라가, 과연 이 지상에 오랫동안 존재할 수 있는지 없는지를 시험 받고 있습니다. 오늘 우리가 모인 이 자리는 남군과 북군 사이에 큰 싸움이 벌어졌던 곳입니다. 우리는 이 나라를 살리기 위해 목숨을 바친 사람들에게 마지막 안식처가 될 수 있도록 그 싸움터의 땅 한 뙈기를 헌납하고자 여기 왔습니다. 우리의 이 행위는 너무도 마땅하고 적절한 것입니다.

그러나 더 큰 의미에서, 이 땅을 봉헌하고 축성(築城)하며 신성하게 하는 자는 우리가 아닙니다. 여기 목숨 바쳐 싸웠던 그 용감한 사람들, 전사자 혹은 생존자들이, 이미 이곳을 신성한 땅으로 만들었기 때문에 우리로서는 거기 더 보태고 뺄 것이 없습니다.

세계는 오늘 우리가 여기 모여 무슨 말을 했는가를 별로 주목하지도, 오래 기억하지도 않겠지만 그 용감한 사람들이 여기서 수행한 일이 어떤 것이었던가는 결코 잊지 않을 것입니다. 그들이 싸워서 그토록 고결하게 전진시킨, 그러나 미완으로 남긴 일을 수행하는 데 헌납되어야 하는 것은 오히려 우리들 살아 있는 자들입니다. 우리 앞에 남겨진 그 미완의 큰 과업을 다하기 위해 지금 여기 이곳에 바쳐져야 하는 것은 우리들 자신입니다. 우리는 그 명예롭게 죽어간 이들로부터 더 큰 헌신의 힘을 얻어 그들이 마지막 신명을 다 바쳐 지키고자 한 대의에 우리 자신을 봉헌하고, 그들이 헛되이 죽어가지 않았다는 것을 굳게굳게 다짐합니다. 신의 가호 아래 이 나라는 새로운 자유의 탄생을 보게 될 것이며, 국민의, 국민에 의한, 국민을 위한 정부는 이 지상에서 결코 사라지지 않을 것입니다.

링컨의 게티스버그 연설(1863년 11월 19일)

(3) 환담 연설

환담 연설은 청중을 즐겁고 기쁘게 하는 것을 목적으로 삼는 연설이다. 따라서 환담 연설에는 유머나 재미있는 일화의 소개가 필수적인 요소가 되며 연설의 길이도 길지 않은 것이 보통이다. 다만 유머는 적절하여 여러 사람이 즐길 수 있는 것이어야 하며 흥미있는 이야기라도 너무 길지 않도록 주의를 기울여야 한다. 환담 연설은 주된 목적이 화기애애한 분위기 조성에 있는 만큼 형식에 구애를 받기보다는 모임의 청량제 역할을 담당하는 선에서 자유롭게 구사되는 것이 일반적이다.

사랑하는 아버님, 사랑하는 고모님과 작은아버님, 형제 자매와 친척 여러분 그리고 아버님 친구 여러분,

우리는 곧 맛있는 식사를 하고 맛좋은 와인을 마시게 되는데, 그에 앞서 저희가 왜 이 자리에 함께 앉아 있는지 기억을 되살리고자 합니다.

(…중략…)

저희 자식들은 아버님으로부터 나쁜 말을 들은 적이 한 번도 없었고, 아버님은 저희와 어머니에게 크게 화를 낸 적이 없었습니다. 물론 저희한 테 화를 내시고 저희들 엉덩이를 때리시다가 국자까지 부러뜨리신 적이 있었습니다.

(…중략…)

사랑하는 아버님, 이제 아버님을 위해서 건배할 시간입니다. 첫째로는 제 목이 마르고, 둘째로는 곧 첫 요리가 나오기 때문입니다. 이것으로 누이동생에게 아버님의 90세 생신 때 축하 인사말을 해 줄 것을 요청합니다.

03 훌륭한 연설의 조건

연설은 사람을 움직이는 힘이 있다. 그러나 훌륭한 연설을 한다는 것은 그리 쉬운 일이 아니다. 다음은 이러한 어려움을 간파한 콘라트 로렌츠(Konrad Lorenz)의 정보 전달 과정이다.

말했다고 해서	아직 들은 것은 아니다.
들었다고 해서	이해한 것은 아니다.
이해했다고 해서	동의한 것은 아니다.
동의했다고 해서	기억한 것은 아니다.
기억했다고 해서	적용한 것은 아니다.
적용했다고 해서	행동이 변한 것은 아니다.

이는 정보가 연사로부터 청중으로 전달될 때 어떤 과정을 거쳐야 하는가 그리고 행동 변화를 일으키는 것이 얼마나 어려운가를 잘 보여 주는 명제라 할 수 있다.

자신의 연설 목적을 관철시키기 위해 훌륭한 연설가는 다음과 같은 몇 가지 요건을 갖출 것이 요구된다.

첫째, 연설의 목적이 충실히 달성되어야 한다. 이것은 곧 앞서 말한 연설의 종류에 따른 목적이 연설을 하는 도중에 잊혀서는 안 된다는 것을 의미한다. 이를 위해 연설 중간 중간 목표 내용을 끊임없이 환기하는 장치가 필요하다.

둘째, 청중의 성향 분석은 치밀해야 한다. 다른 말하기에서도 청중의 분석이 선행되어야 하지만 설득하는 말하기의 대표격인 연설에서는 연설의 성패가 청중 분석에 달려 있다고 해도 과언이 아니다. 청중의 성향 분석은 따라서 최대한 분석적이어야 하고 이에 따라 연설의 내용과 방법을 미리 준비할 수 있도록 해야 한다.

셋째, 임기응변의 능력으로 변화를 줄 줄 알아야 한다. 연설은 또한 가장 유동적인 상황에 놓인 말하기이다. 언제든지 예기치 않은 상황이 발생할 수 있으므로 이에 침착하게 대처할 수 있는 능력이 필요하다. 이를 위해서는 연설 내용에 대한 꾸준한 연습이 필요하다. 연설에 있어 지나친 연습이란 있을 수 없다. 이런 점에서 연설은 연설이 끝나야 비로소 완성되는 한 편의 드라마라 할 수 있다.

넷째, 청중에게 믿음을 줄 수 있어야 한다. 연설은 성격상 기교도 매우 중요하지만 어디까지나 내용적인 측면이 주가 되어 목적을 완수해야 한다. 내용이 부실하면 청중에게 믿음을 줄 수 없으므로 풍부한 식견과 안목을 바탕으로 청중들로부터 신뢰를 얻을 수 있어야 한다. 연설의 주인공은 연설가가 아니라 어디까지나 청중이라는 인식 전환이 필요하다. 인구에 회자되는 명연설은 예외없이 청중의 폭발적 반응에 기반하고 있다는 사실을 염두에 두어야 한다.

다섯째, 예의 바른 태도를 가지고 올바른 어법을 사용해야 한다. 연설은 언어 예절이 가장 중요한 말하기 가운데 하나이다. 연설을 듣는 청중 가운데는 연사보다 더 높은 지적 능력을 가지고 있는 사람도 있다는 사실을 염두에 두고 연사는 항상 겸손한 자세와 함께 예의를 갖추어야 한다. 연사의 지나친 흥분이나 비어 또는 속어의 사용, 다른 연사에 대한 비방은 연설의 품격을 떨어뜨리는 주된 요인이 될 뿐만 아니라 청중들로부터 외면받는 연설이 되게 한다.

연설할 때 자주 범하는 실수 10가지

① 청중의 기대를 잘 모른다.

② 준비를 잘 하지 않는다.

③ 연설을 지루하게 상상력 없이 시작한다(관심과 주목을 끌지 못한다).

④ 일목요연하지 않은 원고를 작성한다(말문이 막힐 위험이 있다).

⑤ 시선을 접촉하지 않고, 청중이 참여하도록 유도하지 못한다.

⑥ 이해할 수 없는 논증을 한다.

⑦ 사례를 들지 않고 설명을 명료하게 하지 않는다.

⑧ 너무 단조롭게 또는 너무 작거나 크게 말한다.

⑨ 연사와 연설이 하나가 되지 못한다.

⑩ 좋지 못한 결론을 내린다. 낙관적인 전망을 하지 않고, 청중에게 실천하도록 요구하지 않는다.

좋은 연설을 위한 조언 10가지

① 청중에 대한 정보를 수집하라.

② 철저하게 준비하라. 반드시 반박해야 하는 반대 입장에 대해 생각하고 준비하라.

③ 연설을 효과적으로 시작하라(반어적, 도발적으로).

④ 강연장과 보조 장비를 점검하라.

⑤ 원고를 일목요연하게 구성하라.

⑥ 연설을 논리적으로 실감나게 구성하라. 절정과 숨돌릴 단계를 생각하라.

⑦ 연설의 내용을 시각화하라.

⑧ 시선 접촉, 수사적 질문 등으로 청중을 참여시키라.

⑨ 목소리와 표정, 몸짓에 변화를 주라. 그러나 배우처럼 하지는 말라.

⑩ 낙관적인 결론을 생각하라. 청중으로 하여금 실천하도록 요구하라.

〈백미숙 옮김(2000), 『스피치 핸드북』〉

연·습·문·제

01 다음은 한 TV 프로에서 〈명연설의 조건〉에 대해 방영한 화면 가운데 하나이다. 이를 시청하고 명연설의 조건은 무엇인지 발표해 보자.

02 다음은 선거 연설의 일반적인 전개 과정을 그 내용과 함께 도식화해 본 것이다. 이를 바탕으로 하여 자신이 총학생회 회장 후보라고 가정하고 5분 내외의 선거 연설을 해 보자.

인사말

형식적인 인사말을 피하고 단번에 청중의 주의를 끌어 경청하도록 인상 깊고 특색있는 인사말로 시작한다.

출마의 이유

왜 자기가 나서게 되었는지 그 이유를 청중이 공감할 수 있게 명백히 제시해야 한다.

화제의 전개

출마의 이유와 연결시켜 하고 싶은 이야기를 하되 자신의 능력과 사람됨을 평가할 수 있는 화제를 전개한다.

대안·비전 제시

미래에 대한 대안이나 공약을 말하고 그 공약의 실행 가능성과 당위성을 강조한다.

마무리

핵심적인 주장을 압축하여 재강조하고 지지를 마지막으로 강렬하게 호소한다.

제 3 장

토론

01   토론의 개념과 필요성

　토론은 어떤 문제에 대하여 여러 사람이 각각 의견을 말하며 논의하는 것을 의미한다. 이는 대단히 포괄적인 정의로서 이러한 정의로는 집단이 모여 의견을 나눈다는 점에서 토론과 함께 집단적 말하기로 분류되는 토의와 구분되지 않는다. 하지만 토의와 토론은 이미 상이한 개념으로 차별화하여 사용되고 있다. 토의가 현 상황에 대한 집단 공통의 문제 해결 방안을 찾아나가는 협력적 말하기의 일종이라면 좁은 의미에서의 토론이란 찬성과 반대로 대립하는 두 편이 주어진 논제에 대해 정해진 규칙에 따라 논거에 의한 주장과 이에 대한 검증을 되풀이함으로써 이성적 판단을 내리는 과정이다.

　토론은 구성원들 사이에 갈등과 대립이 발생한 상황에서 집단이 민주적으로 의사를 결정할 때 적합한 방식이다. 이해관계에 따라 의견이 대립하는 상황이나 서로의 신념과 가치관이 충돌하는 상황에서 토론을 통해 나와 다른 사람의 의견을 존중하고 여러 사람들의 의견을 경청할 때 보다 합리적으로 판단하고 문제의 해결책을 도모할 수 있다.

　그런데 합리적인 의사 결정과 평등한 의사 결정은 별개의 문제이다. 자신의 주장에 대해 합리적인 이유를 제시하고 상대방의 주장이 어떤 점에서 잘못되어 있는지를 충분히 논의하는 과정이 생략되어 있으면 비합리적인 결론이라도 이것이 다수의 의견일 때 비판 없이 이에 휩쓸릴 위험이 있다. 비록 수적으로는 열세라고 할지라도 보다 합리적인 의견을 가진 소수 집단이 얼마든지 있을 수 있고 이런 소수를 존중하는 것이 성숙한 민주주의 자세이다.

　또한 토론을 통해 자기의 주장을 합리적으로 펼치고, 상대방의 주장을 열린 마음으로 듣고, 상대방의 주장을 사리에 맞게 비판하는 자세를 훈련할 필요가 있다. 나만이 옳다는 독단과 독선은 문제 해결에 도움이 되지 않는다. 내 생각이 틀릴 수도 있다는 것을 인정하고 다른 사람의 의견에 귀를 기울이는 열린 자세가 필요하다. 토론은 갈등과 이견이 존재하는 사회 집단의 크고 작은 문제를 해결하기 위한 가장 합리적이고 민주적인 의사 결정 과정이며 동시에 집단 내 의사소통이 이루어지는 장이다. 사태에 대한 균형 잡힌 시각과 판단, 다른 사람의 의견은 물론 자신의 의견에 대해서도 비판적인 태도를 취함으로써 해결해야 할 문제에 대해 유연한 태도를 갖게 만들어준다는 데에 토론의 유용성이 있다.

한편, 대학에서 배우는 토론은 아카데믹식 토론으로서 TV 등의 매체를 통해 또는 선거를 앞두고 현장에서 이루어지는 응용 토론과 달리 실제 현장에서의 토론 과정뿐 아니라 토론 전반에 대한 토론 전 준비 과정과 토론 후 평가 과정까지를 포함하게 된다. 토론 과정을 통해 자신의 주장을 분명히 표현하는 법을 배우고 각 학문의 영역에서 공통적으로 요구되는 능력인 논리력과 비판적 사고 능력을 키울 수 있다. 아울러 민주사회의 시민으로서 갖추어야 할 의사소통 능력과 문제해결 능력을 함양하게 되는 이점이 있다.

02 설득적 말하기로서의 토론

토론의 목적은 '설득'에 있다. 설득이란 청자의 태도, 신념, 가치, 행동 등을 변화시키거나 강화시킬 목적으로 행하는 말하기 방식이다. 춘추 전국 시대의 제자백가(諸子百家)들은 제후들을 찾아다니면서 그들을 설득시켜 자신들의 사상을 펴고자 했다. 이를 계기로 논리적인 설득 방법이 발전하게 되었다. 이들은 상반되는 입장을 가진 두 사람을 등장시켜 묻고 답하게 하면서 어떤 주장을 이끌어내기도 했고, 추상적이고 관념적인 문제에 대해서는 예화를 들어 설명함으로써 설득력을 강화하기도 했다. 한편 조선 시대의 관리들은 어떤 제도나 정책을 시행하고자 할 때 그 정책의 필요성을 논리적으로 설명해서 다른 대신들을 설득시키는 것은 물론 임금의 마음도 설득해야 했다. 따라서 때로는 강렬하고 때로는 논리적으로 그러면서도 임금의 마음을 거스르지 않는 방식을 취했다. 상대방을 설득함으로써 일정한 의견을 공유할 수 있게 되고 이러한 합의는 해결책을 함께 모색해 나갈 수 있는 바탕을 이룬다.

어떤 견해에 설득된다는 것은 청자가 가졌던 기존의 신념과 가치 체계 등을 수정하여 새로운 견해를 인정하고 받아들인다는 의미이며, 설득에 이르는 하나의 통로가 바로 토론이라고 할 수 있다. 이러한 토론은 논제에 대한 찬성과 반대의 입장을 분명하게 구분하고 양측이 일정한 형식과 절차에 따라 자신의 주장을 논리적으로 입증하는 논리적 설득의 과정이다. 설득에는 이성적인 것과 감성적인 것이 있는데 논리적 설득으로서의 토론에는 이성적인 논리에 기초한 논증과 감성에 기초한 주장이 모두 존재하지만 어떤 주장이 설득력을 지니기 위해서는 자신의 주장을 논리적으로 증명할 수 있어야 한다. 논증은 상대방을 논리적으로 설득해서 효과를 얻을 수 있는 방법의 하나인 것이다.

(1) 설득의 요소

아리스토텔레스가 체계화한 설득의 요소에는 에토스, 로고스, 파토스의 세 가지가 있다.

에토스(ethos)는 화자의 인성, 즉 화자가 지닌 가치이며 화자의 인격적 감화를 통해 상대를 설득하는 것이다. 말하는 이의 인격에 대한 신뢰가 있어야 그 사람의 말에도 신뢰를 가지게 된다.

에토스를 이용한 설득 전략

① 자신의 인격과 능력이 자연스럽게 드러나도록 하라.
② 공감대를 형성함으로써 청중을 배려하라.
③ 충실한 증거를 제시함으로써 성실함을 드러내라.
④ 상대방을 존중하는 언어를 사용하라.
⑤ 적절한 복장을 갖추라.
⑥ 청중과 직접 시선을 맞추라.

로고스(logos)는 이성적, 논리적 언어를 의미하는 말로서 발표자가 청중의 이성에 맞추어 논리적으로 설명함으로써 설득하는 것이다. 발표자가 얼마나 개연성 있는 사실, 믿을 만한 근거를 제시하는가가 설득의 관건이 되는데 설득을 위한 논거들이 바로 로고스에 속한다. 설득의 가장 중요하고 확실한 방법은 정확한 증거들을 갖추어 자신의 주장을 펴는 것이고 이런 효력을 갖는 것이 바로 자신의 주장을 뒷받침하는 논거이다. 설득을 위해서는 논거들이 정확해야 하며 논거를 통해 결론을 도출하는 과정에 오류가 없어야 한다. 자신의 주장을 뒷받침하는 논거를 제시하는 이러한 논증의 과정이 로고스를 통한 설득의 핵심을 이룬다.

파토스(pathos)는 청중의 감정에 호소하여 설득하는 것이다. 듣는 이가 현재 가지고 있는 감정에 대한 고려도 설득에 있어서 중요한 수단이 된다. 발표자가 청중에게 신뢰감을 주거나 논리적인 설명을 하더라도 청중의 파토스를 자극하는 일에 실패한다면 설득에 실패할 수 있다. 파토스는 발표자가 청중에게 효과적으로 영향을 미치기 위하여 우선 고려해야 하는 감정이며 항상 청중의 반응을 살피면서 관심을 유도해야 한다. 그러나 감정에 대한 호소는 확실하게 논거를 갖춘 후에 그것을 강화하는 역할을 한다는 점을 명심할 필요가 있다. 감정에 호소하는 일이 논증을 대신할 수는 없기 때문이다.

파토스를 이용한 설득 전략

① 사실이되 깜짝 놀랄 만한 통계 수치를 사용하라.

② 개인적 경험이나 주변에서 일어난 일, 직접 목격한 일을 적극 활용하라.

③ 감정을 유발할 수 있는 어감이 강한 단어들을 전략적으로 사용하라.

④ 목소리의 변화를 통해 중요한 내용에 감정을 실어 전달하라.

⑤ 몸짓과 표정을 통해 주제의 위기감을 표현하라.

⑥ 발표자 자신의 감정을 청중에게 확신시키라.

(2) 설득의 전략

다른 사람을 설득시키기 위해 해야 할 일은 무엇일까? 어떤 주장을 하기 위해서는 반드시 그 문제에 관한 조사와 분석이 선행되어야 한다. 논제를 충분히 조사·분석하고, 긍정과 부정의 자료를 모두 검토해야 상대를 설득할 수 있는 기반이 마련된다. 논리적 분석을 통하여 상대방을 설득하고자 할 때 잘 짜여진 주장, 논리적으로 증명된 주장이 더 효과적으로 작용한다. 철저한 논리 분석과 청중의 태도에 대한 이해를 바탕으로 전략을 세우고 최고의 효과를 낼 수 있도록 내용을 선정하고 조직하면 설득에 성공할 수 있다.

효과적인 설득을 위한 전략

① 설득의 목표를 분명히 하라.

② 체계적인 분석을 토대로 설득하라.

　가. 논제가 사실 명제인가, 가치 명제인가, 정책 명제인가를 판단하라.

　나. 필수 쟁점을 사용하여 논제를 분석하라.

③ 청중의 태도를 고려하라.

　가. 우호적 청중

　　㈎ 청중의 지지를 강화하기 위해 감정적인 호소를 하라.

　　㈏ 논증을 간결하게 제시하여 청중들이 이를 바탕으로 다른 사람들을 적극적으로 설득하게 하라.

　　㈐ 청중이 다른 사람을 설득할 수 있게 자료를 제공하라.

　나. 중립적 청중

　　㈎ 관심 없는 중립적 청중에게는 자극적인 요인을 강조하라.

　　㈏ 정보가 부족하여 중립적인 청중에게는 주장을 명확하게 설명하라.

　　㈐ 아직 입장을 결정하지 못하여 중립적인 청중에게는 논리적인 호소와 감정적인 호소를 혼합하여 결정을 정당화할 수 있는 새로운 증거나 새로운 해석을 강조하라.

　다. 비우호적 청중

　　㈎ 너무 많은 것을 기대하지 말라.

(나) 공통점을 강조하라.

(다) 명확한 논리와 폭넓은 증거를 토대로 삼으라.

(라) 이미지의 신뢰도를 높이는 데 신경을 쓰라.

④ 최적의 설득 효과가 나도록 내용을 조직하라.

⑤ 핵심을 가장 앞이나 가장 뒤에 배치하라.

⑥ 상대편의 주장을 직접 언급하고, 먼저 자신의 주장을 펼친 후에 상대편의 주장을 반박하라.

〈이창덕 외 옮김(2008), 『발표와 연설의 핵심기법』〉

---

03   논증 과정으로서의 토론

토론을 논증을 통해서 어떤 논제에 대해 분별력 있는 판단에 도달하는 과정이라고 할 때 토론과 논증은 불가분의 관계로 볼 수 있다. 논증 과정에는 증명이 없는 진술인 단언과 증명이 제시되는 진술인 주장이라는 두 가지 유형의 진술이 존재하는데 토론은 증명을 통해 단언을 주장으로 변화시키는 과정이라고 할 수 있다. 어떤 문제에 대해서 자신의 주장을 논리적으로 입증하는 것이 논증이므로 여기에는 논증하는 사람의 판단이 깊이 개입할 수밖에 없다. 그러므로 논증은 말하는 사람의 가치관이나 세계관과 깊은 관련을 가진다. 절대적으로 옳은 주장은 없으며 논증에서의 타당성 확보는 논거와 추론 과정의 적합성 여부에 달려 있다.

(1) 논증의 요소

영국의 논리학자인 Toulmin(1958)에서는 종래의 연역과 귀납이라는 논증 형식이 지닌 효율성에 의문을 제기하고 논증을 분석적인 논증과 실질적 논증으로 나누었다. 연역, 귀납과 같은 논리학적 논증 형식이 실생활에서 벌어지는 추론의 과정에서는 잘 쓰이지 않는다는 점에 주목하여 인간의 합리적인 의사결정 과정을 설명하는 실질적 논증의 모델로 새로운 형식의 논증 체계를 제시하고 있다. 이 새로운 형식의 실질적 논증 모델은 사실, 주장, 논거를 기본으로 하여 구성된다.

첫 번째 요소인 사실(grounds 혹은 data)은 논증이 기초로 하고 있는 자료나 정보로서 논증의 목표인 주장에 이르는 수단이라 할 수 있다. 두 번째 요소인 주장(claim)은 어떤 사람이 정당화시키고자 하는 논증의 결론이자 목적지라고 할 수 있다. 세 번째 요소인 논거(warrant)는 사실로부터 주장으로의 논리적 이동이 적법한 것인가를 평가하는 기준이 된다. 이 세 요소는 논증의 가장 기본적인 구성요소로서, 단순한 논증은 대개의 경우 이 세 요소만으로 구성된다.

Toulmin의 실용적 논증 모델에서 네 번째 요소는 논거보강(backing)으로서 논거에 포함된 가정을 확인해주기 위한 추가적인 증빙 자료라고 할 수 있다. 이 요소는 상대방이 액면 그대로 논거를 받아들이지 않는 경우에 제시된다. 다섯 번째 요소는 유보조건 또는 반증(reservation or rebuttal)으로서 사실이 주장을 정당화시키지 못하는 구체적인 상황이나 조건을 제시하는 것이다. 유보조건은 이처럼 주장이 정당하게 받아들여질 수 있는 영역이나 조건을 미리 제한함으로써 주장에 대한 안전장치 역할을 함과 동시에 주장에 방해가 되는 반론을 예단하는 기능을 한다. 마지막 여섯 번째 요소는 확률치(modality)로서 사실로부터 논거로의 비약이 지닌 강도를 나타내는 것이다. '아마도'나 '분명히'와 같이 주장의 확률을 나타내는 표현이 여기에 해당된다고 하겠다.

일상에서 이루어지는 토론의 과정과 아카데미식 토론 역시 Toulmin의 분류에 따르면 실질적 논증에 속한다고 할 수 있다. Toulmin의 설명에 따르면 논증이란 받아들여진 사실로부터 논거를 통해 주장으로 이동하는 과정이다. 자료나 정보로서의 '사실'을 귀납적으로 수집한 다음 연역적인 논증인 삼단논법에서의 대전제에 해당하는 '논거'를 매개로 하여 논리적 명제에 해당하는 '주장'을 제시하는 것이 논증이라는 것이다. 잘 알려진 삼단논법을 Toulmin 방식의 논증으로 바꾸면 다음과 같다.

대전제: 모든 사람은 죽는다. 소전제: 소크라테스는 사람이다. 결 론: 소크라테스는 죽는다.	사 실: 소크라테스는 사람이다. 주 장: 소크라테스는 죽는다. 논 거: 모든 사람은 죽는다.

(2) 오류의 유형

논증이 타당성을 가지기 위해서는 일정한 규칙을 지켜야 한다. 이것을 위반하면 그 주장은 타당성을 가지기 어렵다. 이처럼 규칙을 어겨서 발생하는 잘못이 오류이다. 논증하는 과정에서 오류에 빠지지 않고 다른 사람의 논증에서 오류를 발견해 내는 일은 토론의 과정에서 반드시 유의해야 할 사항이다.

오류는 형식적 오류와 비형식적 오류 두 가지로 나뉜다. 형식적 오류는 타당한 추론의 규칙을 위반해서 빚어지는 오류이며 비형식적인 오류는 논지에 대해 잘못 제시된 근거에서 비롯되는 논리의 오류이다. 비형식적 오류에는 언어를 잘못 사용해서 빚어지는 언어적 오류와 주제와 무관한 내용을 부주의로 혹은 고의로 사용하는 부적합성의 오류가 포함된다.

가. 형식적 오류

(가) 순환론의 오류

순환론에서는 증명하고자 했던 결론을 전제 중 하나로 가정한다. "신용 점수가 높지 않으면 신용을 받을 수 없고, 신용을 받지 못하면 높은 신용 점수를 받을 수 없다."와 같은 주장은 논리적으로 성립할 수 없다. 순환론의 오류는 어떤 근원적 원리를 절대적으로 맹신하여서 다른 사람들은 그렇게 생각하지 않을 수 있다는 사실을 간과할 때에 발생하기도 한다.

- 성경에 있는 모든 것은 진실인데 그것은 하나님의 말씀이기 때문이다.
- 자살을 생각하는 것은 정상이 아니므로 제 정신인 사람은 자살을 생각하지 않을 것이다.
- 단체 교섭이 공정하지 않은 화해로 끝나기 때문에 노사 쟁의를 풀기 위해 공정한 법정이 필요하다. 공정한 화해란 무엇인가? 공정한 법원에서 도출한 화해가 공정한 화해이다.
- 신용 점수가 높지 않으면 신용을 받을 수 없고, 신용을 받지 못하면 높은 신용점수를 받을 수 없다.

㈏ 조건문의 오류

조건문에서 대한 오해에서 빚어지는 오류로 여기에는 'P이면 Q이다'가 참일 뿐인데 이를 확대하여 'P가 아니면 Q가 아니다'까지 참이라는 결론을 도출해서 생긴 오류와 'P이면 Q이다'가 참일 뿐인데 이를 'Q이면 P이다'까지 참일 것이라고 착각해서 벌어지는 오류의 두 가지 종류가 있다.

- 길이 얼면 배달이 늦어진다. 길이 얼지 않았다. 따라서 배달은 늦어지지 않을 것이다.
- 비가 오면 땅이 젖는다. 땅이 젖어 있다. 따라서 비가 왔다.

나. 비형식적 오류

㈎ 언어적 오류

① 의미론적 오류

의미론적 오류는 한 논증 속에서 사용되고 있는 동일한 단어가 전제나 결론에서 각기 다른 의미로 사용됨으로써 발생하는 오류이다. 이는 어떤 단어가 다의어라서 벌어지는 것이라기보다 하나의 논증에서 어떤 용어를 여러 가지 뜻으로 섞어 쓰면서도 마치 동일한 하나의 의미로 쓰고 있는 척하거나 그런 것으로 착각하는 오류를 말한다. 의미론적 오류에는 이 외에도 어떤 단어의 의미를 통상적인 뜻과는 달리 자의적으로 변화시킴으로써 생기는 것도 있다.

- 우리 모두가 소중히 여기는 자유 경제 시스템은 경쟁 없이 존재할 수 없다. 중소기업을 보호하는 이 법안은 우리의 전체 경제 구조를 위협하는 것이다. 특정 집단에게 보호 장벽이 주어지면 참된 경쟁은 있을 수 없다.
- 다른 사람을 해치는 행위는 신체적인 벌을 받아 마땅하다. 그런데 감기를 전염시킨 것은 다른 사람을 이롭게 한 것이 아니라 다른 사람을 해치는 행위이다. 그러므로 감기를 전염시킨 것도 신체적인 벌을 받아 마땅하다.

② 결합의 오류

결합의 오류는 어떤 것을 이루는 부분의 특성들을 그 부분들이 결합하여 이루어낸 전체의 속성으로 파악할 때 저지르게 된다. 즉 전체를 이루는 부분들이 모두 어떤 속성을 갖는다고 해서 그것들로 이루어진 전체도 역시 그러한 속성을 갖는다고 잘못 적용할 때 발생한다.

- 책상은 원자로 이루어져 있다. 원자는 색깔이 없다. 그러므로 책상도 색깔이 없을 것이다.

③ 분해의 오류

분해의 오류는 결합의 오류와 정반대의 오류이다. 결합의 오류는 부분의 속성을 전체의 속성으로 잘못 투사시켜서 일어나지만 분해의 오류는 전체가 가진 속성을 부분의 속성으로 잘못 전이시켜서 일어난다. 전체에 관해서만 참인 것을 그것을 구성하는 부분에 관해서도 역시 참이라고 주장한다거나 어떤 집단이 가진 특성을 그 집단에 속하는 개별적인 구성원에까지 적용하려 하는 것은 분해의 오류를 범하는 것이다.

- 독이 있는 나무에서는 독이 있는 열매가 열린다.
- 농담은 우스운 것이기 때문에 그 농담 속에 들어 있는 하나하나의 낱말이 모두 우스운 것이다.

(나) 부적합성의 오류

① 인신공격의 오류

인식공격의 오류는 논박이나 설득 대신에 반대편 주장을 가진 사람에게 인신공격을 가하는 것이다.

- 낙태를 찬성하는 사람은 누구나 살인자다. 나는 그들이 정부 보조금을 횡령한다고 해도 전혀 놀라지 않을 것이다.
- 아인슈타인은 여성 관계가 문란했고 가족에게 불성실했기 때문에 그의 상대성이론은 형편없는 이론이다.

② 허수아비 공격의 오류

허수아비 공격의 오류는 상대가 하지도 않은 취약한 주장을 만들어서 이를 집요하게 공격하는 것으로 행해지는 오류이다. 이러한 공격을 통해 상대의 모든 주장이 '허수아비'처럼 취약하며 시간만 허락되면 상대의 모든 주장을 이처럼 폐기시킬 수 있다는 잘못된 함축을 전달한다.

- 자격을 고려하지 않고 소외 계층의 사람들을 무조건 고용해서는 안 된다. 여성이라는 이유만으로 영어를 가르치는 데 수학 전공자를 뽑을 수는 없지 않은가?
- 대통령은 저소득층 지원금을 확대하려 한다. 민주주의 국가에서 사회주의 정책을 내세우다니! 사회주의는 실패한 정치이념인지 정말 모르는가? 따라서 대통령의 정책은 폐기되어야 한다.

③ 주장을 터무니없이 확장하는 오류

잠재적으로 건전한 주장을 우스꽝스럽게 보일 정도로 확장해서 근거 없는 주장처럼 보이게 만드는 것이다. 이러한 확장은 종종 원래 주장이 가지고 있던 이성적인 해석의 정도를 넘어가기도 한다. 현재의 형량 선고 방법을 공격하면서 다음과 같이 말하였다고 하자. 터무니없이 불평등한 사례를 들어서 피고에게 미치는 충격의 정도가 형량을 선고하는 타당한 기준이 될 수 있다는 기본 개념을 공격하는 것은 온당하지 않다. 이런 종류의 오류는 그것이 만들어내는 비뚤어진 이미지에 의존하여 진짜 쟁점을 놓치게 된다.

- 일반 범인이 차가운 독방 선고를 받고 있는 동안 전직 고위 공직자인 범죄자는 신참 범죄자를 따뜻하게 대해 주는 시설에서 어슬렁거리고 있다. 전직 고위 공직자는 체면이나 명성, 직업 등을 잃어서 이미 벌을 받을 만큼 받았다는 것이다. 이것은 마치 잃을 것이 없는 사람들에게 더 무거운 벌을 내려야 한다는 것처럼 들린다. 이런 논리에 따르면 살인을 저지른 고위 공직자는 무죄 방면되고 좀도둑질을 한 도시 빈민은 정기적으로 고문당하며 콩밥을 먹어야 할지도 모른다.

④ 미끄러운 경사의 오류

미끄러운 경사의 오류는 한 걸음을 내디디면 필연적으로 그 방향으로 쭉 미끄러질 것이라는 잘못된 가정에 기초하고 있다. 멈추지 못하고 경사면에서 미끄러지는 사람처럼 한 번의 선택이 돌이킬 수 없는 엄청난 결과를 초래할 것이라고 주장하는 것이다.

- 만일 한 나라가 민족 간 분쟁에 빠지면 주변의 모든 나라도 그렇게 될 것이다.
- 단 한 잔이라도 술을 마셨다면 알코올 중독자가 될 것이다.
- 총기의 판매와 보유를 금지하는 정부의 조치를 그냥 두면 다음에는 정부가 모든 화기를 금지시킬 것이다.
- 내가 그녀에게 차인 건 팀장 때문이야. 팀장이 나에게 지껄이는 바람에 화가 나서 술을 마셨어. 술을 안 마셨으면 음주운전으로 면허정지는 안 됐겠지. 면허정지 때문에 프러포즈 이벤트가 무산됐고, 이게 다 팀장 때문이야

⑤ 잘못된 이분법의 오류

잘못된 이분법의 오류는 두 개의 안이 상호 배타적이지 않거나 또 다른 대안이 존재하는 상황에서 이것이 아니면 저것이라고 주장하는 오류이다. 당면한 문제의 해결 방안이 그 주장에서 제시하는 방법 이외에는 없는 것처럼 보이게 함으로써 다른 선택이 있음에도 불구하고 바람직하지 않은 선택만이 주어지는 오류이다. 복잡한 문제를 지나치게 단순화하기 때문에 어떤 결론도 이끌어 낼 수 없다. 잘못된 이분법을 대전제로 연역 논증을 해서는 안 된다.

- 노골적인 위협을 참거나 동맹 관계를 파기하거나 둘 중의 하나를 선택하라.
- 우리는 결코 좋은 대통령을 가질 수 없다. 야심 있는 대통령은 야심 때문에 국민을 희생시키고, 야심 없는 대통령은 무능하기 때문이다.

⑥ 성급한 일반화의 오류

성급한 일반화의 오류는 불충분하고 부적절한 한두 가지 증거로부터 일반적인 결론을 이끌어낼 때 발생하는 오류로서 몇몇의 특수한 경우나 몇 개의 우연적 사례를 근거로 하여 성급하게 결론을 이끌어냄으로써 빚어진다.

- 금융 스캔들은 모든 선출직 공무원을 돈으로 움직일 수 있다는 것을 증명했다.
- 저 대통령은 오직 ○○지역 출신의 인사만을 중용한다. 그가 대통령이 되고 나서 임명한 장관들 중 두 사람이 그 지역 출신이다.

⑦ 무차별적 적용의 오류

무차별적 적용의 오류는 전체에 대한 일반적인 통념을 일부 구체적인 상황에 여과 없이 적용함으로써 빚어지는 오류이다. 흔히 고정 관념이나 편견이라고 부르는 것이 바로 이 경우에 해당한다.

A: 그 사람 너무 고집이 세더라.
B: 최씨라서 그래.

⑧ 원인 오판의 오류

원인 오판의 오류는 실제로는 존재하지 않는 인과 관계를 설정하여 전제에서 결론을 도출함으로써 저지르게 되는 오류이다. 어떤 두 사건이 전혀 인과 관계가 없음에도 불구하고 마치 두 사건이 어떤 인과 관계가 있는 것처럼 잘못 추측하는 경우이다. 우리를 둘러싼 세상을 인과 관계로 이해하려는 것은 자연스러운 일이나 시간적인 연속 관계만을 가지고 인과 관계를 가정해서는 안 된다. 어떤 사건이 다른 사건보다 시간적으로 앞서서 일어났다는 사실만으로 앞선 사건을 뒤따르는 사건의 원인으로 간주할 수는 없다. 또, 어떤 사건이 다른 사건의 진정한 원인이 아님에도 불구하고 원인으로 잘못 추측하는 오류이다.

- 닭이 울고 나면 날이 밝는다. 닭 울음소리에 해가 뜨나 보다.
- 내가 우리나라 대표팀을 응원하면 항상 경기에서 졌다. 이번에 우리나라 축구대표팀이 브라질에 패한 것은 내가 응원했기 때문이다.

04 토론의 방식

토론은 크게 실생활에서 이루어지는 TV 토론, 법정 토론, 선거 토론 등의 응용 토론과 교육 현장에서 이루어지는 교육 토론 즉 아카데미식 토론으로 나누어진다. 아카데미식 토론은 비판적 사고 훈련 및 합리적 의사소통 능력 함양을 위해 이루어지는 교육 목적의 토론을 말한다. 아카데미식 토론에서는 토론 참가자들에게 찬성과 반대 입장 모두를 준비하도록 요구한다. 실제 토론대회에서도 찬성과 반대 입장을 번갈아 토론하도록 대진표를 짠다. 토론의 과정을 통해 찬반 양쪽의 입장을 충분히 알고 균형 잡힌 시각에서 판단을 내릴 수 있도록 하는 교육적인 목적을 동반하기 때문이다.

또한 아카데미식 토론은 토론 시간과 순서가 미리 정해져 있다. 토론은 한 사회의 공동체가 갈등의 상황에서 문제를 합리적으로 판단하고 결정할 수 있도록 하는 의사소통의 장이므로 사회적 강자 혹은 다수의 입장을 대변하는 쪽이 발언의 기회나 시간에서 우위를 점하는 것이 아니라 사회적 약자 혹은 소수 집단 쪽에도 의견을 제시할 동등한 기회가 있어야 함을 일깨워 주기 위한 교육적 목적에 기인한다. 아카데미식 토론에서는 토론 순서와 시간이 미리 짜여 있으므로 토론 사회자의 역할은 다음 순서를 고지하는 진행자의 역할에 머문다. 아카데미식 토론에서는 객관적으로 판단을 내리고 의견을 조정하는 사회자의 존재가 합리적 의견을 도출하는 데 있어서 필수적인 요소가 아님을 일깨워준다. 한편 아카데미식 토론에서는 무승부가 없으며 반드시 승패를 나누는데, 이는 균형 잡힌 결론을 도출해내는 논증의 과정을 합리적으로 평가할 수 있기 때문에 가능하다. 얼마나 논리적으로 상대를 설득했는가를 평가 점수와 승패의 형식으로 표현하는 것이다.

토론은 논제에 따라 가치관과 사고 방식의 차이를 논하는 가치 토론과 문제 인식과 해결 방안의 차이를 논하는 정책 토론으로 나눌 수 있다. 가치 토론은 '교육을 위한 교사의 체벌은 옳지 않다', '인간 배아 복제는 비윤리적인 행위이다'와 같은 가치 논제에 대해 찬성 측과 반대 측 사이의 공방이 벌어지는 토론이며 링컨-더글러스 방식이 가장 대표적이다. 반면 정책 토론은 정해진 주제에 대한 문제 인식의 차이 혹은 문제 인식을 같이 하는 경우라면 해결 방안의 차이를 중심으로 토론이 진행된다. 즉 '정부는 종합부동산세를 폐지하여야 한다', '국가보안법은 폐지되어야 한다'와 같은 정책 명제를 논제로 하여 양측의 찬반 논리 또는 구체적 방안의 타당성을 놓고 토론이 이루어지게 된다. 가치 토론과 정책 토론의 차이는 '해결 방안'의 유무이다. 정책 토론의 논제에는 정책을 집행할 수 있는 방안이 반드시 있어야 하는데에 비해서 가치 토론은 논제의 특성상 해결 방안의 제시가 불가능하다. 가치 토론의 논제는 특정 가치를 지향하거나 특정 가치의 우월성을 주장하거나 특정 가치를 부정하는 형태로 진행된다. 가치가 개인적인 소신을 의미한다면 정책은 다수의 소신을 의미하며 또한 사회적 해결의 가능성을 모색한다는 의미가 된다.

이번 장에서는 아카데미식 토론의 가장 보편적 유형인 CEDA 방식, 의회 토론 방식, 링컨-더글러스 방식, 칼 포퍼 방식 등 4가지 유형의 토론 방식에 대해 알아보기로 한다.

(1) 교차 심문 토론(CEDA) 방식

교차 심문 토론(Cross Examination Debate Association) 방식은 줄여서 CEDA 형식이라 하는데, 이를 '교차 조사 토론, 상호 질문형 토론, 확인 질문 방식, 반대 심문 방식, 교차 질문 방식'이라 하기도 한다. 토론 교육에 가장 보편적으로 활용되는 토론 방식이다. 미국 전국토론연맹에서는 1947년 육군사관학교에서 전국 대학생 토론 대회(National Debate Tournament)를 열었으며 이후 매년 정기적으로 진행하였는데, CEDA 방식은 이 NDT 방식에 토론자들 간의 교차 심문(Cross Examination)을 가미하여 토론자들 사이의 직접적인 의사소통을 강조하는 방식으로 발전시킨 것이다. 토론을 할 때 각기 자신의 주장만을 말하고 상대 팀의 주장을 제대로 듣지 않는 경향을 보완하기 위해 상대방의 주장에 대한 질문 시간을 둔 것이다. 현재 미국의 대학 간 토론 대회에서 가장 널리 사용되고 있는 토론 방식이라 할 수 있다. 평가는 훈련된 토론 전문가에 의해 이루어지며 자료 조사와 증거 제시에 큰 비중을 둔다. 두 사람이 한 팀이 되어 토론자 개인은 각각 세 번의 발언을 하는데 입론, 교차 심문, 반박을 한 차례씩 하게 된다. 토론자들은 자신의 순서와 시간을 사전에 숙지하여야 한다.

● CEDA 방식의 토론 순서와 시간 ●

순서	내용	시간
1	찬성 측 첫 번째 토론자의 입론 (찬성 갑)	8분
2	반대 측 두 번째 토론자의 교차 심문 (반대 을)	3분
3	반대 측 첫 번째 토론자의 입론 (반대 갑)	8분
4	찬성 측 첫 번째 토론자의 교차 심문 (찬성 갑)	3분
5	찬성 측 두 번째 토론자의 입론 (찬성 을)	8분
6	반대 측 첫 번째 토론자의 교차 심문 (반대 갑)	3분
7	반대 측 두 번째 토론자의 입론 (반대 을)	8분
8	찬성 측 두 번째 토론자의 교차 심문 (찬성 을)	3분
9	반대 측 첫 번째 토론자의 반박 (반대 갑)	4분
10	찬성 측 첫 번째 토론자의 반박 (찬성 갑)	4분
11	반대 측 두 번째 토론자의 반박 (반대 을)	4분
12	찬성 측 두 번째 토론자의 반박 (찬성 을)	4분

※ 총 소요 시간은 60분
※ 각 팀에게 10분의 준비 시간이 주어짐

(2) 의회 토론 방식

의회 토론 방식은 1820년대부터 옥스퍼드와 캠브리지의 학생회 사이에서 벌어졌던 토론 형식에 기초를 두고 형성된 것으로 이 방식에는 영국 의회의 특징이 반영되어 있다. 전국의회토론협회(National Parliamentary Debate Association: NPDA)와 미국의회토론협회(American Parliamentary Debate Association: APDA)에서 주관하는 토론 대회에서 주로 의회 토론 방식을 택하고 있다.

보통 한 팀은 두 사람으로 구성되며 수상과 여당 의원, 야당 당수와 야당 의원이 각각 한 팀을 이룬다. 그 중 한 사람(수상과 야당 당수)은 각각 두 번의 발언 기회를 갖고 다른 한 사람(여당 의원과 야당 의원)은 한 번의 발언 기회를 갖는 것이 보편적 형태이다. 그러나 이를 세 명의 토론자가 참여하여 각각 한 번씩의 발언 기회를 갖는 형식으로 변형하는 것도 가능하다. 사회자(국회의장)가 있는 것이 특징이다. 논제를 미리 공개하여 참여자들에게 준비 시간을 충분히 주는 방법과 논제를 토론 시작 직전에 공개하는 방법이 있다. 논제를 시작 직전에 공개하는 경우는 증거가 뒷받침된 주장보다는 논리력과 추론의 능력, 그리고 이의 전달 능력이 승패의 관건이 되므로 토론자의 자질이 무엇보다 중요하게 작용한다. 토론 중에는 인쇄된 자료나 증거를 사용할 수 없고 토론 중간에 준비 시간도 주어지지 않는다.

교차 심문의 절차가 없는 대신 토론 중 상대 팀의 발언 도중에 '보충 질의', '의사 진행 발언', '신상 발언' 등을 요청할 수 있다. '보충 질의(point of information)'는 짧은 주장, 간단한 질문, 설명 요구를 위한 것으로 토론 과정에서 빈번히 일어난다. 보충 질의를 할 때 발언 시간은 15초를 넘기지 않는 것이 예의이며 반박 시간과 입론 시작 후 1분, 끝나기 전 1분 동안에는 허용되지 않는다. 발언을 하고 있던 상대 팀은 보충 질의 요청을 받아들여 질문을 허용하거나 요청을 무시하고 발언을 계속할 수 있다. '의사 진행 발언(point of order)'은 상대방이 반박 시간 중에 앞에서 언급하지 않았던 새로운 주장을 제기하는 경우 또는 발언 시간을 지나치게 초과하는 경우 등 상대 팀이 토론 규칙을 위반했을 때 행사한다. 이는 사회자인 의장에게 요청하는 것으로 요청이 심의되는 동안은 토론 시간에서 제외된다. 상대 팀은 아무 해명도 할 수 없으며 이에 대한 판단은 의장이 내리게 된다. '신상 발언(point of personal privilege)'은 상대 팀이 심각한 인신공격을 했을 때 또는 해석에 왜곡이 있었을 때에 행사하게 된다. '의사 진행 발언'과 마찬가지로 의장에게 요청하고 이에 대한 의장의 판결이 내려지게 되며 이 시간은 토론 시간에 포함되지 않는다.

● 의회 토론 방식의 토론 순서와 시간 ●

순서	내용	시간
1	수상의 입론	7분
2	야당 당수의 입론	8분
3	여당 의원의 입론	8분
4	야당 의원의 입론	8분
5	야당 당수의 반박	4분
6	수상의 반박	5분

※ 총 소요 시간은 40분

(3) 링컨-더글러스 토론 방식

링컨-더글러스 토론 방식은 1858년 일리노이 주 상원의원 선거 과정 중에 에이브러햄 링컨과 스테판 더글러스 사이에 있었던 노예 제도에 관한 토론에 기원을 둔 것이다. 이 토론 방식에서는 토론이 일대일로 진행되며 주로 가치 논제가 많이 선택된다. 1980년 미국 전국 토론 리그(National Forensic League)가 현대식 링컨-더글라스 토론 방식을 채택하면서 미국 고등학생 사이에서는 가장 대중적인 토론 방식이 되었다. 가치 토론의 가장 대표적인 방식인 링컨-더글라스 토론 방식은 정책 토론의 필수 쟁점으로 불리는 '중요성, 지속성, 해결성' 대신에 '가치 평가 대상의 규정, 토론을 위한 주요 평가 개념 정의, 평가 항목과 기준 설정, 가치 구조의 설정과 정당화'를 필수 쟁점으로 삼는다.

이 토론 방식은 일대일로 진행되기 때문에 토론자 개인의 능력과 이미지가 승패에 영향을 미칠 가능성이 매우 높다. 다른 토론 방식에 비해 전체 토론 시간이 짧고 비록 시간이 길지는 않아도 교차 심문이 차지하는 비중이 다른 토론 방식에 비해 상대적으로 크게 된다. 찬성측과 반대측은 각각 입론, 교차 심문, 반박의 기회를 한 번씩 가지며 찬성측에서 반박의 순서를 한 차례 더 가지는 것이 특징이다. 토론의 부담이 한 명의 토론자에게 지워지므로 역할 분담이라는 것이 있을 수 없고 반박 준비 시간이 존재하지 않으므로 말하지 않을 때는 듣고 있어야 한다. 반대 측은 입론에서 1분, 찬성 측은 반박에서 1분을 더 배당받으며 1분이 더 긴 찬성 측의 반박은 두 번으로 나누어 반대 측의 반박 전후에 행해진다.

● **링컨-더글러스 방식의 토론 순서와 시간** ●

순서	내용	시간
1	찬성 측 입론	6분
2	반대 측 교차 심문	3분
3	반대 측 입론	7분
4	찬성 측 교차 심문	3분
5	찬성 측 반박	4분
6	반대 측 반박	6분
7	찬성 측 반박	3분

※ 총 소요 시간은 32분

(4) 칼 포퍼 토론 방식

칼 포퍼 토론 방식은 1994년 열린 사회 연구소와 소로스 재단 네트워크에서 비판적 사고, 자기표현, 다른 의견에 대한 관용의 자세를 길러주기 위해 만든 토론 방식이다. 헝가리계 미국인이며 금융계의 거물 조지 소로스는 열린 사회 연구소(Open Society Institute)를 통해 동구권 공산주의 국가들의 민주화 진척을 위해 토론 문화의 확산이 필요하다는 것을 인식하고 1994년 국제토론교육학회에 수백억 달러를 기증하였고, 기증을 받은 이 학회는 오스트리아 태생이며 영국에서 활동한 철학자 칼 포퍼(Karl Popper)를 기념하기 위해 토론 방식을 개발하고 칼 포퍼 토론 방식이라 명명하였다.

칼 포퍼는 "지식이란 예측과 반론을 통해 진보한다."고 하면서 인간의 이성은 오류를 내포할 확률이 많다고 보았다. 인간은 오류에 대해 개방적이며 반론을 통해 오류를 배우고자 하는 자세를 가져야 한다는 것이다. 그러므로 우리가 이미 안다는 것에 대해 합리적 비판이 중요하다고 강조하였다. 비판적 반론과 토론을 통해 인간의 이성을 더 공고히 검증할 수 있으며 올바른 판단에 접근할 수 있다고 주장하였다 (이상철 외(2006)).

국제토론교육협회(International Debate Education Association: IEDA)에서 주관하는 대회는 거의 모두 이 칼 포퍼 토론 방식을 택하고 있으며 이는 세 사람이 한 팀이 되어 각 팀별로 한 번의 입론과 두 번의 반박, 두 번의 교차 심문의 기회를 갖게 되는 형식이다. 한 팀당 다섯 번씩의 발언 기회가 주어지는데, 이 경우 참가자 세 명 중 두 번째 토론자인 '을'은 발언 기회가 한 번뿐이어서 토론자 간의 역할 비중이 균등하지 않다. 또한 마지막 반박을 제외하고는 매 순서마다 교차 심문의 절차가 있는 것이 특징이다. 그러므로 입론의 내용을 어떻게 구성하고 반박과 교차 심문을 어떻게 할 것인지에 대한 치밀한 전략이 필요하며 팀 구성원들 사이의 협력과 역할 분담이 무엇보다 필요한 형식이다. 논제는 사전에 발표하여 토론자들이 찬반 양측을 모두 준비하게 하는데 이는 역지사지의 입장에서 보는 기회를 제공함으로써 얻는 교육적 효과를 중요하게 생각하기 때문이다.

CEDA 방식과 마찬가지로 자료 및 논거에 의한 주장을 중시하나 여타의 토론 방식이 찬성 측에 증명의 부담을 지우는 것에 대하여는 불공평하다고 간주한다. 찬성 측은 증명의 부담을 가지는 반면 반대 측은 찬성 측 주장의 부당성을 논박하는 것만으로도 토론에서 승리할 수 있으므로 반대 측이 유리하다는 것이다. 따라서 칼 포퍼 방식에서는 찬성 측과 반대 측이 모두 쟁점을 제시해야 하며 이를 증명해야 하는 부담도 양측이 모두 지게 한다. 토론에서 승리하려면 자기 팀 주장의 정당성도 입증해야 한다는 것이다.

순서	내용	시간
1	찬성 측 첫 번째 토론자(갑)의 입론	6분
2	반대 측 세 번째 토론자(병)의 교차 심문(1)	3분
3	반대 측 첫 번째 토론자(갑)의 입론	6분
4	찬성 측 세 번째 토론자(병)의 교차 심문(1)	3분
5	찬성 측 두 번째 토론자(을)의 반박(1)	5분
6	반대 측 첫 번째 토론자(갑)의 교차 심문(2)	3분
7	반대 측 두 번째 토론자(을)의 반박(1)	5분
8	찬성 측 첫 번째 토론자(갑)의 교차 심문(2)	3분
9	찬성 측 세 번째 토론자(병)의 반박(2)	5분
10	반대 측 세 번째 토론자(병)의 반박(2)	5분

※ 총 소요 시간은 44분
※ 작전 타임은 각 팀당 8분씩

05 토론의 전략

(1) 논제의 선정과 분석

가. 논제의 선정

논제는 토론의 주제이면서 결론에 해당하는 것으로 토론의 전 과정에서 동일하게 유지되어야 하며, 논쟁점 가운데 가장 핵심적인 사안을 명료하게 진술하는 문장으로 표현되어야 한다. 사실에 대한 진술은 토론의 논제로는 적합하지 않으나 토론에 있어서 사실 관계를 확인하는 절차로서는 꼭 필요한 것이 된다. 진실에 관한 법적 논쟁 역시 무죄와 유죄 둘 중의 하나만이 진실이라는 점에서 토론의 논제로는 부적당하다. 좋은 논제가 되기 위해서는 주관적인 견해나 종교적 신념에 관한 진술은 피해야 하며, 생산적인 토론이 되기 위해서는 가치나 정책에 관한 논제로서 찬반 양측이 모두 그 나름대로 타당한 근거를 가지고 있고 이를 토론을 통해 논리적으로 풀어낼 수 있어야 한다. 현 상황의 변화를 바라는 입장을 가진 쪽이 찬성 측이 되고, 현 상태를 유지하고자 하는 쪽이 반대 측에 서게 된다.

　토론의 주제로 선정될 수 있는 논제에는 세 가지 유형이 있다. 사실 논제는 어떤 일이 일어났다는 것을 기술하고 묘사하는 논제이다. 특정한 사안의 참과 거짓을 둘러싼 논쟁에 관계되며 참이나 거짓으로 평가할 수 있다. 찬성 측은 특정한 사실이 실제로 벌어졌음을 주장할 것이고, 반대 측은 그 사실이 거짓임을 주장할 것이다. 법정 공판, 과거의 역사적 사실을 둘러싼 논쟁, 현재의 상황을 바탕으로 한 미래의 추세 분석의 합당성 여부 등이 사실 논제에 해당하는 영역이다.

　가치 논제는 어떤 대상 혹은 사건 등에 대한 평가적 주장으로 이루어진 논제이다. 가치의 영역에 속하는 문제에 대해서는 참 또는 거짓으로 평가할 수 없으므로 '옳다/그르다', '바람직하다/바람직하지 않다' 등과 같이 도덕적 판단을 내리는 형태로 제시된다. 어떤 특정한 하나의 가치를 주장하는 논제, 어떤 가치가 다른 가치에 비해 우선된다고 주장하는 논제, 어떤 가치를 부정하는 논제가 이 유형에 해당한다.

　정책 논제는 어떤 문제의 실천 방안에 대한 진술의 정당성과 실현 가능성을 평가하는 논제이다. 찬성 측은 현상의 변화를 위해 특정 정책을 제안하고 그것이 반드시 실현되어야 한다고 주장하는 반면에 반대 측은 찬성 측의 주장을 부정하는 입장에 서게 된다.

　토론의 논제를 결정할 때는 다음과 같은 점들을 충분히 고려해야 한다.

나. 논제의 분석과 필수 쟁점

논제가 정해지고 나면 다음으로는 논제가 내포하고 있는 핵심적인 쟁점이 무엇인지를 찾아내고 쟁점을 체계적으로 분석하는 과정을 밟아야 한다. 이것이 논제 분석 과정인데 이러한 논제 분석의 과정은 논제의 성격과 쟁점을 파악하는 활동이다. 논제의 성격과 내용에 따라 분석의 초점이 달라지는데, 사실 논제의 경우 '개념을 어떻게 정의할 것인가, 실제로 그런 사실이 있었는가', 가치 논제의 경우 '추정된 사실은 진실인가, 추정된 사실에 대한 정의는 적절한가, 상황에 대한 판단은 적합한가, 어떤 가치가 우선이고 왜 그러한가', 정책 논제의 경우 '개념을 어떻게 정의할 것인가, 현재 무엇이 문제인가, 현 상황의 문제점이 정책 변화를 요구할 만큼 심각한가, 현재의 제도와 정책으로는 문제점을 해결할 수 없는가, 찬성 측이 제안한 정책은 실제로 현재의 문제점을 해결할 수 있는가, 제안된 정책의 기대 효과는 그것에 드는 비용보다 큰가, 다른 대안은 없는가' 등에 대하여 중점적으로 분석한다.

논제를 선정하고 분석한 후에는 그 논제의 쟁점이 무엇인가를 검토해 보아야 한다. 쟁점이란 토론에서 찬성 측의 논제에 포함된 비판적인 내용을 담은 주장을 의미하는데, 그 중에서도 필수 쟁점(stock issues)은 모든 종류의 논쟁 과정에서 유형화된 유사한 형식으로 나타나는, 많은 논증에 적용할 수 있는 기준점이 되는 주장을 말한다. 전통적인 정책 토론에서 반대 측은 최소한 하나의 필수 쟁점을 성공적으로 공략해야 토론에서 승리할 수 있다. 유사한 논제들 사이의 공통된 쟁점인 필수 쟁점은 논제의 종류에 따라 유형화되어 있다. 이런 유형화는 논제와 관련해서 무엇이 필수적으로 언급되어야 하는지를 알려준다. 생산적이고 유익한 토론이 되기 위해서는 어떤 쟁점들이 필수 쟁점이 되는 토론의 중요 요소인지를 알아야 한다. 논제별로 필수 쟁점을 살펴보기로 하자.

먼저 사실 논제에서는 '실재성, 개념 정의, 책임성' 등이 필수 쟁점이 된다. 사실 논제에서 논제를 구성하는 사실이 실제로 일어났는지의 여부가 문제가 되는데 이를 실재성이라고 하며 이 실재성은 사실 논제의 필수 쟁점이 된다. 적어도 하나의 사례는 존재해야 사실로서의 성립을 인정할 수 있으며, 어떤 사실도 인과 관계 없이 존재할 수는 없으므로 그 사실이 일어나게 된 원인이나 동기, 목적, 상황 등이 함께 제시되어야 한다.

하나의 사실은 객관적으로 존재하는 것이 아니라 그 사실을 바라보는 관점에 따라 다르게 표현된다. 동일한 사실이라고 해도 바라보는 시각이 다르면 다른 개념이나 용어를 사용하게 되고, 같은 개념이나 용어를 사용하면서 다른 의미를 부여할 수도 있다. 그러므로 어떤 용어를 사용하여 어떤 의미로 규정할 것인가는 사실 논제에 있어서 매우 중요한 문제가 된다. 이는 사실을 어떻게 정의하느냐의 문제인데, 이 개념 정의도 사실 논제의 필수 쟁점이 된다.

또한 어떤 사실이 분명하다고 할지라도 그것이 특정 집단에게 책임을 물을 수 있는 사안인지를 고려해야 한다. 어떤 사실이 일어난 것에 대해 어떤 집단이나 개인에게 책임을 물을 수 있는가의 여부를 책임성이라고 하는데 이 역시 사실 논제에 있어서 필수 쟁점이 된다. 어떤 사실이 사회적, 제도적 상황에 의해 불가피하게 야기된 것이었다면 그리고 자신이나 자신이 속한 집단의 행동이 상대편에게 피해를 줄 의도가 아니었다고 사과를 한다면 이를 감안해야 한다.

가치 논제에서는 '개념 정의, 가치 사이의 충돌, 가치의 판단 기준' 등이 필수 쟁점이 된다. 용어나 개념에 관한 정의는 모든 유형의 토론에서 다 중요하지만 가치 논제에서 특히 정의의 중요성이 크게 부각된다. 가치에 대한 토론에서는 어떤 가치를 받아들일 것인가가 관건이 되는데 그 가치가 어떤 의미인지가 분명하지 않다면 가치에 대한 결정을 내리기 어렵다는 문제가 발생한다. 또한 논제에 포함된 가치의 개념이 추상적일 수도 있고 특정한 이념을 기반으로 할 수도 있으므로 받아들여야 하는 가치의 개념에 함축된 정의가 무엇인지를 명확하게 할 필요가 있다.

그런데 어떤 가치들은 다른 가치들과 충돌하게 된다. 대개의 경우 다른 가치에 대하여 항상 우월한 최고의 가치, 절대적인 가치란 존재하지 않으며 상대적인 가치, 상황에 따라 우선해야 할 가치가 존재할 뿐이다. 따라서 문제가 되는 상황에서 어떤 가치를 선택해야 하는지를 결정해야 한다면 이것이 가치 논제의 필수 쟁점이 된다.

가치들이 충돌할 때 어떤 가치가 우선이 되어야 한다고 주장한다고 해서 모든 문제가 해결이 되는 것이 아니며 어떤 이유로 그 가치가 우월한 것인지를 밝혀야 한다. 찬성 측은 가치의 판단 기준을 제시해야 하며 반대 측은 찬성 측의 판단 기준을 쟁점화하게 된다. 판단의 기준을 세울 때는 판단 기준의 속성이 무엇인지, 그 판단의 기준이 타당한지, 판단을 위해 동원한 자료들이 대상이 되는 가치를 규정하는 데에 적합한 것인지, 그리고 제시한 판단 기준이 임시방편이 아니라 영속적이고 안정적인지를 고려해야 한다.

정책 논제에서는 '개념 정의, 내재성, 해결 가능성, 실행 가능성, 대안 가능성, 이익과 부작용' 등이 필수 쟁점이 된다. 정책 토론에서도 다른 유형의 토론과 마찬가지로 논제에 나타난 용어와 주요 개념에 대한 정의가 쟁점이 된다. 찬성 측은 논제에 포함된 주요 용어와 개념에 대한 정의를 입론의 과정에서 밝혀야 한다. 용어와 개념에 대한 정의는 모호하지 않고 명확해야 한다.

'문제의 원인이 현 상황 내에 존재하는가, 중대한 정책적 변화가 있지 않는 한 현 상황에 존재하는 문제가 지속될 것인가'를 의미하는 내재성도 정책 논제의 필수 쟁점이 된다. 찬성 측은 현 상황이 문제가 있으며 변화되어야 한다는 입장에 선다. 이러한 주장이 타당성을 인정받으려면 현 상황에서 무엇이 문제를 일으키는 원인인지를 밝혀야 한다.

아울러 그 문제가 시간이 지나면 자연적으로 없어지거나 아무런 조치 없이도 자체적으로 해결이 가능한 성질의 것이 아니라는 점을 입증해야 문제 해결을 위한 특별한 조치가 필요하다는 점을 설득할 수 있게 된다. 즉 문제의 지속 가능성을 입증해야 한다는 것이다. 이런 문제들 중에는 인식할 수는 있어도 해결할 방도가 없는 것들도 있으며 그런 문제들은 토론의 논제로 적합하지 않다. 그러므로 새로운 정책이 어떻게 문제를 해결할 수 있는지를 밝혀 주어야 한다. 이것이 문제의 해결 가능성인데 다른 영역에서 유사한 문제를 해결한 사례가 있는지를 찾는 것도 방법이 된다. 논제를 통해 제시하고자 하는 주장이 다른 영역에서 성공적으로 적용된 적이 있다면 그와 유사한 현재의 문제에서도 적용될 가능성이 높아진다. 어떤 영역에서 문제를 해결한 사례에서 유추하여 논제에서 문제 삼고 있는 내용에 대한 해결책을 도모하는 것은 유사 사례가 없는 정책에 비해 문제 해결 가능성이 높다고 할 수 있다.

정책 토론에서는 가치 토론과 달리 문제 해결을 위한 구체적인 정책을 제시해야 한다. 그런데 아무리 좋은 정책이라도 정책의 집행에 과다한 비용이 소요되거나 현실적으로 정책을 실행할 수 있는 가능성이 희박하다면 그것을 받아들이기 어렵게 된다. 따라서 주장하는 정책이 현실적으로 실행 가능성이 높다는 것을 입증하는 것도 중요한 설득의 수단이며 쟁점이 된다.

또, 찬성 측에서 주장하는 새로운 정책보다 더 나은 정책이 가능하다면 찬성 측이 주장하는 새로운 정책은 설득력을 잃게 된다. 따라서 다른 어떤 대안을 검토해 보아도 지금 주장하는 새로운 정책만한 것이 없으며 그 새로운 정책이 가장 합리적인 방안이라는 것을 입증해야 한다. 새로운 정책을 주장하는 입장인 찬성 측은 대안 가능성을 언급할 이유가 없으나 반대 측은 대안을 제시할 수 있다. 찬성 측이 주장하는 정책에 대하여 직접적으로 반박을 하는 방법도 있지만 그보다 나은 대안이 있음을 제시함으로써 이를 쟁점화하여 찬성 측의 주장에 대하여 반대하는 전략을 펼칠 수도 있다.

정책 논제의 마지막 필수 쟁점은 이익과 부작용에 관한 것이다. 이는 정책을 실행함으로써 얻어지는 결과에 대한 쟁점이다. 찬성 측은 새로운 정책을 실행했을 때 다소의 부작용이 있더라도 결과적으로 이익이 더 크다는 것을 주장할 것이고, 반대 측은 새로운 정책에 따른 부작용을 더 강조할 것이다.

(2) 자료의 수집과 검증

요점을 명쾌하게 나타내고 정당화하기 위해서는 다양한 근거 자료를 준비해야 하는데 이때 준비한 자료들은 충분히 검증된 것이어야 한다. 근거 자료의 내용이 명확해야 그 자료의 적절성에 대해 판단할 수 있다. 근거 자료는 설명 또는 증명의 형식을 취한다. 통계 자료와 같은 것은 주장을 입증할 수 있는 좋은 근거 자료가 된다. 예시나 정의와 같은 자료들은 내용을 부연할 수는 있어도 어떤 사실을 직접적으로 증명할 수는 없다. 자료를 수집한 후에는 자료로서 가치가 있는지를 검증해야 한다. '자료가 쟁점을 입증하는 데에 적합한가, 충분히 많은 양의 자료를 확보하였는가, 자료로서의 의미가 분명한가, 자료를 신뢰할 수 있는가, 수집된 자료들 사이에 연관성이 있는가' 등을 기준으로 자료를 검증할 수 있다.

자료 이용 시 유의사항

① 친숙하지 않은 용어와 개념들을 정의하라.
- 논리적 정의
- 어원 및 역사적 정의
- 조작적 정의
- 부정 또는 반대를 통한 정의
- 권위에 의한 정의
- 예시에 의한 정의

② 예시를 활용하라.
    가. 요점을 설명하고 입증하기 위해서는 사실적 예를 들라.
        ㈎ 충분한 예를 제시하였는가?
        ㈏ 제시된 예가 대표성이 있는가?
        ㈐ 반대의 예에 대해서도 설명이 가능한가?
    나. 현재의 상황에 적합한 가상의 예를 들라.
    다. 예시에 사용할 내용의 분량을 결정하라.

③ 요점을 정량화하고 명료하게 표현하며 입증하기 위해 통계적 증거들을 활용하라.
    가. '누가, 왜, 언제, 어떻게'를 확인함으로써 통계적 자료의 정확성을 검증하라.
    나. 오해를 일으킬 만한 통계 자료는 피하라.
        ㈎ 평균의 오류
        ㈏ 모수를 모르는 오류
        ㈐ 전형적이지 않거나 임의적인 시간의 틀을 적용하는 오류
    다. 숫자나 통계의 의미를 명확히 설명하라.

④ 권위 있는 사람들의 증언을 이용하라.
    가. 증언을 증거로 채택할 때는 권위의 신뢰성을 검증하라.
        ㈎ 그 권위자가 필요한 정보에 접근할 수 있는 사람인가?
        ㈏ 그 권위자가 자료를 해석할 수 있는 해당 분야의 전문가인가?
        ㈐ 그 권위자가 편견이 없고 이해관계로부터 자유로운 사람인가?
    나. 인용할 때에는 의미를 왜곡시키지 말고 요점을 유지하도록 주의하라.

⑤ 근거 자료들을 인용한 출처를 밝히라.

〈이창덕 외 옮김(2008), 『발표와 연설의 핵심기법』〉

(3) 토론의 기본 원칙

토론이 성립하기 위해서는 몇 가지 기본 원칙들이 있으며 이를 바탕으로 사실 토론, 가치 토론, 정책 토론의 필수 쟁점들이 등장하게 된다. 토론의 기본 원칙에는 '논제 관련성, 추정의 원칙, 입증의 책임, 반증의 책임' 등이 있다.

가. 논제 관련성

논제 관련성이란 논제가 명시하는 범위 안에서 토론을 진행해야 한다는 원칙이다. 찬성 측이 제시하는 사례나 용어, 개념들이 논제의 틀 안에서 이루어지도록 제한하는 역할을 한다. 논제와 관련이 없는 근거를 제시하면 반대 측으로부터 논제 관련성에 위배된다는 공격을 받을 수 있다. 논제 관련성에 의해 찬성 측은 근거를 제시하며 논제의 주요 용어나 개념에 대한 정의를 분명히 해야 한다. 반대 측에서 찬성 측이 내린 정의를 따를 의무는 없다.

나. 추정의 원칙

추정의 원칙이란 찬성 측이 현 상황에 대한 중요성, 심각성, 즉시성, 지속성 등을 제기하지 않으면 현재의 제도가 낫다는 것을 인정하는 것으로 추정한다는 원칙이다. 이는 법정의 무죄 추정의 원칙에 비유할 수 있다. 추정의 원칙은 현 상황을 지지하는 것으로 변화의 필요성이 충분히 제기되지 않으면 현 상황에 머무는 것이 낫다는 관점이다. 변화는 비용과 위험을 수반하기 때문에 문제를 제기하는 찬성 측은 변화의 필요성을 충분히 제기해야 한다. 특히 정책 토론에서 찬성 측은 제시하는 정책이 최소한의 부작용으로 최대한의 이익을 가져온다는 것을 증명해야 한다. 그렇지 않으면 추정의 원칙에 의해 변화하지 않는 것이 낫다는 전제를 인정하는 것이 된다. 이 추정의 원칙에 따라 토론에서 찬성과 반대 양측 가운데 어느 한 쪽이 논증에서 우위를 점하지 못하고 비슷했다면 반대 측의 승리로 판정하게 된다. 찬성 측에서 현 상황을 변화시켜야 한다는 충분한 논증을 제시하지 못한 것으로 볼 수 있기 때문이다.

다. 입증의 책임

추정의 원칙에 따라 찬성 측은 토론의 논제가 담고 있는 사실의 유무나 가치에서의 우위나 정책 변화의 타당성을 입증해야 할 책임을 갖게 된다. 법정에서 검사가 피고의 유죄를 입증해야 할 책임이 있는 것과 마찬가지로 토론에서 찬성 측은 충분한 근거를 제시하여 논제를 입증할 책임을 지게 된다. 입증의 책임은 기존의 믿음, 정책, 제도에 대한 변화를 주장하는 측에게 그 변화의 필요성과 방향을 분명히 밝힐 것을 요구하는 것이다. 무책임한 발언이나 근거 없는 공격을 방지할 수 있는 제한 장치라고 할 수 있다.

토론에서 입증의 책임은 찬성 측이 갖는 것을 원칙으로 한다. 반대 측에게는 주어진 논제의 역을 입증할 책임을 지우지 않는다. 예를 들어 '인간 복제는 금지되어야 한다.'는 논제로 토론을 할 경우 반대 측에서 그 논제의 역인 '인간 복제는 계속되어야 한다.'를 입증할 책임이 없다는 것이다. 요약하자면 입증의 책임이란 문제를 제기하는 사람이 증거도 제시해야 한다는 규칙이다.

라. 반증의 책임

반증의 책임이란 상대의 모든 허약한 주장을 공격하고 자신의 모든 허약한 주장을 보강할 책임을 말한다. 이 반증의 책임은 찬성 측과 반대 측 모두에게 적용되는 것이나 대체적으로 찬성 측이 입증의 책임에 따라 문제를 제기하고 근거를 제시했다면 반대 측이 먼저 반증의 책임을 갖게 된다. 반대 측은 찬성 측에서 입증한 사안들을 점검하고 한 가지 이상을 효과적으로 반증하면 토론에서 승리할 수 있게 된다.

(4) 토론의 구성

토론은 입론, 교차 심문, 반박으로 이루어진다. 입론은 찬성 측과 반대 측의 주장 세우기이며 교차 심문 토론 방식, 의회 토론 방식, 링컨-더글러스 토론 방식, 칼 포퍼 토론 방식 모두 찬성 측의 입론으로 토론이 시작된다. 입론에서 찬성 측은 추정의 원칙에 의거하여 가치 토론에서는 가치 대상에 대한 정의, 판단 기준의 순위, 판단 방법 등에 대해, 정책 토론에서는 용어와 개념 정의, 역사적 배경, 이론적 근거, 정당성, 방안, 이익과 부작용 등에 대해 언급해야 한다. 교차 심문에서는 상대 토론자가 제기한 주장의 문제점을 부각하며 자신의 입장을 강화한다. 반박에서는 상대편이 입론과 교차 심문에서 제기한 주장을 반박하여 자기편의 입론과 교차 심문에서 나타난 주장을 강화해야 한다. 반박은 상대편의 주장보다 자기편의 주장이 더 논리적이라고 설득하는 과정으로 반박에서는 상대가 공격한 자신의 논점을 방어하고 상대의 주장을 무너뜨리며, 자기의 주장이 상대의 주장보다 더 우세하다는 것을 보여주어야 한다.

가. 입론

모든 토론은 논제에 등장하는 주요 개념을 바르게 정의하는 것에서부터 시작된다. 따라서 토론의 첫 순서인 입론은 논제에 드러난 용어는 물론 논제가 함축하고 있는 주요 개념에 대한 정의로부터 출발한다. 찬성 측은 입론 과정에서 주요 용어 및 개념에 대한 정의뿐 아니라 논제가 등장하게 된 역사적 배경은 물론 이념적·철학적 배경도 함께 언급한다.

또한 입론에서는 앞서 말한 필수 쟁점이 언급되어야 한다. 논제에서 제시한 사안이 충분히 중요하며, 문제는 현 상황에 명백히 존재하는 것으로 당장 어떤 조치를 취하지 않으면 심각한 폐해를 낳게 되므로 문제에 대하여 즉각적 관심을 기울여야 한다는 점을 밝혀야 한다는 것이다. 논제에서 다루고 있는 문제는 저절로 해결되지 않으며 그 문제는 조치를 취하지 않으면 지속될 것이라는 점을 명백히 함과 아울러 찬성 측에서는 정책을 실행할 수 있는 방안을 가지고 있으며 이 정책의 실행으로 문제는 해결될 것이고 결과적으로 공동체에 이익을 가져올 것임을 주장해야 한다. 그 결과 부작용이 있을 수도 있지만 정책의 실행으로 인해 얻게 되는 이익이 더 크다거나 혹은 부작용이 있을 수 있지만 현 상태보다는 훨씬 개선될 것이라는 점도 입론의 과정에서 분명하게 언급해야 한다.

반대 측 입론은 주요 용어와 개념에 대해 찬성 측에서 제시한 정의를 대신해 합리적으로 받아들일 정의를 찾는 것에서 출발한다. 찬성 측의 용어와 개념 정의를 점검하고 반대 측에 유리하도록 용어와 개념을 다시 정의할 수 있다. 다음으로는 현재의 제도를 방어하는 자세를 취할 수 있는데 찬성 측이 문제의 심각성이나 중대성을 입증할 충분한 근거를 제시하지 않았다는 점을 공략하는 방법을 택할 수도 있고, 찬성 측이 제시한 주장은 중요하지 않다고 하여 당위성을 부정하는 방법을 사용할 수도 있다.

　반대 측은 찬성 측이 주장한 방안의 실효성을 검토하여 '인적 자원이 부족하다, 물적 자원이 부족하다, 자연 자원이 부족하다, 사회 제도가 미비하다, 찬성 측 방안은 그럴 듯하지만 사회적 인식 및 가치가 변화하기에는 아직 이르다, 찬성 측의 방안은 변화 대상의 의지를 바꾸어 놓을 수 없다' 등과 같이 실행 가능성과 관련된 내용을 반박하거나 '찬성 측 방안으로 문제가 해결될 가능성이 희박하거나 확실하지 않다, 찬성 측은 변화 대상이나 주체를 잘못 선정하였다, 변화의 주체가 정책 집행의 법적 제도적 관할권이 없다, 변화 주체의 실질적 문제 해결 능력이 미비하다, 변화 대상의 동의를 구할 수 없을 것이다' 등과 같이 당위성과 관련된 내용을 반박할 수 있다. 이익보다 부작용이 더 많다는 점을 부각할 수도 있고 찬성 측의 주장에 인과 관계가 성립하지 않음을 증명할 수도 있다. 어떤 것이든 반대 측은 필수 쟁점 가운데 하나만 효과적으로 공략해도 토론에서 승리할 가능성이 높아진다.

　한편, 반대 측은 부분 개선을 주장할 수도 있는데 부분 개선을 반대 측이 먼저 제시하는 것은 논제 관련성을 위배할 위험을 안고 있어 이후의 토론은 찬성 측에 유리하게 전개될 수 있다. 그러나 상황에 따라 부분 개선이 허용되는 논제들이 많이 있다. 반대 측은 부분 개선이 논제의 방향과 반드시 일치하지는 않지만 현 상태의 문제를 해결하는 최소의 방법이며 가장 효율적인 방안이라는 것을 입증하여야 한다.

　반대 측이 대체 방안을 제시한다면 현 상황이 중요하고 폐해가 심각하며 현 상태에 대한 조치를 마련해야 할 필요성을 인정한다는 의미가 된다. 그러나 찬성 측의 방안으로는 문제가 해결되지 않는다고 보아 대체 방안을 제시할 수 있다. 반대 측에 의한 대체 방안의 제시는 논제에서 드러난 문제점을 인정하는 것이 되어 토론이 가진 대립의 전제를 위배하는 것이다. 그러나 대체 방안은 노련한 토론자들이 간혹 이용하는 전략의 일종으로 반드시 반대 측 첫 번째 토론자의 입론에서 제기하는 것이 원칙이다.

이때 반대 측와 찬성 측은 입장이 바뀌어 반대 측이 대체 방안에 대한 입증의 책임을 갖게 된다. 반대 측의 대체 방안은 찬성 측의 방안과 완전히 다르고 찬성 측의 방안을 완전히 대체하는 것이어야 한다. 반대 측은 대체 방안이 찬성 측의 방안보다 나은 것이며 대체 방안을 찬성 측 방안과 함께 선택하는 것보다 완전히 대체하는 것이 낫다는 것을 입증해야 하며, 찬성 측은 반대 측의 대체 방안이 실행 가능성이나 해결성이 없다는 반론을 제기하여 승기를 잡을 수도 있다. 또한 찬성 측은 자신들의 방안이 반대 측의 대체 방안과의 비교에서 우위에 있음을 주장하거나 대체 방안이 자신들의 방안보다 더 많은 불이익을 가져올 수 있다는 주장을 펼수도 있다.

입론 시 유의사항

① 논제에 대한 설명을 먼저 해야 한다.
② 논제와 관련된 기본 개념들을 정의해야 한다.
③ 필수 쟁점들을 제시해야 한다.
④ 모든 논거를 제시해야 한다.
⑤ 문제를 해결할 수 있는 방안을 제시해야 한다.

나. 교차 심문

교차 심문은 입론을 마친 토론자에게 상대측 질문자가 입론에서 나타난 주장, 논거, 자료 등에 대해 직접 질의하고 응답하는 과정이다. 법정에서 반대 심문이 중요한 절차인 것처럼 토론에서도 상대방이 주장한 논리의 허약성과 오류를 드러내며 자신의 입장을 강화하는 중요한 절차이다. 상대편의 입론이 설득력 있고 탄탄해 보여도 입론에 나타난 주장을 면밀히 살펴보면 취약한 부분이 드러난다. 사전에 토론에 대한 준비가 철저했다면 이것이 질의응답 과정에서 순발력으로 나타나기 마련이다.

교차 심문은 토론에서 쟁점의 방향을 제시하고 쟁점을 설정하는 기능을 한다. 또한 상대가 주장한 용어나 개념 정의의 부적합성을 공략한다면 교차 심문을 자신의 입장을 강화하는 기회로 삼을 수 있다. 교차 심문을 통해 찬성 측과 반대 측 토론자 사이에 직접 질의와 응답을 주고받게 함으로써 토론자들에게 토론에서 승리하기 위해서는 자기편의 근거와 자료에 대해서는 철저히 준비하고 상대편의 증거에 대해서는 분석적으로 사고하고 비판할 수 있는 동기를 제공한다. 성공적인 심문을 위해서는 상대방의 입론을 주의 깊게 들어야 하므로 비판적 듣기 훈련이라는 교육적 효과 또한 부수적으로 얻게 되며 교차 심문 과정은 토론이 가진 대립적 역동성을 보여 주어 토론자 자신들에게나 청중들에게나 관심과 흥미를 더하게 하는 효과가 있다.

교차 심문 시 유의사항

① 토론의 윤리를 지킨다. 질의응답의 과정에서 상대편과 충돌하더라도 감정을 절제하여 흥분하지 않도록 하며, 상대방에게 인신 공격성 발언을 하지 않아야 한다. 또한 상대방의 논리에 대하여 공격은 하되 질문은 점잖게 한다. 질문을 할 때에는 보다 객관적인 표현을 사용하도록 하고 과잉의 여유나 친절을 나타내는 것도 삼가는 것이 좋다.

② 질의는 상대의 자료를 단순 공격하는 것이 아니다. 상대 주장의 전제, 권위, 사실, 인용 등의 허점을 공격하는 것이다. 상대의 권위 있는 인용, 증거, 자료도 항상 점검하라. 상세히 살펴보면 자료나 증거의 출처나 방법의 오류를 발견할 수 있을 것이다.

③ 자료나 사실 확인 등은 '예/아니요'로 대답할 수 있는 단답형의 질문이 좋지만 설명이 필요한 경우에도 '예/아니요'로 대답할 것을 강권하는 것은 바람직한 태도가 아니다. 상대가 짧게 답할 수 있도록 질문을 미리 개발하는 것이 좋다.

④ 상대가 할 답변에 대한 확실한 추정이 없는 질문은 도리어 역공을 받을 위험이 따른다. 또한 상대가 모호하게 대답할 가능성 있는 질문도 피하는 것이 좋다. 질문은 상대의 허약한 부분을 공략하는 것이다. 상대편 논리의 강한 부분을 공격함으로써 상대의 입장을 공고히 해 주는 영역이나 입장에 관한 질문은 삼가는 것이 좋다.

⑤ 전체 질문의 흐름을 전략적으로 구성한다. 첫 번째 질문과 두 번째 질문은 인용, 자료, 근거 등의 사실 확인을 한 후 세 번째 질문은 핵심 쟁점에 대한 질문을 통해 논리의 허약함을 드러내는 전략이 좋다.

⑥ 질문자는 교차 심문 시간을 주도하고 있어야 한다. 답변자가 발언을 많이 하거나 도리어 질문자에 대한 역질문으로 그 시간을 독점하도록 허용해서는 안 된다.

다. 반박

반박은 토론의 최후 과정으로 앞에서 토론한 쟁점들 중에 어떤 것이 중요한 것인가를 가려내어 주장의 우위를 드러냄으로써 청중을 설득하는 시간이다. 토론의 절차에서 반박에 주어진 시간이 짧으므로 자신의 입장에 유리한 쟁점을 선택하여 그것을 중심으로 주장을 강화하고 마무리해야 한다. 반박에서 모든 쟁점을 다 논하려고 하지 않는 것이 좋다. 대립적인 쟁점에 대하여 자기편과 상대편의 주장이 가진 장단점을 비교하고 자기편 주장의 정당성을 강화하는 전략을 택한다. 반박에서 어떤 쟁점을 부각하느냐에 따라 토론의 성패가 갈라질 수 있다. 자기편에 불리한 쟁점들은 피하는 것이 좋다. 또한 반박에서 새로운 주장을 내놓는 것은 원칙적으로 금지된다. 반박이 토론의 마지막 절차이므로 후에 이 문제에 관해 논의할 시간이 주어질 수 없기 때문이다.

대부분의 토론 방식에서 반대 측이 먼저 반박을 하고 찬성 측이 마지막 반박을 하기 때문에 반박의 순서에 따른 다양한 전략이 있다. 반대 측은 자신들이 수집한 증거들을 제시하며 찬성 측에 이에 대한 답변이나 의견을 요청하여 찬성 측 반박에 부담을 줄 수 있다. 특히 두 번의 반박 기회가 주어지는 교차 심문 방식의 토론에서 반대 측 마지막 반박을 맡은 토론자는 앞선 첫 번째 반박에서 자신들이 요청한 사안에 대하여 찬성 측이 반박 과정에서 답하지 않았다면 이를 재확인하며 공격할 수도 있다. 또한 반대 측은 마지막 반박에서 자신들의 입장을 강화하는 전략을 펼칠 수도 있다. 찬성 측의 주장은 논제의 문제점을 충분히 밝히지 못했다는 점을 공략하거나 찬성 측에서 내린 정의보다 반대 측인 자신들의 정의가 더 설득력 있는 근거를 제시했음을 주장할 수도 있고, 찬성 측 방안의 실효성이나 부작용에 대하여 집중적으로 반론을 펼칠 수도 있다.

찬성 측은 반대 측의 다음에 반박을 하고 마지막 발언을 하게 되므로 절차가 주는 후미 효과를 최대한 활용할 수 있다. 우열을 판가름하기 어려운 토론일수록 후미 효과는 더 크다. 마지막 발언에서 찬성 측이 반격을 가해도 부정 측은 더 이상 발언할 수 있는 기회가 없다. 특히 찬성 측에서 맡게 되는 토론 종료 직전의 마지막 반박에서는 전체적인 토론의 쟁점을 간략히 논평하고 쟁점들에 대해 찬성 측이 승리하였다는 논거를 제시하고 심사자들과 청중을 설득해야 한다.

토론의 각 단계에서 유의해야 할 내용을 토대로 하여 "훈련학점 의무이수 제도를 폐지해야 한다."는 논제로 찬성 측과 반대 측이 입론, 교차심문, 반박의 내용을 구성한 예를 보이면 다음과 같다.

	순 서	내 용
1	찬성 측 토론자의 입론 (찬성 갑)	현재 ○○대학교에서는 '채플'이라는 훈련학점 의무이수 제도를 시행하고 있습니다. ○○대학교는 기독교의 교리를 실천하는 미션 스쿨이기 때문에 채플을 이어나가야 할 명백한 근거가 있고 기독교에 대한 이해, 신앙심과 도덕적 가치 함양, 마음의 여유 제공 등 채플에 대한 긍정적인 의견들이 존재하는 것도 사실입니다. 하지만 여기서 문제는 '강제성'입니다. 채플 참여를 '권유'하는 것과 '강제적으로 하지 않으면 안 되는 것'은 엄연히 다릅니다. 종교적 자유를 침해하는 강제적인 방식보다는 채플을 학생들의 선택사항으로 변경했을 때, 기독교인의 입장에서는 스스로 우러나오는 신앙심에서 더욱 동기부여가 될 수 있고 비기독교인도 종교적, 교육적 자유와 권리를 찾을 수 있을 것입니다. 또한 강제성이 없어진다면 의무감 때문에 들어야만 하는 지겨운 수업이라는 인식보다, 내가 필요해서 찾게 되는 마음의 안식처라는 인식이

		생기게 됩니다. 그렇게 된다면 현재 채플 수업 시간에 보이는 학생들의 무관심한 태도, 예를 들어 채플 수업 중 잠을 자거나 이어폰을 꽂고 있는 학생들의 수업 태도가 개선되고 원하는 학생에 한하여 직접 참여하는 수업이 이루어져 그 효과도 배가 될 것입니다.
2	반대 측 토론자의 교차심문 (반대 을)	채플을 진행하는 동안에 기독교의 교리와 의식을 주입하거나 강요하지 않고 또한 기독교와 관련된 내용에 치우치지 않고 문화적 측면을 더욱 부각시키고 있는데 왜 종교적 자유 침해라고 말씀하시는 겁니까? 기독교 적인 내용에 치우치지 않았는데 강제성 때문이라는 주장은 채플을 폐지해야 한다는 결론을 내리기에는 충분한 논거를 갖고 있지 않다고 생각하시지 않습니까?
3	반대 측 토론자의 입론 (반대 갑)	헌법 제31조 제1항(교육을 받을 권리), 제6항(교육제도 법정주의)에 따르면 교육기관에서 특정 종교에 관한 교육을 할 때 선교보다는 교육을 1차적인 기능으로 삼고, 선교를 이유로 학생들이 평등하고 공정하게 누려야 할 교육권 내지는 학습권을 부당하게 침해하지 않고, 공교육 시스템 내에서는 종교에 관한 객관적인 지식과 이해를 높여 스스로 사고하고 판단하여 선택할 수 있는 능력을 기를 수 있도록 하고 특정 교리와 의식을 주입하거나 강요하지 않으면 종교의 자유 침해로 보지 않습니다. ○○대학교 채플시간에는 선교보다는 학생들에게 문화적 콘텐츠, 예를 들어 무용 채플 등을 제공하는 데 더 비중을 두었고, 채플을 수강하지 않는다고 수강신청 불가 등과 같은 교육권, 학습권을 침해하지 않았고, 〈종교 문화와 이해〉를 비롯한 여러 과목으로 종교에 관한 객관적인 지식을 쌓을 수 있는 기반을 형성했으며 교리나 의식을 주입 혹은 강요하지 않았으므로 ○○대학교에서 실시하는 훈련학점 의무이수 제도는 종교적 자유권 침해가 아닙니다.
4	찬성 측 토론자의 교차심문 (찬성 을)	채플을 수강하지 않는다고 수강신청 불가 등과 같은 교육권을 침해하지 않았기 때문에 종교적 자유 침해가 아니라고 하셨는데, 종교의 자유란 무엇보다도 종교를 믿고 안 믿을 자유, 신앙·비신앙으로 인하여 불이익을 받지 않을 자유 등을 포함하는 신앙의 자유를 본질적 요소로 합니다. 그러나 ○○대학교는 8학기 내내 채플을 이수해야만 졸업이 가능하고 한 학기에 두 번 이상 빠지

		면 안 된다는 점에서 불신앙으로 불이익을 받지 않을 종교의 자유에 어긋난 것 아니겠습니까? 또한, 선교보다 문화적 콘텐츠 제공 위주로 채플을 진행한다고 하셨는데, 학생들의 여론조사 결과 현재와 같이 문화 콘텐츠를 제공받을 수 있는 무용 채플, 공연 채플 등이 도입된 것은 불과 몇 년 전의 일이며 그 전에는 교회에서 실시하는 예배와 다를 바가 없었다고 합니다.
		더군다나 현재와 같이 전환된 이유가 훈련학점 의무이수 제도에 대해 반대 시위를 벌인 학생의 사례와 채플의 의무화가 옳지 않다는 여론으로 인한 것이라는 점을 봤을 때 학교 측에서도 채플의 반강제성을 인정한다는 것 아닙니까?
5	반대 측 토론자의 반박 (반대 을)	말씀 잘 하셨습니다. 종교의 자유란 종교를 믿고 안 믿을 자유, 신앙·비신앙으로 인하여 불이익을 받지 않을 자유라고 하셨지요? ○○대학교에서는 기독교를 믿는 것 혹은 기독교에 대한 신앙을 강요하지 않았습니다. 대학은 초·중등학교와 같은 의무가 아니라 선택입니다. 본인의 의사에 따라 진학할 수 있는 것이지요. 채플의 참석은 종교의 강요가 아닌, 채플의 존재를 알고 있음에도 ○○대학교를 선택한 학생의 자유로운 선택권에 대한 책임입니다. 책임 없는 자유가 얼마나 사회에 악영향을 끼치는지 말씀 드리지 않아도 아시겠지요. 훈련학점을 이수하지 못해 졸업하지 못하는 학생은 자유에 대한 책임을 지지 못한 대가라고 생각합니다. 또, 학생들의 여론조사 결과를 언급하셨는데 저희 팀의 조사 결과 몇 년 전 졸업생들을 대상으로 한 채플에 대한 인식은 긍정적이었습니다. 찬성 측의 조사 방법이 조사 내용에 맞는 방법인지, 조사 담당자가 특정 견해가 없는 객관적인 사람인지 알고 싶고 조사 결과에 대한 명확한 근거자료 또한 궁금합니다.
6	찬성 측 토론자의 반박 (찬성 을)	조사 방법이나 조사 담당자들에 대해 반박하신다면 반대 측 조사 결과의 조사 방법이나 조사 담당자에 대해서도 정확하게 밝히는 것이 옳은 태도입니다. 또 훈련학점 이수를 선택하는 것은 본질적으로 학생의 선택권에 의한 것이라고 하셨는데 학생의 대학 선택권이 현실적으로 존재한다고 생각하십니까? 우리 사회에서

대학은 가도 되고 안 가도 되는 곳이 아닙니다. 고등학교 졸업생의 약 80%가 대학에 진학합니다. 대학은 서열화되어 있고 성적에 맞춰 지원하는 경우가 많습니다. 기독교 신자가 아니라고 해서 연세대가 아닌 서울대를 갈 수 있는 환경이 아니라는 것입니다.

또한 '채플 알바'라는 것도 있습니다. 취업이나 인턴 등으로 채플을 듣지 못하는 학생을 위해 대신 채플에 출석해주는 대가로 5000원~1만 원 정도를 받는 아르바이트입니다. 대리 출석을 시켜 겨우 이수한 채플이 주는 의미는 무엇이라고 생각하시나요? 종교의 자유와 수업권을 침해하는 채플은 과연 누구를 위한 것일까요? 훈련학점 의무이수 제도의 폐지까지 나가지 않더라도 채플 강제 이수가 가져오는 부작용에 대해서는 학교 측의 조치가 있어야 합니다.

〈우리 회사는 흡연자를 고용하지 말아야 한다〉가 회사 현안이 되었다 하자. 이런 주장에 대한 이유를 물어볼 때 "담배는 안 좋잖아요."라고만 답하면 설득력이 떨어진다. 다음과 같이 이야기해보면 어떨까?

"우리 회사는 흡연자를 고용하지 말아야 합니다. 다음과 같은 3가지 이유 때문입니다.

첫째, 업무 효율이 저하됩니다. 흡연자들은 업무 중 자주 밖에 나가서 담배를 피워야 합니다. 만약 업무시간 중 10개피의 담배를 피우고, 한 개피를 피우는 데 5분이 걸린다면, 하루 50분의 업무시간이 담배 피우는 데 쓰이게 됩니다. 매일 근 한 시간이 담배 피우는 데 소모되는 것입니다.

둘째, 생산성이 떨어지게 됩니다. 국민건강보험에 의하면 매년 흡연으로 인한 건강보험 재정손실이 1조7억 원에 달한다고 합니다. 이는 흡연을 할 때 그만큼 질병이 발생할 가능성이 높아진다는 것을 의미합니다. 직장인이 흡연으로 질병이 발생했을 때 정상적인 생산성을 발휘하기가 더 힘들어질 것입니다.

셋째, 2차 피해를 유발합니다. 비흡연자가 담배 냄새를 맡으면 불쾌하게 느낍니다. 결과적으로 같은 직장 동료는 물론 비즈니스 파트너에게 좋지 않은 영향을 미칩니다.

2차 피해가 유발되는 것입니다. 이상과 같은 이유로 우리 회사는 흡연자를 고용하지 말아야 한다고 생각합니다."

이렇게 말하면 훨씬 설득력 있고, 호소력 있게 다가온다. 비즈니스 디베이트는 이런 식으로 자기 입장을 정리해서 말하는 것을 훈련한다.

디베이트에는 두 팀이 참가한다. 전통적인 디베이트라면 찬성과 반대가 되고, 비즈니스 디베이트에서는 대립되는 옵션을 제시하는 두 팀이 된다. 먼저 시작하는 것은 기조발언이다. 전통적인 디베이트에서는 이 순서를 컨스트럭티브 스피치(Constructive Speech)라고 부른다. 한국말로는 **입안** 혹은 **입론**이라고 번역한다. 비즈니스 디베이트에서는 현장성을 강화하고자 〈기조발언〉이라고 부른다. 비즈니스 디베이트에서는 각 팀이 기조발언을 5분간 진행한다.

이 순서를 통해 각 팀은 (1)과제에 대한 입장, (2)입장에 대한 논거와 근거를 밝힌다. 간단히 말해 기조발언은 아래와 같은 구조로 자기 팀이 맡은 논리를 짜는 것이다. 서론에서는 이번 과제와 관련된 배경 설명과 과제에 대한 해석을, 본론에서는 자기 팀이 맡은 입장이 왜 옳은지 3~4가지의 논거와 근거를 드는 일을, 결론에서는 이를 마무리하는 일을 한다.

서론 :
본론 : 논거 1_____
　　　　논거 1의 근거_____
　　　논거 2_____
　　　　논거 2의 근거_____
　　논거 3_____
　　　논거 3의 근거_____
결론 :

이를 다르게 표현하면 다음과 같다.

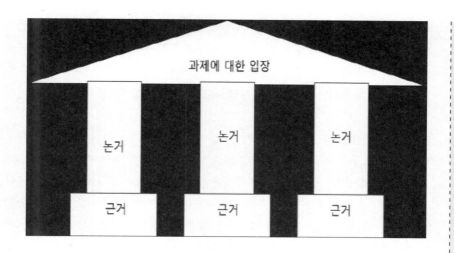

이상의 그림에서 3개의 튼튼한 기둥(=논거)이 과제에 대한 입장을 받치고 있다. 또 각각의 기둥(=논거)은 튼튼한 주춧돌(=근거)에 뒷받침되고 있다. 이렇게 집을 지으면 집이 안전하게 보일 것이다. 그래서 이번 회 제목이 〈튼튼한 논리의 집짓기〉이다..이런 논리의 집을 짓는 것이 기조발언에서 할 일이다.

앞서 제시한 이야기를 이 그림 구조에 집어넣으면 다음과 같다.

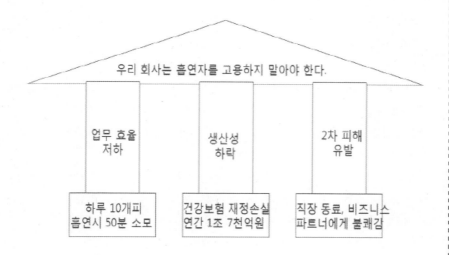

어떻게 보면 간단해 보일 수 있다. 하지만, 실제 현장에서는 이렇게 논리를 짜는 것을 힘들어하는 직장인들이 부지기수다. 이들의 실패 유형은 다음과 같이 나눠진다.

▶ 시간을 맞추지 못한다. - 정해진 시간 내에 스피치를 끝내는 훈련을 받아본 적이 없기 때문에 이런 일이 생긴다. 주로 시간을 충분히 쓰질 못한다. 30초 정도를 발언하고 5분이 지났다고 생각하는 사람도 있다. 거꾸로 한도 끝도 없이 발언을 계속하는 경우도 있다. 비즈니스 현장에서는 정해진 시간 내에 분명히 자기 의사를 밝혀야 한다.

▶ 자신의 입장을 설명할 때 적절한 논거를 대지 못한다. - 예를 들어 이런 대화가 해당된다. "왜 우리 회사는 중국에 진출해야할까?"라는 질문에 "다들 중국에 가니까…." 라고 대답한다. 이는 "왜 우리 은행은 유니폼을 입어야하나?"는 질문에 "다른 은행에서 도 입으니까…"라고 대답하는 오류와 다를 바 없다. 디베이트의 기조발언에서는 항상 "내 입장을 입증할 수 있는 논거가 뭐가 있을까?"를 고민한다. 다르게 말하면 "어떤 논거 를 제시했을 때 상대방을 잘 설득할 수 있을까?"를 고민한다. 제대로 된 논거에 입각한 주장은 비즈니스 현장에서 상대방에게 호소력 있게 받아들여진다.

▶ 논거를 뒷받침하는 근거를 제시하지 못한다. 옛날 군대에서 상관이 지시를 할 때 부하가 이유를 물으면 "까라면 깔 것이지…"라고 답하는 경우가 있었다. 군대뿐만일까. 가정에서도, 회사에서 이런 문화는 여전히 만연하다. 이런 지시 혹은 요구를 받은 사람 이 열심히 일할 수 있을까? 비즈니스 토크에서 이런 식으로 대하면 상대방은 고개를 절레절레 흔들 것이다. 반대로, 확실한 근거를 제시하며 주장을 편다면 상대방은 쉽게 고개를 끄덕일 것이다.

결국 〈기조발언〉에서 연습하는 것은, 자신의 입장을 상대방에게 설득력 있게 전달하 기 위해 적절한 논거와 근거를 제시하는 것이다. 이 훈련을 충분히 하면 어떤 과제든지 자기 입장을 논리적으로 정리해서 말하는 것이 어렵지 않게 된다. 프레젠테이션도, 스피 치도, 비즈니스 토크도 어렵지 않게 된다.

우스갯소리로 마무리한다. 기조발언 훈련을 한창 하던 한 비즈니스맨이 자식에게도 이런 것을 가르쳐야겠다는 생각이 들었다. 해서 어느 날 가족들을 모아두고는 "앞으로 아빠에게 어떤 요청을 할 때는 3가지 이유를 제시하라"고 선언했다.

어느 날이었다. 초등학교 다니는 아들 녀석이 아이스크림을 사달라고 졸랐다. 아빠는 엄숙한 얼굴로 3가지 이유를 제시하라고 했다. 이전 같았으면 "지금 내가 아이스크림을 먹고 싶으니까…"라고 말했을 아이가 정색을 하고 이렇게 대답했다.

"첫째, 오늘 날씨가 어제보다 2도가 높잖아요? 어린이들은 특히 온도 변화에 민감하신 것, 아시죠? 이런 날은 아이스크림을 먹고 싶지 않을까요? 둘째, 올해 설날 세배드릴 때 "착한 일을 하는 사람은 복을 받는다."고 했죠? 저 요즘 착한 일 많이 했잖아요. 그 복을 지금 좀 아이스크림으로 받으면 안 될까요? 셋째, 이 앞의 슈퍼에서 아이스크림을 50% 할인판매를 하고 있어요. 지금 구입하면 한 개 값으로 두개를 사서 동생과 같이 먹을 수 있어요. 돈을 아낄 수 있어요."

비즈니스 디베이트가 원하는 것은 이런 태도다. 강짜 부리거나, 억지 부리거나, 그냥 막 매달리거나, 악을 쓰지 말라는 것이다. 자신의 입장을 쉽게 정리하고, 이를 적절한 논거와 근거를 제시하여 상대방을 논리적으로 설득하라는 것이다. 이를 집중적으로 훈련하는 순서가 〈기조발언〉이다.

〈케빈 리, 「튼튼한 논리 집짓기 기조 발언」, 조선비즈(2014.04.29.)〉

(5) 토론의 평가

아카데미식 토론은 경쟁을 통한 시합의 형태로 진행된다. 주어진 논제에 대해 참가자들은 찬성과 반대의 입장에서 주장을 펼치고 이를 심사자가 판단하여 승패를 가리게 된다. 따라서 판정은 정확하고 엄격해야 한다. 토론 방식에 따라 세부적인 심사 방식이 다르나 어떤 방식을 택하든 토론 대회에서는 승부를 반드시 가린다는 점은 공통적이다. 토론의 평가에 있어서 고려해야 할 사항을 들면 다음과 같다.

첫째, 논제에 대한 정확한 이해가 요구된다. 평가에 있어서 논제가 찬성 측이나 반대 측에 지우는 입증의 부담이 어느 정도인지를 감안해야 한다.

둘째, 토론 순서와 절차에 대한 이해가 요구된다. 교차 심문 토론 방식에서는 찬성 측이 먼저 입론하고 반박에서는 맨 나중에 발언함으로써 반대 측에 비해 특혜를 누린다. 의회 토론 방식 역시 찬성 측의 발언이 서두와 말미를 장식하게 됨으로써 동일한 효과를 누리게 된다. 링컨-더글러스 토론 방식에서는 찬성 측이 발언 기회를 한 번 더 갖게 된다. 전체적인 발언의 시간은 동일하지만 찬성 측은 2번의 반박 기회를 갖는 데 비해 반대 측은 1번의 기회밖에 없다. 그러므로 순서상으로 유리하거나 기회를 더 많이 갖게 되는 찬성 측에 대해서 입증의 부담을 잘 소화했는지를 엄격한 잣대로 평가하는 것이 합리적이다. 이와는 달리 칼 포퍼 방식 토론에서는 서두는 찬성 측이 맡지만 말미는 반대 측이 맡게 되므로 효과가 큰 발언 순서상의 이점을 양측이 나누어 갖는다고 할 수 있다. 칼 포퍼 방식을 제외한 토론 방식에서는 평가자들이 평가에 있어서 이런 특혜에 어느 정도의 가중치를 부여할 것인지를 고려해야 한다.

셋째, 세분화된 항목에 의한 평가와 전체적인 평가의 차이에 대해서도 이해해야 한다. 토론을 평가하는 데 있어서 그 평가의 방식이 통일되어 있지 않아 토론 방식이나 토론 대회마다 평가의 방법이 다르다. 동일한 유형인 교차 심문 방식의 토론을 평가하는 데 있어서도 NDT와 CEDA의 방식이 다른데 NDT에서는 '분석력, 사고력, 증거 제시 능력, 주장과 반박 제시의 조직력, 반박 능력, 전달력'의 항목에 대해 항목당 5점 평가 척도를 사용하여 각 토론자별로 평가한 후 이를 합산하는 데 비해 CEDA 방식에서는 토론자별로 평가하지 않고 팀별로 평가한다.

CEDA 방식에서는 각 팀의 발언에 대해 '분석력/정의 제시 능력, 증거 제시 능력, 반박의 효율성, 교차 심문의 적절성, 주장 개진의 구성력, 비언어적 요소를 포함한 발언의 전달력, 언어 선택과 수사적 효과' 등 7가지 항목에 대하여 각 5점의 척도로 평가하여 합산한다.

링컨-더글라스 방식 토론에서는 '쟁점 및 분석, 증거나 합리화에 의한 쟁점 지지 논거, 전달력' 등 3가지 분야에 대하여 항목별 평가가 아니라 총점 평가 방식으로 평가가 이루어지며 전체 항목을 총체적으로 고려하여 50점 만점으로 평가한다.

의회 토론 방식에서는 '논증력과 분석력, 내용의 구체성, 반박의 효율성, 자기 주장 개진의 조직력, 내용에 부합하는 적절한 수사적 기법의 채택, 팀의 일관성과 조직력, 보충 질의의 민첩성 정도'라는 항목에 대하여 각 토론자별로 30점 만점으로 점수를 부과한 후 이를 합산하는 방식으로 평가가 진행된다.

칼 포퍼 토론 방식에서는 세부적인 평가 기준을 두지 않고 전체적인 면에서 어느 팀이 더 설득력이 있었는지를 총체적으로 평가한다.

넷째, 팀별 평가와 개인별 평가 사이의 관계를 잘 이해해야 한다. 링컨-더글러스 방식과 NDT의 교차 심문 방식에서는 토론자에 대한 개별 평가를 실시하고 개별 점수를 합산하여 팀의 점수를 확정하는 평가 방식을 취하므로 승패를 결정하는 것은 결국 개인별 점수라고 할 수 있다. 반면 칼 포퍼 토론 방식에서는 토론자 개인에 대한 평가는 하지 않고 팀별 평가만 시행한다. 각 토론자마다 발언의 기회가 다르기 때문에 개인별 평가가 무의미하다고 여기기 때문이다. 칼 포퍼 토론 방식이 팀워크를 최고의 가치로 여긴다고 일컫는 이유도 이에 기초한 것이다. 의회 토론 방식에서는 먼저 팀별 평가를 5등급으로 한 후 개인별 평가를 팀별 평가에 기초해서 하는 방식을 취하는데, 이는 팀별 평가에 기초해서 발언 기회가 적은 토론자에게도 다른 팀원과 마찬가지의 등급이 주어지고 그 등급 내에서 팀원으로서의 역할과 역량에 따라 개인 점수를 달리 부여하는 방식이다.

아카데미식 토론의 평가는 참가자들의 합리적인 사고 능력, 사고의 유연성, 치밀한 논리 전개 능력, 논제 분석 능력, 전달력 등을 총체적으로 측정하는 것을 원칙으로 한다. 일반적으로 적용할 수 있는 토론의 평가 요소에는 다음과 같은 것들이 있다.

토론의 평가 기준

① 논증력: 토론의 논리적 승패를 가름하는 요인
　(개) 용어 정의: 논제에 사용되는 주요 개념들을 올바르게 정의했는가
　　　　　　　토론 과정에서 논의되어야 할 개념들을 적절히 제시하였는가
　(내) 구성과 논리 전개: 입론, 교차 심문, 반박의 내용 구성은 충실했는가
　　　　　　　각 부분의 논리 전개에 일관성이 있는가
　　　　　　　자료의 제시가 명확하고 타당하였는가
　(대) 분석력: 교차 심문과 반박의 과정에서 상대방의 논리를 잘 이해하고 분석했는가

② 비판적 사고 및 응용력
　(개) 준비성: 논제에 대한 심도 있는 준비가 이루어졌는가
　(내) 반박 능력: 준비된 자료로 상대방의 논리적 허점을 적절히 공격했는가
　　　　　　　상대방의 공격에 순발력 있게 대처했는가

---

③ 전달력
　㈎ 언어적 측면: 정확한 어휘를 사용하고 청중을 주목하게 만들 적절한 수사법을
　　　　　　　 구사했는가
　㈏ 비언어적 측면: 발음, 목소리의 강약, 말의 속도, 어조, 시선, 제스처 등이 적절
　　　　　　　 하였는가

　실제 토론대회에서 사용하고 있는 평가표를 살펴보면 다음과 같다. 〈예시 1〉은 숙명여자대학교 의사소통센터에서 주관하는 숙명토론대회의 심사표이다. 숙명토론 방식은 3명이 한 팀을 구성하여 참가하고, 상대방의 주장에 대해 치밀한 반론을 제시하는 것을 중시한다는 점은 칼 포퍼 방식과 같다. 그런데 칼 포퍼 방식의 경우 한 팀당 다섯 번씩의 발언 기회가 주어지는데, 이 경우 참가자 3명 중 마지막인 '병'은 발언 기회가 한 번뿐이어서 균등하지 않다고 보아 숙명토론방식에서는 이런 불균형을 해소하고, 또 각 팀의 입장을 마지막으로 정리하여 주장을 확고히 하는 시간의 필요성을 감안하여, 전체 토론의 내용을 정리할 수 있는 병 토론자의 '최종 발언' 시간을 둔 점이 주목할 만하다.

　〈예시 2〉는 전국국어문화원연합회에서 주관하는 전국 대학생 토론왕 선발대회에서 사용하는 심사표이다. 이 대회는 2명이 한 팀을 구성하며, 각 팀이 한 차례의 기조 주장(입론)과 두 차례의 논박 기회를 가진 후 마지막에 자유 논박의 절차가 있는 독특한 토론 방식을 채택하고 있다.

〈예시 1〉 　　　　　　　　　　숙명토론대회 심사표

예/본선 제　　차　　토론대회　　　　　　　　년　　월　　일/장 소:

심사 결과 [　　　　　　　　]팀 승 심사위원:　　　　　　　(서명)

	평가 기준	찬성팀:			반대팀:
공통 항목	언어적 표현의 명료성 (목소리 크기, 속도 포함) 토론 예절 및 토론 규칙의 준수 여부	각 단계별 평가에서 항상 반영하여 채점함			
입론	토론의 쟁점을 잘 포착하고 명확하 게 표현했는가? 주장에 대한 적절한 논거를 제시했 는가? 주장에 대한 논거가 다양하고 참신 한가?	5　4　3　2　1	1(갑)	3(갑)	5　4　3　2　1
확인 질문1	확인질문에 효과적으로 답변하였 는가?	+1　　0　　-1			+1　　0　　-1
	토론의 쟁점을 명확히 하는 데에 도움이 되었는가? 상대방 주장의 허점을 적절히 추궁 했는가?	5　4　3　2　1	4(을)	2(을)	5　4　3　2　1
반론1	상대방 입론의 핵심을 문제 삼고 있는가? 상대방 논리의 문제점을 잘 비판했 는가? 상대방 지적에 대해 적절히 응수했 는가?	5　4　3　2　1	5(병)	7(병)	5　4　3　2　1
확인 질문2	확인질문에 효과적으로 답변하였 는가?	+1　　0　　-1			+1　　0　　-1
	토론의 쟁점을 명확히 하는 데에 도움이 되었는가? 상대방 주장의 허점을 적절히 추궁 했는가?	5　4　3　2　1	8(갑)	6(갑)	5　4　3　2　1

반론2	남아있는 중요한 반론거리를 모두 지적했는가? 상대방 논리의 문제점을 잘 비판했는가? 상대방 지적에 대해 적절히 응수했는가?	5 4 3 2 1	9(을)	10(을)	5 4 3 2 1
최종 발언	반론에서 미진했던 부분을 적절히 보충했는가? 핵심쟁점을 중심으로 토론의 큰 흐름을 잘 요약했는가? 자신들의 최종 결론을 효과적으로 부각시켰는가?	5 4 3 2 1	11(병)	12(병)	5 4 3 2 1
합 계		(점)	숙의 횟수 ① ② ③ ④	숙의 횟수 ① ② ③ ④	(점)

총 평:

<table>
<tr><td>5: 아주 잘 함, 4: 잘 함, 3: 보통, 2: 부족함, 1: 아주 부족함</td></tr>
</table>

숙명여자대학교 의사소통센터

〈예시 2〉　　　　　　〈제　회 전국 대학생 토론왕 선발대회〉

평　가　표

심사위원	소 속:		성 명:	(서명)
긍정팀:			부정팀:	
제1 토론자		제2 토론자	제1 토론자	제2 토론자
승　　패			승　　패	

구분	내　용	긍정팀의 득점	부정팀의 득점
논리력 (40점)	**논제 분석** (논제에 사용된 개념과 용어의 올바른 정의를 바탕으로 쟁점을 적절하게 제시했는가)	⑩ ⑨ ⑧ ⑦ ⑥	⑩ ⑨ ⑧ ⑦ ⑥
	논리적 구성 전개 (기조 주장, 쟁점에 대한 주장, 논박의 내용이 잘 구성되었는가)	⑩ ⑨ ⑧ ⑦ ⑥	⑩ ⑨ ⑧ ⑦ ⑥
	주장과 논거의 타당성 (주장과 근거가 합리적이고, 객관적이면서 충분한가)	⑩ ⑨ ⑧ ⑦ ⑥	⑩ ⑨ ⑧ ⑦ ⑥
	논박의 적절성 (상대 논리를 정확하게 분석하고, 이에 대한 적절한 비판을 가했는가)	⑩ ⑨ ⑧ ⑦ ⑥	⑩ ⑨ ⑧ ⑦ ⑥
준비성 및 창의력 (30점)	**준비성** (논제에 대한 연구가 충분히 심도 있게 수행되었으며, 자료가 광범위하고 타당하게 준비되었는가)	⑩ ⑨ ⑧ ⑦ ⑥	⑩ ⑨ ⑧ ⑦ ⑥
	창의력 (전체적인 구성이나 주장의 내용이 참신한가)	⑩ ⑨ ⑧ ⑦ ⑥	⑩ ⑨ ⑧ ⑦ ⑥
	상황 대처 능력 (상대방의 논박에 대해서 순발력 있게 잘 방어하였는가)	⑩ ⑨ ⑧ ⑦ ⑥	⑩ ⑨ ⑧ ⑦ ⑥
표현력 (30점)	**정확성** (발음, 어휘, 문법 등이 정확하게 구사되었는가)	⑩ ⑨ ⑧ ⑦ ⑥	⑩ ⑨ ⑧ ⑦ ⑥
	효율성 (논제를 효과적이면서 적절하게 표현하였는가 -목소리의 강약, 말의 속도, 어조, 시선, 몸동작 등)	⑩ ⑨ ⑧ ⑦ ⑥	⑩ ⑨ ⑧ ⑦ ⑥
	예절성 (시간과 규칙 및 토론자로서의 품위를 제대로 지켰는가)	⑩ ⑨ ⑧ ⑦ ⑥	⑩ ⑨ ⑧ ⑦ ⑥
계	100점		

01 쇼펜하우어가 제시한 논쟁과 토론에서 이기는 38가지 기술을 토론에서 사용해서는 안 되는 이유에 대하여 생각해 보자.

쇼펜하우어의 "논쟁과 토론에서 이기는 38가지 기술"

〈강하게 공격하는 기술〉

1. 동기부여를 통해 의지에 호소한다.
2. 자신이 누리고 있는 권위를 최대한 활용한다.
3. 논증이 안 된 내용을 기정사실화하여 전제로 삼는다.
4. 자기에게 유리한 비유를 신속하게 선택한다.
5. 불합리한 반대 주장을 함께 제시해 양자택일하게 한다.
6. 내용이 없는 말을 심오하고 학술적인 말로 둔갑시킨다.
7. 상대방의 대답을 근거로 자기 주장의 진실성을 확보한다.
8. '예'라는 대답을 얻어낼 수 있는 질문을 던진다.
9. 상대방을 화나게 만들어 올바른 판단을 방해한다.
10. 말싸움을 걸어 무리한 주장을 하도록 유도한다.
11. 뜻밖의 화를 낸다면 그 부분을 집요하게 물고 늘어진다.
12. 상대방의 침묵은 곧 상대방의 약점이다.

〈더 강하게 반격하는 기술〉

13. 상대방의 주장을 최대한 넓게 해석해 과장한다.
14. 동음이의어를 이용해 교묘하게 반박한다.
15. 상대적 주장을 절대적 주장으로 바꿔 해석한다.
16. 전문지식이 부족한 청중들을 이용해 반박한다.
17. 상대방의 말과 행동이 모순되는 지점을 찾는다.
18. 상대방의 논거를 역이용해 반격한다.

---

19. 단 하나의 반증사례만으로 상대방을 제압한다.

20. 사안을 일반화하여 보편적인 관점에서 반박한다.

21. 상대방의 주장을 이미 반박된 범주 속에 집어넣는다.

22. 틀린 증거를 빌미삼아 정당한 명제까지도 반박한다.

23. 상대방의 궤변에는 궤변으로 맞선다.

〈결론을 이끌어내는 기술〉

24. 상대방이 자신의 결론을 미리 예측하지 못하게 한다.

25. 결론을 이끌어내는 질문은 두서없이 한다.

26. 참 전제가 안 통하면 거짓 전제로 결론을 도출한다.

27. 거짓 추론과 왜곡을 통해 억지 결론을 끌어낸다.

28. 근거가 되지 않는 답변마저도 결론의 근거로 삼는다.

29. 개별 사안의 시인을 보편적 진리에 대한 시인으로 간주한다.

30. 몇 가지 전제들에 대한 시인만으로도 얼른 결론을 내린다.

〈위기에서 탈출하는 기술〉

31. 반격당한 부분을 세밀하게 구분해 위기를 모면한다.

32. 상황이 불리하다 싶으면 재빨리 쟁점을 바꾼다.

33. 상대방에게 유리한 논거는 순환논법이라고 몰아붙인다.

34. 질 것 같으면 진지한 태도로 갑자기 딴소리를 한다.

35. 반론할 게 없으면 무슨 소린지 못 알아듣겠다고 말한다.

36. 이론상으로는 맞지만 실제론 틀리다고 억지를 쓴다.

37. 불합리한 주장을 증명하기 힘들면 아리송한 명제를 던진다.

38. 인신공격은 최후의 수단이다.

02 다음의 주장을 뒷받침할 만한 근거 자료를 2가지 이상 제시해 보자.

① 공공장소에서의 흡연은 금지되어야 한다.
② 자전거는 도시의 교통 문제를 극복할 좋은 선택이다.
③ 70세가 넘은 운전자는 매년 주행 검사를 해서 운전면허를 갱신해야 한다.

03 다음의 추론에 나타나는 오류를 지적해 보자.

① 외제차를 운전하는 사람은 우리나라를 전혀 생각하지 않는 사람이다.
② 당신은 그 요점을 순수 논리로 입증할 수 있다고 말했다. 나는 그 말에 동의한다. 그 논리는 정말로 순수했다.
③ 정부를 지지하거나 정부를 비판해야 한다. 당신은 어느 쪽에 속하는가?
④ 추석에는 항상 비가 온다. 지난 3년 동안 늘 그랬다.
⑤ 배심원 제도는 폐지되어야 한다. 작년에 성형 부작용으로 인한 신체적, 정신적 손해에 대한 배상을 청구한 여성에게 30억 원을 배상하라는 배심원 결정이 있었다. 그 다음 달에 수술을 집도한 의사가 자살했다.
⑥ 한글은 세종 25년에 집현전 학사들의 도움과 차자(借字) 표기의 전통 등을 바탕으로 하고 주변국들의 문자 생활 등에 영향을 받아 세종께서 직접 창제하셨다. 한글은 창제된 연대를 알 수 있는 지구상의 유일한 문자이다. 따라서 한글은 아주 우수한 문자이다.
⑦ 세 명의 도둑이 엄청나게 큰 진주 일곱 개를 분배하는 문제를 놓고 언쟁을 벌이고 있었다. 그러자 그 중 한 명이 나머지 두 명에게 각각 두 개의 진주를 건네주고는 "내가 세 개를 갖겠어."라고 말했다. 그러자 다른 도둑들이 대들었다. "왜 너는 세 개를 갖는 거야?", "내가 대장이니까", "네가 어떻게 대장인데?", "내가 진주를 더 많이 가졌으니까".
⑧ 요즘 우리 과에 학구적인 분위기가 조성되었다. 두 명의 친구들에게 물어보니 장학금을 받아야 하기 때문이라고 한다. 이로 볼 때 우리 과의 학구적인 분위기는 장학금을 받기 위해 이루어진 것이라고 할 수 있다.
⑨ 신은 반드시 존재한다. 왜냐하면 성경에 그렇게 쓰여 있기 때문이다.

⑩ A: 이 소설 정말 좋은 것 같아.

　B: 왜 좋은데?

　A: 글쎄, 유명한 문학 비평가가 며칠 전 신문에 그렇게 썼더라고. 그러고 나서 책이 갑자기 많이 팔렸다나봐.

　B: 내가 보기에는 별로던데. 하기는 그 까다로운 비평가가 좋다고 했으면 그럴 만한 이유가 있겠지. 그렇다면 믿어야 되겠네.

⑪ 그 약을 먹고 부작용이 있어서 병원에 다녀왔다. 그러므로 그 약은 좋지 않은 약이다. 그러니 너도 그 약을 먹어서는 안 된다.

⑫ 그 시인의 작품에는 문학성이 전혀 없다. 왜냐하면 그는 일제 치하에서 조국을 배신하고 친일 행위를 저질렀던 사람이기 때문이다.

⑬ 예로부터 이름난 시인들은 모두 술을 즐겼다. 그들의 시에는 으레 술이 등장하였으며 자신이 애주가임을 드러내곤 하였다. 그도 술을 매우 좋아하고 또한 잘 마시니 분명 위대한 시인이 될 것이다.

⑭ 너는 아리스토텔레스가 불을 제외한 모든 원소는 무게를 가지고 있다고 확언한 사실을 잘 알고 있다. 그런데도 공기가 무게를 지녔다는 사실을 의심할 수 있는가?

⑮ 물가가 올랐다. 그래서 전기 요금도 오르고 배추 가격도 올랐다.

04 다음의 예에서 토론자들은 마리화나가 합법화되어서는 안 된다고 주장하고 있다. 각각의 주요 논점에서 주장을 정당화하기 위해 어떤 증명 방법을 사용했는지 알아보자.

Ⅰ. 마리화나를 복용한 사람들은 위험하다.

　(마리화나를 복용한 사람들이 일으킨 살인 사건의 사례)

　논점 1의 요약: 마리화나를 복용한 사람들이 일으킨 이 다섯 개의 살인 사건은 마리화나가 합법화되어서는 안 된다는 것을 보여 준다. 마리화나를 복용한 사람들은 위험하다.

Ⅱ. 마리화나는 담배나 알코올처럼 중독성이 매우 높다.

　(의사와 다른 전문가의 증언)

논점 2의 요약 : 우리는 니코틴과 알코올에 중독되는 것이 얼마나 쉬운지를 잘 알고 있다. 마리화나도 마찬가지이다. 마리화나에 중독될 수 있다.

Ⅲ. 마리화나를 복용하는 사람들은 더 센 약을 찾게 된다.
   (약 사용자와 의사의 증언, 관련 통계)

논점 3의 요약 : 모든 중독자가 더 센 약을 찾는 것은 아니지만 많은 중독자들이 그런 양상을 보인다. 전문가는 마리화나와 접촉한 경험과 더 센 약을 복용하는 것 사이에 중요한 인과 관계가 있다고 주장한다.

Ⅳ. 마리화나의 복용은 지능을 떨어뜨린다.
   A. 뇌세포의 감소가 지능을 떨어뜨린다.
   B. 마리화나는 뇌세포를 죽인다.
      (A와 B에 관한 과학적 연구 결과)

논점 4의 요약 : 뇌세포를 죽이는 것은 지능을 떨어뜨리고 마리화나가 뇌세포를 죽이는 것으로 드러났기 때문에 마리화나가 지능을 떨어뜨린다는 것은 당연한 논리적 귀결이다.

결론 : (논제를 재진술하고 요점들이 어떻게 논제와 연결되는지를 설명한다.)
우리는 마리화나가 무고한 사람들을 위험에 빠뜨리고 중독성이 있다는 것을 보여 주고자 하였다. 또한 마리화나가 더 센 마약을 찾도록 중독자를 이끌고 흡연자의 지능을 떨어뜨린다는 것을 보여 주고자 하였다. 이러한 심각한 결론을 가져오는 것은 어떤 것이라도 합법화하지 않는 것이 논리적이다.

〈이창덕 외 옮김(2008), 『발표와 연설의 핵심 기법』〉

05 다음의 주제를 토론의 논제로 적합하게 만들어 보자.

① 핵폐기장 건설   ② 인간 배아 복제
③ 낙태   ④ 스크린 쿼터제
⑤ 기여 입학제   ⑥ 무상급식

06 다음의 제시문을 읽고 이 주장을 반박해 보자.

> 우리 시대의 가치는 현실적으로 시장 가격으로 나타납니다. 대학에서 우리가 찾는 가치란 것이 과연 무엇인가? 역시 교환 가치이고 시장 가격이라고 봐요. 자본주의 사회가 전면적으로 만들어내고 있는 그런 가치입니다. 그래서 저는 적어도 대학에서는 이런 가치, 더 구체적으로는 시장 가격으로부터의 독립이 필요하다고 생각해요. 적어도 대학이 이데올로기의 재생산에 그치지 않고 변혁의 현장이라면 그렇습니다. 가치 없는 것, 쓸데없는 것을 공부해야 된다고 봐요. "잘 팔리는 것을 연구한다."는 그 자체가 대학 고유의 가치가 없다는 것을 반증하는 것입니다. "잘 팔린다."는 것은 가격이 있다는 것이고 이를테면 상품 가치가 크다는 것입니다. 그것은 자본의 논리입니다. 자본의 논리라는 지배 담론을 거부할 수 있고 그것으로부터 독립할 수 있는 대학의 어떤 고유한 영역을 우리가 지키는 일, 이것이 오늘의 대학이 짊어져야 하는 시대적 과업이라고 할 수 있습니다. 적어도 대학 4년 동안은 자본의 논리 대신에 인간적 논리, 인문학적 논리를 자기 내면적인 것으로 지킬 수는 없을까? 정책 과학, 응용 과학 일변도의 풍토 속에서 대학 4년만이라도 인간적 공간으로 남겨 둘 수는 없는가? 이러한 고민은 크게는 존재론적 지배 담론을 변혁하려는 논리이면서 작게는 인간적 사회를 지켜가려는 최소한의 인간 논리입니다.
>
> 〈신영복, 「나의 대학 시절」, 『녹색평론』〉

07 다음의 논제로 찬성과 반대로 팀을 나누어 토론한다고 할 때 양측의 입장에서 입론, 교차 심문, 반박의 내용을 구성해 보자.

① 사형제도는 폐지되어야 한다.
② 안락사를 허용해야 한다.
③ 동성 간 결혼을 합법화해야 한다.
④ 여성 고용 할당제를 도입해야 한다.
⑤ 중소기업 적합업종 제도는 폐지해야 한다.
⑥ 징벌적 손해배상제는 확대 적용되어야 한다.
⑦ 한중 FTA를 체결해야 한다.

제 **4** 장

토의

(1) 토의의 개념

토의는 한 집단이 문제 상황에 부딪혔을 때 문제를 해결해 가는 중요한 의사 결정 과정 중 하나이다. 의사 결정과 문제 해결은 엄밀히 말해서 구별해야 한다. 의사 결정은 이미 존재하는 의견 가운데 하나를 선택하는 행위이며 문제 해결은 보다 포괄적인 의미로서 여러 단계의 절차를 거쳐 불만족스러운 상태에서 원하는 목표로 이행하기 위한 계획을 만들어가는 과정이다.

토의와 토론은 둘 다 민주적이고 합리적인 절차를 통해 이루어지는 설득적 말하기의 일종이며 토의와 토론 모두 문제가 되는 현 상황으로부터 출발한다는 공통점이 있다. 현 상황이란 일종의 갈등을 수반하는 것으로 문제를 바라보는 입장과 시각의 차이로 인해 그 상황을 문제적이라고 판단하는 일부 집단이 존재해야 성립할 수 있다. 즉 현 상황이란 사회 구성원의 갈등이 촉발되었거나 갈등이 존재하지 않더라도 개선이 필요하다는 인식에서 출발한다.

그러나 토론과 토의는 말하기의 유형에서 차이가 있는데 토의가 현 상황에 대한 집단 공통의 문제 해결 방안을 찾아가는 협력적 말하기라면 토론은 어떤 문제에 대하여 찬성과 반대의 입장으로 의견이 나누어진 사람들이 자신의 주장이 논리적으로 타당함을 입증하고 상대방의 주장이 논리적으로 부당함을 입증하는 경쟁적 말하기이다. 토의에서는 현 상황의 원인을 진단하고 분석한 후 여러 가지 해결책을 제시하고 가장 적합한 해결책이 무엇인가를 구성원들 사이의 협력을 통해 도출한다.

토의를 통한 문제 해결 능력은 민주적 시민 사회에서 요구되는 중요한 가치가 될 수 있다. 나의 의견을 표현하고 상대방의 의견을 존중하며 이 둘의 조화를 통해 합일된 결론을 도출하는 과정이야말로 민주적 절차의 핵심이기 때문이다. 성공적인 토의는 집단 내의 문제 해결력이 커졌다는 것을 의미하는데 이는 집단의 구성원 모두가 문제 상황에 대한 인식을 공유하고 문제 해결을 위해 공조할 자세를 보였기에 가능한 일이다. 한 사람의 선택에 전적으로 의존하기보다는 여러 사람이 함께 노력하여 더 좋은 선택을 하고자 하는 것, 즉 주어진 조건하에서 가능한 한 합리적 선택을 하려는 집단 전체의 노력이 바로 토의를 통해 도달하고자 하는 중요한 목표가 된다.

(2) 토의의 목적

문제의 상황이 다양한 것처럼 토의의 목적도 그때그때 상황에 따라 달라질 수 있고 토의의 조건에 있어서도 차이가 나게 된다. 그러므로 주어진 문제의 성격과 토의가 이루어지는 조건에 따라 토의의 방식이 달라질 수 있다. 토의의 유형은 토의의 목적과 상황에 따라 결정되므로 그에 대한 고려가 필요하다.

가. 문제 혹은 과제와 관련된 정보나 지식의 공유

주어진 문제와 관련해서 모든 사람이 똑같은 정도의 지식이나 정보를 가질 수는 없다. 이러한 차이는 종종 문제를 바라보는 관점의 차이를 낳고 나아가 문제 해결책을 마련할 때에도 차이를 낳게 된다. 관련된 지식이나 정보를 공유하는 것은 문제를 바라보는 관점이나 인식의 차이를 좁혀 주고 더 나아가 해당 집단의 지적인 발전을 도모하게 해 준다. 대다수의 학술적 토의가 이런 경우에 해당한다.

나. 해당 집단 내의 다양한 이해관계와 의견의 조율

현실적인 문제들의 경우 각 구성원이 처한 상황에 따라 이해관계가 다르며 그에 따라 구성원들이 문제를 바라보는 태도나 접근 방식에도 차이가 난다. 이러한 차이는 집단 내부의 갈등 상황으로 발전하곤 한다. 토의는 이러한 차이를 조율하는 것을 목적으로 한다. 작은 집단의 내부에서도 그렇지만 국가 차원의 정책을 결정할 때도 이런 합의의 과정은 중요하다고 할 수 있다. 정책 공청회 같은 경우가 이에 해당한다.

다. 주어진 문제나 과제를 해결하기 위한 다양한 아이디어의 수렴

일반 기업과 같이 특정한 목적을 공유하는 집단에서는 현실적인 문제들을 해결하기 위한 여러 가지 대안들을 마련하고 그 중에서 가장 그럴 듯한 방안을 선택하곤 한다. 이때 여러 사람이 여러 가지 방안을 내놓고 그 방안들을 함께 검토해 보는 것은 더 나은 합리적 선택을 위한 방법이다.

02 토의의 방식

토의란 집단을 구성하는 사람들이 주어진 문제에 관하여 의견의 일치를 목표로, 또는 집단으로서의 의지·행동을 결정하기 위하여 모든 구성원이 행하는 정보수집, 의견교환과 평가, 정리와 통합의 과정을 말한다. 집단 토의는 목적·내용·참가자의 종류나 인원수 등에 따라 여러 형식을 취하게 된다. 흔히 정보의 부족이나 편향 때문에 잘못된 판단이나 결론이 도출되고, 전 구성원의 의견이 충분히 반영되지 못하고 일부의 의견만으로 결론이 도출되며, 토의는 충분히 행하여지더라도 진행 절차의 미숙으로 결론이 나지 못하는 등의 결함이 나타나기 쉬우므로, 민주적이고 효과적인 토의를 위하여 여러 방법이 고안되고 있다.

집단의 규모, 토의의 목적, 토의 주제 등 상황에 따라 적합한 토의의 방식이 다르며 다양한 방식으로 진행될 수 있다. 토의는 집단의 규모에 따라 소수 대면집단에서의 토의와 다수 참가자에 의한 대중적 토의로 나누어진다. 소수 대면집단에서의 토의에는 공식적인 사회자 없이, 또 규칙에 구애됨이 없이 자유롭게 발언할 수 있는 비형식적인 토의인 자유 토의와 공식적인 사회자, 즉 일정한 형식적 절차 아래 토론을 진행하는 공식 토의가 있다. 이것은 다시 토의가 주로 사회자를 경유하여 행하여지는 사회자 중심적 토의와, 사회자는 단순히 협조자일 뿐이고 주로 참가자에 의하여 진행되어지는 집단 중심적 토의로 나누어진다. 참가자가 다수일 경우는, 가급적 많은 사람에게 전문적인 정보를 충분히 제공하기 위해 여러 가지 토의의 방법이 마련되어 있다. 대표적인 방식을 간략하게 살펴보면 다음과 같다.

가. 자유 토의

비교적 규모가 작은 집단에서 특정한 규칙 없이 비교적 자유로운 분위기에서 발언하는 형태의 토의이다. 특정한 형식적 제약이 없기 때문에 가능한 한 자유로운 의견을 구하고자 할 때 적합하다고 할 수 있다. 자유 토의의 경우 각 구성원들은 모두 동등한 발언권을 가지며 나름대로 준비한 내용을 중심으로 자신의 견해를 밝히고 다른 사람의 의견에 대해 비판하거나 질문할 수 있다. 특별한 규칙이나 제약이 없는 탓에 우발적인 논의나 예기치 못한 상황이 발생하기 쉽다. 따라서 토의의 사회자는 참여자들에게 공정한 기회를 주어야 하지만 또한 논점을 잃지 않도록 방향을 잡아주는 역할을 해야 한다.

나. 원탁 토의

토의의 가장 기본적인 형태로, 참가 인원은 보통 5~10명 정도로 소규모 집단 구성을 이룬다. 참가자 전원이 상호 대등한 관계 속에서 둥글게 둘러앉아 정해진 주제에 대해 자유롭게 서로의 의견을 교환하는 좌담 형식이다. 충분한 경험을 지닌 사회자와 기록자, 그리고 전문지식을 가진 청중들 또는 관찰자와 함께 대화하는 비형식적 집단의 성격을 띤다. 참가자 모두가 발언할 수 있도록 기회를 적절히 제공해야 하며, 협조적이고 개방적인 자세, 공동체 의식이 형성되어야 한다.

다. 패널 토의

'배심 토의'라고도 하며 집단의 크기가 커서 자유 토의를 하기 어렵거나 토의 주제가 전문적인 지식을 필요로 할 때 일부의 전문가들이 집단의 대표성을 가지고 토의한 후 그 결과를 집단 전체가 공유하는 형식의 토의이다. 토의에 참가하는 소수의 선정된 패널(배심원)과 다수의 일반 청중으로 구분되어 특정 주제에 관해서 상반되는 견해를 가진 배심원들이 사회자의 진행에 따라 토의를 수행하는 형태이다. 패널들은 사회자의 요구나 순서에 따라 의견을 개진할 수 있고, 청중은 주로 듣는 역할을 한다. 간략한 기조 발제 후에 토의가 진행되는 것이 일반적이다. 대개 발언 순서와 규칙이 정해지기 때문에 사회자는 주어진 시간 내에 논의가 효율적으로 이루어질 수 있도록 배분에 신경 써야 한다. 사회자의 진행 기술이 토의에 영향을 미칠 수도 있다. 형편에 따라 토의를 지켜보는 청중들에게 질문이나 의견을 구하고 패널들이 그에 대답할 수 있도록 하여 청중의 참여를 적절히 이끌어내는 전략이 필요하다.

라. 심포지엄

'단상 토의'라고도 한다. 전체적으로 패널 토의와 유사하나 참여자들의 직접적인 대화보다는 준비된 글이나 자료를 통해 각 참여자가 대변하는 입장을 일정 시간 동안 비교적 상세하게 설명하는 형식의 토의이다. 토의 주제에 대해 권위 있는 전문가 몇 명이 각기 다른 의견을 공식 발표한 후, 이를 중심으로 하여 의장이나 사회자가 토의를 진행시킨다. 참가자 모두 특정 주제에 관한 전문적인 지식이나 정보, 경험을 지니고 있어야 한다는 점이 특징이다. 패널 토의에서 패널들의 발언이 비교적 자유스러운 데에 비하여 심포지엄은 일정한 규칙에 따른다는 차이가 있다. 양쪽의 대표는 일정한 순서로 일정한 시간의 발언권을 갖는다. 패널 방식이 밀도 있는 토의 진행이 가능하나 토의가 과열될 우려가 있는 반면에 심포지엄은 격한 논쟁에 휘말릴 위험이 적어 정연한 토의가 가능하다는 장점이 있지만 때로 토의가 형식적인 의견 발표로 끝날 우려가 있기도 하다.

마. 포럼

'공개 토의'라고도 한다. 불특정 다수인이 동시에 참가하여 실시하는 토의 형식이다. 1~3인 정도의 전문가나 자원인사가 10~20분씩 공개적인 연설을 한 후, 이를 중심으로 하여 청중과 질의 응답하는 방식으로 토의를 진행하는 형태이다.

바. 공청회

주어진 문제와 관련하여 이미 마련한 사안이나 혹은 결정을 앞둔 사안에 대해 외부 전문가의 견해를 듣거나 이해 당사자들의 다양한 견해를 알아보고 검토하는 성격의 토의이다. 대개 주최하는 쪽에서 자료를 마련하여 설명한 후 공청회 참여자들의 질문과 평가를 듣고 대답하는 형식으로 진행된다.

사. 세미나

참가자 모두가 토의 주제 분야에 권위 있는 전문가나 연구가들로 구성된 소수집단 형태이다. 세미나를 주도해 나갈 주제 발표자의 공식적인 발표에 대해 참가자들이 사전에 준비된 의견을 개진하거나 질의하는 방식으로 토의가 이루어진다.

아. 버즈 토의

3~6명으로 편성된 집단이 주어진 주제에 대해 6분가량 토의를 하는 6×6의 형태이다. 토의 과정이 벌집을 쑤셔놓은 것처럼 윙윙거린다는 뜻에서 버즈(buzz)라고 한다. 처음에는 3명씩 짝지어 토의한 다음, 어느 정도 토의가 진행되면 다른 3명의 집단을 만나 6명씩 토의를 하고, 또 얼마 지난 다음에는 다른 6명의 집단과 모여 12명이 토의한다. 이때 각 집단의 사회자나 기록자는 토론한 내용을 의장에게 보고하며, 전체 사회자는 그 보고를 순차적으로 정리하여 일반 토의로 유도한다.

(1) 토의 준비

생산적인 토의를 위해서는 토의를 방해하는 요인들을 경계하고 토의 내용을 적극적으로 준비하며 토의 참여자 각자가 자신의 역할에 충실해야 한다.

가. 토의 참여자

㈎ 토의 진행자(사회자)

토의의 진행자는 토의의 전반적 흐름을 조율하는 사람이다. 토의의 원활한 진행에 실패하면 참여자들의 준비가 충분하다고 하더라도 생산적인 토의가 이루어지기 어렵다. 토의 진행자가 토의 진행을 잘한다는 것은 공정한 태도를 유지하고 진행 규칙을 준수하는 것만을 의미하지는 않는다. 다른 참여자들 못지않게 토의 주제와 관련된 제반 배경 지식을 갖추어야 하고, 토의가 도달해야 할 최소한의 목적에 대해 분명히 인지하고 있어야 한다. 그렇지 못할 경우 논의 전체의 흐름이 예상치 못한 방향으로 흐를 위험성이 있기 때문이다. 그러므로 사회자는 전체적인 토의의 흐름과 윤곽을 미리 개요 형태로 잡아보는 것이 좋다.

사회자는 그때그때 적절한 시점에서 논의가 어느 위치에 와 있는지 토의 참가자들에게 확인시켜 주어야 하며, 진행되어 온 논의를 적절하게 요약함으로써 참가자들의 이해를 돕고 논점이 흐트러지는 것을 막는 역할을 한다. 또한 대부분의 토의는 시간의 제약을 받으므로 다루어야 할 문제에 대해 효과적인 시간 배분을 하고 참여자들이 사소한 이유로 언쟁을 벌이지 않도록 적절하게 논의의 국면을 전환시켜야 한다. 토의 도중에 논의가 지나치게 장황해지거나 해당 문제와 직접적인 관련이 없는 다른 논의로 번지지 않도록 참여자들의 주의를 환기시키는 것도 사회자의 몫이며, 문제가 되는 사안의 성격과 중요성에 따라 논의의 속도를 조절하는 것도 중요하다. 문제의 중요성에 비해 논의의 진행 속도가 빠르면 충분한 의견 개진이 어렵고 반대로 사소한 문제를 너무 길게 끌고 있으면 효율적인 논의를 하기 어렵다. 또한 사회자는 토의 과정에서 발생하는 예기치 못한 우발적 방해 요인들을 적시에 파악해서 순발력 있게 대처하도록 한다.

(나) 토의 참가자

토의 참가자는 무엇보다 진지한 자세를 유지하고 토의 그룹 내에서 자신에게 부과된 역할을 소화해 내도록 노력해야 한다. 토의에 소극적 자세로 참여하거나 그 반대로 자신이 사회자라도 되는 것처럼 행동하는 것은 토의를 어렵게 만드는 지름길이다. 아울러 토의가 바람직한 결과에 도달할 수 있도록 주어진 문제와 관련된 내용을 충분히 준비해야 한다.

토의 과정에서 참가자는 토의의 주제와 목적이 무엇인지 분명히 알고 토의에 임해야 한다. 질문이야말로 문제 해결 과정으로서 토의를 활성화시키는 좋은 방법이므로 적극적으로 질문하도록 하며, 발언을 할 때는 토의에 참여하는 사람 모두가 알아들을 수 있도록 말해야 한다. 사회자나 특정한 사람에게만 시선을 고정시키거나 몇몇 사람들만 알아들을 수 있는 목소리로 말하는 것은 바람직하지 않다. 또한 특정 부류의 사람들만 알아들을 수 있는 용어를 사용하는 배타적 자세도 피해야 한다.

또한 토의 참가자는 다른 사람의 의견을 존중하고 이해하려고 노력해야 한다. 자신의 생각을 다른 사람에게 강요하려고 하면 안 된다. 다른 사람의 동의를 구하기 위해서는 구체적인 자료를 이용한 논리적인 설득이 유효하다. 나와 다른 사람의 주장에 비판적으로 접근한다. 이는 인격적인 비난이 아닌 내용의 비판적 검토를 의미하는 것이다.

(다) 청중

토의를 관람하는 청중은 간접적인 참여자라고 할 수 있다. 청중 역시 토의 주제에 대한 자신의 생각을 분명히 정리한 상태에서 토의를 지켜보는 것이 좋다. 토의 진행 중에 기회가 주어진다면 질문이나 논평을 통해 논의가 발전적으로 전개될 수 있도록 적극적으로 참여해야 한다.

(2) 토의 내용

토의 내용의 준비는 토의의 성격과 목적에 따라 달라질 수 있다. 즉 토의가 집단의 현실적인 문제점을 모색하기 위한 것인지 이론적인 주제에 대한 깊이 있는 이해를 목적으로 하는지에 따라 준비가 달라질 수 있다.

성공적인 토의를 위해서는 첫째, 토의의 목적이 무엇인지를 분명히 한다. 토의 참가자들과 사회자는 주어진 문제 상황이 무엇인지를 정확히 파악하는 것이 중요하다. 문제 상황을 보는 관점이 다른 경우 상대방의 입장을 이해하기 위한 질문 등을 통해 같은 관점에서 문제를 인식할 수 있도록 의견을 조율해야 한다. 토의를 준비할 때는 자신이 어떤 관점에서 문제 상황을 인식하고 있는지를 분명히 하는 과정이 필요하다.

둘째, 문제 상황에 대한 정확한 진단을 위해 구체적으로 무엇이 문제인지, 왜 문제인지, 또 그 문제의 원인이 무엇인지에 대한 자신의 판단을 분명히 한다. 이 경우에도 막연한 느낌이나 주관적인 판단이 아니라 구체적인 자료를 토대로 한 객관적인 판단이어야 한다. 문제 상황을 인식하고 진단하는 방식이 다른 것은 문제 상황의 원인을 파악하는 시각의 차이에서 비롯될 수 있다. 따라서 토의 참여자들은 문제 상황이 나타나게 된 원인을 정확히 진단하는 데 주의해야 한다.

셋째, 문제 상황을 해결하기 위한 방안을 마련해 본다. 이러한 방안 역시 가능한 한 객관적인 자료를 토대로 하되 여러 가지 가능한 대안들을 비판적으로 평가하여 가장 적합한 해결책을 찾아야 한다. 이 경우 각 대안들이 어떤 결과를 가져올지를 예상해 봄으로써 상대방을 설득할 수 있는 논거를 마련할 수 있다.

(3) 토의 방해 요소

토의를 방해하는 요인들을 미리 알고 대처하는 경우와 그렇지 못한 경우는 토의의 생산성에서 큰 차이가 난다. 또한 토의를 방해하는 요인들을 검토함으로써 자기 자신이 원활한 토의를 방해하는 요인으로 작용하는 것은 아닌지 반성하는 준거로 삼을 수 있다. 원활한 토의를 방해하는 요인은 다음과 같다.

가. 물리적 조건의 불리함

물리적 조건의 불리함이 토의의 방해 요인으로 작용할 수 있다. 기본적으로 토의를 위해서는 토의에 참여하는 사람들에게 충분한 시간과 공간이 마련되어야 한다. 주제의 범위와 참여자 수에 따라 적절한 시간과 공간이 제공되어야 한다.

나. 토의의 목적과 규칙에 대한 이해 부족

토의 참가자들은 모두 토의를 하는 목적과 토의의 규칙이 무엇인지 정확하게 인식하고 이를 고려하면서 토의에 참여해야 한다. 그렇지 않으면 토의의 목적에서 벗어난 의미 없는 토의를 하게 되거나 토의의 규칙을 벗어난 참여자로 인해 원활한 토의가 이루어지지 못하거나 토의가 다 끝난 후에도 결론을 수용하지 않는 결과가 빚어질 수 있다.

다. 토의 참가자들의 소극적 태도

토의 참가자들의 소극적 태도도 토의를 방해하는 요인이 된다. 토의에 참여하는 사람들이 서로 말을 아낀다면 좋은 토의를 하기 어렵다. 토의가 협동 과정인 이상 자신의 견해를 분명히 밝히고 다른 사람의 의견을 들으려는 적극적 자세가 필요하다.

라. 토의 참가자들의 준비 부족

문제가 되는 사안에 대하여 토의 참가자들이 충분한 내용을 준비하지 못하면 문제의 핵심에 도달하지 못하고 주변만을 맴돌다가 끝나는 경우가 있다. 주제에 대해 다양한 관점에서 생각해 보고 자신의 견해를 뒷받침하는 객관적인 자료나 정보를 확보해야 효과적인 토의가 될 수 있다.

마. 토의 참가자들의 닫힌 마음

다른 사람의 의견에 귀를 기울이지 않고 자신의 주장만을 끝까지 관철하기 위해 애쓰거나 자신의 주장에 대한 비판을 수용하지 않는 자세는 토의를 비합리적인 방향으로 이끌게 된다. 나아가 자신의 주장을 자신의 인격과 동일시해서 감정적으로 대응하는 일이 없어야 한다. 상대방은 물론이고 자기 자신에 대해서도 개방적인 태도를 가져야 한다. 자신의 주장이 받아들여지지 않았다고 해서 토의를 포기하거나 토의 결과에 승복하지 않는 자세는 토의의 기본 정신을 정면으로 위배하는 것이다.

바. 토의 진행자의 부적절한 진행

토의 참가자들뿐만 아니라 토의 진행자도 역시 토의가 원활하게 진행될 수 있도록 준비해야 한다. 사회자가 원활한 진행을 하지 못하면 좋은 토의가 될 수 없다.

(4) 토의 과정

문제 해결 과정으로서의 토의는 함께 결정해야 할 문제를 제시하고, 문제를 분석한 후 제시된 해결안 중에서 가장 합리적인 최선의 방안을 선택하는 과정으로 진행된다. 최선의 방안을 선택하는 것이 토의의 끝이 아니라 이를 실행하기 위한 방안을 마련하는 데까지 나아가야 한다.

가. 논제 제시

사회자는 토의 참가자들에게 토의를 통해 해결하고자 하는 논제를 제시한다. 토의의 목적과 이유를 참가자들에게 분명히 함으로써 문제에 대한 공감대를 형성할 수 있게 하는 효과를 거둔다.

나. 논제 분석

논제를 조사하고 분석하는 과정이다. 논제 분석을 통해 문제의 핵심이 무엇인가를 파악하고 쟁점이 되는 사항을 추출해 낸다. 문제의 원인을 구체적으로 파악하고 점검하는 자세가 필요하다.

다. 해결 방안 제시

논제에 대한 조사와 분석이 끝나면 토의 참가자들은 해결 방안을 제시해야 한다. 어떤 해결 방안을 제시하기 위해서는 적절한 자료와 논거가 뒷받침되어야 한다. 문제의 해결과 관련된 모든 방안을 제시하되 추상적이고 불가능한 방안이 아니라 현실적으로 택할 수 있는 구체적인 방안을 합리적인 근거를 바탕으로 하여 제시하도록 한다.

라. 최선의 방안 선택

토의 참가자들은 여러 사람이 내놓은 해결 방안 가운데에서 최선의 방안을 선택하여야 한다. 이때 각 방안이 가지고 있는 장점과 단점을 냉정하게 판단하고 실현 가능성이 있는 방안인지를 면밀히 검토하는 자세가 필요하다. 개인의 입장이나 특정 집단의 이익에 치우치지 않고 객관적인 입장에서 공동체를 위한 가장 바람직한 해결안을 선택해야 한다.

마. 실행 방안 모색

최선의 해결 방안을 선택하였으면 이를 실행하기 위한 구체적인 방안을 모색하여야 한다. 아무리 이상적인 해결안을 마련했어도 그것을 실행에 옮기지 못한다면 토의는 아무 의미가 없는 과정이 되어 버린다. 문제는 어떻게 실행할 것인가에 달려 있으므로 실행에 필요한 구체적이고 현실적인 방안을 모색하는 것이 중요하다.

고양이 목에 방울 달기

쥐가 고양이에게 자주 잡히자 견디다 못한 쥐들은 모두 한자리에 모여서 머리를 맞대고 대책을 논의하였다. 쥐들은 서로 지혜를 짜내어 고양이가 오는 것을 미리 알아내는 방법을 궁리하였으나, 크게 신통한 의견은 없었다.

그때 조그만 생쥐 한 마리가 좋은 생각이 있다면서 나섰다. 그 묘안은 고양이 목에다 방울을 달아 놓으면 고양이가 움직일 때마다 방울 소리가 날 것이므로, 자기들이 미리 피할 수 있다는 것이었다. 쥐들은 모두 좋은 생각이라고 감탄하고 기뻐하였다. 그때 한 구석에 앉아 있던 늙은 쥐가 "누가 고양이에게 가서 그 목에다 방울을 달 것인가?" 라고 물었다. 그러나 방울을 달겠다고 나서는 쥐는 없었다.

〈『순오지』 '묘항현령(猫項懸鈴)'〉

01 다음의 논제에 대하여 토의를 한다고 할 때 논제와 관련될 수 있는 쟁점 사항을
2~3가지 정도 추출해 보자.

① 청년 실업
② 국민연금 고갈
③ 남북경제협력

02 1번 문항에서 추출된 쟁점에 관하여 주장을 펼칠 때 적절한 자료와 논거를 찾
아보자.

03 8~10명 정도로 팀을 이루어 1번 문항의 논제에 대하여 토의해 보자.

제 5 장

면접

01 면접의 개념과 목적

(1) 면접의 개념

면접이란 입학 혹은 취업의 과정에서 서류 심사, 필기시험, 적성 검사 등을 실시한 후 최종적으로 응시자의 인품, 언행, 지식의 정도 등을 알아보는 구술 평가 또는 인물 평가를 말한다. 특히 취업 면접의 경우 필기시험을 통해 지원자의 학력과 지식을 양 또는 질적으로 평가할 수는 있어도 그 지식이 그대로 직무에 활용된다고 할 수 없고, 지원자의 사람 됨됨이를 모두 알 수 없기 때문에, 면접을 통해 직접 지원자의 잠재적인 능력이나 창의력 또는 업무 추진력, 사고력 등을 평가하는 방식을 취한다. 또한 많은 지원자 속에서 우수한 인재를 찾기 위한 검증의 과정으로 면접이 일반화되면서 점점 다양한 방식을 동원한 심층 면접으로 나아가고 있는 추세이다.

(2) 면접의 목적

고용주의 입장에서는 면접 과정을 통해 지원자의 이해력, 판단력, 적극성, 표현력, 성실성, 사회성, 대화법 등을 파악하고자 하며 동시에 답변 내용을 통해 일반 상식, 전문 지식, 인생관, 직업관 등을 평가하게 된다. 면접을 통해 달성하고자 하는 주요 평가 사항은 다음과 같다.

가. 지원자의 기본 인성 및 적성 파악

지원자의 기본적 인성이 성실성, 적극성, 창의성 등을 가지고 팀워크를 중시하는 긍정적 사고방식을 보유하여 조직생활을 통해서 역량을 발휘할 수 있는 인재인가를 평가한다.

나. 직무 적합성 및 역량 파악

지원자가 해당 업무에 대한 충분한 이해와 관심을 갖고 있으며, 업무 수행에 필요한 지식과 경험을 가지고 전문가로 성장할 수 있는 역량을 보유했는지 파악한다.

다. 회사에서 원하는 인재상과의 부합도 파악

지원자의 인성 및 가치관이 회사의 인재상과 부합되어 회사의 비전과 목표를 공유하며 조직문화에 적응 가능한 인재인가를 파악한다.

라. 회사에 대한 관심도 및 열정 파악

회사 및 시장상황에 대한 이해, 판단력과 회사 자체에 대한 충성도를 파악한다. 신입사원의 경우 초기에는 회사 차원에서는 투자의 의미가 강하며 1년 이상이 지나야 성과를 내기 시작하므로 회사에 대한 애정을 가지고 정기적으로 성과를 낼 수 있는 가능성 있는 인재인지를 파악한다.

지원자의 입장에서도 면접은 지원자가 담당하게 될 업무, 기업의 분위기, 고용주와 경영진을 평가할 기회를 제공한다는 점에서 중요한 절차가 된다. 채용 방식과 면접 방식이 변화하면서 면접의 중요성은 점점 증가하게 되었다. 기업의 사원 선발 방식이 다수 정기 채용 방식에서 소수 수시 채용 방식으로 변화하면서 대다수의 기업이 필기시험을 축소 혹은 폐지하는 추세이며 이에 따라 면접을 통한 평가의 비중이 점차 높아지고 있는 추세이다. 면접의 횟수와 면접에 할당된 시간도 늘어났으며 면접의 방식도 과거와 같은 정형화된 절차에서 탈피하여 다양한 방식으로 변화하고 있다. 대학 졸업자가 급증하면서 대부분의 지원자가 기본적 지적 능력을 갖추고 있다고 보고, 서류 심사만으로는 판단이 어려운 해당 분야에서의 전문성, 기업의 분위기나 동료들과 조화를 이룰 수 있는 사회성 및 협동성 등을 면접을 통해 파악할 수 있으므로 이를 더욱 중요하게 여기게 된 것이다.

면접이란 최종적으로 응시자의 인품, 언행, 지식의 정도 등을 알아보는 구술시험 또는 인물시험이다. 보통 필기시험 또는 서류전형으로 지원자의 기초 실력은 확인할 수 있으나, 그것만으로는 응시자의 됨됨이를 모두 알 수 없기 때문에, 면접을 통해 잠재적인 능력이나 창의력, 또는 업무 추진력, 사고력 등을 알아내는 것이다.

한국경영자총연합회, 한국능률협회, 상공회의소 등에서 조사한 바에 따르면, 면접이 서류보다 비중이 높다. 1차 시험인 서류 전형에서 좋은 점수를 차지했더라도, 면접에서 낙방하는 경우가 허다하므로 좀 더 비중 있는 면접 준비가 필요하다.

면접은 취업을 하기 위해서는 반드시 통과해야 되는 최종 관문이다. 또한 면접은 회사와 잘 맞는, 회사에 꼭 필요한 사람을 뽑는 과정이다. 많은 준비를 했지만, 생각지도 못한 질문을 받아 당황하고 엉뚱한 질문에 잘못 대답하면 떨어지는 것, 그것이 바로 면접인 것이다.

면접자들은 정답이 없는 문제에서 정답을 찾으려 하다 보니 당황하고 긴장해서 실수를 할 수밖에 없다. 기업은 패기가 있고, 책임감이 있으며, 유연한 사고와 창의력을 지녔고, 올바른 가치관, 자신의 의견을 논리적으로 전달할 줄 알고 자기 계발 능력이 있는 사람을 원한다.

평가를 높이는 면접 요령 15가지

1. 질문에 곧바로 응답한다. 면접관이 묻는 질문을 받아 바로 대답하는 것이 요령. 대화에는 리듬이 중요하다.

2. 질문의 의도를 파악한다. 질문의 의도를 바르게 이해할 수 있는 사람은 머리 회전이 빠르다는 증거다. 초점이 어긋난 응답은 듣는 사람을 어색하게 하므로 요주의.

3. 표정은 여유 있게. 냉정함과 무표정은 다르다. 웃는 얼굴을 없애지 말고, 신경 써서 명랑한 표정으로 임할 것.

4. 화제를 자신 쪽으로 끌어당긴다. 면접의 주도권을 쥐는 것이다. 스스로 이야기하기 쉬운 방향으로 화제를 변화시키는 기술도 필요.

5. 자신감을 갖고 이야기한다. 자신감이 없는 발언은 바로 태도에서 나온다. 가슴을 펴라.

6. 최선을 다해서 이야기한다. 조금 말을 알아듣기 어려워도 좋다. 전달하고 싶어

하는 기분이 중요.

7. 정열, 의욕, 품성을 잊지 않는다. 열의를 갖고 진정한 태도로 임한다.

8. 최후까지 포기하지 않는다. 시간제한을 채울 때까지 노력할 것. 최후까지 전력투구를.

9. 네, 아니요는 확실히. 질문에는 확실하게 "네", "아니요"라고 말하고 나서 자신의 의견을 설명하는 것이 중요하다.

10. 학생다운 언어를 사용하지 않는다. 친구들에게 사용하는 언어를 면접에서 사용하는 것은 예절에 위반. 은어나 속어, 약어도 사용해선 안 된다.

11. 어미는 확실하게. 어미를 확실하게 해야 방금 발언한 것이 중요하게 들린다.

12. 큰 소리로 시원시원하게. 발언은 명확한 것이 좋다. 큰 소리는 패기가 있어 보이며 또렷한 어조는 좋은 인상을 남긴다.

13. 상대의 이야기를 잘 듣는다. 듣는 것은 이야기하는 것보다 어렵다. 알맞은 정도의 호응도 건넨다. 다른 수험자의 이야기에도 귀를 기울인다.

14. 안정되고 듣기 쉬운 언어로, 빠른 어조나 주절대는 것은 안 된다. 능숙하게 시간을 두고 상대의 반응도 살피면서 대화를 진행한다.

15. 경어를 바르게 사용한다. 경어는 습관이 되어 있지 않으면 유사 시 올바르게 사용할 수 없다.

〈이필선, 「면접은 떨어뜨리기 위한 것이다」, 조선일보(2010. 9. 15.)〉

면접의 종류와 절차

(1) 면접의 종류

기업들은 자신들의 전문성에 적합한 인재를 찾기 위해 다양한 면접을 활용한다. 지원자의 이력서나 필기시험을 통해서는 기본적인 것만 파악할 수 있을 뿐 더 깊이 있는 파악은 불가능하다. 그렇기에 다양한 형태의 면접 중 기업의 성격에 맞는 면접을 통해 적절한 인재를 찾는 것이다. 여기에서는 다양한 면접의 종류와 그 효과를 알아보도록 한다.

가. 개별 면접

(가) 일대일 개별 면접

1명의 지원자와 1명의 면접관이 질의 응답하는 방식으로, 분야에 따라 배치된 면접관의 방에 차례로 이동하면서 진행된다. 개별 면접은 기업들이 최종 면접으로 많이 사용하는 것으로 중소기업의 경우 '신상과 자질'에 대한 질문이 주를 이루며, 대기업은 '인성이나 품성, 지원 동기'에 대한 질문이 많이 나온다.

◇ 대처요령
- 지원자 개인 고유의 능력을 최대한 발휘할 수 있는 방식이므로 편안한 자세로 임한다.
- 처음 2~3분간 자기소개를 요구하는 경우가 많으므로 대답할 내용을 미리 정해두는 것이 좋다.
- 지원 분야의 업무 담당자와 면접을 하는 경우가 많으므로, 해당 업무에 대한 구체적인 지식을 가지고 임하는 것이 좋다.

(나) 복수 면접관 개별 면접

다수의 면접관이 1명의 지원자에게 질의 응답을 하는 형식으로 진행된다. 집단 면접과 함께 기업체 면접에서 일반적으로 사용되는 방식이다. 대기업 실무자급 면접의 경우 '지원 분야에 대한 역량 파악'을 위한 심층 질문이 주로 출제된다.

◇ 대처요령
- 질문을 한 특정 면접관에게만 신경 쓰지 않도록 한다.
- 시선 처리에 유의하며 면접관 전원에게 대답하는 태도를 갖는다.

나. 집단 면접

면접관 여러 명이 여러 명의 지원자를 한꺼번에 평가하는 방법으로, 여러 명을 동시에 비교·관찰할 수 있고, 평가에 있어서 객관성을 유지할 수 있는 장점이 있어서 가장 일반적으로 사용되는 방식이다. 면접관이 지원자에게 질문하고 지명 순서에 따라 답변하면 된다.

◇ 대처요령
- 다른 지원자와의 지나친 경쟁심리는 금물이다.
- 다른 지원자와 질문 내용이 같더라도 당황하지 말고, "앞의 응답자와 같은 대답입니다만, 저는 …라고 생각합니다."와 같이 답변한다. 이 경우, 다른 지원자에 비해 세련된 답변을 하는 것이 평가에 유리하다.
- 자신의 대답이 끝났더라도 자세를 느슨하게 하지 않는다. 다른 지원자가 질문을 받거나 답변을 하고 있는 경우에도 경청한다.
- 개별 면접과 마찬가지로 처음 2~3분간 자기소개를 요구하는 경우가 많으므로 대답할 내용을 미리 정해두는 것이 좋다.

다. 집단 토론 면접

여러 명이 한 조를 이루어 동일 주제에 대해 토론하는 방식이다. 지원자들의 표현력, 협력적 태도, 조직적응력, 지도력 등 종합적 능력과 지식을 뚜렷이 드러내기 때문에 가장 까다로운 면접이라 할 수 있다. 이런 토론 면접을 통해 평가하고자 하는 것은 토론 주제에 대한 전반적인 지식과 논리성, 타인과의 협상·협의·절충을 이끌어내는 능력, 설득력, 표현력, 논리력, 언어 능력, 타인에 대한 배려심 등이다. 주제에 대한 결론이 명확하게 내려지는 것이 아니므로 결론만을 내려고 노력하지 말고, 자신의 의견을 논리적이고 설득력 있게 피력하고, 분위기를 이끌어서 자신의 발언이 면접관들의 인상에 남도록 하면 성공적이다.

조직 내 혹은 비즈니스 상황에서 적용될 커뮤니케이션 기술, 리더십 등에 대한 개인의 역량을 종합적으로 평가하기 위한 면접 방식으로 최근에는 팀워크, 대인관계, 협동성 등에 비중을 두면서 응시자들의 매너와 경청 태도까지 중요한 평가 사항이 되고 있다.

◇ 대처요령
- 자기만 돋보이고자 하는 태도는 바람직하지 않다. 함께 면접을 보는 동료들과의 협력적 자세나 팀워크도 동시에 파악한다는 점을 염두에 두고 면접에 응한다.
- 다른 지원자들의 의견이 자신과 다르더라도 발언을 가로막거나 지나치게 반박하지 않는다.
- 다른 지원자의 발언을 경청하고, 주제 이외의 발언은 삼간다.
- 발언 횟수와 시간을 적절히 조절한다. 지나치게 길게 얘기한다든지, 지나치게 적게 얘기하지 않도록 한다.
- 지나친 흥분과 과격한 언동은 절대 삼간다.
- 간단한 필기도구를 미리 준비하여 다른 사람의 의견을 메모하여 꼼꼼하고 치밀하다는 인상을 주는 것도 좋다.

라. 프레젠테이션 면접

시청각 개념이 가미된 새로운 방식으로 수동적 면접이 아니라 전문성 있는 주제에 대하여 지원자 자신의 의견, 지식을 발표하는 과정에서 지원자의 전문 지식, 현실 감각, 표현 방법, 문제 해결 능력을 효과적으로 평가할 수 있도록 고안된 면접 방식이다. 면접대기 시간 중에 담당자가 주제를 부여하거나 선택하게 하여 지원자가 즉석에서 준비한 후 의견을 발표하게 된다. 직무별로 전문성 있는 주제가 제한 요소와 시장 상황과 함께 제시되며 지원자는 전문 지식, 의견, 문제 해결 능력을 활용하여 문제에 대한 대응 방안과 새로운 전략을 도출하여 면접관 앞에서 프레젠테이션을 하게 된다.

　　◇ 대처요령
　　　• 언어 구사력, 실무 지식, 추진력 정도, 기여 분야 등에 걸쳐 상당한
　　　　준비가 필요하다.
　　　• 태도, 복장, 목소리, 느낌이 중요하다.
　　　• 관련 논지를 항목별로 나누어 논리적인 전개를 하고 명료한 어투를
　　　　사용한다.
　　　• 자신의 주관적인 견해와 함께 실례와 근거를 들면 더욱 좋다.
　　　• 면접관의 질문이 까다로워 대답을 제대로 할 수 없을 경우 모르겠다
　　　　고 솔직히 대답한다.
　　　• 지원사의 기존 문제를 사전에 입수하여 비슷한 유형의 주제를 준비해
　　　　보는 것도 도움이 된다.

마. 그 외 새로운 방식의 면접

⑺ 무자료 면접

지원자의 출신 지역, 학교, 전공, 성적 등의 기초 자료 없이 면접하는 방식이다. 선입관을 배제하고 객관적이고 공정한 평가가 가능하다는 장점이 있다.

⑷ 사원 면접

신세대 사원을 신세대가 뽑는다는 의식이 확산되면서 과장급 이하 사원들이 채점관이 되어 면접을 실시하는 것이다.

㈐ 동료평가 면접

지원자들에게 일정한 주제를 제시한 후 토론을 거쳐 지원자들이 다른 지원자를 상호 평가하도록 하는 면접 방식이다. 지원자들이 한 팀을 이뤄 간단한 자기소개 및 토론을 벌인 후 자신을 제외한 나머지 지원자에 대해 함께 근무하고 싶은 순서대로 번호를 적어 제출하는 방식으로 진행된다.

㈑ 술자리 면접

자연스러운 분위기에서 격의 없는 대화를 통해 지원자의 인성, 적성, 가치관, 잠재능력, 친화력 등을 평가한다.

㈒ 다차원 면접

면접의 일정한 틀과 형식을 벗어나 선배 사원과 지원자들이 회사 밖의 다양한 장소에서 자유로운 분위기 속의 다양한 집단 활동을 통해 지원자를 평가하는 방식이다. 놀이동산, 노래방, 볼링장, 산 등의 다양한 장소가 활용된다.

㈓ 합숙 면접

수험생과 면접관이 2박 3일 정도로 합숙하면서 인재를 가리는 방법이다. 기업은 비용과 시간이 많이 들지만 확실한 인재를 발굴한다는 측면에서 종종 활용한다. 금융권, 방송사 면접에서 대표적으로 진행되고 있다.

지난 6일 오전 10시 공병호 소장을 그의 집필실에서 만났다. 매일 오전 4시에 일어난다는 그는 1년에 약 375회 외부 기고를 하고, 책을 5권 넘게 쓴다. 외부 강연을 하는 회수만도 약 254회에 달한다. '자기경영의 대가'라고 불리는 그에게 면접을 앞두고 준비해야할 필수사항들에 대해 들어봤다.

- 면접관으로서의 경험이 많으시다. 면접관들이 가장 많이 보는 부분은 무엇인가?

  면접관들이 가장 중요하게 보는 것 중에 하나가 바로 '태도'다. 그런데 그 태도라는 건 평소의 품성이 드러나는 것이어서 단기간에 만들어내기 어렵다. 따라서 본인 생활 습관이 중요하다.

- 구체적으로 어떤 생활 습관을 말하는가?

  인사, 악수, 남과 대화를 나눌 때 앉아있는 자세, 상대방의 말을 끊지 않고 적절하게 화답하는 자세를 말한다. 특히 평소에 정중하게 인사를 하는 습관을 들이는 게 좋다. 거울을 보고 대화해보는 것도 추천한다. 일명 '유리 훈련'이라고 하는데, 거울에 비춰진 자신의 말하는 모습과 입모양을 관찰하며 어색한 부분을 고쳐나가는 방법이다.

- '태도' 말고도 주의해야할 부분은 있다면?

  (주저하지 않고) '음색'이다. 면접관에게 말을 할 때 또렷하게 발음하는 게 좋다. 우물거릴 경우 마이너스 요소가 될 가능성이 높다. 때문에 평소에 의도적으로 마지막 문장까지 정확하게 발음하는 연습을 하는 게 필요하다.

- 선천적으로 음색이 좋지 않게 타고난 수험생도 있을 수 있다. 이는 어떻게 대처하면 되는가?

  간단하다. 의도적으로 목소리 톤을 조금 올리면 된다. 면접관들 대부분 나이가 드신 분들이기 때문에 씩씩한 것을 선호한다. 모든 사람들은 본인이 못 가진 걸 좋아하는 심리적 특성이 있기 때문이다. 따라서 면접자들은 남녀 상관없이 평소 본인 목소리보다 한 톤 더 올려 씩씩하게 응답하는 게 좋다. 분명 면접관들에게 호감을 살 수 있을 것이다.

- 태도, 음색 등 첫인상과 관련된 부분에 대해서 조언해주셨다. 그만큼 첫인상이 면접에서 상당히 중요하게 반영되는 것 같다. 떠도는 이야기로 기업 면접에서는 약 3초 만에 불합격 여부가 결정된다고도 하는데 사실인가?

  비단 기업 면접뿐만 아니라 공직자 면접에서도 첫인상은 참 중요하다. 문을 열고 걸어오는 자세도 그렇고, 일단 (면접자에게) 몇 마디 시켜보면 딱 안다. 말할 때 교양상태가 다 드러나기 때문이다. 다시 말해 첫인상만큼 중요한 게 바로 면접자의 '교양상태'다. 공무원 공채시험을 준비하다보면 시사에 게을러질 때가 간혹 있는데 이는 면접 때

악영향을 줄 수 있다. 사전에 신문을 꾸준히 읽어두는 게 좋다.

● 신문의 모든 분야를 읽으면 좋겠지만, 그래도 '신문에서 이 면은 반드시 읽어야 한다'고 추천할만한 게 있다면?

주요 이슈를 비롯해 다양한 칼럼을 읽어두는 게 좋다. 여러 지식인들의 글을 읽어보며 일종의 '지적 인프라'를 구축해둬야 한다. 그리고 읽는 것에만 그칠 게 아니라 그것을 바탕으로 자신이 의견을 확립하는 훈련도 필요하다. 면접관의 다수는 면접자가 '자기 생각을 가졌는지, 아닌지'를 주의 깊게 보기 때문이다.

● 공직을 준비하는 수험생들이 면접을 대비해 특별히 갖춰 놓아야할 요건이 있다면?

'공직관'이 있어야 한다. 대기업은 사적 이익을 극대화하기 위해 가는 것이지만, 공직은 다르다. 희생, 봉사, 헌신이 중요하다. 이런 것에 대한 본인의 입장을 미리 생각해둬야 한다. '왜 공직이어야만 하는가?' 스스로 되물어보는 시간을 가져봐야 한다. 면접관도 면접자의 '가치관', '세계관', '공직관'이 가장 궁금할 것이다.

● 가치관에 대한 말이 나와서 하는 질문인데 진보, 보수와 같이 정치적 성향을 묻는 까다로운 질문이 나올 경우 어떻게 대처하는 게 좋은가?

우선 종교와 정치 등 첨예한 의견 대립을 일으킬 수 있는 이슈는 초면엔 서로에게 잘 안 묻는 질문지만 면접에서는 다르다. 면접관은 그 사람을 알고 싶어 한다. 그래서 정치적 성향을 충분히 물을 수 있다. 그런데 이때 면접자가 너무 프로그레시브(progressive, 진보·혁신적인) 쪽에 서면 약간의 불이익은 있을 것으로 보인다. 왜냐하면 나이 든 사람들은 진화, 개선에 대한 개념에는 익숙한 반면, 혁신의 개념은 낯설기 때문이다. 따라서 지나치게 진보에 치우친 답변은 자제하는 게 좋다.

● 자신의 의견을 '자제해서' 표현하는 게 막상 면접에서는 상당히 어려울 것 같다. 이를 보완하기 위한 다른 대책은 없는가?

감정을 잃어버리면 안 된다. 본인 감정에 취해서 시사 문제에 대해 격한 주장을 벌이거나 이모셔널(emotional, 감정적)하게 굴면 결정적 마이너스가 된다. 무엇이든지 관찰자 입장에서 '은은하게' 이야기 하는 게 좋다. 가장 좋은 말하기 방법은 '이런 생각을 가진 사람이 많습니다만 나는 이렇게 생각합니다' 식으로 말하는 것이다. 이런 방식으로 말하는 사람들의 경우 면접관과 의견이 일치하지 않더라도 좋은 점수를 받는다.

그리고 의견을 말할 때 두 번째로 중요한 건 비굴하지 않으면서 겸손해야 하는 태도를 잃지 않는 것이다. 대답은 훌륭했으나 면접자가 시종일관 자신감을 넘어서 거만해 보인다면 상당한 마이너스 점수를 받게 될 것이다. 겸손한 태도는 면접관의 경륜이라든지 경력에 대해 존중하는 마음에서 나온다는 걸 잊지 않길 바란다.

● 압박면접은 어떻게 대처하는 게 좋은가?

면접관은 면접자에게 '통제 능력'이 있는지를 검증하기 위해 일부러 '언짢은' 질문을 한다. 중요한 건 이를 사적인 개념(personal)으로 받아들여선 안 된다는 것이다. 일례로 성차별적 답변을 요구하는 면접관도 있을 수도 있다. 하지만 그건 그 면접관의 자질 문제일 뿐, 괜히 거기에 휩쓸려 굳은 표정을 지을 필요는 없다. 보통, 사람이 당황하면 얼굴이 굳는데 이를 본 면접관은 '이런 것도 통제 못하는구나'하고 생각한다. 따라서 질문을 대할 때 '면접은 직책에 합당한 사람을 찾기 위한 과정으로 면접관은 나라는 사람을 알기 위해 모든 종류의 질문을 던질 권리가 있다'고 생각하면 편하다.

● 끝으로 면접에서 유의해야할 사항이 있다면 무엇인가?

그동안 외부 초청인사 자격으로 면접관으로서 많은 활동을 해왔다. 그때 느낀 점은 예상외로 면접자들이 면접에서 주눅 든 모습을 보이거나 지나치게 떠는 경우가 많았다는 것이다. 이런 모습은 부정적인 인상을 준다. 이를 방지하기 위해선 면접 전 '결과에 상관없이 내가 가진 전체를 드러낸다. 판단은 면접관이 알아서 하는 것'이라고 생각하고 면접장에 들어오는 것이 좋다. 면접자가 아무리 노력해도 면접관들의 판단까지는 통제할 수 없다. 면접자는 이 사실을 인정하고 합격 여부를 미리 걱정하고 떨기보다는 자신이 할 수 있는 부분에 있어서 최선을 다한다는 소신, 자신감을 갖출 필요가 있다.

〈김포그니, 「면접의 달인'에게 묻다 1」, 법률저널(2010. 9. 10.)〉

(2) 면접의 절차

면접시험은 대기, 호출, 입실, 면접, 퇴실의 순서로 이루어진다. 면접의 사실상의 시험 상태는 대기에서부터 퇴실하기까지의 전 과정에 이르기까지 계속된다는 점에 주의하여야 한다.

가. 대기

(개) 시험은 면접 시험장에 들어서면서부터 시작된다. 시험장을 알리는 표시판 주위에는 면접시험에 관계되는 사람(안내 또는 인사담당직원)이 나와 있다. 그 사람에게 인사를 하는 것이 바람직하다.

(내) 면접시험은 대기실에서부터 시작한다는 마음가짐으로 20~30분 정도 일찍 도착하여 회사 환경에 익숙해지도록 마음을 안정시켜야 한다.

(대) 대기실에서 순서를 기다릴 때는 침착하고 바른 자세로 단정하게 기다리는 것이 좋다.

(래) 화장을 고쳐야 할 경우에는 대기실 입실 전에 대기실이나 면접실과는 다른 층 화장실에 가서 고치는 것이 좋다.

(매) 대기실 입실 후 조용한 자세로 자기 차례를 기다리며 예상 질문에 대한 대답을 최종적으로 정리하는 시간을 갖는다.

(배) 대기하는 동안 옆 사람과 잡담을 하거나 큰소리로 말하거나 흡연을 하지 않도록 한다.

(새) 차례가 가까워지면 다시 한번 복장을 가다듬어 면접실 내에서 머리나 옷을 만지는 일이 없도록 한다.

나. 호출

(개) 담당 직원이 이름을 부르면 똑똑히 대답하고 조용히 일어나서 직원이 안내하는 면접 장소로 향한다. 면접실 문을 가볍게 두 번 노크한 뒤 응답이 있으면 문을 열고 들어간다.

(나) 집단 면접인 경우 담당 직원이 직접 면접실로 인솔하여 들어가지만 개별 면접의 경우에는 먼저 면접실의 문을 노크하고 응답이 있은 후 문을 열고 들어가는 것이 좋다.

다. 입실

(가) 조용히 문을 닫고 들어간 후에는 면접관들을 향하여 30도 정도 허리를 굽혀 공손히 인사를 해야 한다. 개별 면접의 경우에는 인사를 한 후 "안녕하십니까? ○○부문에 지원한 ○○번 ○○○입니다."하고 정식으로 인사를 해야 하며, 집단 면접의 경우에는 담당 직원의 지시에 따라야 한다.

(나) 자리에 앉으라는 지시가 있기 전에 미리 앉지 않도록 한다. 등받이에 허리를 너무 기대고 앉거나 다리를 꼬아서는 안 되고, 두 손을 무릎 위에 가지런히 놓고 질문을 기다려야 한다.

(다) 시선 처리에 주의하여 면접관의 눈을 너무 빤히 쳐다보거나 시선을 이리저리 돌리지 말고 적절하게 시선을 맞추도록 한다.

라. 자기소개

(가) 대부분의 면접에서 3~5분 정도의 자기소개를 하게 된다. 이때 형제 관계 등을 진부하게 소개하기보다는 자신의 강점과 자신이 지원한 회사의 인재상에 부합하는 사람임을 부각시키는 방향으로 전개하여 면접관들에게 자신만의 뚜렷한 이미지가 형성되도록 하는 것이 좋다.

(나) 인상적인 자기소개는 면접관들의 질문을 유도하게 되어 유리하게 작용한다.

마. 질의응답

(가) 면접에 임할 때는 일관되게 바른 경어를 사용하여야 하며, 말의 속도가 너무 느리거나 빠르지 않도록 주의한다. 목소리가 너무 크거나 작은 것도 좋지 않으며, 말끝을 흐리는 것은 자신감이 없는 태도로 보이므로 각별히 유의한다.

(내) 질문이 시작되면 침착하고 밝은 표정으로 질문한 면접관을 바라보며 똑똑한 발음으로 대답한다.

(대) 질문의 요지를 정확하게 파악하고, 두괄식으로 대답한다.

(래) 이력서와 자기소개서의 내용을 바탕으로 질문을 하게 되므로, 기재된 내용과 일치하는 답변을 하도록 한다.

(매) 답변 내용이 마음에 들지 않거나 잘못했다고 생각하여 혀를 내밀거나 머리를 긁적이는 등 흐트러진 태도를 보이지 않는다.

(배) 질문이 떨어지자마자 바쁘게 대답하지 말고 잠시 생각하여 조리 있게 대답한다.

(새) 지나치게 수식어를 사용하여 말을 꾸미지 말고 솔직하고 자신 있는 태도로 대답한다.

(애) 곤란한 질문을 받더라도 이는 지원자의 상황 대처 능력을 보기 위한 것이므로 당황하거나 흥분하는 모습을 보이지 않도록 하며 재치 있게 답변하는 순발력을 보여야 한다.

(재) 질문에 대답할 말이 생각나지 않는다고 천정을 보거나 고개를 숙이고 바닥을 바라보지 말고 잠시 생각을 정리한 후 대답하도록 한다.

(채) 질문 내용을 잘 파악하지 못하였을 때에는 적당히 얼버무려 대답하지 말고 정중히 다시 물어 대답하도록 한다.

(캐) 모르는 부분에 대한 질문을 받을 경우에는 솔직하게 "잘 모르겠습니다. 그러나 귀사에서 면접관님을 다시 뵐 수 있는 기회를 주신다면 그때는 꼭 대답할 수 있도록 공부하겠습니다."라고 자신 있게 대답하는 것이 좋다.

(태) 면접 과정에서 표현한 어떠한 말과 행동들도 모두 그 사람의 전부로 여겨지므로 처음부터 끝까지 긴장을 늦추지 않는다.

바. 퇴장

(가) 면접이 끝났을 때에도 예의바른 태도를 잊지 말아야 한다. 들어왔을 때와 똑같이 30도 정도 허리를 굽혀 인사한 후 조용히 면접실을 나온다.

(내) 퇴장할 때도 미리 일어서지 말고 완전히 면접이 끝난 후 의자를 가지런히 정돈

하고 입실할 때와 마찬가지로 허리를 굽혀 인사를 하고 나와야 한다.

㈑ 개별 면접의 경우에는 "기회를 주셔서 감사합니다."라고 인사를 하는 것도 좋다. 이때 면접을 잘하지 못했다고 힘없는 표정을 보이거나 문을 거칠게 닫는 일이 없어야 한다.

취업 컨설턴트로서 많은 취업준비생들과 면접에 대해 이야기를 나누다 보면 이들에게서 한 가지 공통적으로 발견하는 것이 있다. 대개들 면접을 구술시험이라고 생각한다는 것이다. 다시 말해 대부분의 지원자들은 면접 질문들에 대해 정답을 이야기해야 한다는 강박관념에 사로잡혀 있다. 그러다 보니 '면접을 당한다'고 생각하며, '누군가는 떨어진다고 생각하고, 결과적으로 면접장에서 극도의 긴장감에 사로잡히게 된다. 특히 면접 초반 특정 질문에 대해 제대로 대답을 못하면 그 이후는 완전히 망가져 버리는 경우가 다반사다.

그런데 이러한 생각을 형성하는 원인을 생각해 보면, 그동안 취업준비생들이 중고등학교나 대학을 거치면서 시험 중심의 서열화에 익숙해져 왔고, 이에 더해 기존의 취업전문 사이트들이나 컨설팅 회사들이 이를 부추겼기 때문이라는 생각도 든다. 소위 족보에 대한 맹신 때문인 것이다. 족보라는 말 자체가 이미 면접이 시험이라는 의미를 내포하고 있지 않은가?

하지만 수많은 기업들의 채용제도를 분석하고 직접 설계해본 결과, 그리고 인사담당자나 현업 팀장 또는 임원들과 이야기를 나눠본 결과를 종합해보자면, 이 같은 생각은 선입견에 불과하다. 단언컨대 면접은 절대 시험이 아니다.

차근차근 생각해 보자. 면접이 시험이라면 기업은 사전에 정답을 정리해 두어야 한다. 그러나 대부분의 기업들은 질문 리스트는 가지고 있지만, 질문 별 정답을 따로 만들어 두지는 않는다. 필자 역시 주요 기업들의 채용제도를 설계하면서 정답을 만들어 본 적이 없다. 물론 질문 별 체크 포인트는 가지고 있다. 그리고 체크 포인트는 기본적으로 핵심가치와 직무역량에서 기대되는 행동들로 이루어진다. 일부 아주 정교한 채용제도를 적용하는 기업들의 경우, 각 행동들에 대한 긍정적인 근거(positive evidence)와 부정적인 근거(negative evidence)를 정의해 두기는 한다.

그런데 핵심은 그러한 기대 행동들이나 근거(evidence)들이 지나치게 상황의존적이어서 결과적으로는 개별 면접관의 해석에 좌우된다는 데 있다. 결국 면접관들은 정답을 맞추는 사람이 아니라 지원자가 제공하는 정보를 해석하여 종합적으로 판단하는 사람들인 것이다. 더구나 면접관은 기계가 아니다.

면접관은 면접을 진행하면서 지원자들에 대한 모종의 느낌을 갖는다. 결국 그 느낌이 면접관 개개인의 판단기준에 부합하면 합격이고, 그렇지 않으면 불합격이다. 이렇게 볼 때 절대 정답일 수 없는 정답을 외워서 말하려고 하면 할수록 면접관은 지원자에 대해 흥미를 잃게 된다. 기계적인 뻔한 대답 속에 무슨 느낌이 있겠는가? 더구나 모범 답안을 이야기하고자 한다면 지원자는 더욱더 평범해진다. 다른 지원자들도 똑같은 대답을 할 가능성이 높기 때문이다. 100 대 1의 경쟁 상황이라도 1이 되어야지 왜 99에 수렴하려고 하는가?

따라서 면접 시에는 면접관들의 느낌과 판단에 우호적으로 영향을 미칠 수 있도록 소통하는 것이 중요하다. 소통은 쌍방향의 상호작용이다. 시험과 같은 일방향의 게임이 아니다. 서로 이야기를 해나가면서 지원자가 다른 지원자들보다 얼마나 잘 준비된 인재인가를 면접관에게 진솔하게 드러내면 되는 것이다. 다만 언어적 소통에만 신경을 쓰면 안 된다. 표정이나 눈빛 또는 목소리 등과 같은 비언어적인 소통도 매우 중요하다. 억지로 만들려고 하지 말고 소울(soul)을 담아 이야기를 해보자. 그러면 최상의 언어적/비언어적 소통이 이루어질 것이다.

다시 한번 강조하지만 면접은 일방적인 구술시험이 아니다. 면접이라고 해서 긴장하지 말고 면접관과 소울이 담긴 소통을 하기 바란다.

〈최규현, 「면접은 '시험'이 아니라 '소통'이다」, 헤럴드생생뉴스(2014. 6. 15.)〉

03   면접의 전략

(1) 사전 준비

가. 지원 기업 및 직종에 대한 사전 조사

지원 회사에 관련된 정보를 신문이나 잡지 기사, 회사의 인터넷 사이트, 회사 연감, 그 회사에 다니고 있는 선후배나 친지를 통해 파악한다. 지원자의 이러한 준비된 태도를 통해 회사에 대한 지원자의 관심과 의욕을 보여줄 수 있다. 회사의 공식 명칭, 회사의 연혁, 회사의 사훈이나 경영 이념, 회장 또는 사장의 이름, 계열사, 인재상, 주력상품, 주가, 유사업종의 타사 동향, 회사의 잠재적 능력 개발에 대한 제언, 최근 관련 기사 등을 꼼꼼히 점검한다.

나. 지원 회사의 면접 시험 특징 및 질문 내용 검토

지원하고자 하는 기업의 면접 형태 및 자주 질문되는 항목에 대해 사전 연구를 하고 답변 내용을 준비해 둔다.

다. 제출한 서류 내용 숙지

면접에서는 입사지원서, 이력서, 자기소개서 등에 기재된 내용을 바탕으로 질문을 하게 되는 것이 일반적이다. 이미 제출한 서류의 내용과 면접에서의 답변이 일치하도록 서류들의 사본을 만들어 놓았다가 면접 직전에 검토한다.

라. 전공 과목 관련 지식 정리

면접에서 전공 분야와 관련된 질문을 받게 될 가능성이 높으니 전공 분야의 기초적 지식을 정리하여 질문에 정확하게 답변하도록 한다.

마. 시사 상식과 일반 상식 정리

면접시험에서 질문하는 시사 상식은 그 당시의 사건이 중심이 되는 경우가 많으므로 면접 시험일을 기준으로 약 1개월 동안의 신문이나 잡지를 정독하여 정리해 둔다. 면접 당일 그날의 조간신문은 반드시 꼼꼼히 읽는다. 특히 경제면, 정치면, 문화면 등을 중점적으로 읽는다.

바. 자기소개 연습

면접에 임하기 전에 자신의 성격의 장단점, 경력, 이력, 가족관계 등에 대해 조리 있게 설명하는 연습을 해 둔다. 면접에서 흔히 등장하는 질문들에 대해서도 나름대로의 답변을 생각해 둔다. 거울을 보면서 연습하거나 친구들이나 가족들 앞에서 모의 면접 연습을 하는 것도 도움이 된다.

(2) 면접 시 유의 사항

면접관이 질문을 통해 평가하고자 하는 사항을 사전에 점검해 두면 실제 면접에 도움이 된다. 지원자의 기본 자질 및 인성이 어떠한지, 지원자가 업무에 필요한 전문적 지식을 갖추고 있는지, 지원자가 조직 사회에 적합한 직업 의식을 가지고 있는 사람인지 등이 주요 평가 항목이 된다. 이를 측정하기 위하여 다양한 유형의 질문이 주어질 수 있다.

평가 항목	평가 사항	질문 유형
기본 자질 및 인성	성격, 태도, 인상, 가정환경, 대인관계, 조직 적응력 등	자기소개, 성격의 장단점, 인생관, 취미, 미래의 자신의 모습, 가족 · 친구관계, 동아리 · 봉사활동, 리더십 발휘 경험 등
전문 지식	전공 지식, 시사 상식, 지원 분야에 대한 지식, 외국어, 컴퓨터 등	전공 선택 이유, 전공 관련 전문용어, 관심 분야, 최근 이슈에 대한 견해, 구독 중인 신문이나 잡지, 지원 업종 · 직종 관련 전문용어, 지원 분야에 대한 최근 경향, 연수 경험, 보유 자격증, 외국어 능력, 컴퓨터 활용 능력 등

직장 의식 및 회사와의 융화도	지망 동기, 장래 포부, 회사에 대한 관심도, 인재상과의 적합성, 해당 직무 적정성 등	지망 동기, 회사에 대한 일반 사항, 회사에 대한 사회적 시각, 입사 후 근무 희망 부서, 입사 후 계획, 입사를 위한 노력, 해당 업종에 대한 전망, 타사와의 비교 및 차별화 전략, 타 기업 지원 여부, 원하지 않는 부서로의 발령 시 대응, 구체적인 부서 업무에 대한 이해, 직업관, 원하는 급여 수준 등

특히 여성 지원자의 경우 까다로운 유형의 질문을 받게 될 수도 있는데 이러한 질문에 민감하게 반응하는 것은 바람직하지 않다. 이런 질문 역시 지원자의 역량을 시험하기 위한 하나의 방편이므로 성차별적인 질문이라고 불쾌한 감정을 드러낼 것이 아니라 현명하게 답변하는 지혜가 필요하다.

질문 유형	답변 요령
여성 취업에 대한 견해	고학력 여성의 사회적 진출의 증가, 업종·직종의 다양화에 따른 여성인력 수요의 증가, 여성의 사회적 역할의 확대를 중심으로 여성의 자아실현과 사회적 여성인력자원 활용의 필요성을 부각시킨다.
회사에서 여사원의 역할	남성의 동일한 교육, 자신만의 노력에 의한 업무수행 능력, 그리고 여성의 섬세하고 꼼꼼한 성격과 사회활동을 통한 적극적인 성격의 조화로 탁월한 업무처리능력을 갖추었음을 부각시킨다.
결혼 계획	기업에서는 여성의 경우 입사 후 일정기간의 교육으로 업무에 대한 능력을 갖추었을 시기에 결혼을 하여 직장을 그만둘 것을 우려하여 채용을 꺼려하는 일이 있다. 결혼 계획에 대한 구체적인 시기의 언급은 피하는 것이 좋으며, 결혼 유무와 관계없이 직장 생활에 대한 의욕이 강함을 피력하고 가정과 일을 적절히 조화시킬 수 있음을 보인다.
차 심부름 등 잔심부름 요구에 대한 견해	남성이건 여성이건 신입사원으로서 잡일을 꺼려하는 자세는 좋지 않다. 이 질문은 피면접자의 직원으로서의 협동심, 조직 융화도 등을 보려는 질문이지 그 이상의 의미로 예민하게 반응할 필요는 없다. 잔심부름을 남녀차별과는 무관한 보조적 업무로 그리고 조직의 막내로서 업무의 연장선상에서 업무를 배워가는 과정으로 이해하는 태도가 좋다.
연장근무, 휴일근무, 출장에 대한 견해	사회에서도 여성이 보호 받아야 할 존재로 여겨져야 하는가, 아니면 동일한 조직의 구성원으로 여겨져야 하는가에 대한 의견을 묻는 질문이다. 자신에게 주어진 일은 자신이 끝까지 해결하려는 책임감과 프로정신, 업무 참여에 대한 진취적 의지를 부각시킨다.

이 외에 면접 과정에서 주의해야 할 점을 살펴보면 다음과 같다.

가. 첫인상이 당락의 50%를 결정하므로 밝은 인상과 자신감 있는 태도가 중요하다. 첫인상이 곧 외모를 말하는 것은 아니다. 면접관에게 좋은 인상을 줄 수 있도록 화장과 옷차림에 신경을 쓰는 것도 필요하다. 면접관이 가장 좋아하는 인상은 얼굴에 생기가 있고 눈동자가 살아있는 사람임을 명심한다.

나. 바른말을 사용하고 경어법 사용에 실수가 없도록 유의한다. 또렷한 어조로 자신감 있게 논리적으로 답변하고, 어미는 "~습니다" 체를 사용한다.

다. 면접관의 성향을 파악한다. 면접관들도 각자 다양한 기질을 가지고 있다. 성격이 극과 극인 면접관이 동일한 면접장에서 평가를 하는 경우도 있을 수 있다. 가급적 빠른 시간 내에 면접관의 성향을 분석하여 그에 맞는 대응법을 찾아내는 것이 매우 중요하다. 이러한 능력은 짧은 시간에 얻어지는 것이 아니라 많은 면접 경험을 통해 얻을 수 있는 부분이다. 그러므로 자신이 원하는 기업이 아니더라도 많은 경험을 얻는다는 생각으로 매번 최선을 다하는 자세가 필요하다.

라. 과장, 허풍이나 거짓말은 삼간다.

마. 지나치게 비판적인 언동은 삼가고 겸손한 태도를 유지한다. 면접관을 설득하려고 해서는 안 된다.

바. 지나치게 많은 말과 궤변, 암기한 내용을 읊는 듯한 대답은 금물이며, 답변은 일관성 있게 한다.

사. 시선 처리와 손 처리에 유의한다. 적절하게 시선을 맞추고 너무 빤히 쳐다보거나 눈동자를 이리저리 돌리지 않는다. 손은 무릎 위에 가지런히 올려놓는 것이 좋으며 손장난을 하지 않는다.

아. 끌려가는 면접이 아니라 리드하는 면접이 되어야 한다. 자신감을 가지고 자기 PR에 충실하며, 자신이 지원 분야의 최고 적임자임을 강조한다.

자. 단답형의 답변이나 추상적인 표현보다는 구체적인 예를 들어 이야기를 풀어나가되, 대답은 두괄식으로 핵심을 먼저 말한 뒤에 설명을 붙인다. 한 가지

질문에 대한 답변 시간은 2~3분으로 길어도 5분 안에 종결한다.

차. 모르는 질문이더라도 얼버무리거나 허둥대지 말고, 아는 데까지 최선을 다해 대답하고 모르는 부분은 솔직히 시인한다.

카. 답변에 자신이 있다 할지라도 질문 도중에 끼어들거나 질문이 끝나자마자 대답하지 않는다. 약 2~3초 후에 대답하는 것이 좋다.

타. 질문하는 면접관을 끝까지 성실하게 주시한다. 답변 내용을 생각하기 위해 시선을 돌리거나 다른 생각을 하고 있다는 인상을 심어 주지 않도록 한다.

파. 면접이 끝나면 조용히 일어나서 정중히 인사하고, 자신의 답변이 마음에 들지 않아 낙담했더라도 끝까지 미소를 잃지 않도록 한다.

하. 마지막까지 긴장을 늦추지 않는다. 면접관은 입실에서부터 퇴실까지 일거수 일투족을 평가하므로 마무리도 깔끔하게 한다.

　　취업을 희망하는 학생들이 취업을 준비하고 가슴 졸이던 시간과 비교하면 찰나의 순간에 끝나버리는 면접. 이 짧은 시간 동안 어떻게 하면 자신의 이미지를 효과적으로 창출할 수 있을까? 그리고 과연 이 이미지 창출에 영향을 미치는 요인들은 무엇인가?

　　사람의 이미지를 결정하는 데 표정이나 복장 등 눈에 보이는 것 못지않게 중요한 것이 바로 음성이다. 특히 대부분의 입사 면접이 질의와 응답 또는 토론으로 이루어지기 때문에 면접에서 좋은 점수를 얻는 데 음성이 끼치는 효과는 매우 크다. 사람은 누구나 자신이 말하는 소리를 듣고 있다.

　　하지만 이 소리와 상대방에게 들리는 음성에는 약간의 거리가 있다. 자신의 목소리를 자신이 듣게 될 경우 두개골 내에서 약간의 울림을 거친 후 듣게 되기 때문에 남에게 들리는 음성보다 약간 낮은 톤으로 인식된다. 실제로 자신의 목소리를 녹음기에 녹음한 후 들어보면 이전까지 듣던 목소리와는 전혀 다른 소리를 들을 수 있다.

　　물론 음성은 각기 태어날 때부터 타고나는 것이라 할 수 있다. 하지만 음성도 훈련 여하에 따라 충분히 맑고, 부드럽고, 거침없고, 톤과 음량도 적당하고, 속도도 상대방이 듣기에 매우 적절하게 될 수 있다. 타고나는 음성이 1이라면, 연습과 훈련을 통해 갖게 되는 음성이 바로 나머지 99%를 차지하게 되는 것이다.

만약 자신의 음성이 상대방에게 호감을 주기 힘들 정도라면 음성 연습을 통해 이를 교정할 필요가 있다. 심하다면 전문가의 도움을 얻거나 의료적 처치를 받아야 하겠지만 그렇지 않은 경우 충분히 자신만의 연습으로도 음성을 효과적으로 사용할 수 있다. 전문가들이 권하는 효과적인 음성 훈련법은 다음과 같다.

● **자세를 바로 하라**

음성을 효과적으로 사용하기 위한 대전제가 바로 바른 자세다. 바른 자세의 기본은 가슴을 올리고 배를 집어넣는 것. 서 있는 자세라면 양쪽 다리에 체중을 균형 있게 배분하는 것이 중요하다. 그리고 앉아 있을 경우 절대로 다리를 꼬지 않도록 한다.

● **다양하게 사용하라**

말의 톤이나 고저 등을 다양하게 사용할 수 있도록 노력하는 것이 좋다. 같은 말이라 해도 그 톤이나 높낮이에 따라 뜻이 천양지차로 달라 질 수 있다는 것은 모두가 아는 상식. 그리고 음성의 고저로 긴박감을 표현하는 등 다양한 표현이 가능하다. 그러므로 내용과 상황에 따라 음성을 다양하게 사용할 수 있도록 평소에도 연습을 해두는 것이 좋다.

● **생동감 있게 하라**

목소리에 생동감이 있는 사람은 나이도 젊어 보일 뿐 아니라 피곤한 상태라 해도 활력이 넘쳐 보이게 마련이다. 하지만 음성을 잘못 사용하면 겉늙어 보이거나 힘이 없게 들릴 수도 있다. 그러므로 피곤한 음성으로 말하기보다는 가능한 한 활기 있게 얘기하는 습관을 들이는 것이 좋다.

● **음성을 낮춰라**

남에게 매력을 나타내고 설득을 위해 확신을 주려면 목소리를 약간 낮게 내는 것이 좋다. 의외로 낮은 목소리가 명랑하게 들릴 뿐 아니라 따뜻하게 들리므로 낮은 톤으로 말할 수 있도록 꾸준히 연습하는 것이 좋다. 특히 전화 대화나 마이크를 사용한 발언에서 낮은 목소리가 무엇보다 신뢰를 얻을 수 있다.

● **콧소리와 날카로운 소리는 금물**

흔히 평소에도 비음이 섞인 목소리를 내는 사람이 있는데 이처럼 콧소리를 내는 사람은 말을 할때 턱과 혀를 느슨하게 하고 목과 입을 열어 소리가 코로 나오는 대신 입으로 나도록 의식적으로 연습할 필요가 있는데 자신이 이러한 소리를 내고 있다고 스스로 인식되면 자세를 바로 하고 가슴을 진정시켜야 한다.

● 음성도 관리는 필수

피곤한 경우에는 십중팔구 음성이 거칠게 나오게 된다. 그러므로 면접이 있을 경우 전날에는 음성을 위해서도 충분한 휴식을 취해두는 것이 좋다. 그리고 담배와 목기침, 너무 많이 웃는 것 등도 목을 혹사시킬 수 있으므로 피해야 한다. 목소리가 잘 나오지 않을 때는 길게 숨을 쉬거나 따뜻한 차를 마시는 것이 좋다. 또 가래가 끓는 사람이라면 면접 몇 시간 전부터 맥주와 우유를 피하는 것이 좋다.

● 바디랭귀지도 잘 사용하면 효과적

한편 음성만큼이나 말을 할 때 상대방의 주목을 끄는 것이 바로 손짓, 눈빛 등의 바디랭귀지라 할 수 있다. 흔히 말을 하면서 손을 흔드는 사람을 볼 수 있는데 이 같은 바디랭귀지는 상대방의 시선과 정신만 산란하게 할 뿐 자신의 이미지를 호감 있도록 형성하는 데는 전혀 도움이 되지 않는다. 하지만 바디랭귀지를 도외시해서만은 안 된다. 몸의 움직임을 어떻게 하느냐에 따라 보다 진지하고 자신감 있게 보일 수 있기 때문이다. 바디랭귀지를 효과적으로 사용하면 의미를 명확히 할 수 있을 뿐만 아니라 대화를 활기 있게 하고 다른 사람이 더욱 깊은 관심을 보이도록 할 수 있다. 그러나 말하고자 하는 내용과 상반되는 몸의 움직임은 오히려 하지 않느니만 못하다고 할 수 있다.

● 자신감 있는 걸음걸이

이밖에 면접 장소에서 바디랭귀지만큼이나 중요하게 작용하는 것이 바로 걸음걸이다. 사람마다 걸음걸이는 모두 다르지만 어깨를 꾸부정하게 굽히고 발을 질질 끌면서 걷는 사람은 결코 어느 곳에서도 좋은 평가를 받기 힘들다. 그러므로 자신 있고 매력적인 걸음걸이를 위해서는 평소의 연습이 필요하다.

먼저 머리는 걸음을 옮길 때 유연하게 움직일 수 있도록 하되 높이 쳐든 상태를 유지하는 것이 좋다. 그리고 어깨는 거의 움직이지 않도록 하며 팔은 부드럽고 자연스럽게 두 팔을 동시에 움직이는 편이 바람직하다. 그리고 손은 손바닥이 안으로 향하도록 하고 배는 들이민 상태를 유지하며 엉덩이를 흔들지 않도록 주의한다.

또 보폭은 짧게 하되 너무 위협적이지 않도록 하며 한 걸음의 폭이 다리 길이보다 길지 않도록 하는 편이 안정돼 보인다. 무릎은 편히 힘을 빼고 양발이 평행이 되도록 5cm가량의 사이를 두고 걷는 연습을 하는 것이 좋다.

흔히 말재주가 뛰어난 사람은 부정적인 평가를 받게 마련이다. 하지만 신언서판이라는 말도 있듯이 사람을 평가하는 데 말씨와 음성 등은 큰 영향을 미치게 된다. 음성 역시 자신의 이미지 메이킹에 큰 몫은 차지 한다는 점을 명심하고 평소에도 훈련을 게을리 하지 말아야 한다는 것이 이미지 메이킹 전문가들의 조언이다.

〈이필선, 「면접에서 콧소리는 금물! 목소리도 훈련과 연기가 필요하다」, 조선일보(2010. 11. 17.)〉

(3) 면접 화법

가. 말하기의 태도

면접은 단순한 의사소통이 아니라 비교적 짧은 대화를 통해 자신을 가장 효과적으로 드러내야 하는 상황에서의 말하기이므로 다른 말하기 방식보다 태도의 중요성이 강조된다.

(가) 바른 자세

음성을 효과적으로 사용하기 위한 대전제가 바로 바른 자세이다. 바른 자세의 기본은 가슴을 올리고 배를 집어넣는 것. 서 있는 자세라면 양쪽 다리에 체중을 균형 있게 배분하는 것이 중요하다. 그리고 앉아 있을 경우 절대로 다리를 꼬지 않도록 한다.

(나) 시선 처리

면접의 성패는 처음 몇 초가 좌우한다. 면접관과의 첫 눈맞춤은 자신을 인식시킬 수 있는 절호의 기회이다. 짧은 시간에 자신 있는 눈빛과 존경심을 담아야 한다.

㈐ 미소

"웃는 얼굴에 침 못 뱉는다."는 말이 있듯이, 첫인상을 좌우하는 데 가장 큰 영향을 미치는 것은 바로 미소이다.

㈑ 효과적인 동작 언어

음성만큼이나 말을 할 때 상대방의 주목을 끄는 것이 바로 손짓, 몸짓 등의 동작 언어라고 할 수 있다. 지나치게 산만한 몸짓은 이미지를 호감 있도록 형성하는 데 전혀 도움이 되지 않는다. 그러나 효과적으로 사용하면 대화를 활기 있게 하고 다른 사람이 자기 자신에게 더욱 깊은 관심을 보이도록 할 수 있다.

'미소(微笑)'를 사전에서 찾아보면 소리 없이 빙긋 웃음이라고 적혀있다. '눈빛'과 함께 '마음의 창'이라 불릴 수 있는 미소는 명확하고 또렷한 시선과 함께 푸근한 교감을 상대방에 전달하는 역할을 수행하기에 취업 면접, 프레젠테이션 등 원활한 커뮤니케이션이 요구되는 자리에서 큰 중요성을 가진다.

최근 영국에서 불특정 남녀 2,000명을 대상으로 진행된 설문조사 결과를 보면, 여성 응답자의 50% 이상은 남자를 처음 볼 때 중요시하는 것이 '미소'라 답했고 남성 역시 여성을 처음 볼 때 가슴, 다리 같은 몸매보다는 입가의 미소를 유심히 본다고 답했다. 뿐만 아니라 이들 중 여성 67%와 남성 53%는 본인 미소가 정말 매력적인지 고민이라고 응답했다.

그렇다면 같은 미소라도 조금 더 상대방에게 호감을 줄 수 있는 형태가 있지 않을까? 지난 19일(현지시간) 영국 일간지 데일리메일의 보도에 따르면, 그저 평범한 웃음의 한 부분인 줄만 알았던 미소에도 자그마치 6가지의 세부형태가 있다고 한다.

영국 옥스퍼드 대학 심리학자이자 신체언어전문가인 피터 콜렛 박사의 설명에 따르면, 미소는 '뒤센 미소', '눈썹 간격 넓히기 미소', '눈썹 간격 좁히기 미소', '쓴 미소', '비밀 미소', '함박 미소'의 6가지로 세분화된다.

먼저 '뒤센 미소'는 19세기 프랑스 신경학자 기욤 뒤센이 발견해 그의 이름이 붙은 미소로 어떤 가식 없이 자연스럽게 나오는 미소를 말한다. 이는 42개의 얼굴 근육 중 대협골근과 눈 둘레 안와근의 두 개 근육만 사용해주는 것으로 광대뼈 근육을 움직일 시 나오는 인위적 요소가 전혀 없는 것이 특징이다. 이 미소는 다시 '눈썹 간격 넓히기 미소'로 연결되는데 눈과 눈썹사이가 넓어지며 자연스럽게 치아가 드러나는 것으로 둘 다 상대방에게 꾸밈없는 솔직함과 복종의 의미를 전달해 취업 면접에서 적합한 미소라 정의할 수 있다.

'비밀 미소'와 '눈썹 간격 좁히기 미소'는 치아가 많이 드러나지 않고 눈에 힘이 들어간 상태에서 살짝 입 꼬리가 올라간 뒤 눈썹과 눈 사이가 좁아지는 형태로 둘 다 가볍게 보이지 않으면서 지적임이 강조된다. 그런데 여기에 상대방에 대한 호감도 잃지 않아 중요 회의에서 설득력 있는 발표를 요하거나 직장 내 승진을 앞뒀을 때 필요한 미소로 볼 수 있다.

'쓴 미소'는 치아가 전혀 드러나지 않으면서 눈빛만으로 웃는 것인데 언뜻 보면 비밀 미소와 비슷한 것 같지만 이보다 더 스스로를 감추는 성향이 강하다. 자신의 마음을 들키지 않으면서 다른 누군가와 무언의 암시를 주고받을 때 적합하다.

마지막으로 '함박 미소'는 입을 크게 벌린 뒤 매우 동적으로 웃는 것으로 주위 사람들에게까지 미소를 전염시키는 경우가 많다. 이 경우는 많은 수의 공감을 요하는 자리에서 타인에게 자신의 뜻에 동의를 구하고자 할 때 지어주면 효과가 크다.

(위) '뒤센 미소', '눈썹 간격 넓히기 미소', '함박 미소'
(아래) '눈썹 간격 좁히기 미소', '쓴 미소', '비밀 미소'

〈조우상, 「어떤 '미소'가 면접에서 효과 있나?…6가지 유형 분석」, 서울신문(2014.05.21.)〉

나. 말하기의 형식

㈎ 명확한 의사전달

질문에 대한 대답은 논리적이어야 한다. 내용이 조금 빈약하더라도 당당하게 이야기한다. 결론을 먼저 말하고, 이유를 설명하는 화법이 비교적 간결하면서도 자신 있게 표현하는 방법이다. 이를테면 "~라고 생각합니다. 그 이유는 첫째, ~이고, 둘째, ~이며, 셋째, ~입니다."라는 두괄식 나열법으로 말하는 것이 좋다. 또 의식적으로 말끝을 분명하게 해서 상대방이 잘 알아들을 수 있도록 발음한다. 평상시 말하는 것보다 조금 더 큰 목소리로 내야 한다.

질문	지금 배우고 있는 것이 있습니까?
대답 1	저는 항상 무엇인가를 배우려고 노력하는 편이고 항상 새로운 것에 도전하는 것을 좋아합니다. 지금은 이런 저런 일들로 바빠서 배우고 있는 것이 특별히 없지만, 언젠가는 악기를 배우고 싶습니다.
대답 2	저는 항상 무엇인가를 배우려고 노력하는 편이고 항상 새로운 것에 도전하는 것을 좋아합니다. 지금은 졸업 준비와 취업 준비로 바빠서 배우고 있는 것이 특별히 없지만, 다음 달부터 기타를 배울 계획입니다. 친구와 함께 기타 학원도 등록해 두었습니다.
평가	지금은 배우고 있지 않지만, 앞으로 배우려는 자세는 아주 좋다. 그러나 '언젠가'이 아니라 구체적인 시기를 나타내는 단어를 사용하면 더욱 적극적인 사람으로 보일 수 있다. 그리고 어떤 악기인지 구체적으로 대답하는 것이 좋다.

㈏ 올바른 언어 선택

이야기에 능한 사람은 자신만의 대화 스타일을 터득하고 있다. 하지만 정확하게 이해하지 못하는 말을 무리하게 사용한다든가, 유행어를 함부로 사용한다든가 하면 경박하게 보이게 된다. 따라서 올바른 어휘를 선택해야 한다.

또 적합한 경어의 선택도 매우 중요하다. 올바른 경어의 사용이 쉬운 것 같지만, 실제는 그렇지 않다. 시간, 장소, 지위 등의 환경이나 조건에 따라 구분하여 쓰는 것이 중요하다. 제대로 된 경어법을 사용하지 못하면 지원자의 다른 능력까지 정당하게 평가받지 못할 가능성도 있으므로 각별한 주의를 요한다. 특히 존대어와 겸양어는 혼동하기 쉬우므로 조심해야 한다.

질문	왜 하필이면 광고업계를 선택했습니까?
대답 1	지금 우리의 생활과 가장 밀접한 관계를 가지면서, 물건을 사고파는 행동 가운데 광고는 꼭 필요하다고 생각해서요. 그래서 사람과 가장 친밀한 업계에 종사하고 싶다는 생각으로 선택했어요. 그리고 광고는 문화를 만드는 것이기 때문에, 그 문화의 일익을 담당하고 싶다는 생각에서 지원하게 되었어요.
대답 2	지금 우리의 생활과 가장 밀접한 관계를 가지면서, 물건을 사고파는 행동 가운데 광고는 꼭 필요하다고 생각합니다. 그래서 사람과 가장 친밀한 업계에 종사하고 싶다는 생각으로 선택했습니다. 그리고 광고는 문화를 만드는 것이기 때문에, 그 문화의 일익을 담당하고 싶다는 생각에서 지원하게 되었습니다.
평가	면접에서는 격식체를 사용하는 것이 바람직하다. 비격식체인 '~요'체를 사용하는 것은 좋지 않다. '생각해서요', '선택했어요', '되었어요'라는 '~요'체 어미의 사용은 어른스럽지 못하다는 인상을 준다. 면접에서는 격식체인 '~습니다'체를 사용하도록 한다.

㈐ 음성 관리

말의 톤이나 고저 등을 다양하게 사용할 수 있도록 노력하는 것이 좋다. 목소리에 생동감이 있는 사람은 피곤한 상태라 해도 활력이 넘쳐 보이게 마련이다. 남에게 매력을 나타내고 설득을 위해 확신을 주려면 목소리를 약간 낮게 내는 것이 좋다. 의외로 낮은 목소리가 명랑하게 들릴 뿐 아니라 따뜻하게 느껴지므로 꾸준히 연습해 두는 것이 좋다. 특히 마이크를 사용한 발언에서 낮은 목소리가 무엇보다 신뢰를 얻을 수 있다. 비음이 섞인 목소리와 날카로운 소리는 금물이다.

㈑ 적절한 시간 배분

일반적으로 한 가지 사실을 이야기하거나 설명하는 데는 3분이면 충분하다. 복잡한 이야기라도 어느 정도 길이로 요약해서 이야기하면 상대도 이해하기 쉽고, 자기의 생각도 정리할 수 있다.

다. 말하기의 내용

㈎ 충분한 정보

"누울 자리를 보고 다리를 뻗으라"는 속담이 있다. 그 회사에 대한 사전 조사는 관심으로 변해 면접관에게 좋은 인상을 줄 수 있다. 각 회사의 홍보실이나 대외 홍보물을 통해 연혁과 사훈, 그리고 최근 동향 등을 알아볼 수 있다. 분위기가 좀 부드러운 면접이라면, 가장 세련된 테크닉으로 때로는 면접관에게 회사 경향에 대한 질문도 해서 회사의 장점을 알릴 수 있는 기회를 준다.

질문	이 회사에 입사하려는 동기는?
대답 1	저는 예전부터 마케팅 분야에 관심이 많았습니다. 또 주위에서 저에 대해 적극적이고 도전의식이 크다는 평을 자주 했고 실제 적성도 마케팅에 맞는다고 판단하였습니다. 평소 귀사는 제가 일하고 싶던 직장이었으므로 이번 기회에 귀사의 마케팅 분야에 지원하게 되었습니다.
대답 2	제가 귀사에 지원한 동기는 두 가지입니다. 첫째는 귀사의 제품들이 소비자들로부터 큰 신임을 받고 있다는 것, 둘째는 수출실적이 높다는 것입니다. 저희 집에서는 귀사의 대표적인 상품의 하나인 가전제품을 사용하고 있는데 어머님께서는 항상 말씀하시기를 견고성, 편리성, 유익성, 디자인 등에서 어느 회사의 제품보다 훨씬 더 우수하다고 하셨습니다. 어머님의 친구분들, 그리고 이웃집 분들도 귀사의 제품을 사용하고 있음을 자랑으로 여기고 있었습니다. 이러한 주위의 평판을 통해 귀사에 대한 신뢰와 호감도가 점점 커지게 되었습니다. 소비자들로부터 깊은 신뢰를 받는 품질의 상품을 생산해 내는 귀사는 그만큼 건전하고 장래성이 있는 회사일 것이라는 판단을 하게 되었기 때문입니다. 작년에 국내기업의 수출실적에서 10위권 내에 들었다는 사실을 알게 된 후, 그만큼 해외시장의 개척과 확보에 적극적이며, 그러기 위해서는 얼마나 큰 노력이 있었을까 하는 생각이 들었습니다. 국내시장에 안주하지 않고 해외시장을 개척하는 귀사의 도전정신과 추진력을 생각해 볼 때, 저의 젊음을 바쳐볼 만한 가치가 충분하다는 생각이 들어 귀사를 지망했습니다.
평가	이 질문은 거의 모든 면접에서 서두에 물어보는 가장 빈도 높은 문제이다. 대부분 '저의 적성에 맞아서', '제가 평소에 바라던 곳이므로' 등의 답이 많다. 그러나 이렇게 간단하게 끝낼 것이 아니라 그 지망동기의 배경을 충분히 설명해서 시험관의 공감을 얻을 수 있도록 한다.

㈎ 간단명료한 내용

짧은 시간 내에 물어보는 질문 몇 가지로 당락이 결정되는 것이 면접의 생리이다. 무슨 말이든 쉼표, 마침표가 빨리 나타나지 않으면 집중해서 들을 수 없다. 복문이 여러 개로 구성되면 나중에는 수습을 하지 못해 당황하게 된다. 지나친 단답형도 문제가 되지만, 화려한 미사여구에 가려서 주제가 희석되는 문장도 피해야 한다.

또 어떤 식으로든지 합격해야겠다는 욕망이 지나쳐 필요 이상의 말을 한다든가 하는 잘못을 범해서는 안 된다. 특히 집단 면접, 혹은 집단 토론을 할 경우 주의해야 할 점은 논리에 맞지 않는 궤변보다는 자기 나름대로의 소신을 분명하고 간결하게 펼쳐보여야 한다는 것이다.

㈐ 솔직함

질문 사항에 대한 거짓이나 과장은 금물이다. 답이 생각나지 않을 때에는 "죄송합니다. 잠시 생각할 시간을 주시겠습니까?"라고 말한다. 오류를 지적받았거나 말이 꼬일 때도 마찬가지이다. 모르는 질문을 받았을 때 아는 체 하려고 변명을 늘어놓으면 거짓말에 능숙하다는 인상을 준다. 차라리 솔직하게 말하고 더욱 열심히 노력하겠다는 겸양으로 대신한다.

㈑ 위트와 재치

상황에 맞는 유머는 대화를 활성화시킨다. 딱딱한 주제나 격앙된 토론에서 에피소드를 첨가하면 깊은 인상을 심어줄 수 있다.

질문	많은 여성들이 취업을 하고 보통 결혼을 바로 하던데 아이가 생기면 장기간의 사회생활은 어렵지 않겠습니까?
대답 1	그렇지 않습니다. 저는 이 분야에서 일하기 위해 정말 많은 시간 동안 노력했습니다. 대학전공도 이 분야에 유리한 것으로 선택해서 열심히 공부했고 필요한 자격증도 최대한 취득하기 위해 많은 투자를 했습니다. 이런 저의 열정이 입사 후 결혼을 한다고 해서 변하리라고는 생각하지 않습니다. 결혼 후 양육문제나 가사활동 등 많은 고민거리가 생기겠지만 결코 회사 일에 문제가 생기는 일은 없을 것입니다. 최대한 제 업무에 충실할 것을 약속드립니다.

대답 2	저는 어머니나 주변의 친척 어른들을 통해서 여성이 일과 가정생활을 현명하게 이끌어가는 모습을 보고 자라서 입사와 결혼 후에도 오랫동안 사회활동을 하는 것이 당연하다고 합니다. 귀사에서 제 능력을 발휘하고자 투자해왔던 저의 열정과 노력이 결코 헛되지 않도록 앞으로도 자기관리에 소홀하지 않을 예정입니다. 참고로 말씀드리자면 저의 어머님이 체력이 매우 좋으시고 아이들을 무척 예뻐하십니다. 작년에 이미 계약서에 사인도 해둔 상태라는 걸 알려드리고 싶습니다.
평가	실제로 많은 여성 지원자들이 이러한 질문을 받는다. 이럴 때에는 무작정 업무에 충실하겠다고만 해서는 상대방을 설득시킬 수 없다. 일에 대한 열의를 보임과 동시에 재치 있는 대답을 곁들인다면 딱딱한 면접 분위기를 가볍게 풀어줄 수 있다.

(4) 다양한 면접에 대비하기

가. 프레젠테이션 면접

프레젠테이션 면접은 대부분의 지원자들이 어려워하고 걱정하는 부분이다. 그러나 문제에 해답이 될 힌트가 들어있으니 당황하지 말고 침착하게 주어진 주제와 내용에 대하여 정확하게 파악하고 분석하여 자신의 결론을 논리적으로 발표하면 된다. 프레젠테이션 주제는 상경계의 경우 대부분 실무에서 겪을 법한 의사 결정 상황이 주어지고 이에 대한 해결책을 제시하는 문제가, 이공계의 경우 전공 관련 문제가 출제될 수 있으니 지원자들은 면접 전에 반드시 자신의 전공에 대한 기초적인 지식을 숙지한 후 면접에 임하는 것이 좋다. 프레젠테이션 면접의 핵심은 명확한 문제 정리와 그에 따른 논리력, 설득력, 그리고 자신감과 소신 있는 태도에 있다. 정확하게 아는 것이 아니어도 아는 부분까지 최대한 노력해서 논리적으로 설명을 하려는 자세가 필요하며 틀린 부분에 대해 지적을 받게 되더라도 불쾌해 하거나 당황하는 내색을 하는 것은 바람직하지 않다. 면접 후에 자신의 지식이 될 수 있도록 정확한 내용을 확인하겠다는 열린 자세를 가질 필요가 있다.

나. 영어 면접

(가) 영어 면접의 중요성

국제화로 인해 외국 기업의 유치와 국내 기업의 해외 투자 사업이 활발해진 상황에서 영어는 입사 시험뿐 아니라 입사 후 승진에까지 영향을 미치고 있다. 외국계 기업만이 아니라 국내 기업에서도 영어 면접을 보는 경우가 많아졌으므로 지원 회사를 불문하고 영어 면접을 기본적으로 준비해 두는 것이 좋다.

(나) 평가 내용

주로 개인의 신상이나 업무에 대한 개인의 태도, 가치관 등 비교적 쉬운 질문들로부터 시작한다. 이를 통해 지원자의 듣기 태도, 눈동자의 움직임, 묻는 말에 대한 성의 있는 답변과 예의 바른 태도, 영어 어휘력, 제스처, 지루하지 않게 편안한 분위기를 만들어내는 개인적 화술, 그리고 지원자가 구사하는 영어의 '전달력, 발음, 명확성, 속도, 소리의 크기' 등의 기술적인 면도 평가된다.

영어 면접은 사용하는 언어가 영어일 뿐 기본 사항은 일반 면접과 별반 차이가 없다고 생각하고 편한 자세로 임하면 된다. 그러기 위해서는 일반적으로 예상되는 주요 질문을 뽑아서 그에 대한 답변을 반드시 준비해 두어야 한다. 영어를 모국어 화자처럼 유창하게 해야 한다는 부담을 갖지 말고 자연스럽게 영어로 얘기할 수 있는 모습을 보여 준다는 점에 중점을 두고 임하도록 한다.

(다) 영어 면접의 종류

① 한국인 면접

㉠ 대부분 일반 면접 중에 병행되므로 면접 시간이 비교적 짧다. 이 짧은 시간에 지원자들이 완전한 실력을 발휘하거나 영어 면접을 통해 인성, 품성 등을 평가한다는 것은 거의 불가능하므로 영어가 다소 부족하더라도 중도에 포기하지 말고 끝까지 성의 있는 답변을 하는 것이 유리하다.

㉡ 영어회화를 전혀 못하는 사람 같은 인식만 주지 않으면 영어 면접은 일반 면접보다 오히려 높은 점수를 받을 수 있는 좋은 기회가 될 수도 있으므로 긴장하

지 말고 자신감 있는 태도로 임하도록 한다.

㉹ 한국인 영어 면접의 경우 면접관이 질문을 한국어로 하고 대답을 영어로 하라고 요구한다든지, 서류를 제시하고 번역 혹은 영작을 요구한다든지, 지원자 여러 명이 영어로 토론을 해 보라고 요구한다든지 하는 즉흥적인 과제가 제시되기도 한다.

② 외국인 면접

㉮ 외국 기업의 경우 공인 영어 성적보다 면접에서의 영어 능력을 훨씬 중요하게 생각하므로 외국 기업 입사를 목표로 하는 지원자에게 영어 면접 준비는 필수적이라고 할 수 있다. 업무 환경 자체가 영어로 이루어지므로 지원자의 실질적 영어 의사소통 능력이 절대적이다.

㉯ 외국인과의 인터뷰 시간은 몇 십 분에서 한 시간까지 생각보다 상당히 긴 경우가 많아지고 있다. 따라서 자신에 대한 모든 것을 영어로 표현할 수 있도록 사전에 준비가 되어 있어야 한다.

㉰ 사고방식과 관습이 한국적 문화와는 다른 경우가 있으므로 주의해야 할 사항을 항상 염두에 두고 있어야 한다.

㈑ **표현상의 주의 사항**

① 첫인사와 끝인사에 유의한다. 첫인사로 면접을 시작하고 면접이 끝나고 나올 때에도 면접관에게 시간을 내준 데 대한 감사의 인사를 잊지 않는다.

② 면접관의 말에 적당한 반응을 보인다. 외국인들은 대화할 때 상대방의 말에 맞장구를 치는 것이 보통이다. 자연스러운 반응을 보이되 너무 작위적인 느낌을 주거나 면접관의 말을 가로막지 않도록 주의한다.

③ 작은 일에도 고마움과 미안함을 표현한다. 우리나라 사람들은 이런 표현에 인색한 편인데 이런 태도는 외국인에게는 불손한 인상을 줄 수도 있다. 작은 배려나 실수에도 고마움과 미안함을 표현하도록 한다.

④ 완전한 문장으로 답한다. 단어나 구로 대답하지 말고 주어와 동사를 갖춘 완전한 문장을 구사하도록 한다.

⑤ 'Yes/No'를 원하는 질문일지라도 단순하게 'Yes' 혹은 'No'라는 단답형으로 끝내지 말고 이어서 그에 따른 부연 설명을 붙이는 것이 좋다.

⑥ 면접관의 질문을 끝까지 잘 듣고 질문의 요지가 무엇인지 정확히 이해한다. 질문을 잘 이해하지 못했을 경우 다시 질문해 줄 것을 정중히 요청하거나 질문의 내용을 확인하는 반문을 해도 좋다. 질문을 놓쳐서 당황하거나 적당히 얼버무려 질문의 핵심에서 벗어나는 대답을 하는 모습은 외국인의 합리적이고 냉정한 관점에서는 이해되지 않는다.

⑦ 질문이 끝나면 시간을 끌지 말고 대답하도록 한다. 답이 즉시 생각나지 않더라도 당황하지 말고 생각할 시간을 요청하는 표현으로 상황에 매끄럽게 대처한 후 차분하게 답변하도록 한다.

⑧ 공손한 표현을 사용한다. 가벼운 회화 투의 속어 사용을 삼간다. 격식을 갖춘 표현의 사용으로 정중하고 예의바른 사람이라는 인상을 주도록 한다.

⑨ 면접관이 외국인인 경우 'last name'을 기억하고 있다가 "Mr./Ms.____"의 호칭을 사용하며 대화를 이끌어 나가는 것이 좋다.

⑩ 간단한 답변이라도 정확한 영어 표현을 구사한다.

⑪ 실수 또는 대답을 잘못했을 때 당황하여 면접 도중에 한국어가 튀어나오지 않도록 주의한다.

⑫ 되도록 긍정적인 답변을 하되 결론부터 명료하게 말하고 나중에 근거를 부연 설명하는 방식을 취한다.

⑪ 기타 주의 사항

① 시간 약속을 엄수하라. 면접할 장소에 미리 도착하는 것은 기본이다.

② 외국 기업의 경우 본사와 지사의 홈페이지를 사전에 체크하고 가도록 한다.

③ 자신이 제출한 이력서의 내용을 세부 사항까지 철저히 파악한다. 한국어 면접과 비교해 볼 때 상대적으로 영어 면접은 제출한 서류에 기재된 내용을 기초로 질문을 받을 가능성이 높다

④ 한국어로 얘기하는 것보다 부담스럽더라도 심각하고 긴장된 표정 대신 미소와 밝은 표정을 항상 유지한다.

⑤ 한국인 앞에서는 정중함을, 외국인 앞에서는 자신감을 가져라. 외국인에게 지나친 겸손함과 자기를 낮추는 태도는 이해되지 않는 부분이다. 당당하고 세련된 이미지를 보여 주어야 하지만 자신감을 너무 의식한 나머지 과장된 태도를 보이면 진실성을 의심받기 쉬우니 주의한다.

⑥ 자연스럽게 면접관의 눈을 보면서 대화한다. 시선을 피하거나 고개를 숙이고 말하는 것은 영어에 대한 자신감이 부족하다는 인상을 줄 수 있다.

⑦ 면접의 마지막 순서에서 면접관이 질문이 없느냐고 물을 때 덧붙여 질문을 하는 것도 지원자의 적극적이고 능숙한 영어 실력에 대한 강한 인상을 줄 수 있다.

⑧ 꾸준하게 면접 연습을 하라. 한국어로 대답하는 것도 마찬가지이지만 막연히 생각하고 있다가 대답하는 것과 예상 질문에 대한 답을 준비해서 대답하는 것은 분명히 큰 차이가 있다. 미리 준비하지 않은 채 영어로 임기응변으로 답변하는 것은 더욱 어려운 일이므로 업무와 연결된 예상 문제에 대한 답을 준비해 소리 내어 말하는 연습을 하고, 거울을 보고 표정이나 대화의 톤 등을 바꾸어 가면서 자신에게 어울리는 모습을 익혀둔다.

⑨ 면접 후에 감사의 편지를 보내는 것도 바람직하다. 지금 당장은 아니더라도 차후의 기회를 위해서 담당자에게 좋은 인상을 주도록 한다.

최근 각 분야에서 자신의 아이디어를 상대방에게 전하는 능력을 중요하게 여기는 곳이 늘면서 설득의 힘이 경쟁력으로 자리잡아가고 있다.

PT면접은 지원자의 발표력이나 전문지식 등을 평가할 수 있기 때문에 많은 기업이 선호하는 면접으로 자리매김하고 있다. 일정 주제를 놓고 혼자 발표하는 과정을 통해 발표력, 논리력, 설득력, 창의성, 의사소통 능력 등을 종합적으로 판단할 수 있기 때문이다. 질의응답식이 아니라 일정 주제에 대해 일정 시간 동안 지원자의 발언 위주로 진행되고, 면접관은 응시자가 발표하는 모습을 면밀하게 관찰한다. 손동작이나 눈길, 자세

등에도 유의해야 한다. PT면접은 보통 20~30분 정도 발표 시간을 준다.

PT면접은 문제해결 능력, 전문성, 창의성, 기본 실무능력, 논리성 등을 관찰하는 데 중점을 두는 면접이다. 정확한 답이나 지식보다는 논리적 사고와 의사표현력이 더욱 중요시된다. 즉 무엇을 설명하는가 보다 어떻게 설명하는가가 더욱 중요하다.

기업별로 차이는 있지만, 대개 전문지식, 시사성과 관련된 주제를 많이 낸다. 평소 지원하는 업계의 동향이나 직무에 대한 전문지식을 쌓아두는 것이 도움이 된다. 부적절한 용어 사용이나 무리한 주장은 하지 말아야 하며, 자신의 논리를 면접관이 수긍할 수 있도록 일목요연하게 진술한다. 지원하는 회사에 인맥이 있다면, 연락해서 예상 문제를 뽑아본 뒤 리허설을 갖는 것이 요령이다. 깔끔한 복장은 기본이고, 시선 처리, 손동작, 목소리 톤 조절 등에 유의해야 한다.

PT면접에는 몇 가지 유형이 있는데, 그 중 가장 일반적인 것이 주어진 몇 개의 주제 중에서 한 가지를 선택해 발표하는 '스피치 프레젠테이션'이 있다. PT면접을 실시하는 기업은 대부분 이 유형을 사용하고 있다.

스피치 프레젠테이션의 절차는 다음과 같다. 먼저 대기실에서 3~5개의 주제가 제시되면 면접자들은 그 중 가장 자신 있는 한 가지를 선택해서 발표 내용과 자료를 준비한다. 이후 면접관들 앞에서 정해진 시간에 맞추어 내용을 발표하고, 발표가 끝나면 면접관의 질문이 이어진다. 그리고 PT면접으로 '신문 브리핑'을 실시하는 기업도 있다. 주로 언론사에서 실시하는 방법으로 알려져 있는데, 최근에는 이랜드를 비롯한 일부 기업에서도 신문 브리핑을 하고 있다. 신문 브리핑의 절차는 간단하다. 일간지나 경제신문을 나눠 받은 후 지원자가 주요 기사를 선택해 브리핑을 하는 것이다. 이 면접에서는 지원하는 회사나 경쟁사, 해당 산업에 대한 동향이나 이슈를 다룬 기사를 재빨리 찾는 것이 관건이다.

PT면접을 대비하는 방법은 연습만이 살 길이다. 면접 2~3개월 전부터 신문 기사를 반드시 챙겨본다. 특히 경제면은 PT면접 주제의 단골손님이므로 주의 깊게 살펴 볼 필요가 있다. 또 기사를 읽는 것에서 그치지 않고 핵심내용을 정리해보거나, 느낀 점을 글로 옮겨보는 연습도 많은 도움이 된다. 거울을 보고 발표 연습을 하거나 친구들과 스터디를 만들어 함께 실전처럼 연습해 보는 것도 좋은 방법이다.

PT면접에는 자신의 생각이 담겨 있어야 한다. 아무리 발표 내용과 자세가 좋다고 하더라도 주제에 대한 지원자 본인의 생각과 주장이 충분히 담겨 있지 않으면 성공적인 PT라고 할 수 없다. 자신의 의견을 도표화 또는 그래프화한다. 삼성전자처럼 화이트보

드를 이용해서 PT면접을 볼 때는 자신의 의견을 간략하게 도표화하거나 그래프로 만들면 훨씬 설득력이 있다.

　마지막으로, PT면접에서 많은 구직자들이 간과하는 점이 있다. 바로 다른 발표자의 발표를 주의 깊게 듣지 않는다는 것이다. 물론 자신의 발표가 가장 중요하지만, 다른 지원자의 PT를 경청하는 태도 역시 면접관들이 지켜보고 있다는 점을 잊지 말아야 한다.

〈이필선, 「PT면접은 무엇이며 어떻게 대처할까?」, 조선일보(2010. 10. 12.)〉

01 면접관의 다음 질문에 대해 대답해 보자.

① 자신의 단점과 그것을 극복하기 위한 방안은 무엇입니까?
② 부모님께 배운 최고의 인생 가치는 무엇입니까?
③ 대인관계에서 가장 중요한 것은 무엇이라고 생각합니까?
④ 우리 회사와 다른 회사에 모두 합격하면 어떻게 할 겁니까?
⑤ 자신의 어떤 자질이 이 일에 적합하다고 생각합니까?
⑥ 우리 회사가 당신을 뽑아야 하는 이유를 말해 보십시오.
⑦ 팀워크와 개인 기량 중 어느 것이 더 중요하다고 생각합니까?
⑧ 퇴근 시간 이후에 상사가 퇴근을 하지 않고 있다면 어떻게 하겠습니까?
⑨ 최근 가장 흥미 있는 사회적 이슈는 무엇입니까?
⑩ 지금 제일 원하는 것이 무엇입니까?

02 3분 정도의 시간에 맞추어 영어로 자기소개를 해보자.

03 다음의 질문에 대하여 영어로 대답해 보자.
① How would your friends describe you?
② What are your strengths/weaknesses?
③ What are your career goals?
④ If you enter this company what section do you want to work in?
⑤ With what kind of people do you like to work?
⑥ What is your favorite book?

참 고 문 헌

가톨릭대학교 교양교육원(2005), 『분석과 창의적 문제 해결』, 가톨릭대학교 출판부.

가톨릭대학교 교양교육원(2007), 『문제 해결과 의사소통－발표와 토론』, 가톨릭대학교 출판부.

강정민 옮김(2004), 『통하면 통한다 ①열려라! 토의』, 한언(John K. Brilahrt, Gloria J. Galanes, Katherine Adams(1970), *Effective Group Discussion: Theory And Practice*).

강정희(1989), 「여성어의 한 유형에 관한 연구」, 『국어학 신연구』, 탑출판사.

강태완 외(2001), 『토론의 방법』, 커뮤니케이션북스.

고현철 외(2005), 『열린 생각과 말하기』, 부산대학교 출판부.

구현정(1997), 『대화의 기법』, 한국문화사.

구현정(2000), 『대화의 기법』(개정판), 경진문화사.

구현정·전영옥(2005), 『의사소통의 기법』, 도서출판 박이정.

구현정·전정미(2007), 『화법의 이론과 실제』, 도서출판 박이정.

국립국어연구원 편(1991), 『우리말의 예절』, 조선일보사.

국립국어연구원(1992), 『표준화법 해설』, 국립국어연구원.

권순희(2005), 『청자지향적 관점의 표현교육』, 도서출판 역락.

김경섭 옮김(2003), 『성공하는 사람들의 7가지 습관』, 김영사(Covey, Stephen, R.(1994), *The seven habits of highly effective people: restoring the character ethic*).

김광수(1999), 『논리와 비판적 사고』, 철학과 현실사.

김규현·서경희(1996), 「대화조직상의 성별 차이: 평가와 이해 확인을 중심으로」, 『사회언어학』 4-2, 한국사회언어학회.

김복순(2007a), 『대학 말하기 상 발표와 토의』, 국학자료원.

김복순(2007b), 『토론의 방법』, 국학자료원.

김선희(1991), 「여성어에 대한 고찰」, 『목원대학 논문집』 19, 목원대학교.

김순자(1999), 「대화의 맞장구 수행 형식과 기능」, 『텍스트언어학』 6, 한국텍스트언어학회.

김양호(1975), 『대화의 심리작전』, 언어문화사.

김양호·조동춘(2006), 『화술과 인간관계 3』, 도서출판 산수야.

김영임(1998), 『스피치 커뮤니케이션』, 나남출판.

김정자(1999), 「화자의 태도 표현 연구」, 『화법연구』 1, 한국화법학회.

김종택 외(2005), 『생활 속의 화법』, 도서출판 정림사.

김진우(1994), 『언어와 의사소통』, 한신문화사.

김태자(1989), 「간접화행과 대화적 함축」, 『국어학』 18, 국어학회.

김태자(1993), 「맥락 분석과 의미 탐색」, 『한글』 219, 한글학회.

김혜숙(1991), 『현대 국어의 사회언어학적 연구』, 태학사.

김희수(1994), 『화술의 이론』, 전남대학교 출판부.

남정호(1993), 『맨발의 텝시코레』, 신세대.

남정희 외(2007), 『발표와 토론』, 주민출판사.

민현식(1995), 「국어의 여성어 연구」, 『아세아여성연구』 34, 숙명여대 아세아여성문제연구소.

민현식(1996), 「국어의 성별어 연구사」, 『사회언어학』 4-2, 한국사회언어학회.

박경현(2001), 『리더의 화법』, 삼영사.

박상순(2005), 「6은 나무 7은 돌고래」, 민음사.

박승억 외(2005), 『토론과 논증』, 형설출판사.

박용익(1998), 『대화분석론』, 한국문화사.

박용익(1999), 「대화분석론의 이론과 전망」, 『텍스트언어학』 6, 한국텍스트언어학회.

백미숙 옮김(2000), 『스피치 핸드북: 21세기 CEO는 자기표현에 강하다』, 일빛(Krieger, Paul & Hantschel, Hans-Jurgen(1998), *Handbuch Rhetorik*).

백미숙(2006), 『스피치 특강』, 커뮤니케이션북스.

서혜석 외(2009), 「의사소통」, 청록출판사.

성광수(1980), 「국어의 부가의문에 대하여」, 『한글』 168, 한글학회.

성기철(1985), 『현대국어 대우법 연구』, 개문사.

숙명여자대학교 의사소통능력개발센터(2006), 『세상을 바꾸는 발표와 토론』, 숙명여자대학교 출판국.

심영택(2004), 「설득의 원리와 전략 및 설득 논법에 관한 연구」, 『화법연구』 7, 한국화법학회.

오미영(2004), 『토론 vs. TV 토론』, 역락.

유혜숙 외(2005), 『움직이는 말하기』, 집문당.

윤진희 옮김(2004), 『두려움 없이 말하기』, 한문화(Püttjer, Christian & Schnierda, Uwe (ebook), *Reden ohne Angst: Souveran auftreten und vortragen*)

이두원(2005), 『논쟁』, 커뮤니케이션북스.

이병근(1986), 「발화에 있어서의 음장」, 『국어학』 15, 국어학회.

이상철 외(2006), 『스피치와 토론』, 성균관대학교 출판부.

이석규·김선희(1992), 「남성어·여성어에 관한 연구」, 『어문학연구』 2, 목원대학교.

이성만(1996), 「텍스트에서 논증행위의 구조」, 『독어교육』 11.

이성만(2002), 「논증이론과 논증분석」, 『광주초등국어교육연구』 5.

이수경 옮김(2008), 『브라이언 트레이시처럼 말하라』, 크레듀(Tracy, Brian(2008), *Speak to win: how to present with power in any situation*)

이연택(2003), 『토론의 기술』, 21세기북스.

이익섭(1994), 『사회언어학』, 민음사.

이찬규 옮김(2003), 『언어 커뮤니케이션』, 한국문화사(Berko, R. M., Wolvin, A. D. & Wolvin, D. R. (1998), *Communicating: a social and career focus*).

이창덕 외 옮김(2008), 『발표와 연설의 핵심기법』, 도서출판 박이정(Sprague, J.& Stuart, D.(2005), *The Speaker's Handbook*).

이창덕 외(2006), 『삶과 화법』, 도서출판 박이정.

임칠성 외(2004), 『말꽝에서 말짱되기』, 태학사.

임칠성(1999), 「국어 화법의 성격 고찰」, 『화법연구』 1, 한국화법학회.

임태섭(1997), 『스피치 커뮤니케이션』, 연암사.

임홍빈(1984), 「문종결의 논리와 수행-억양」, 『말』 9, 연세대학교 한국어학당.

장경희(1999), 「국어의 수용형 대화와 거부형 대화」, 『텍스트언어학』 6, 한국텍스트언어학회.

장석진(1985), 『화용론 연구』, 탑출판사.

장소원 외(2002), 『말의 세상, 세상의 말』, 도서출판 월인.

전영우(1987), 『국어화법론』, 집문당.

전영우(1993), 「듣기 능력 향상에 대하여」, 『새국어교육』 48·49, 한국국어교육학회.

전영우(2003a), 『설득의 화법』, 민지사.

전영우(2003b), 『전영우 박사의 토론을 잘하는 법』, 기획출판 거름.

전영우(2003c), 『화법 개설』, 역락.

전은주(1999a), 「음성언어 의사소통에 대한 국어교육학적 이해」, 『화법연구』 1, 한국화법학회.

전은주(1999b), 『말하기 듣기 교육론』, 도서출판 박이정.

전정미(2002), 「대학생을 위한 말하기 교육」, 『화법연구』 4, 한국화법학회.

전정미(2005), 「대학생 대화에 나타난 체면 세우기 전략」, 『화법연구』 17, 한말연구학회.

정승혜·문금현(2000), 『대학생을 위한 화법 강의』, 태학사.

정현숙 옮김(1992), 『바디랭귀지』, 을지서적(Pease, A.(1987), *Body Language*).

조진영(2002), 『프레젠테이션 전략과 실전 노하우』, 길벗.

조창환 외(2004), 『발표와 토의』, 관동출판.

최광수 옮김(2009), 「부부를 세워가는 대화의 기술」, 죠이선교회(Emerson Eggerichs(2007), Cracking the Communication Code: The secret to speaking your mate's language).

태인영 옮김(2007), 『사람을 움직이는 리더의 대화법』, 더난출판(Bates, Suzanne (2005), *Speak Like a CEO: Secrets for Commanding Attention and Getting Results: Secrets for Communicating Attention and Getting Results*).

하우석(2005), 『발표의 기술』, 한국경제신문.

한상철(2006), 『토론-비판적 사고를 활용한 토론 분석과 응용』, 커뮤니케이션북스.

허경호 옮김(2008), 『모든 학문과 정치의 시작, 토론 의회식 토론법으로 배우는 토론의 이해와 실제』, 커뮤니케이션북스(Meany, John & Shuster, Kate (2003), *On That Point!: An Introduction to Parliamentary Debate*)

Birdwhistel, R. L.(1952), *Introduction to kinestics: an annotation system for analysis of body motion and gesture*, Washington, Foreign Service Institute.

Freely, A. J. & Steinberg, D. L.(2004), *Argumentation and debate* (11th ed.), Wadsworth.

Meharabian, A.(1981), *Silent Messages Implicit communication of emotions and attitudes*, Wadsworth, Belmont, California.

Toulmin, S.(1958), *The uses of argument*, Cambridge University Press, New York.

Toulmin, S. & Rieke, R. & Janik, A.(1978), *An Introduction to reasoning*, 2nd ed, Macmillan Co. New York.

相川 充編(2010), 「コミュニケーションと対人関係」, 株式会社誠信書房.

池上 彰(2002), 「相手に伝える話し方」, 講談社現代新書 1620.

池上 彰(2007), 「伝える力」, PHPビジネス新書028.

池上 彰(2009), 「わかりやすく伝える技術」, 株式会社講談社.

池上 彰(2010), 「発表がうまくなる」, 株式会社小学館.

伊藤公雄 編(2010), 「コミュニケーション社会学入門」, 世界思想社.

斉藤 環(2009), 「関係する女 所有する男」, 株式会社講談社.

佐藤 佳弘(2010), 「わかる!伝える!プレゼン力」, 武蔵野大学出版会.

渋谷 昌三(2009), 「女を見抜く」, 株式会社経済界.

諏訪 茂樹(2010), 「対人援助コミュニケーション」, 中央法規出版株式会社.

田中 冨久子(2008), 「女の脳・男の脳」, 日本放送出版協会.

林 博司 編(2010), 「コミュニケーション〝どうする?どうなる?」, 株式会社ひつじ書房.

姫野 友美(2006), 「女はなぜ突然怒り出すのか?」, 株式会社角川書店.

姫野 友美(2007), 「男性はなぜ急に女にフラれるのか?」, 株式会社角川書店.

福田 健(2001), 「上手な聞き方・話し方の技術」, ダイヤモンド社.

福田 健(2006), 「人は話し方で9割変わる」, 株式会社経済界.

福田 健(2008), 「女性は話し方で9割変わる」, 株式会社経済界.

吉野 秀(2010) 「上手な言いわけダメな言いわけ」, 株式会社マガジンハウス.

부록

1. 표준어 규정

새로 추가된 표준어 목록

○ 현재 표준어와 같은 뜻으로 추가로 표준어로 인정한 것(11개)

추가된 표준어	현재 표준어
간지럽히다	간질이다
남사스럽다	남우세스럽다
등물	목물
맨날	만날
못자리	묏자리
복숭아뼈	복사뼈
세간살이	세간
쌉싸름하다	쌉싸래하다
토란대	고운대
허접쓰레기	허섭스레기
흙담	토담

○ 현재 표준어와 별도의 표준어로 추가로 인정한 것(25개)

추가된 표준어	현재 표준어	뜻 차이
~길래	~기에	~길래: '~기에'의 구어적 표현.
개발새발	괴발개발	'괴발개발'은 '고양이의 발과 개의 발'이라는 뜻이고, '개발새발'은 '개의 발과 새의 발'이라는 뜻임.
나래	날개	'나래'는 '날개'의 문학적 표현.
내음	냄새	'내음'은 향기롭거나 나쁘지 않은 냄새로 제한됨.
눈꼬리	눈초리	· 눈초리: 어떤 대상을 바라볼 때 눈에 나타나는 표정. 예) '매서운 눈초리' · 눈꼬리: 눈의 귀 쪽으로 째진 부분.
떨구다	떨어뜨리다	'떨구다'에 '시선을 아래로 향하다'라는 뜻 있음.
뜨락	뜰	'뜨락'에는 추상적 공간을 비유하는 뜻이 있음.
먹거리	먹을거리	먹거리: 사람이 살아가기 위하여 먹는 음식을 통틀어 이름.
메꾸다	메우다	'메꾸다'에 '무료한 시간을 적당히 또는 그럭저럭 흘러가게 하다.'라는 뜻이 있음

손주	손자(孫子)	· 손자: 아들의 아들. 또는 딸의 아들. · 손주: 손자와 손녀를 아울러 이르는 말.
어리숙하다	어수룩하다	'어수룩하다'는 '순박함/순진함'의 뜻이 강한 반면에, '어리숙하다'는 '어리석음'의 뜻이 강함.
연신	연방	'연신'이 반복성을 강조한다면, '연방'은 연속성을 강조.
횡하니	휭허케	휭허케: '횡하니'의 예스러운 표현.
걸리적거리다	거치적거리다	자음 또는 모음의 차이로 인한 어감 및 뜻 차이 존재
끄적거리다	끼적거리다	〃
두리뭉실하다	두루뭉술하다	〃
맨숭맨숭/ 맹숭맹숭	맨송맨송	〃
바둥바둥	바동바동	〃
새초롬하다	새치름하다	〃
아웅다웅	아웅다웅	〃
야멸차다	야멸치다	〃
오손도손	오순도순	〃
찌뿌둥하다	찌뿌듯하다	〃
추근거리다	치근거리다	〃

○ 두 가지 표기를 모두 표준어로 인정한 것(3개)

추가된 표준어	현재 표준어
택견	태껸
품새	품세
짜장면	자장면

제1부 표준어 사정 원칙

제1장 총 칙

제1항   표준어는 교양 있는 사람들이 두루 쓰는 현대 서울말로 정함을 원칙으로 한다.

제2항   외래어는 따로 정한다.

제2장 발음 변화에 따른 표준어 규정

제1절 자음

제3항   다음 단어들은 거센소리를 가진 형태를 표준어로 삼는다. (ㄱ을 표준어로 삼고, ㄴ을 버림.)

ㄱ	ㄴ	비고
끄나풀	끄나불	
나팔-꽃	나발-꽃	
녘	녘	동~, 들~, 새벽~, 동틀~.
부엌	부억	
살-쾡이	삵-괭이	
칸	간	1. ~막이, 빈~, 방 한~.
		2. '초가삼간, 윗간'의 경우에는 '간'임.
털어-먹다	떨어-먹다	재물을 다 없애다.

제4항   다음 단어들은 거센소리로 나지 않는 형태를 표준어로 삼는다. (ㄱ을 표준어로 삼고, ㄴ을 버림.)

ㄱ	ㄴ	비고
가을-갈이	가을-카리	
거시기	거시키	
분침	푼침	

제5항   어원에서 멀어진 형태로 굳어져서 널리 쓰이는 것은, 그것을 표준어로 삼는다. (ㄱ을 표준어로 삼고, ㄴ을 버림.)

ㄱ	ㄴ	비 고
강낭-콩	강남-콩	
고삿	고샅	겉~, 속~.
사글-세	삭월-세	'월세'는 표준어임.
울력-성당	위력-성당	떼를 지어서 이르고 협박하는 일.

다만, 어원적으로 원형에 더 가까운 형태가 아직 쓰이고 있는 경우에는, 그것을 표준어로 삼는다. (ㄱ을 표준어로 삼고, ㄴ을 버림.)

ㄱ	ㄴ	비 고
갈비	가리	~구이, ~찜, 갈빗-대.
갓모	갈모	1. 사기 만드는 물레 밑그릇.
		2. '갈모'는 갓 위에 쓰는, 유지로 만든 우비.
굴-젓	구-젓	
말-곁	말-겻	
물-수란	물-수랄	
밀-뜨리다	미-뜨리다	
적-이	저으기	적이 - 나, 적이나 - 하면.
휴지	수지	

제 6 항 다음 단어들은 의미를 구별함이 없이, 한 가지 형태만을 표준어로 삼는다. (ㄱ을 표준어로 삼고, ㄴ을 버림.)

ㄱ	ㄴ	비 고
돌	돐	생일, 주기.
돌-째	두-째	'제2, 두 개째의 뜻'.
셋-째	세-째	'제3, 세 개째의 뜻'.
넷-째	네-째	'제4, 네 개째의 뜻'.
빌리다	빌다	1. 빌려주다, 빌려오다.
		2. '용서를 빌다'는 '빌다'임.

다만, '둘째'는 십 단위 이상의 서수사에 쓰일 때에 '두째'로 한다.

ㄱ	ㄴ	비 고
열두-째 스물두-째		열두 개째의 뜻은 '열둘째'로. 스물두 개째의 뜻은 '스물둘째'로.

제 7 항 수컷을 이르는 접두사는 '수-'로 통일한다. (ㄱ을 표준어로 삼고, ㄴ을 버림.)

ㄱ	ㄴ	비 고
수-꿩	수-퀑, 숫-꿩	'장끼'도 표준어임.
수-나사	숫-나사	
수-놈	숫-놈	
수-사돈	숫-사돈	
수-소	숫-소	'황소'도 표준어임.
수-은행나무	숫-은행나무	

다만 1. 다음 단어에서는 접두사 다음에서 나는 거센소리를 인정한다. 접두사 '암-'이 결합되는 경우에도 이에 준한다. (ㄱ을 표준어로 삼고, ㄴ을 버림.)

ㄱ	ㄴ	비 고
수-캉아지	숫-강아지	
수-캐	숫-개	
수-컷	숫-것	
수-키와	숫-기와	
수-탉	숫-닭	
수-탕나귀	숫-당나귀	
수-톨쩌귀	숫-돌쩌귀	
수-퇘지	숫-돼지	
수-평아리	숫-병아리	

다만 2. 다음 단어의 접두사는 '숫-'으로 한다. (ㄱ을 표준어로 삼고, ㄴ을 버림.)

ㄱ	ㄴ	비 고
숫-양	수-양	
숫-염소	수-염소	
숫-쥐	수-쥐	

제 2 절 모음

제 8 항 양성 모음이 음성 모음으로 바뀌어 굳어진 다음 단어는 음성 모음 형태를 표준어로 삼는다. (ㄱ을 표준어로 삼고, ㄴ을 버림.)

ㄱ	ㄴ	비 고
깡충-깡충	깡총-깡총	큰말은 '껑충껑충'임.
-둥이	-동이	←童-이. 귀-, 막-, 선-, 쌍-, 바람-.
발가-숭이	발가-송이	센말은 '빨가숭이',
		큰말은 '벌거숭이', '뻘거숭이'임.
보퉁이	보통이	
봉죽	봉족	←奉足. ~꾼, ~들다.
뻗정-다리	뻗장-다리	
아서, 아서라	앗아, 앗아라	하지 말라고 금지하는 말.
오뚝-이	오똑-이	부사도 '오뚝-이'임.
주추	주초	←柱礎. 주춧-돌.

다만, 어원 의식이 강하게 작용하는 다음 단어에서는 양성모음 형태를 그대로 표준어로 삼는다. (ㄱ을 표준어로 삼고, ㄴ을 버림.)

ㄱ	ㄴ	비 고
부조(扶助)	부주	~금, 부좃-술.
사돈(査頓)	사둔	밭~, 안~.
삼촌(三寸)	삼춘	시~, 외~, 처~.

제 9 항 'ㅣ' 역행 동화 현상에 의한 발음은 원칙적으로 표준 발음으로 인정하지 아니하되, 다만 다음 단어들은 그러한 동화가 적용된 형태를 표준어로 삼는다. (ㄱ을 표준어로 삼고, ㄴ을 버림.)

ㄱ	ㄴ	비 고
-내기	-나기	서울-, 시골-, 신출-, 풋-.
냄비	남비	
동댕이-치다	동당이-치다	

[붙임 1] 다음 단어는 'ㅣ' 역행동화가 일어나지 아니한 형태를 표준어로 삼는다. (ㄱ을 표준어로 삼고, ㄴ을 버림.)

ㄱ	ㄴ	비 고
아지랑이	아지랭이	

[붙임 2] 기술자에게는 '-장이', 그 이외에는 '-쟁이'가 붙는 형태를 표준어로 삼는다. (ㄱ을 표준어로 삼고, ㄴ을 버림)

ㄱ	ㄴ	비 고
미장이	미쟁이	
유기장이	유기쟁이	
멋쟁이	멋장이	
소금쟁이	소금장이	
담쟁이-덩굴	담장이-덩굴	
골목쟁이	골목장이	
발목쟁이	발목장이	

제10항 다음 단어는 모음이 단순화한 형태를 표준어로 삼는다. (ㄱ을 표준어로 삼고, ㄴ을 버림)

ㄱ	ㄴ	비 고
괴팍-하다	괴퍅-하다/괴팩-하다	
-구먼	-구면	
미루-나무	미류-나무	← 美柳~.
미륵	미력	← 彌勒. ~보살, ~불, 돌~.
여느	여늬	
온-달	왼-달	만 한 달.
으레	으례	
케케-묵다	켸켸-묵다	
허우대	허위대	
허우적-허우적	허위적-허위적	허우적-거리다.

제11항 다음 단어에서는 모음의 발음 변화를 인정하여, 발음이 바뀌어 굳어진 형태를 표준어로 삼는다. (ㄱ을 표준어로 삼고, ㄴ을 버림.)

ㄱ	ㄴ	비 고
-구려	-구료	
깍쟁이	깍정이	1. 서울~, 알~, 찰~.
		2. 도토리, 상수리 등의 받침은 '깍정이'임.
나무라다	나무래다	
미수	미시	미숫-가루.
바라다	바래다	'바램(所望)'은 비표준어임.
상추	상치	~쌈.
시러베-아들	실업의-아들	
주책	주착	← 主着. ~망나니, ~없다.
지루-하다	지리-하다	← 支離
튀기	트기	
허드레	허드래	허드렛-물, 허드렛-일.
호루라기	호루루기	

제12항 '웃-' 및 '윗-'은 명사 '위'에 맞추어 '윗-'으로 통일한다. (ㄱ을 표준어로 삼고, ㄴ을 버림.)

ㄱ	ㄴ	비 고
윗-넓이	웃-넓이	
윗-눈썹	웃-눈썹	
윗-니	웃-니	
윗-당줄	웃-당줄	
윗-덧줄	웃-덧줄	
윗-도리	웃-도리	
윗-동아리	웃-동아리	준말은 '윗동'임.
윗-막이	웃-막이	
윗-머리	웃-머리	
윗-목	웃-목	
윗-몸	웃-몸	~ 운동.
윗-바람	웃-바람	
윗-배	웃-배	
윗-벌	웃-벌	
윗-변	웃-변	수학 용어.
윗-사랑	웃-사랑	
윗-세장	웃-세장	
윗-수염	웃-수염	
윗-입술	웃-입술	
윗-잇몸	웃-잇몸	
윗-자리	웃-자리	
윗-중방	웃-중방	

다만 1. 된소리나 거센소리 앞에서는 '위'로 한다. (ㄱ을 표준어로 삼고, ㄴ을 버림.)

ㄱ	ㄴ	비 고
위-짝	웃-짝	
위-쪽	웃-쪽	
위-채	웃-채	
위-층	웃-층	
위-치마	웃-치마	
위-턱	웃-턱	~ 구름(上層雲)
위-팔	웃-팔	

다만 2. '아래, 위'의 대립이 없는 단어는 '웃-'으로 발음되는 형태를 표준어로 삼는다. (ㄱ을 표준어로 삼고, ㄴ을 버림.)

ㄱ	ㄴ	비 고
웃-국	윗-국	
웃-기	윗-기	
웃-돈	윗-돈	
웃-비	윗-비	~ 걷다.
웃-어른	윗-어른	
웃-옷	윗-옷	

제13항 한자 '구(句)'가 붙어서 이루어진 단어는 '귀'로 읽는 것을 인정하지 아니하고, '구'로 통일한다. (ㄱ을 표준어로 삼고, ㄴ을 버림.)

ㄱ	ㄴ	비 고
구법(句法)	귀법	
구절(句節)	귀절	
구점(句點)	귀점	
결구(結句)	결귀	
경구(警句)	경귀	
경인구(警人句)	경인귀	
난구(難句)	난귀	
단구(短句)	단귀	
단명구(短命丘)	단명귀	
대구(對句)	대귀	~법(對句法).
문구(文句)	문귀	
성구(成句)	성귀	~어(成句語).
시구(詩句)	시귀	
어구(語句)	어귀	
연구(聯句)	연귀	
인용구(引用句)	인용귀	
절구(絕句)	절귀	

다만, 다음 단어는 '귀'로 발음되는 형태를 표준어로 삼는다. (ㄱ을 표준어로 삼고, ㄴ을 버림.)

ㄱ	ㄴ	비 고
귀-글 글-귀	구-글 글-구	

제3절 준말

제14항 준말이 널리 쓰이고 본말이 잘 쓰이지 않는 경우에는, 준말만을 표준어로 삼는다. (ㄱ을 표준어로 삼고, ㄴ을 버림.)

ㄱ	ㄴ	비 고
귀찮다	귀치 않다	
김	기음	~ 매다.
똬리	또아리	
무	무우	~강즘, ~말랭이, ~생채, 가랑~, 갓~, 왜~, 총각~.
미다	무이다	1. 털이 빠져 살이 드러나다. 2. 찢어지다.
뱀	배암	
뱀-장어	배암-장어	
빔	비음	설~, 생일~.
샘	새암	~바르다, ~바리.
생-쥐	새앙-쥐	
솔개	소리개	
온갖	온-가지	
장사-치	장사-아치	

제15항 준말이 쓰이고 있더라도, 본말이 널리 쓰이고 있으면 본말을 표준어로 삼는다. (ㄱ을 표준어로 삼고, ㄴ을 버림.)

ㄱ	ㄴ	비 고
경황-없다	경-없다	
궁상-떨다	궁-떨다	
귀이-개	귀-개	
낌새	낌	
낙인-찍다	낙-하다/낙-치다	
내왕-꾼	냉-꾼	
돗자리	돗	
뒤웅-박	뒝박	
뒷물-대야	뒷-대야	
마구-잡이	막-잡이	
맵자-하다	맵자다	모양이 제격에 어울리다.
모이	모	
벽-돌	벽	
부스럼	부럼	정월 보름에 쓰는 '부럼'은 표준어임.
살얼음-판	살-판	
수두룩-하다	수둑-하다	
암-죽	암	
어음	엄	
일구다	일다	
죽-살이	죽-살	
퇴박-맞다	퇴-맞다	
한통-치다	통-치다	

[붙임] 다만, 다음과 같이 명사에 조사가 붙은 경우에도 이 원칙을 적용한다. (ㄱ을 표준어로 삼고, ㄴ을 버림.)

ㄱ	ㄴ	비 고
아래-로	알-로	

제16항 준말과 본말이 다 같이 널리 쓰이면서 준말의 효용이 뚜렷이 인정되는 것은, 두 가지 다 표준어로 삼는다. (ㄱ은 본말이며, ㄴ은 준말임.)

ㄱ	ㄴ	비 고
거짓-부리	거짓-불	작은말은 '가짓부리, 가짓불'임.
노을	놀	저녁~.
막대기	막대	
망태기	망태	
머무르다	머물다	
서두르다	서둘다	모음 어미가 연결될 때에는
서투르다	서툴다	준말의 활용형을 인정하지 않음.
석새-삼베	석새-베	
시-누이	시-뉘/시-누	
오-누이	오-뉘/오-누	
외우다	외다	외우며, 외워: 외며, 외어.
이기죽-거리다	이죽-거리다	
찌꺼기	찌끼	'찌꺽지'는 비표준어임.

제4절 단수 표준어

제17항 비슷한 발음의 몇 형태가 쓰일 경우, 그 의미에 아무런 차이가 없고, 그 중 하나가 더 널리 쓰이면, 그 한 형태만을 표준어로 삼는다. (ㄱ을 표준어로 삼고, ㄴ을 버림.)

ㄱ	ㄴ	비 고
거든-그리다	거둥-그리다	1. 거든하게 거두어 싸다. 2. 작은 말은 '가든-그리다'임. 사람이 한 군데에서만 지내다.
구어-박다	구워-박다	
귀-고리	귀엣-고리	
귀-띔	귀-틤	
귀-지	귀에-지	
까딱-하면	까땍-하면	
꼭두-각시	꼭둑-각시	
내색	나색	감정이 나타나는 얼굴빛.
내숭-스럽다	내흉-스럽다	
냠냠-거리다	얌냠-거리다	냠냠-하다.
냠냠-이	냠얌-이	
너[四]	네	~돈, ~말, ~발, ~푼.

넉[四]	너/네	~냥, ~되, ~섬, ~자.
다다르다	다닫다	
댑-싸리	대-싸리	
더부룩-하다	더뿌룩하다/듬뿌룩-하다	
-던	-든	선택, 무관의 뜻을 나타내는 어미는 '-든'임. 가-든(지) 말-든(지), 보-든(가) 말-든(가).
-던가	-든가	
-던걸	-든걸	
-던고	-든고	
-던데	-든데	
-던지	-든지	
-(으)려고	-(으)ㄹ려고/ -(으)ㄹ라고	
-(으)려야	-(으)ㄹ려야/ -(으)ㄹ래야	
망가-뜨리다	망그-뜨리다	
멸치	며루치/메리치	
반빗-아치	반비-아치	'반빗' 노릇하는 사람. 찬비(饌婢). '반비'는 밥짓는 일을 맡은 계집종.
보습	보십/보섭	
본새	뽄새	
봉숭아	봉숭화	'봉선화'도 표준어임.
뺨-따귀	뺌-따귀/뺨-따구니	'뺨'의 비속어임.
뻐개다[斫]	뻐기다	두 조각으로 가르다.
뻐기다[誇]	뻐개다	뽐내다.
사자-탈	사지-탈	
상-판대기[1]	쌍-판대기	
서[三]	세/석	~돈, ~말, ~발, ~푼.
석[三]	세	~냥, ~되, ~섬, ~자.
설령(設令)	서령	
-습니다	-읍니다	먹습니다, 갔습니다, 있습니다, 좋습니다. 모음 뒤에는 '-ㅂ니다'임.
시름-시름	시늠-시늠	
쓰벅-쓰벅	썸벅-썸벅	
아궁이	아궁지	
아내	안해	
어-중간	어지-중간	
오금-팽이	오금-탱이	
오래-오래	도래-도래	돼지 부르는 소리.

---

1) 이 예를 '상판때기'로 적고, '상판-때기'로 분석한다고 생각할 수도 있으나, 고시본대로 둔다.

-올시다	-올습니다	
옹골-차다	공골-차다	
우두커니	우두머니	작은말은 '오도카니'.
잠-투정	잠-투세/잠-주정	
재봉-틀	자봉-틀	발~, 손~.
짓-무르다	짓-물다	
짚-북데기	짚-북세기	'짚북더기'도 비표준어임.
쪽	짝	편(便). 이~, 그~, 저~.
		다만, '아무-짝'은 '짝'임.
천장(天障)	천정	'천정부지(天井不知)'는 '천정'임.
코-맹맹이	코-맹녕이	
흥-업다	흥-헙다	

제5절 복수 표준어

제18항 다음 단어는 ㄱ을 원칙으로 하고, ㄴ도 허용한다.

ㄱ	ㄴ	비 고
네	예	
쇠—	소—	~가죽, ~고기, ~기름, ~머리, ~뼈.
괴다	고이다	물이 ~, 밑을 ~.
꾀다	꼬이다	어린애를 ~, 벌레가 ~.
쐬다	쏘이다	바람을 ~.
죄다	조이다	나사를 ~.
쬐다	쪼이다	볕을 ~.

제19항 어감의 차이를 나타내는 단어 또는 발음이 비슷한 단어들이 다 같이 널리 쓰이는 경우에는, 그 모두를 표준어로 삼는다. (ㄱ, ㄴ을 모두 표준어로 삼음.)

ㄱ	ㄴ	비 고
거슴츠레-하다	게슴츠레-하다	
고까	꼬까	~신, ~옷.
고린-내	코린-내	
교기(驕氣)	갸기	교만한 태도.
구린-내	쿠린-내	
꺼림-하다	께름-하다	
나부랭이	너부렁이	

제3장 어휘 선택의 변화에 따른 표준어 규정

제1절 고어

제20항 사어(死語)가 되어 쓰이지 않게 된 단어는 고어로 처리하고, 현재 널리 사용되는 단어를 표준어로 삼는다. (ㄱ을 표준어로 삼고, ㄴ을 버림.)

ㄱ	ㄴ	비 고
난봉	봉	
낭떠러지	낭	
설거지-하다	설겆다	
애달프다	애닯다	
오동-나무	머귀-나무	
자두	오얏	

제2절 한자어

제21항 고유어 계열의 단어가 널리 쓰이고 그에 대응되는 한자어 계열의 단어가 용도를 잃게 된 것은, 고유어 계열의 단어만을 표준어로 삼는다. (ㄱ을 표준어로 삼고, ㄴ을 버림.)

ㄱ	ㄴ	비 고
가루-약	말-약	
구들-장	방-돌	
길품-삯	보행-삯	
까막-눈	맹-눈	
꼭지-미역	총각-미역	
나뭇-갓	시장-갓	
늙-다리	노닥다리	
두껍-닫이	두껍-창	
떡-암죽	병-암죽	
마른-갈이	건-갈이	
마른-빨래	건-빨래	
메-찰떡	반-찰떡	
박달-나무	배달-나무	
밥-소라	식-소라	큰 놋그릇.
사래-논	사래-답	묘지기나 마름이 부쳐 먹는 땅.
사래-밭	사래-전	

삯-말	삯-마	
성냥	화곽	
솟을-무늬	솟을-문	
외-지다	벽-지다	
움-파	동-파	
잎-담배	잎-초	
잔-돈	잔-전	
조-당수	조-당죽	
죽데기	피-죽	'죽더기'도 비표준어임.
지겟-다리	목발	지게 동발의 양쪽 다리.
짐-꾼	부지-군(負持~)	
푼돈	분전/푼전	
흰-말	백-말/부루-말	'백마'는 표준어임.
흰-죽	백-죽	

제22항 고유어 계열의 단어가 생명력을 잃고 그에 대응되는 한자어 계열의 단어가 널리 쓰이면, 한자어 계열의 단어를 표준어로 삼는다. (ㄱ을 표준어로 삼고, ㄴ을 버림.)

ㄱ	ㄴ	비 고
개다리-소반	개다리-밥상	
겸-상	맞-상	
고봉-밥	높은-밥	
단-벌	홑-벌	
마방-집	마바리-집	馬房~.
민망-스럽다/면구-스럽다	민주-스럽다	
방-고래	구들-고래	
부항-단지	뜸-단지	
산-누에	멧-누에	
산-줄기	멧-줄기/멧-발	
수-삼	무-삼	
심-돋우개	불-돋우개	
어질-병	어질-머리	
양-파	둥근-파	
윤-달	군-달	
장력-세다	장성-세다	
제석	젯-돗	
총각-무	알-무/알타리-무	
칫-솔	잇-솔	
포수	총-댕이	

제3절 방언

제23항 방언이던 단어가 표준어보다 더 널리 쓰이게 된 것은, 그것을 표준어로 삼는다. 이 경우, 원래의 표준어는 그대로 표준어로 남겨두는 것을 원칙으로 한다. (ㄱ을 표준어로 삼고, ㄴ도 표준어로 남겨 둠.)

ㄱ	ㄴ	비고
멍개	우렁쉥이	
물-방개	선두리	
애-순	어린-순	

제24항 방언이던 단어가 널리 쓰이게 됨에 따라 표준어이던 단어가 안 쓰이게 된 것은, 방언이던 단어를 표준어로 삼는다. (ㄱ을 표준어로 삼고, ㄴ을 버림.)

ㄱ	ㄴ	비고
귀밑-머리	귓-머리	
까-뭉개다	까-무느다	
막상	마기	
빈대-떡	빈자-떡	
생인-손	생안-손	준말은 '생-손'임.
역-겹다	역-스럽다	
코-주부	코-보	

제4절 단수 표준어

제25항 의미가 똑같은 형태가 몇 가지 있을 경우, 그 중 어느 하나가 압도적으로 널리 쓰이면, 그 단어만을 표준어로 삼는다. (ㄱ을 표준어로 삼고, ㄴ을 버림.)

ㄱ	ㄴ	비고
~게끔	~게시리	
겸사-겸사	겸지-겸지/겸두-겸두	
고구마	참-감자	
고치다	낫우다	병을 ~.
골목-쟁이	골목-자기	
광주리	광우리	

ㄱ	ㄴ	비고
괴통	호구	자루를 박는 부분.
국-물	먹-국/말-국	
군-표	군용-어음	
길-잡이	길-앞잡이	'길라잡이'도 표준어임.
까다롭다	까닭-스럽다/까탈-스럽다	
까치-발	까치-다리	선반 따위를 받치는 물건.
꼬창-모	말뚝-모	꼬창이로 구멍을 뚫으면서 심는 모.
나룻-배	나루	'나루[津]'는 표준어임.
납-도리	민-도리	
농-지거리	기롱-지거리	다른 의미의 '기롱지거리'는 표준어임.
다사-스럽다	다사-하다	간섭을 잘 하다.
다오	다구	이리 ~.
담배-꽁초	담배-꼬투리/담배-꽁치/담배-꽁추	
담배-설대	대-설대	
대장-일	성냥-일	
뒤져-내다	뒤어-내다	
뒤통수-치다	뒤꼭지-치다	
등-나무	등-칡	
등-때기	등-떠리	'등'의 낮은 말.
등잔-걸이	등경-걸이	
떡-보	떡-충이	
똑딱-단추	딸꼭-단추	
매-만지다	우미다	
먼-발치	먼-발치기	
며느리-발톱	뒷-발톱	
명주-붙이	주사니	
목-메다	목-맺히다	
밀짚-모자	보릿짚-모자	
바가지	열-바가지/열-박	
바람-꼭지	바람-고다리	튜브의 바람을 넣는 구멍에 붙은, 쇠로 만든 꼭지.
반-나절	나절-가웃	
반두	독대	그물의 한 가지.
버젓-이	뉘연-히	
본-받다	법-받다	
부각	다시마-자반	
부끄러워-하다	부끄리다	

ㄱ	ㄴ	비고
부스러기	부스럭지	
부지깽이	부지팽이	
부항-단지	부항-항아리	부스럼에서 피고름을 빨아내기 위하여 부항을 붙이는 데 쓰는, 자그마한 단지.
붉으락-푸르락	푸르락-붉으락	
비켜-덩이	옆-사리미	김맬 때에 흙덩이를 옆으로 빼내는 일, 또는 그 흙덩이.
빙충이	빙충-맞이	작은말은 '뱅충이'.
빠-뜨리다	빠-치다	'빠트리다'도 표준어임.
뻣뻣-하다	왜긋다	
뽐-내다	느물다	
사로-잠그다	사로-채우다	자물쇠나 빗장 따위를 반 정도만 걸어 놓다.
살-풀이	살-막이	
상투-쟁이	상투-꼬부랑이	상투 튼 이를 놀리는 말.
새앙-손이	생강-손이	
샛-별	새벽-별	
선-머슴	풋-머슴	
섭섭-하다	애운-하다	
속-말	속-소리	국악 용어 '속소리'는 표준어임.
수도-꼭지	수도-고동	
숙성-하다	숙-지다	
순대	골집	
술-고래	술-꾸러기/술-부대/술-보/술-푸대	
식은-땀	찬-땀	
신기-롭다	신기-스럽다	'신기하다'도 표준어임.
쌍동-밤	쪽-밤	
쏜살-같이	쏜살-로	
아주	영판	
안-걸이	안-낚시	씨름 용어.
안다미-씌우다	안다미-시키다	제가 담당할 책임을 남에게 넘기다.
안쓰럽다	안-슬프다	
안절부절-못하다	안절부절-하다	
앉은뱅이-저울	앉은-저울	
알-사탕	구슬-사탕	
암-내	곁땀-내	
앞-지르다	따라-먹다	

ㄱ	ㄴ	비고
애-벌레	어린-벌레	
얕은-꾀	물탄-꾀	
언뜻	펀뜻	
언제나	노다지	
얼룩-말	워라-말	
-에는	-엘랑	
열심-히	열심-으로	
열어-제치다	열어-젖뜨리다	
입-담	말-담	
자배기	너벅지	
전봇-대	전선-대	
주책-없다	주책-이다	'주착→주책'은 제11항 참조.
쥐락-펴락	펴락-쥐락	
-지만	-지만서도	← -지마는.
짓고-땡	지어-땡/짓고-땡이	
짧은-작	짜른-작	
찹쌀	이-찹쌀	
청대-콩	푸른-콩	
칡-범	갈-범	

제5절 복수 표준어

제26항 한 가지 의미를 나타내는 형태 몇 가지가 널리 쓰이며 표준어 규정에 맞으면, 그 모두를 표준어로 삼는다.

복수 표준어	비 고
가는-허리/잔-허리	
가락-엿/가래-엿	
가뭄/가물	
가엾다/가엽다	가엾어/가여워, 가엾은/가여운.
감감-무소식/감감-소식	
개수-통/설거지-통	'설겆다'는 '설거지-하다'로.
개숫-물/설거지-물	
갱-엿/검은엿	
-거리다/-대다	가물-, 출렁-.
거위-배/횟-배	
것/해	내 ~, 네 ~, 뉘 ~.

복수 표준어	비 고
게을러-빠지다/게을러-터지다	
고깃-간/푸줏-간	'고깃-관, 푸줏-관, 다림-방'은 비표준어임.
곰곰/곰곰-이	
관계-없다/상관-없다	
교정-보다/준-보다	
구들-재/구재	
귀퉁-머리/귀퉁-배기	'귀퉁이'의 비어임.
극성-떨다/극성-부리다	
기세-부리다/기세-피우다	
기승-떨다/기승-부리다	
깃-저고리/배내-옷/배냇-저고리	
까까-중/중-대가리	'까까중이'는 비표준어임.
꼬까/때때/고까	~신, ~옷
꼬리-별/살-별	
꽃-도미/붉-돔	
나귀/당-나귀	
날-걸/세-뿔	윷판의 쩰밭 다음의 셋째 밭.
내리-글씨/세로-글씨	
넝쿨/덩굴	'덩쿨'은 비표준어임.
녘/쪽	동~, 서~.
눈-대중/눈-어림/눈-짐작	
느리-광이/느림-보/늘-보	
늦-모/마냥-모	← 만이앙-모.
다기-지다/다기-차다	
다달-이/매-달	
-다마다/-고말고	
다박-나룻/다박-수염	
닭의-장/닭-장	
댓-돌/툇-돌	
덧-창/겉-창	
독장-치다/독판-치다	
동자-기둥/쪼구미	
돼지-감자/뚱딴지	
되우/된통/되게	
두동-무니/두동-사니	윷놀이에서, 두 동이 한데 어울려 가는 말.
뒷-갈망/뒷-감당	
뒷-말/뒷-소리	
들락-거리다/들랑-거리다	
들락-날락/들랑날랑	

복수 표준어	비 고
딴-전/딴-청	
땅-콩/호-콩	
땔-감/땔-거리	
-뜨리다/-트리다	깨-, 떨어-, 쏟-.
뜬-것/뜬-귀신	
마룻-줄/용총-줄	돛대에 매어 놓은 줄. '이어줄'은 비표준어임.
마-파람/앞-바람	
만장-판/만장-중(滿場中)	
만큼/만치	
말-동무/말-벗	
매-갈이/매-조미	
매-통/목-매	
먹-새/먹음-새	'먹음-먹이'는 비표준어임.
멀찌감치/멀찌가니/멀찍이	
멱통/산-멱/산-멱통	
면-치레/외면-치레	
모-내다/모-심다	모-내기/모-심기.
모쪼록/아무쪼록	
목판-되/모-되	
목화-씨/면화-씨	
무심-결/무심-중	
물-봉숭아/물-봉선화	
물-부리/빨-부리	
물-심부름/물-시중	
물추리-나무/물추리-막대	
물-타작/진-타작	
민둥-산/벌거숭이-산	
밑-층/아래-층	
바깥-벽/밭-벽	
바른/오른(右)	~손, ~쪽, ~편
발-모가지/발-목쟁이	'발목'의 비속어임.
버들-강아지/버들-개지	
벌레/버러지	'벌거지, 벌러지'는 비표준어임.
변덕-스럽다/변덕-맞다	
보-조개/볼-우물	
보통-내기/여간-내기/예사-내기	'행-내기'는 비표준어임.
볼-따구니/볼-퉁이/볼-때기	'볼'의 비속어임.
부침개-질/부침-질/지짐-질	'부치개-질'은 비표준어임.
불똥-앉다/등화-지다/등화-앉다	

복수 표준어	비 고
불-사르다/사르다	
비발/비용(費用)	
뾰두라지/뾰루지	
살-쾡이/삵	삵-피.
삽살-개/삽사리	
상두-꾼/상여-꾼	'상도-꾼, 향도-꾼'은 비표준어임.
상-씨름/소-걸이	
생/새앙/생강	
생-뿔/새앙-뿔/생강-뿔	'쇠뿔'의 형용.
생-철/양-철	1. '서양철'은 비표준어임.
	2. '生鐵'은 '무쇠'임.
서럽다/섧다	'설다'는 비표준어임.
서방-질/화냥-질	
성글다/성기다	
-(으)세요/-(으)셔요	
송이/송이-버섯	
수수-깡/수숫-대	
술-안주/안주	
-스레하다/-스름하다	거무-, 발그-.
시늉-말/흉내-말	
시새/세사(細沙)	
신/신발	
신주-보/독보	
심술-꾸러기/심술-쟁이	
씁쓰레-하다/씁쓰름-하다	
아귀-세다/아귀-차다	
아래-위/위-아래	
아무튼/어떻든/어쨌든/하여튼/여하튼	
앉음-새/앉음-앉음	
알은-척/알은 체	
애-갈이/애벌-갈이	
애꾸눈-이/외눈-박이	'외대-박이, 외눈-퉁이'는 비표준어임.
양념-감/양념-거리	
어금버금-하다/어금지금-하다	
어기여차/어여차	
어림-잡다/어림-치다	
어이-없다/어처구니-없다	
어저께/어제	
언덕-바지/언덕-배기	

복수 표준어	비 고
얼렁-뚱땅/엄벙-뗑	
여왕-벌/장수-벌	
여쭈다/여쭙다	
여태/입때	'여직'은 비표준어임.
여태-껏/이제-껏/입때-껏	'여지-껏'은 비표준어임.
역성-들다/역성-하다	'편역-들다'는 비표준어임.
연-달다/잇-달다	
엿-가락/엿-가래	
엿-기름/엿-길금	
엿-반대기/엿-자반	
오사리-잡놈/오색-잡놈	'오합-잡놈'은 비표준어임.
옥수수/강냉이	~떡, ~묵, ~밥, ~튀김.
왕골-기직/왕골-자리	
외겹-실/외올-실/홑-실	'홑겹-실, 올-실'은 비표준어임.
외손-잡이/한손-잡이	
욕심-꾸러기/욕심-쟁이	
우레/천둥	우렛-소리/천둥-소리.
우지/울-보	
을러-대다/을러-메다	
의심-스럽다/의심-쩍다	
-이에요/-이어요	
이틀-거리/당-고금	학질의 일종임.
일일-이/하나-하나	
일찌감치/일찌거니	
입찬-말/입찬-소리	
자리-옷/잠-옷	
자물-쇠/자물-통	
장가-가다/장가-들다	'서방-가다'는 비표준어임.
재롱-떨다/재롱-부리다	
제-가끔/제-각기	
좀-처럼/좀-체	'좀-체로, 좀-해선, 좀-해'는 비표준어임.
줄-꾼/줄-잡이	
중신/중매	
짚-단/짚-뭇	
쪽/편	오른~, 왼~.
차차/차츰	
책-씻이/책-거리	
척/체	모르는 ~, 잘난 ~.
천연덕-스럽다/천연-스럽다	

복수 표준어	비 고
철-따구니/철-딱서니/철-딱지	'철-때기'는 비표준어임.
추어-올리다/추어-주다	'추켜-올리다'는 비표준어임.
축-가다/축-나다	
침-놓다/침-주다	
통-꼭지/통-젖	통에 붙은 손잡이.
파자-쟁이/해자-쟁이	점치는 이.
편지-투/편지-틀	
한턱-내다/한턱-하다	
해웃-값/해웃-돈	'해우-차'는 비표준어임.
혼자-되다/홀로-되다	
흠-가다/흠-나다/흠-지다	

제2부 표준 발음법

제1장 총 칙

제1항 표준 발음법은 표준어의 실제 발음을 따르되, 국어의 전통성과 합리성을 고려하여 정함을 원칙으로 한다.

제2장 자음과 모음

제2항 표준어의 자음은 다음 19개로 한다.

ㄱ ㄲ ㄴ ㄷ ㄸ ㄹ ㅁ ㅂ ㅃ ㅅ ㅆ ㅇ ㅈ ㅉ ㅊ ㅋ ㅌ ㅍ ㅎ

제3항 표준어의 모음은 다음 21개로 한다.

ㅏ ㅐ ㅑ ㅒ ㅓ ㅔ ㅕ ㅖ ㅗ ㅘ ㅙ ㅚ ㅛ ㅜ ㅝ ㅞ ㅟ ㅠ ㅡ ㅢ ㅣ

제4항 'ㅏ ㅐ ㅓ ㅔ ㅗ ㅚ ㅜ ㅟ ㅡ ㅣ'는 단모음(單母音)으로 발음한다.

[붙임] 'ㅚ, ㅟ'는 이중 모음으로 발음할 수 있다.

제5항 'ㅑ ㅒ ㅕ ㅖ ㅘ ㅙ ㅛ ㅝ ㅞ ㅠ ㅢ'는 이중 모음으로 발음한다.

다만 1. 용언의 활용형에 나타나는 '져, 쪄, 쳐'는 [저, 쩌, 처]로 발음한다.

가지어 → 가져[가저]　　　　찌어 → 쪄[쩌]　　　　다치어 → 다쳐[다처]

다만 2. '예, 례' 이외의 'ㅖ'는 [ㅔ]로도 발음한다.

계집[계:집/게:집]　　　　계시다[계:시다/게:시다]　　　　시계[시계/시게](時計)
연계[연계/연게](連繫)　　　　몌별[몌별/메별](袂別)　　　　개폐[개폐/개페](開閉)
혜택[혜:택/헤:택](惠澤)　　　　지혜[지혜/지혜](智慧)

다만 3. 자음을 첫소리로 가지고 있는 음절의 'ㅢ'는 [ㅣ]로 발음한다.

닐리리   닝큼   무늬   띄어쓰기   씌어
틔어   희어   희떱다   희망   유희

다만 4. 단어의 첫음절 이외의 '의'는 [ㅣ]로, 조사 '의'는 [ㅔ]로 발음함도 허용한다.

주의[주의/주이]   협의[혀븨/혀비]
우리의[우리의/우리에]   강의의[강:의의/강:이에]

제 3 장   소리의 길이

제6항   모음의 장단을 구별하여 발음하되, 단어의 첫 음절에서만 긴소리가 나타나는 것을 원칙으로 한다.

(1) 눈보라[눈:보라]   말씨[말:씨]   밤나무[밤:나무]
     많다[만:타]   멀리[멀:리]   벌리다[벌:리다]

(2) 첫눈[천눈]   참말[참말]   쌍동밤[쌍동밤]
     수많이[수:마니]   눈멀다[눈멀다]   떠벌리다[떠벌리다]

다만, 합성어의 경우에는 둘째 음절 이하에서도 분명한 긴소리를 인정한다.

반신반의[반:신 바:늬/반:신 바:니]   재삼재사[재:삼 재:사]

[붙임] 용언의 단음절 어간에 어미 '-아/-어'가 결합되어 한 음절로 축약되는 경우에도 긴소리로 발음한다.

보아 → 봐[봐:]   기어 → 겨[겨:]   되어 → 돼[돼:]
두어 → 둬[둬:]   하여 → 해[해:]

다만, '오아→와, 지어→져, 찌어→쪄, 치어→쳐' 등은 긴소리로 발음하지 않는다.

제7항   긴소리를 가진 음절이라도, 다음과 같은 경우에는 짧게 발음한다.

1. 단음절인 용언 어간에 모음으로 시작된 어미가 결합되는 경우

감다[감:따]-감으니[가므니]　　　　밟다[밥:따]-밟으면[발브면]

신다[신:따]-신어[시너]　　　　　　알다[알:다]-알아[아라]

다만, 다음과 같은 경우에는 예외적이다.

끌다[끌:다]-끌어[끄:러]　　　　　　떫다[떨:따]-떫은[떨:븐]

벌다[벌:다]-벌어[버:러]　　　　　　썰다[썰:다]-썰어[써:러]

없다[업:따]-없으니[업:쓰니]

2. 용언 어간에 피동, 사동의 접미사가 결합되는 경우

감다[감:따]-감기다[감기다]　　　　　　꼬다[꼬:다]-꼬이다[꼬이다]

밟다[밥:따]-밟히다[발피다]

다만, 다음과 같은 경우에는 예외적이다.

끌리다[끌:리다]　　　　　벌리다[벌:리다]　　　　　없애다[업:쌔다]

[붙임] 다음과 같은 복합어2)에서는 본디의 길이에 관계없이 짧게 발음한다.

밀-물　　　　　　썰-물　　　　　　쏜-살-같이3)　　　　작은-아버지

제 4 장　받침의 발음

제8항　받침소리로는 'ㄱ, ㄴ, ㄷ, ㄹ, ㅁ, ㅂ, ㅇ'의 7개 자음만 발음한다.

제9항　받침 'ㄲ, ㅋ', 'ㅅ, ㅆ, ㅈ, ㅊ, ㅌ', 'ㅍ'은 어말 또는 자음 앞에서 각각 대표음
[ㄱ, ㄷ, ㅂ]으로 발음한다.

닦다[닥따]　　　　키읔[키윽]　　　　키읔과[키윽꽈]　　　웃[온]

옷다[옫:따]　　　　있다[읻따]　　　　젖[젇]　　　　　　빚다[빋따]

꽃[꼳]　　　　　　쫓다[쫃따]　　　　솥[솓]　　　　　　뱉다[밷:따]

---

2) 학교 문법 용어에 따른다면 이 '복합어'는 '합성어'가 된다.
3) 이를 '쏜살같-이'로 분석한다고 생각할 수 있으나, 고시본대로 둔다.

앞압]　　　　　　덮대덥따]

제10항 겹받침 'ㄳ', 'ㄵ', 'ㄼ, ㄽ, ㄾ', 'ㅄ'은 어말 또는 자음 앞에서 각각 [ㄱ, ㄴ, ㄹ, ㅂ]으로 발음한다.

넋[넉]　　　　　　넋과[넉꽈]　　　　　앉대[안따]　　　　여덟[여덜]
넓대[널따]　　　　외곬[외골]　　　　훑대[훌따]　　　　값[갑]
없대[업:따]

다만, '밟-'은 자음 앞에서 [밥]으로 발음하고, '넓-'은 다음과 같은 경우에 [넙]으로 발음한다.

(1) 밟대[밥:따]　　　밟소[밥:쏘]　　　　밟지[밥:찌]　　　　밟는[밥:는→밤:는]
　　밟게[밥:께]　　　밟고[밥:꼬]
(2) 넓-죽하대[넙쭈카다]　　　　　　　넓-둥글대[넙뚱글다]

제11항 겹받침 'ㄺ, ㄻ, ㄿ'은 어말 또는 자음 앞에서 각각[ㄱ, ㅁ, ㅂ]으로 발음한다.

닭[닥]　　　　　　흙과[흑꽈]　　　　맑대[막따]　　　　늙지[늑찌]
삶[삼:]　　　　　　젊대[점:따]　　　　읊고[읍꼬]　　　　읊대[읍따]

다만, 용언의 어간 말음 'ㄺ'은 'ㄱ' 앞에서 [ㄹ]로 발음한다.

맑게[말께]　　　　묽고[물꼬]　　　　얽거내[얼꺼나]

제12항 받침 'ㅎ'의 발음은 다음과 같다.

1. 'ㅎ(ㄶ, ㅀ)' 뒤에 'ㄱ, ㄷ, ㅈ'이 결합되는 경우에는, 뒤 음절 첫소리와 합쳐서 [ㅋ, ㅌ, ㅊ]으로 발음한다.

놓고[노코]　　　　좋던[조:턴]　　　　쌓지[싸치]　　　　많고[만:코]
않던[안턴]　　　　닳지[달치]

[붙임 1] 받침 'ㄱ(ㄺ), ㄷ, ㅂ(ㄼ), ㅈ(ㄵ)'이 뒤 음절 첫소리 'ㅎ'과 결합되는 경우에도, 역시 두 소리를 합쳐서 [ㅋ, ㅌ, ㅍ, ㅊ]으로 발음한다.

각해[가캐]　　　먹히다[머키다]　　　밝히다[발키다]　　　맏형[마텽]
좁히다[조피다]　　　넓히다[널피다]　　　꽂히다[꼬치다]　　　앉히다[안치다]

[붙임 2] 규정에 따라 'ㄷ'으로 발음되는 'ㅅ, ㅈ, ㅊ, ㅌ'의 경우에는 이에 준한다.

옷 한 벌[오탄벌]　　낮 한때[나탄때]　　꽃 한 송이[꼬탄송이] 숱하다[수타다]

2. 'ㅎ(ㄶ, ㅀ)' 뒤에 'ㅅ'이 결합되는 경우에는, 'ㅅ'을 [ㅆ]으로 발음한다.

닿소[다쏘]　　　　많소[만ː쏘]　　　　싫소[실쏘]

3. 'ㅎ' 뒤에 'ㄴ'이 결합되는 경우에는, [ㄴ]으로 발음한다.

놓는[논는]　　　　쌓네[싼네]

[붙임] 'ㄶ, ㅀ' 뒤에 'ㄴ'이 결합되는 경우에는, 'ㅎ'을 발음하지 않는다.
　　앓네[안네]　　　　않는[안는]　　　　뚫네[뚤네 → 뚤레]　 뚫는[뚤는 → 뚤른]
　* '뚫네[뚤네 → 뚤레], 뚫는[뚤는 → 뚤른]'에 대해서는 제20항 참조.

4. 'ㅎ(ㄶ, ㅀ)' 뒤에 모음으로 시작된 어미나 접미사가 결합되는 경우에는, 'ㅎ'을
발음하지 않는다.

낳은[나은]　　　　놓아[노아]　　　　쌓이다[싸이다]　　　많아[마ː나]
않은[아는]　　　　닳아[다라]　　　　싫어도[시러도]

제13항　홑받침이나 쌍받침이 모음으로 시작된 조사나 어미, 접미사와 결합되는 경우
에는, 제 음가대로 뒤 음절 첫소리로 옮겨 발음한다.

깎아[까까]　　　　옷이[오시]　　　　있어[이써]　　　　낮이[나지]
꽂아[꼬자]　　　　꽃을[꼬츨]　　　　쫓아[쪼차]　　　　밭에[바테]
앞으로[아프로]　　　덮이다[더피다]

제14항　겹받침이 모음으로 시작된 조사나 어미, 접미사와 결합되는 경우에는, 뒤엣것
만을 뒤 음절 첫소리로 옮겨 발음한다.(이 경우, 'ㅅ'은 된소리로 발음함.).

넋이[넉씨]   앉아[안자]   닭을[달글]   젊어[절머]
곬이[골씨]   핥아[할타]   읊어[을퍼]   값을[갑쓸]
없어[업:써]

제15항 받침 뒤에 모음 'ㅏ, ㅓ, ㅗ, ㅜ ㅟ'들로 시작되는 실질 형태소가 연결되는 경우
에는, 대표음으로 바꾸어서 뒤 음절 첫소리로 옮겨 발음한다.

밭 아래[바다래]   늪 앞[느밥]   젖어미[저더미]   맛없다[마덥따]
겉옷[거돋]   헛웃음[허두슴]   꽃 위[꼬뒤]

다만, '맛있다, 멋있다'는 [마싣따], [머싣따]로도 발음할 수 있다.

[붙임] 겹받침의 경우에는 그 중 하나만을 옮겨 발음한다.

넋 없다[너겁따]   닭 앞에[다가페]   값어치[가버치]   값있는[가빈는]

제16항 한글 자모의 이름은 그 받침소리를 연음하되, 'ㄷ, ㅈ, ㅊ, ㅋ, ㅌ, ㅍ, ㅎ'의 경
우에는 특별히 다음과 같이 발음한다.

디귿이[디그시]   디귿을[디그슬]   디귿에[디그세]
지읒이[지으시]   지읒을[지으슬]   지읒에[지으세]
치읓이[치으시]   치읓을[치으슬]   치읓에[치으세]
키읔이[키으기]   키읔을[키으글]   키읔에[키으게]
티읕이[티으시]   티읕을[티으슬]   티읕에[티으세]
피읖이[피으비]   피읖을[피으블]   피읖에[피으베]
히읗이[히으시]   히읗을[히으슬]   히읗에[히으세]

제 5 장 음의 동화

제17항 받침 'ㄷ, ㅌ(ㄾ)'이 조사나 접미사의 모음 'ㅣ'와 결합되는 경우에는 [ㅈ, ㅊ]으
로 바꾸어서 뒤 음절 첫소리로 옮겨 발음한다.

곧이듣다[고지듣따]   굳이[구지]   미닫이[미다지]
땀받이[땀바지]   밭이[바치]   벼훑이[벼홀치]

[붙임] 'ㄷ' 뒤에 접미사 '히'가 결합되어 '티'를 이루는 것은 [치]로 발음한다.

굳히다[구치다]   닫히다[다치다]   묻히다[무치다]

제18항 받침 'ㄱ(ㄲ, ㅋ, ㄳ, ㄺ), ㄷ(ㅅ, ㅆ, ㅈ, ㅊ, ㅌ, ㅎ), ㅂ(ㅍ, ㄼ, ㄿ, ㅄ)'은 'ㄴ, ㅁ' 앞에서 [ㅇ, ㄴ, ㅁ]으로 발음한다.

먹는[멍는]	국물[궁물]	깎는[깡는]	키읔만[키응만]
몫몫이[몽목씨]	긁는[긍는]	흙만[흥만]	닫는[단는]
짓는[진:는]	옷맵시[온맵씨]	있는[인는]	맞는[만는]
젖멍울[전멍울]	쫓는[쫀는]	꽃망울[꼰망울]	붙는[분는]
놓는[논는]	잡는[잠는]	밥물[밤물]	앞마당[암마당]
밟는[밤:는]	읊는[음는]	없는[엄:는]	값매다[감매다]

[붙임] 두 단어를 이어서 한 마디로 발음하는 경우에도 이와 같다.

책 넣는다[챙넌는다]   흙 말리다[흥말리다]   옷 맞추다[온마추다]
밥 먹는다[밤멍는다]   값 매기다[감매기다]

제19항 받침 'ㅁ, ㅇ' 뒤에 연결되는 'ㄹ'은 [ㄴ]으로 발음한다.

담력[담:녁]   침략[침냑]   강릉[강능]   항로[항:노]
대통령[대:통녕]

[붙임] 받침 'ㄱ, ㅂ' 뒤에 연결되는 'ㄹ'도 [ㄴ]으로 발음한다.[4]

막론[막논 → 망논]   백리[백니 → 뱅니]   협력[협녁 → 혐녁]   십리[십니 → 심니]

제20항 'ㄴ'은 'ㄹ'의 앞이나 뒤에서 [ㄹ]로 발음한다.

(1) 난로[날:로]   신라[실라]   천리[철리]   광한루[광:할루]
    대관령[대:괄령]
(2) 칼날[칼랄]   물난리[물랄리]   줄넘기[줄럼끼]   할는지[할른지]

---

4) 예시어 중 '백리', '십리'를 '백 리', '십 리'처럼 띄어 쓸 수 있겠으나, 현용 사전에서 이들을 하나의 단어로 처리한 것도 있으므로, 고시본대로 두기로 한다.

[붙임] 첫소리 'ㄴ'이 'ㅀ', 'ㄾ' 뒤에 연결되는 경우에도 이에 준한다.

　　닳는[달른]　　　　　　　　　뚫는[뚤른]　　　　　　　　훑네[훌레]

다만, 다음과 같은 단어들은 'ㄹ'을 [ㄴ]으로 발음한다.

　　의견란[의ː견난]　　　　　임진란[임ː진난]　　　　　생산량[생산냥]
　　결단력[결딴녁]　　　　　공권력[공꿘녁]　　　　　동원령[동ː원녕]
　　상견례[상견녜]　　　　　횡단로[횡단노]　　　　　이원론[이ː원논]
　　입원료[이붠뇨]　　　　　구근류[구근뉴]

제21항　위에서 지적한 이외의 자음 동화는 인정하지 않는다.

　　감기[감ː기](×[강ː기])　　　　　　옷감[옫깜](×[옥깜])
　　있고[읻꼬](×[익꼬])　　　　　　꽃길[꼳낄](×[꼭낄])
　　젖먹이[전머기](×[점머기])　　　문법[문뻡](×[뭄뻡])
　　꽃밭[꼳빧](×[꼽빧])

제22항　다음과 같은 용언의 어미는 [어]로 발음함을 원칙으로 하되, [여]로 발음함도 허용한다.

　　피어[피어/피여]　　　　　　　되어[되어/되여]

[붙임] '이오, 아니오'도 이에 준하여 [이요, 아니요]로 발음함을 허용한다.

제 6 장　된소리되기

제23항　받침 'ㄱ(ㄲ, ㅋ, ㄳ, ㄹㄱ), ㄷ(ㅅ, ㅆ, ㅈ, ㅊ, ㅌ), ㅂ(ㅍ, ㄼ, ㄿ, ㅄ)' 뒤에 연결되는 'ㄱ, ㄷ, ㅂ, ㅅ, ㅈ'은 된소리로 발음한다.

국밥[국빱]	깎다[깍따]	넋받이[넉빠지]	삯돈[삭똔]
닭장[닥짱]	칡범[칙뻠]	뻗대다[뻗때다]	옷고름[옫꼬름]
있던[읻떤]	꽂고[꼳꼬]	꽃다발[꼳따발]	낯설다[낟썰다]
밭갈이[받까리]	솥전[솓쩐]	곱돌[곱똘]	덮개[덥깨]
옆집[엽찝]	넓죽하다[넙쭈카다]	읊조리다[읍쪼리다]	값지다[갑찌다]

제24항 어간 받침 'ㄴ(ㄵ), ㅁ(ㄻ)' 뒤에 결합되는 어미의 첫소리 'ㄱ, ㄷ, ㅅ, ㅈ'은 된소리로 발음한다.

신고[신ː꼬]	껴안대[껴안때]	앉고[안꼬]	얹대[언따]
삼고[삼ː꼬]	더듬지[더듬찌]	닮고[담ː꼬]	젊지[점ː찌]

다만, 피동, 사동의 접미사 '-기-'는 된소리로 발음하지 않는다.

안기다	감기다	굶기다	옮기다

제25항 어간 받침 'ㄼ, ㄾ' 뒤에 결합되는 어미의 첫소리 'ㄱ, ㄷ, ㅅ, ㅈ'은 된소리로 발음한다.

넓게[널께]	핥다[할따]	훑소[훌쏘]	떫지[떨ː찌]

제26항 한자어에서, 'ㄹ' 받침 뒤에 연결되는 'ㄷ, ㅅ, ㅈ'은 된소리로 발음한다.

갈등[갈뜽]	발동[발똥]	절도[절또]	말살[말쌀]
불소[불쏘](弗素)	일시[일씨]	갈증[갈쯩]	물질[물찔]
발전[발쩐]	몰상식[몰쌍식]	불세출[불쎄출]	

다만, 같은 한자가 겹쳐진 단어의 경우에는 된소리로 발음하지 않는다.

허허실실[허허실실](虛虛實實)	절절-하다[절절하다](切切-)

제27항 관형사형 '-[으]ㄹ' 뒤에 연결되는 'ㄱ, ㄷ, ㅂ, ㅅ, ㅈ'은 된소리로 발음한다.

할 것을[할꺼슬]	갈 데가[갈떼가]	할 바를[할빠를]	할 수는[할쑤는]
할 적에[할쩌게]	갈 곳[갈꼳]	할 도리[할또리]	만날 사람[만날싸람]

다만, 끊어서 말할 적에는 예사소리로 발음한다.

[붙임] '-(으)ㄹ'로 시작되는 어미의 경우에도 이에 준한다.

할걸[할껄]	할밖에[할빠께]	할세라[할쎄라]	할수록[할쑤록]
할지라도[할찌라도]	할지언정[할찌언정]	할진대[할찐대]	

제28항 표기상으로는 사이시옷이 없더라도, 관형격 기능을 지니는 사이시옷이 있어야 할 (휴지가 성립되는) 합성어의 경우에는, 뒤 단어의 첫소리 'ㄱ, ㄷ, ㅂ, ㅅ, ㅈ'을 된소리로 발음한다.

문-고리[문꼬리]	눈-동자[눈똥자]	신-바람[신빠람]	산-새[산쌔]
손-재주[손째주]	길-개[길까]	물-동이[물똥이]	발-바닥[발빠닥]
굴-속[굴쏙]	술-잔[술짠]	바람-결[바람껼]	그믐-달[그믐딸]
아침-밥[아침빱]	잠-자리[잠짜리]	강-개[강까]	초승-달[초승딸]
등-불[등뿔]	창-살[창쌀]	강-줄기[강쭐기]	

제 7 장   소리의 첨가

제29항 합성어 및 파생어에서, 앞 단어나 접두사의 끝이 자음이고 뒤 단어나 접미사의 첫 음절이 '이, 야, 여, 요, 유'인 경우에는 'ㄴ' 소리를 첨가하여 [니, 냐, 녀, 뇨, 뉴]로 발음한다.

솜-이불[솜:니불]	홑-이불[혼니불]	막-일[망닐]	삯-일[상닐]
맨-입[맨닙]	꽃-잎[꼰닙]	내복-약[내:봉냑]	한-여름[한녀름]
남존-여비[남존녀비]	신-여성[신녀성]	색-연필[생년필]	직행-열차[지캥녈차]
늑막-염[능망념]	콩-엿[콩녇]	담-요[담:뇨]	눈-요기[눈뇨기]
영업-용[영엄뇽]	식용-유[시굥뉴]	국민-윤리[궁민뉼리]	밤-윷[밤:뉻]

다만, 다음과 같은 말들은 'ㄴ' 소리를 첨가하여 발음하되, 표기대로 발음할 수 있다.

이죽-이죽[이중니죽/이주기죽]	야금-야금[야금냐금/야그먀금]
검열[검:녈/거:멸]	욜랑-욜랑[욜랑뇰랑/욜랑욜랑]
금융[금늉/그뮹]	

[붙임 1] 'ㄹ' 받침 뒤에 첨가되는 'ㄴ' 소리는 [ㄹ]로 발음한다

들-일[들:릴]	솔-잎[솔립]	설-익다[설릭따]
물-약[물략]	불-여우[불려우]	서울-역[서울력]
물-엿[물렫]	휘발-유[휘발류]	유들-유들[유들류들]

[붙임 2] 두 단어를 이어서 한 마디로 발음하는 경우에도 이에 준한다.[5]

한 일[한닐]	옷 입다[온닙따]	서른 여섯[서른녀섣]
3연대[삼년대]	먹은 엿[머근녇]	할 일[할릴]
잘 입다[잘립따]	스물 여섯[스물려섣]	1연대[일련대]
먹을 엿[머글렫]		

다만, 다음과 같은 단어에서는 'ㄴ(ㄹ)' 소리를 첨가하여 발음하지 않는다.

6 · 25[유기오]	3 · 1절[사밀쩔]	송별-연[송:벼련]
등용-문[등용문][6]		

제30항 사이시옷이 붙은 단어는 다음과 같이 발음한다.

1. 'ㄱ, ㄷ, ㅂ, ㅅ, ㅈ'으로 시작하는 단어 앞에 사이시옷이 올 때에는 이들 자음만을 된소리로 발음하는 것을 원칙으로 하되, 사이시옷을 [ㄷ]으로 발음하는 것도 허용한다.

냇가[내:까/낻:까]	샛길[새:낄/샏:낄]	빨랫돌[빨래똘/빨랟똘]
콧등[코뜽/콛뜽]	깃발[기빨/긷빨]	대팻밥[대:패빱/대:팯빱]
햇살[해쌀/핻쌀]	뱃속[배쏙/밷쏙]	뱃전[배쩐/밷쩐]
고갯짓[고개찓/고갣찓]		

2. 사이시옷 뒤에 'ㄴ, ㅁ'이 결합되는 경우에는 [ㄴ]으로 발음한다.

콧날[콛날 → 콘날]	아랫니[아랟니 → 아랜니]
툇마루[퇻:마루 → 퇸:마루]	뱃머리[밷머리 → 밴머리]

3. 사이시옷 뒤에 '이' 소리가 결합되는 경우에는 [ㄴㄴ]으로 발음한다.

베갯잇[베갣닏 → 베갠닏]	깻잎[깯닙 → 깬닙]
나뭇잎[나묻닙 → 나문닙]	도리깻열[도리깯녈 → 도리깬녈]
뒷윷[뒫:늍 → 뒨:늍]	

---

5) 예시어 중 '서른여섯[서른녀섣]', '스물여섯[스물려섣]'을 한 단어로 보느냐 두 단어로 보느냐에 대하여 논란의 여지가 있으나, 여기에서는 고시본에서 제시한 대로 두기로 한다.
6) 고시본에서 '등용-문[등용문]'으로 보인 것을 위와 같이 바로잡았다.

2. 표준 언어 예절

1. 부모와 자녀사이

– 아버지에 대한 호칭, 지칭

			살아 계신 아버지	돌아가신 아버지
호칭	아버지, 아빠			
지칭	당사자에게		아버지, 아빠	
	어머니에게		아버지, 아빠	아버지
	조부모에게		아버지, 아빠	아버지
	형제, 자매, 친척에게		아버지, 아빠	아버님, 아버지
	배우자에게	남편에게	아버지, 친정아버지, ○○[지역] 아버지	친정아버님, 친정아버지
		아내에게	아버지	아버님, 아버지
	배우자 가족에게	처가 쪽 사람에게	친정아버지, ○○[지역] 아버지, ○○[자녀] 외할아버지	친정아버님, 친정아버지, ○○[자녀] 외할아버님, ○○[자녀] 외할아버지
		처가 쪽 사람에게	아버지	아버님, 아버지
	그 밖의 사람에게	아들이	아버지, ○○[자녀] 할아버지	아버님, 아버지, ○○[자녀] 할아버님, ○○[자녀] 할아버지
		딸이	아버지, 친정아버지, ○○[자녀] 외할아버지	아버님, 아버지, 친정아버님, 친정아버지, ○○[자녀] 외할아버님, ○○[자녀] 외할아버지

– 어머니에 대한 호칭, 지칭

		살아 계신 어머니	돌아가신 어머니
호칭	어머니, 엄마		
지칭	당사자에게	어머니, 엄마	
	아버지에게	어머니, 엄마	어머니
	조부모에게	어머니, 엄마	어머니
	형제, 자매, 친척에게	어머니, 엄마	어머님, 어머니

			친정어머니, 어머니, 엄마, ○○[지역] 어머니	친정어머님, 친정어머니
배우자에게	남편에게		친정어머니, 어머니, 엄마, ○○[지역] 어머니	친정어머님, 친정어머니
	아내에게		어머니	어머님, 어머니
배우자 가족에게	시댁 쪽 사람에게		친정어머니, ○○[지역] 어머니, ○○[자녀] 외할머니	친정어머님, 친정어머니, ○○[자녀] 외할머님, ○○[자녀] 외할머니
	처가 쪽 사람에게		어머니	어머님, 어머니
그 밖의 사람에게	아들이		어머니, ○○[자녀] 할머니	어머님, 어머니, ○○[자녀] 할머님, ○○[자녀] 할머니
	딸이		어머니, 친정어머니, ○○[자녀] 외할머니	어머님, 어머니, 친정어머님, 친정어머니, ○○[자녀] 외할머님, ○○[자녀] 외할머니

− 자녀에 대한 호칭, 지칭

		혼인하지 않은 자녀	혼인한 자녀
호칭		○○[이름]	아범, ○○[손주] 아범, 아비, ○○[손주] 아비, 어멈, ○○[외손주] 어멈, 어미, ○○[외손주] 어미, ○○[이름]
지칭	당사자에게	○○[이름]	아범, ○○[손주] 아범, 아비, ○○[손주] 아비, 어멈, ○○[외손주] 어멈, 어미, ○○[외손주] 어미, ○○[이름]
	가족, 친척에게	○○[이름]	아범, ○○[손주] 아범, 아비, ○○[손주] 아비, 어멈, ○○[외손주] 어멈, 어미, ○○[외손주] 어미, ○○[이름]
	자녀의 직장 사람들에게	○○○ 씨, ○ 과장, ○○○ 과장, ○ 과장님, ○○○ 과장님	
	그 밖의 사람에게	○○[이름], 아들, 딸	

	손주 (해당 자녀의 자녀)에게		아버지, 아빠, 아범, 아비, 어머니, 엄마, 어멈, 어미
	사돈 쪽 사람에게		아범, ○○[손주] 아범, 아비, ○○[손주] 아비, 어멈, ○○[외손주] 어멈, 어미, ○○[외손주] 어미, ○○[이름]

2. 시부모와 며느리 사이

- 시아버지에 대한 호칭, 지칭

호 칭		아버님
지 칭	당사자에게	아버님
	시어머니에게	아버님
	시조부모에게	아버님, 아버지
	남편에게	아버님
	남편의 동기에게	아버님
	남편 동기의 배우자에게	아버님
	자녀에게	할아버지, 할아버님
	시댁 친척에게	아버님
	친정 쪽 사람에게	시아버님, 시아버지, ○○[자녀] 할아버지, ○○[자녀] 할아버님
	그 밖의 사람에게	시아버님, 시아버지, 아버님, ○○[자녀] 할아버지, ○○[자녀] 할아버님

- 시어머니에 대한 호칭, 지칭

호 칭		어머님, 어머니
지 칭	당사자에게	어머님, 어머니
	시어머니에게	어머님, 어머니
	시조부모에게	어머님, 어머니
	남편에게	어머님
	남편의 동기에게	어머님
	남편 동기의 배우자에게	어머님
	자녀에게	할머니, 할머님
	시댁 친척에게	어머님

친정 쪽 사람에게	시어머님, 시어머니, ○○[자녀] 할머니, ○○[자녀] 할머님
그 밖의 사람에게	시어머님, 시어머니, 어머님, ○○[자녀] 할머니, ○○[자녀] 할머님

- 며느리에 대한 호칭, 지칭

<table>
<tr><td colspan="2">호 칭</td><td>어멈, ○○[손주] 어멈, 어미,
어미, ○○[손주] 어미,
아가, 새아가</td></tr>
<tr><td rowspan="13">지
칭</td><td>당사자에게</td><td>어멈, ○○[손주] 어멈, 어미, ○○[손주] 어미,
아기, 새아기</td></tr>
<tr><td>부모에게</td><td>며늘애, 어멈, ○○[손주] 어멈,
어미, ○○[손주] 어미, ○○[아들] 댁, ○○[아들] 처</td></tr>
<tr><td>배우자에게</td><td>며늘애, 새아기, 어멈, ○○[손주] 어멈,
어미, ○○[손주] 어미, ○○[아들] 댁, ○○[아들] 처</td></tr>
<tr><td>당사자 남편인 아들에게</td><td>어멈, ○○[손주] 어멈, 어미,
○○[손주] 어미, 네 댁, 네 처</td></tr>
<tr><td>아들에게 동생의 아내를</td><td>○○[손주] 어멈, ○○[손주] 어미,
○○[아들] 댁, ○○[아들] 처, 제수, 계수</td></tr>
<tr><td>아들에게 형의 아내를</td><td>○○[손주] 어멈, ○○[손주] 어미, 형수</td></tr>
<tr><td>딸에게 남동생의 아내를</td><td>○○[손주] 어멈, ○○[손주] 어미, 올케,
○○[아들] 댁, ○○[아들] 처</td></tr>
<tr><td>딸에게 오빠의 아내를</td><td>○○[손주] 어멈, ○○[손주] 어미, 올케, 새언니</td></tr>
<tr><td>다른 며느리에게</td><td>○○[손주] 어멈, ○○[손주] 어미, 형, 동서</td></tr>
<tr><td>사위에게</td><td>처남의 댁, 처남댁, ○○[손주] 어멈, ○○[손주]어미,
○○[아들] 댁, ○○[아들] 처</td></tr>
<tr><td>손주에게</td><td>어머니, 엄마, 어미</td></tr>
<tr><td>친척에게</td><td>며느리, 며늘애, ○○[아들] 댁, ○○[아들] 처,
○○[손주] 어멈, ○○[손주] 어미</td></tr>
<tr><td>사돈에게</td><td>며늘애, ○○[손주] 어멈, ○○[손주] 어미</td></tr>
<tr><td>그 밖의 사람에게</td><td>며느리, 새아기</td></tr>
</table>

3. 처부모와 사위 사이

– 장인에 대한 호칭, 지칭

호 칭		장인어른, 아버님
	당사자에게	장인어른, 아버님
	장모에게	장인어른, 아버님
	아내에게	장인어른, 아버님, 장인
지	부모와 동기, 친척에게	장인, 장인어른, ○○[자녀] 외할아버지
칭	아내의 동기와 그 배우자에게	장인어른, 아버님
	자녀에게	외할아버지, 외할아버님
	그 밖의 사람에게	장인, 장인어른, ○○[자녀] 외할아버지 ○○[자녀] 외할아버님

– 장모에 대한 호칭, 지칭

호 칭		장모님, 어머님
	당사자에게	장모님, 어머님
	장모에게	장모님, 어머님
	아내에게	장모님, 어머님, 장모
지	부모와 동기, 친척에게	장모, 장모님 ○○[자녀] 외할머니
칭	아내의 동기와 그 배우자에게	장모님, 어머님
	자녀에게	외할머니, 외할머님
	그 밖의 사람에게	장모, 장모님, ○○[자녀] 외할머니 ○○[자녀] 외할머님

– 사위에 대한 호칭, 지칭

호 칭		○ 서방, ○○[외손주] 아범, ○○[외손주] 아비, 여보게
지	당사자에게	○ 서방, 자네, ○○[외손주] 아범, ○○[외손주] 아비
칭	부모에게	○ 서방, ○○[외손주] 아범, ○○[외손주] 아비

당사자의 아내인 딸에게	○ 서방, ○○[외손주] 아범, ○○[외손주] 아비
배우자에게	○ 서방, ○○[외손주] 아범, ○○[외손주] 아비
사돈에게	○ 서방, ○○[외손주] 아범, ○○[외손주] 아비
아들에게	○ 서방, 매형, 자형, 매부, 매제
당사자의 아내가 아닌 다른 딸에게	○ 서방, 형부, 제부
며느리에게	○ 서방
다른 사위에게	○ 서방
외손주에게	아버지, 아빠
그 밖의 사람에게	사위, ○ 서방, ○○[외손주] 아버지, ○○[외손주] 아빠

4. 남편에 대하여

- 남편에 대한 호칭, 지칭

<table>
<tr><th colspan="3">호 칭</th><td>여보, ○○씨, ○○[자녀] 아버지, ○○[자녀] 아빠,
영감, ○○[손주, 외손주] 할아버지</td></tr>
<tr><td rowspan="11">지
칭</td><td colspan="2">당사자에게</td><td>당신, ○○ 씨, 영감</td></tr>
<tr><td colspan="2">시부모에게</td><td>아범, 아비, 그이</td></tr>
<tr><td colspan="2">친정 부모에게</td><td>○ 서방, 아범, 아비</td></tr>
<tr><td colspan="2">남편 동기에게</td><td>그이, ○○[자녀] 아버지, ○○[자녀] 아빠,
형, 형님, 동생, 오빠</td></tr>
<tr><td colspan="2">남편 동기의 배우자에게</td><td>그이, ○○[자녀] 아버지, ○○[자녀] 아빠</td></tr>
<tr><td rowspan="4">친정
동기와
배우자
에게</td><td>손위 동기에게</td><td>○서방, 그이,
○○[자녀] 아버지, ○○[자녀] 아빠</td></tr>
<tr><td>손위 동기의
배우자에게</td><td>○ 서방, 그이,
○○[자녀] 아버지, ○○[자녀] 아빠</td></tr>
<tr><td>손아래 동기에게</td><td>그이, ○○[자녀] 아버지, ○○[자녀] 아빠,
매형, 자형, 매부, 형부</td></tr>
<tr><td>손아래 동기의
배우자에게</td><td>그이,
○○[자녀] 아버지, ○○[자녀] 아빠</td></tr>
<tr><td colspan="2">자녀에게</td><td>아버지, 아빠</td></tr>
<tr><td colspan="2">며느리에게</td><td>아버님</td></tr>
</table>

사위에게	장인, 장인어른, 아버님
친구에게	그이, 남편, 애아버지, 애 아빠, ○○[자녀] 아버지, ○○[자녀] 아빠
남편 친구에게	그이, 애아버지, 애 아빠, ○○[자녀] 아버지, ○○[자녀] 아빠, 바깥양반, 바깥사람
남편 회사에 전화를 걸 때	○○○ 씨, 과장님, ○ 과장님, ○○○ 과장님
아는 사람에게	○○[자녀] 아버지, ○○[자녀] 아빠, 바깥양반, 바깥사람
모르는 사람에게	남편, 애아버지, 애 아빠

5. 아내에 대하여

– 아내에 대한 호칭, 지칭

<table>
<tr><td colspan="3" style="text-align:center">호 칭</td><td>여보, ○○ 씨,
○○[자녀] 엄마,
임자, ○○[손주, 외손주] 할머니</td></tr>
<tr><td rowspan="17">지
칭</td><td colspan="2">당사자에게</td><td>당신, ○○ 씨, 임자</td></tr>
<tr><td colspan="2">친부모에게</td><td>어멈, 어미, 집사람, 안사람, ○○[자녀] 엄마</td></tr>
<tr><td colspan="2">장인, 장모에게</td><td>어멈, 어미, ○○[자녀] 엄마, 집사람, 안사람</td></tr>
<tr><td rowspan="3">동기에게</td><td>손위 동기에게</td><td>○○[자녀] 엄마, 집사람, 안사람</td></tr>
<tr><td>남동생에게</td><td>○○[자녀] 엄마,
형수</td></tr>
<tr><td>여동생에게</td><td>○○[자녀] 엄마,
언니, 새언니, 올케, 올케언니</td></tr>
<tr><td colspan="2">동기의 배우자에게</td><td>○○[자녀] 엄마, 집사람, 안사람</td></tr>
<tr><td rowspan="3">아내
동기에게</td><td>아내의 손위 동기에게</td><td>○○[자녀] 엄마, 집사람, 안사람</td></tr>
<tr><td>아내의 남동생에게</td><td>○○[자녀] 엄마, 누나</td></tr>
<tr><td>아내의 여동생에게</td><td>○○[자녀] 엄마, 언니</td></tr>
<tr><td colspan="2">아내 동기의 배우자에게</td><td>○○[자녀] 엄마, 집사람, 안사람</td></tr>
<tr><td colspan="2">자녀에게</td><td>어머니, 엄마</td></tr>
<tr><td colspan="2">며느리에게</td><td>어머니</td></tr>
<tr><td colspan="2">사위에게</td><td>장모</td></tr>
<tr><td colspan="2">친구에게</td><td>집사람, 안사람, 아내, 애어머니, 애 엄마,
○○[자녀] 엄마</td></tr>
<tr><td colspan="2">아내 친구에게</td><td>집사람, 안사람, 애어머니, 애 엄마,
○○[자녀] 엄마, ○○[자녀] 어머니</td></tr>
</table>

아내 회사에 전화를 걸 때	○○○ 씨, 과장님, ○ 과장님, ○○○ 과장님
아는 사람에게	○○[자녀] 엄마, ○○[자녀] 어머니, 집사람, 안사람, 아내, 처
모르는 사람에게	집사람, 안사람, 아내, 처, 애어머니, 애 엄마

6. 동기와 그 배우자에 대하여

– 남자의 동기에 대한 호칭, 지칭

		형	형의 아내
호 칭		형, 형님	형수님, 아주머님, 아주머니
지 칭	당사자에게	형, 형님	형수님, 아주머님, 아주머니
	부모에게	형	형수, 아주머니
	동기와 그 배우자에게	형, 형님	형수님, 형수, 아주머님, 아주머니
	처가 쪽 사람에게	형, 형님, ○○[자녀] 큰아버지	형수님, 아주머님, 아주머니, ○○[자녀] 큰어머니
	자녀에게	큰아버지, 큰아버님	큰어머니, 큰어머님
	그 밖의 사람에게	형, 형님, ○○[자녀] 큰아버지	형수님, ○○[자녀] 큰어머니

		남동생	남동생의 아내
호 칭		○○[이름], 아우, 동생	제수씨, 계수씨
지 칭	당사자에게	○○[이름], 아우, 동생	제수씨, 계수씨
	부모에게	○○[이름], 아우, 동생	제수, 제수씨, 계수, 계수씨
	동기와 그 배우자에게	○○[이름], 아우, 동생	제수, 제수씨, 계수, 계수씨
	처가 쪽 사람에게	아우, 동생, ○○[자녀] 작은아버지	제수, 제수씨, 계수, 계수씨, ○○[자녀] 작은어머니
	자녀에게	삼촌, 작은아버지	작은어머니, 숙모
	그 밖의 사람에게	○○[이름], 아우, 동생, ○○[자녀] 작은아버지	제수, 제수씨, 계수, 계수씨, ○○[자녀] 작은어머니

		누나	누나의 남편
호 칭		누나, 누님	매형, 자형, 매부
지 칭	당사자에게	누나, 누님	매형, 자형, 매부
	부모에게	누나	매형, 자형, 매부
	동기와 그 배우자에게	누나, 누님, 누이	매형, 자형, 매부
	처가 쪽 사람에게	누나, 누님, 누이, ○○[자녀] 고모	매형, 자형, 매부, ○○[자녀] 고모부

	자녀에게	고모, 고모님	고모부, 고모부님
	그 밖의 사람에게	누나, 누님, 누이, ○○[자녀] 고모	매형, 자형, 매부, ○○[자녀] 고모부

		여동생	여동생의 남편
	호 칭	○○[이름], 동생	○ 서방, 매부, 매제
지 칭	당사자에게	○○[이름], 동생	○ 서방, 매부, 매제
	부모에게	○○[이름], 동생	○ 서방, 매부, 매제
	동기와 그 배우자에게	○○[이름], 동생, 누이	○ 서방, 매부, 매제
	처가 쪽 사람에게	○○[이름], 여동생, 동생, 누이, ○○[자녀] 고모	매부, 매제, ○○[자녀] 고모부
	자녀에게	고모	고모부
	그 밖의 사람에게	누이동생, 여동생, 동생, 누이, ○○[자녀] 고모	○ 서방, 매부, 매제, ○○[자녀] 고모부

- 여자의 동기에 대한 호칭, 지칭

		오빠	오빠의 아내
	호 칭	오빠, 오라버니, 오라버님	새언니, 언니
지 칭	당사자에게	오빠, 오라버니, 오라버님	새언니, 언니
	부모에게	오빠, 오라버니	새언니, 언니, 올케, 올케언니
	동기와 그 배우자에게	오빠, 오라버니, 오라버님	새언니, 언니, 올케, 올케언니
	시댁 쪽 사람에게	오빠, 친정 오빠, 오라버니, 친정 오라버니, ○○[자녀] 외삼촌	올케, 올케언니, 새언니, ○○[자녀] 외숙모
	자녀에게	외삼촌, 외숙부, 외숙부님	외숙모, 외숙모님
	그 밖의 사람에게	오빠, 친정 오빠, 오라버니, 친정 오라버니, ○○[자녀] 외삼촌	올케, 올케언니, 새언니, ○○[자녀] 외숙모

		남동생	남동생의 아내
	호 칭	○○[이름], 동생	올케
지 칭	당사자에게	○○[이름], 동생	올케
	부모에게	○○[이름], 동생	올케
	동기와 그 배우자에게	○○[이름], 동생	올케
	시댁 쪽 사람에게	친정 동생, ○○[자녀] 외삼촌	올케, ○○[자녀] 외숙모
	자녀에게	외삼촌, 외숙부	외숙모
	그 밖의 사람에게	○○[이름], 동생, 친정 동생, ○○[자녀] 외삼촌	올케, ○○[자녀] 외숙모

		언니	언니의 남편
호 칭		언니	형부
지칭	당사자에게	언니	형부
	부모에게	언니	형부
	동기와 그 배우자에게	언니	형부
	시댁 쪽 사람에게	언니, ㅇㅇ[자녀] 이모	형부, ㅇㅇ[자녀] 이모부
	자녀에게	이모, 이모님	이모부, 이모부님
	그 밖의 사람에게	언니, ㅇㅇ[자녀] 이모	형부, ㅇㅇ[자녀] 이모부

		여동생	여동생의 남편
호 칭		ㅇㅇ[이름], 동생	ㅇ 서방, 제부
지칭	당사자에게	ㅇㅇ[이름], 동생	ㅇ 서방, 제부
	부모에게	ㅇㅇ[이름], 동생	ㅇ 서방, 제부
	동기와 그 배우자에게	ㅇㅇ[이름], 동생	ㅇ 서방, 제부
	시댁 쪽 사람에게	친정 여동생, ㅇㅇ[자녀] 이모	동생의 남편, 제부, ㅇㅇ[자녀] 이모부
	자녀에게	이모	이모부
	그 밖의 사람에게	친정 여동생, ㅇㅇ[자녀] 이모	동생의 남편, 제부 ㅇㅇ[자녀] 이모부

7. 남편의 동기와 그 배우자에 대하여

– 남편의 형과 남편의 형의 아내에 대한 호칭, 지칭

		남편의 형	남편의 형의 아내
호 칭		아주버님	형님
지칭	당사자에게	아주버님	형님
	시댁 쪽 사람에게	아주버님	형님
	친정 쪽 사람에게	시아주버니, ㅇㅇ[자녀] 큰아버지	큰동서, 형님, 맏동서[남편 맏형의 아내만], ㅇㅇ[자녀] 큰어머니
	자녀에게	큰아버지, 큰아버님	큰어머니, 큰어머님
	그 밖의 사람에게	시아주버니, ㅇㅇ[자녀] 큰아버지	큰동서, 형님, 맏동서[남편 맏형의 아내만], ㅇㅇ[자녀] 큰어머니

- 남편의 아우와 남편 아우의 아내에 대한 호칭, 지칭

호 칭		남편의 아우	남편 아우의 아내
		도련님[미혼], 서방님[기혼]	동서
지 칭	당사자에게	도련님[미혼], 서방님[기혼]	동서
	시댁 쪽 사람에게	도련님[미혼], 서방님[기혼]	동서
	친정 쪽 사람에게	시동생, ○○[자녀] 작은아버지, ○○[자녀] 삼촌	동서, 작은동서, ○○[자녀] 작은어머니
	자녀에게	작은아버지, 작은아버님, 삼촌	작은어머니, 작은어머님
	그 밖의 사람에게	시동생, 도련님[미혼], 서방님[기혼], ○○[자녀] 작은아버지, ○○[자녀] 삼촌	동서, 작은동서, ○○[자녀] 작은어머니

- 남편의 누나와 남편의 여동생에 대한 호칭, 지칭

호 칭		남편의 누나	남편의 여동생
		형님]	아가씨, 아기씨
지 칭	당사자에게	형님	아가씨, 아기씨
	시댁 쪽 사람에게	형님	아가씨, 아기씨
	친정 쪽 사람에게	시누이, 형님, ○○[자녀] 고모	시누이, ○○[자녀] 고모
	자녀에게	고모, 고모님	고모, 고모님
	그 밖의 사람에게	시누이, 형님, ○○[자녀] 고모	시누이, 아가씨, 아기씨, ○○[자녀] 고모

- 시누이의 남편에 대한 호칭, 지칭

호 칭		남편 누나의 남편	남편 여동생의 남편
		아주버님	서방님
지 칭	당사자에게	아주버님	서방님
	자녀에게	고모부, 고모부님	고모부, 고모부님
	자녀 외의 사람들에게	시누이 남편, 아주버님, ○○[지역] 아주버님, ○○[자녀] 고모부, ○○[자녀] 고모부님	시누이 남편, 서방님, ○○[지역] 서방님, ○ 서방, ○○[자녀] 고모부, ○○[자녀] 고모부님

8. 아내의 동기와 그 배우자에 대하여

- 아내의 남자 동기에 대한 호칭, 지칭

호 칭			아내 오빠	아내 남동생
			형님	처남
지칭	당사자에게		형님	처남, 자네
	아내에게		형님	처남
	부모, 동기, 그 밖의 사람에게		처남, ○○[자녀] 외삼촌	처남, ○○[자녀] 외삼촌
	장인, 장모에게		형님	처남
	아내의	손위 동기와 그 배우자에게	형님	처남
		손아래 동기와 그 배우자에게	형님, 형, 오빠	처남, 동생, 형님, 형, 오빠
	자녀에게		외삼촌, 외숙부, 외숙부님	외삼촌, 외숙부, 외숙부님

- 아내의 남동생을 아내의 동기에게 지칭할 때

화 자	청 자		지칭어
(~가)	(~에게)		(~라고 지칭한다.)
나	① 아내 오빠, 아내 언니		처남
	② 아내		처남
	③ 아내 남동생, 아내 여동생		처남, 동생
	④ 당사자인 남동생(지칭 대상)		처남
	⑤ 아내 남동생	아내 여동생	형, 형님 | 오빠

※ 청자 칸의 ①~⑤는 아내 동기들의 서열을 나타냄

- 아내 남자 동기의 배우자에 대한 호칭, 지칭

호 칭		아내 오빠의 아내	아내 남동생의 아내
		아주머니	처남의 댁, 처남댁
지칭	당사자에게	아주머니	처남의 댁, 처남댁
	아내에게	처남의 댁, 처남댁	처남의 댁, 처남댁
	부모, 동기, 그 밖의 사람에게	처남의 댁, 처남댁, ○○[자녀] 외숙모	처남의 댁, 처남댁, ○○[자녀] 외숙모
	장인, 장모에게	처남의 댁, 처남댁	처남의 댁, 처남댁
	아내의 손위 동기와 그 배우자에게	처남의 댁, 처남댁	처남의 댁, 처남댁

		손아래 동기와 그 배우자에게	형수, 새언니, 언니, 올케, 올케언니	형수, 새언니, 언니, 올케, 올케언니
		자녀에게	외숙모, 외숙모님	외숙모, 외숙모님

- 아내의 여자 동기에 대한 호칭, 지칭

			아내 언니	아내 여동생
	호 칭		처형	처제
지 칭	당사자에게		처형	처제
	아내에게		처형	처제
	부모, 동기, 그 밖의 사람에게		처형, ○○[자녀] 이모	처제, ○○[자녀] 이모
	장인, 장모에게		처형	처제
	아내의	손위 동기와 그 배우자에게	처형	처제
		손아래 동기와 그 배우자에게	누나, 누님, 언니	처형, 동생, 누나, 누님, 언니
	자녀에게		이모, 이모님	이모, 이모님

- 아내의 여동생을 아내의 동기에게 지칭할 때

화 자	청 자		지칭어
(~가)	(~에게)		(~라고 지칭한다.)
나	① 아내 오빠, 아내 언니		처제
	② 아내		처제
	③ 아내 남동생, 아내 여동생		처제, 동생
	④ 당사자인 여동생(지칭 대상)		처제
	⑤ 아내 남동생	아내 여동생	누나, 누님 | 언니

※ 청자 칸의 ①~⑤는 아내 동기들의 서열을 나타냄

- 아내 여자 동기의 배우자에 대한 호칭, 지칭

		아내 언니의 남편	아내 여동생의 남편
	호 칭	형님	동서, ○ 서방
지 칭	당사자에게	형님	동서, ○ 서방
	아내에게	형님	동서, ○ 서방
	부모, 동기, 그 밖의 사람에게	동서, ○○[자녀] 이모부	동서, ○○[자녀] 이모부

	장인, 장모에게	형님	동서, ○ 서방
	손위 동기와	형님	동서, ○ 서방
아내의	그 배우자에게		
	손아래 동기와	매형, 자형, 매부,	매형, 자형, 매부,
	그 배우자에게	형부, 형님	형부, ○ 서방
	자녀에게	이모부, 이모부님	이모부, 이모부님

9. 조부모와 손주 사이

– 조부모, 외조부모에 대한 호칭, 지칭

		조부모	외조부모
호 칭		할아버지, 할머니	할아버지, 외할아버지, 할머니, 외할머니
지 칭	당사자와 그 배우자에게	할아버지, 할머니	할아버지, 외할아버지, 할머니, 외할머니
	부모, 형제, 자매, 친척에게	할아버지, 할머니	외할아버지, 외할머니
	아내와 처가 쪽 사람에게	할아버지, 할머니	외할아버지, 외할머니
	남편과 시댁 쪽 사람에게	할아버지, 할머니, 친정 할아버지, 친정 할머니	외할아버지, 외할머니, 친정 외할아버지, 친정 외할머니

– 시조부, 시조모에 대한 호칭, 지칭

		시조부	시조모
호 칭		할아버님	할머님, 할머니
지 칭	당사자에게	할아버님	할머님, 할머니
	시조모(부)에게	할아버님	할머님, 할머니
	시부모에게	할아버님	할머님
	남편, 시댁 쪽 사람에게	할아버님	할머님
	부모, 동기, 친정 쪽 사람에게	시할아버님, 시할아버지, 시조부님, 시조부, ○○[자녀] 증조할아버님, ○○[자녀] 증조할아버지, ○○[자녀] 증조부님, ○○[자녀] 증조부	시할머님, 시할머니, 시조모님, 시조모, ○○[자녀] 증조할머님, ○○[자녀] 증조할머니, ○○[자녀] 증조모님, ○○[자녀] 증조모

- 시외조부, 시외조모에 대한 호칭, 지칭

호 칭		시외조부	시외조모
		할아버님, 외할아버님	할머님, 할머니, 외할머님, 외할머니
지칭	당사자에게	할아버님, 외할아버님	할머님, 할머니, 외할머님, 외할머니
	시조모(부)에게	할아버님, 외할아버님	할머님, 할머니, 외할머님, 외할머니
	시부모에게	외할아버님	외할머님
	남편, 시댁 쪽 사람에게	외할아버님	외할머님
	부모, 동기, 친정 쪽 사람에게	시외할아버님, 시외할아버지, 시외조부님, 시외조부	시외할머님, 시외할머니, 시외조모님, 시외조모

- 처조부, 처조모에 대한 호칭, 지칭

호 칭		처조부	처조모
		할아버님	할머님
지칭	당사자에게	할아버님	할머님
	처조모(부)에게	할아버님	할머님
	처부모에게	할아버님	할머님
	아내, 처가 쪽 사람에게	할아버님	할머님
	부모, 동기, 친척에게	처조부님, 처조부, ○○[자녀] 외증조할아버님, ○○[자녀] 외증조할아버지, ○○[자녀] 외증조부님, ○○[자녀] 외증조부	처조모님, 처조모, ○○[자녀] 외증조할머님, ○○[자녀] 외증조할머니, ○○[자녀] 외증조모님, ○○[자녀] 외증조모

- 처외조부, 처외조모에 대한 호칭, 지칭

호 칭		처외조부	처외조모
		할아버님, 외할아버님	할머님, 할머니, 외할머님, 외할머니
지칭	당사자에게	할아버님, 외할아버님	할머님, 할머니, 외할머님, 외할머니
	처외조모(부)에게	할아버님, 외할아버님	할머님, 할머니, 외할머님, 외할머니
	처부모에게	외할아버님	외할머님
	아내, 처가 쪽 사람에게	외할아버님	외할머님
	부모, 동기, 친척에게	처외조부님, 처외조부	처외조모님, 처외조모

– 손주, 외손주에 대한 호칭 지칭

		손주	외손주
	호 칭	○○[이름]	○○[이름]
지	집안 사람들에게	○○[이름]	○○[이름]
칭	그 밖의 사람에게	○○[이름], 손자, 손녀	○○[이름], 외손자, 외손녀

10. 숙질 사이

– 아버지의 형과 아버지 형의 아내에 대한 호칭, 지칭

		아버지의 형	아버지 형의 아내
	호 칭	큰아버지	큰어머니
지 칭	당사자에게	큰아버지	큰어머니
	자녀에게	큰할아버지, 큰할아버님, ○○[지역] 큰할아버지, ○○[지역] 큰할아버님, ○○[지역] 할아버지, ○○[지역] 할아버님	큰할머니, 큰할머님, ○○[지역] 큰할머니, ○○[지역] 큰할머니, ○○[지역] 할머니, ○○[지역] 할머님
	당사자의 자녀에게	아버지, 아빠, 큰아버지	어머니, 엄마, 큰어머니
	그 밖의 사람에게	큰아버지, 백부(아버지 맏형만)	큰어머니, 백모(아버지 맏형의 아내만)

– 아버지의 남동생과 아버지 남동생의 아내에 대한 호칭, 지칭

		아버지의 남동생	아버지 남동생의 아내
	호 칭	작은아버지, 아저씨, 삼촌	작은 어머니
지 칭	당사자에게	작은아버지, 아저씨, 삼촌	작은어머니
	자녀에게	작은할아버지, 작은할아버님, ○○[지역] 작은할아버지, ○○[지역] 작은할아버님, ○○[지역] 할아버지, ○○[지역] 할아버님	작은할머니, 작은할머님, ○○[지역] 작은할머니, ○○[지역] 작은할머니, ○○[지역] 할머니, ○○[지역] 할머님
	당사자의 자녀에게	아버지, 아빠, 작은아버지	어머니, 엄마, 작은어머니
	그 밖의 사람에게	작은아버지, 숙부, 아저씨, 삼촌	작은어머니, 숙모

- 아버지의 누이와 아버지 누이의 남편에 대한 호칭, 지칭

호 칭		아버지의 누이	아버지 누이의 남편
		고모, 아주머니	고모부, 아저씨
지 칭	당사자에게	고모, 아주머니	고모부, 아저씨
	자녀에게	대고모, 대고모님, 왕고모, 왕고모님, 고모할머니, 고모할머님, ○○[지역] 할머니, ○○[지역] 할머님	대고모부, 대고모부님, 왕고모부, 왕고모부님, 고모할아버지, 고모할아버님, ○○[지역] 할아버지, ○○[지역] 할아버님
	당사자의 자녀에게	어머니, 엄마, 고모	아버지, 아빠, 고모부
	그 밖의 사람에게	고모	고모부, 고숙

- 어머니 자매와 어머니 자매의 남편에 대한 호칭, 지칭

호 칭		어머니 자매	어머니 자매의 남편
		이모, 아주머니	이모부, 아저씨
지 칭	당사자에게	이모, 아주머니	이모부, 아저씨
	자녀에게	이모할머니, 이모할머님, ○○[지역] 할머니, ○○[지역] 할머님	이모할아버지, 이모할아버님, ○○[지역] 할아버지, ○○[지역] 할아버님
	당사자의 자녀에게	어머니, 엄마, 이모	아버지, 아빠, 이모부
	그 밖의 사람에게	이모	이모부, 이숙

- 어머니의 남자 형제와 어머니 남자 형제의 아내

호 칭		어머니의 남자 형제	어머니 남자 형제의 아내
		외삼촌, 아저씨	외숙모, 아주머니
지 칭	당사자에게	외삼촌, 아저씨	외숙모, 아주머니
	자녀에게	아버지 외삼촌, ○○[지역] 할아버지, ○○[지역] 할아버님	아버지 외숙모, ○○[지역] 할머니, ○○[지역] 할머님
	당사자의 자녀에게	아버지, 아빠 외삼촌, 외숙부	어머니, 엄마, 외숙모
	그 밖의 사람에게	외삼촌, 외숙	외숙모

– 남자 조카와 조카의 아내에 대한 호칭, 지칭

	남자 조카	조카의 아내
호칭	○○[이름], 조카[친조카를, 남편의 조카를], 조카님[나이 많은 조카를] ○○[조카의 자녀] 아범, ○○[조카의 자녀] 아비	아가, 새아가, ○○[조카의 자녀] 어멈, ○○[조카의 자녀] 어미, 질부(姪婦)[친조카의 아내를, 남편 조카의 아내를], 생질부(甥姪婦)[누이의 며느리를], 이질부(姨姪婦)[자매의 며느리를]
지칭	○○[이름], 조카[친조카를, 남편의 조카를], 조카님[나이 많은 조카를], ○○[조카의 자녀] 아범, ○○[조카의 자녀] 아비, 생질(甥姪)[누이의 아들을, 남편 누이의 아들을], 이질(姨姪)[자매의 아들을, 아내 자매의 아들을], 처조카[아내의 조카를]	아기, 새아기, ○○[조카의 자녀] 어멈, ○○[조카의 자녀] 어미, 조카며느리[친조카의 아내를, 남편 조카의 아내를], 질부(姪婦)[친조카의 아내를, 남편 조카의 아내를], 생질부(甥姪婦)[누이의 며느리를, 남편 누이의 며느리를], 이질부(姨姪婦)[자매의 며느리를], 처조카며느리[아내 조카의 아내를], 처질부(妻姪婦)[아내 조카의 아내를], 처이질부(妻姨姪婦)[아내 자매의 며느리를]

– 여자 조카와 조카의 아내에 대한 호칭, 지칭

	여자 조카	조카의 남편
호칭	○○[이름], 조카[친조카를, 남편의 조카를], 조카님[나이 많은 조카를] ○○[조카의 자녀] 어멈, ○○[조카의 자녀] 어미	○ 서방, ○○[조카의 자녀] 아범, ○○[조카의 자녀] 아비
지칭	○○[이름], 조카[친조카를, 남편의 조카를], 조카님[나이 많은 조카를], ○○[조카의 자녀] 어멈, ○○[조카의 자녀] 어미, 조카딸[친조카를, 남편의 여자 조카를], 질녀(姪女)[친조카를, 남편의 여자 조카를], 생질녀(甥姪女)[누이의 딸을, 남편 누이의 딸을], 이질(姨姪)[자매의 딸을], 이질녀(姨姪女)[자매의 딸을], 처조카[아내의 조카를], 처조카딸[아내의 여자 조카를], 처이질(妻姨姪)[아내 자매의 딸을], 처이질녀(妻姨姪女)[아내 자매의 딸을]	○ 서방, ○○[조카의 자녀] 아범, ○○[조카의 자녀] 아비, 조카사위[친조카의 남편을, 남편 조카의 남편을], 질서(姪壻)[친조카의 남편을, 남편 조카의 남편을], 생질서(甥姪壻)[누이의 사위를, 남편 누이의 사위를], 이질서(姨姪壻)[자매의 사위를], 처조카사위[아내 조카의 남편을], 처질서(妻姪壻)[아내 조카의 남편을], 처이질서(妻姨姪壻)[아내 자매의 사위를]

11. 사촌에 대하여

- 아버지 동기의 자녀에 대한 호칭, 지칭

호칭	형, ㅇㅇ[이름] 형, 형님, ㅇㅇ[이름] 형님, 오빠, ㅇㅇ[이름] 오빠, 누나, ㅇㅇ[이름] 누나, 누님, ㅇㅇ[이름] 누님, 언니, ㅇㅇ[이름] 언니, ㅇㅇ[이름] [동갑, 손아래 사촌일 경우]	
지칭	당사자와 그 배우자에게	형, ㅇㅇ[이름], 형, 형님, ㅇㅇ[이름] 형님, 오빠, ㅇㅇ[이름] 오빠, 누나, ㅇㅇ[이름] 누나, 누님, ㅇㅇ[이름] 누님, 언니, ㅇㅇ[이름] 언니, ㅇㅇ[이름] [동갑, 손아래 사촌일 경우]
	부모, 친척에게	ㅇㅇ[이름] 형, ㅇㅇ[이름] 형님, ㅇㅇ[이름] 오빠, ㅇㅇ[이름] 누나, ㅇㅇ[이름] 누님, ㅇㅇ[이름] 언니, ㅇㅇ[이름] [동갑, 손아래 사촌일 경우]
	당사자의 자녀에게	아버지, 아빠, 어머니, 엄마
	그 밖의 사람에게 — 아버지 남자 동기의 자녀를	사촌 형, 사촌 형님, 사촌 오빠, 사촌 누나, 사촌 누님, 사촌 언니, 사촌, 사촌 동생
	그 밖의 사람에게 — 아버지 여자 동기의 자녀를	고종형, 고종형님, 고종사촌 형, 고종사촌 형님, 고종사촌 오빠, 고종사촌 누나, 고종사촌 누님, 고종사촌 언니, 고종사촌, 고종사촌 동생

- 어머니 동기의 자녀에 대한 호칭, 지칭

호칭	형, ㅇㅇ[이름] 형, 형님, ㅇㅇ[이름] 형님, 오빠, ㅇㅇ[이름] 오빠, 누나, ㅇㅇ[이름] 누나, 누님, ㅇㅇ[이름] 누님, 언니, ㅇㅇ[이름] 언니, ㅇㅇ[이름] [동갑, 손아래 사촌일 경우]
지칭 — 당사자와 그 배우자에게	형, ㅇㅇ[이름], 형, 형님, ㅇㅇ[이름] 형님, 오빠, ㅇㅇ[이름] 오빠, 누나, ㅇㅇ[이름] 누나, 누님, ㅇㅇ[이름] 누님, 언니, ㅇㅇ[이름] 언니, ㅇㅇ[이름] [동갑, 손아래 사촌일 경우]

부모, 친척에게		ㅇㅇ[이름] 형, ㅇㅇ[이름] 형님, ㅇㅇ[이름] 오빠, ㅇㅇ[이름] 누나, ㅇㅇ[이름] 누님, ㅇㅇ[이름] 언니, ㅇㅇ[이름] [동갑, 손아래 사촌일 경우]
당사자의 자녀에게		아버지, 아빠, 어머니, 엄마
그 밖의 사람에게	어머니 남자 동기의 자녀를	외사촌 형, 외사촌 형님, 외사촌 오빠, 외사촌 누나, 외사촌 누님, 외사촌 언니, 외사촌, 외사촌 동생
	어머니 여자 동기의 자녀를	이종형, 이종형님, 이종사촌 형, 이종사촌 형님, 이종사촌 오빠, 이종사촌 누나, 이종사촌 누님, 이종사촌 언니, 이종사촌, 이종사촌 동생

12. 사돈 사이

– 자녀 배우자의 부모에 대한 호칭, 지칭

		내가 아버지인 경우		내가 어머니인 경우	
		자녀 배우자의 아버지를	자녀 배우자의 어머니를	자녀 배우자의 아버지를	자녀 배우자의 어머니를
호 칭		사돈어른, 사돈	사부인	사돈어른, 밭사돈	사부인, 사돈
지 칭	당사자에게	사돈어른, 사돈	사부인	사돈어른, 밭사돈	사부인, 사돈
	자기 쪽 사람에게	사돈, ㅇㅇ[외손주] 할아버지, ㅇㅇ[손주] 외할아버지	사부인, ㅇㅇ[외손주] 할머니, ㅇㅇ[손주] 외할머니	사돈어른, 밭사돈, ㅇㅇ[외손주] 할아버지, ㅇㅇ[손주] 외할아버지	사부인, ㅇㅇ[외손주] 할머니, ㅇㅇ[손주] 외할머니
	사돈 쪽 사람에게	사돈어른, 사돈, ㅇㅇ[외손주] 할아버지, ㅇㅇ[손주] 외할아버지	사부인, ㅇㅇ[외손주] 할머니, ㅇㅇ[손주] 외할머니	사돈어른, ㅇㅇ[외손주] 할아버지, ㅇㅇ[손주] 외할아버지	사부인, ㅇㅇ[외손주] 할머니, ㅇㅇ[손주] 외할머니

– 자녀 배우자의 삼촌 항렬에 대한 호칭, 지칭

		내가 아버지인 경우		내가 어머니인 경우	
		자녀 배우자의 삼촌, 외삼촌을	자녀 배우자의 고모, 이모를	자녀 배우자의 삼촌, 외삼촌을	자녀 배우자의 고모, 이모를
호 칭		사돈어른, 사돈	사부인	사돈어른, 밭사돈	사부인, 사돈
지 칭	당사자에게	사돈어른, 사돈	사부인	사돈어른, 밭사돈	사부인, 사돈
	자기 쪽 사람에게	사돈	사부인	사돈어른	사부인
	사돈 쪽 사람에게	사돈어른, 사돈	사부인	사돈어른	사부인

– 동기 배우자의 동기 및 그 배우자에 대한 호칭, 지칭

		남 자	여 자
호 칭		사돈, 사돈도령, 사돈총각	사돈, 사돈아가씨, 사돈처녀
지 칭	당사자에게	사돈, 사돈도령, 사돈총각	사돈, 사돈아가씨, 사돈처녀
	그 밖의 사람에게	사돈, 사돈도령, 사돈총각	사돈, 사돈아가씨, 사돈처녀

– 자녀 배우자의 조부모 및 동기 배우자의 부모에 대한 호칭, 지칭

		사장어른
호 칭		사장어른
지 칭	당사자에게	사장어른
	그 밖의 사람에게	사장어른

– 자녀 배우자의 동기와 그 자녀, 동기 배우자의 조카에 대한 호칭, 지칭

		남 자	여 자
호 칭		사돈, 사돈도령, 사돈총각	사돈, 사돈아가씨, 사돈처녀
지 칭	당사자에게	사돈, 사돈도령, 사돈총각	사돈, 사돈아가씨, 사돈처녀
	그 밖의 사람에게	사돈, 사돈도령, 사돈총각, ○○[외손주] 삼촌, ○○[손주] 외삼촌	사돈, 사돈아가씨, 사돈처녀 ○○[손주] 이모, ○○[외손주] 고모

13. 직장 사람들과 그 가족에 대하여

- 상사, 직급이 같은 동표, 아래 직원에 대한 호칭, 지칭

	상 사	직급이 같은 동료	아래 직원
호칭 및 지칭	선생님, ○ 선생님, ○○○ 선생님, ○ 선배님 ○○○ 선배님, ○ 여사님 ○○○ 여사님, 부장님, ○ 부장님, ○○○ 부장님, 총무부장님	○○○ 씨, ○○ 씨, 선생님, ○ 선생님, ○○○ 선생님, ○ 선생 ○○○ 선생, 선배님, ○ 선배님, ○○○ 선배님, 선배, ○ 선배, ○○○ 선배 형, ○ 형, ○○ 형, ○○○ 형, 언니, ○○ 언니, ○ 여사, ○○○ 여사, 과장님, ○ 과장님, ○ 과장, ○○○ 과장	○○ 씨, ○○○ 씨, ○ 선생님, ○○○ 선생님, ○ 선생, ○○○ 선생, ○ 형, ○○ 형, ○○○ 형, ○여사, ○○○ 여사, ○ 군, ○○ 군, ○○○ 군, ○ 양, ○○ 양, ○○○ 양, 과장님, ○ 과장님, ○ 과장, ○○○ 과장, 총무과장

- 상사의 아내, 남편, 자녀에 대한 호칭, 지칭

		상사의 아내	상사의 남편	상사의 자녀
호 칭		사모님, 아주머님, 아주머니, ○ 선생님, ○○○ 선생님, ○ 과장님, ○○○ 과장님, 여사님, ○ 여사님	선생님, ○ 선생님, ○○○ 선생님, 과장님, ○ 과장님, ○○○ 과장님	○○[이름], ○○○ 씨, 과장님, ○ 과장님, ○ 과장
지 칭	당 사 자 에 게	사모님, 아주머님, 아주머니, ○선생님, ○○○ 선생님, ○ 과장님, ○○○ 과장님, 여사님, ○ 여사님	선생님, ○ 선생님, ○○○ 선생님, 과장님, ○ 과장님, ○○○ 과장님	○○[이름], ○○○ 씨, 과장님, ○ 과장님, ○ 과장, 아드님, 따님, 자제분
	해 당 상 사 에 게	사모님, 아주머님, 아주머니, ○ 선생님, ○○○ 선생님, ○ 과장님, ○○○ 과장님, 여사님, ○ 여사님	바깥어른, 선생님, ○ 선생님, ○○○ 선생님, 과장님, ○ 과장님, ○○○ 과장님	아드님, 따님, 자제분, ○○[이름], ○○○ 씨, 과장님, ○ 과장님, ○ 과장
	그 밖 의 사 람 에 게	사모님, 과장님 부인, ○ 과장님 부인, ○○○ 과장님 부인, 과장님 사모님, ○ 과장님 사모님, ○○○ 과장님 사모님	과장님 바깥어른, ○ 과장님 바깥어른, ○○○ 과장님 바깥어른 과장님 바깥양반, ○ 과장님 바깥양반, ○○○ 과장님 바깥양반, 과장 바깥양반, ○ 과장 바깥양반, ○○○ 과장 바깥양반	과장님 아드님, ○ 과장님 아드님, ○○○ 과장님 아드님, 과장님 따님, ○ 과장님 따님, ○○○ 과장님 따님, 과장님 자제분, ○ 과장님 자제분, ○○○ 과장님 자제분

– 동료나 아래 직원의 아내, 남편, 자녀에 대한 호칭, 지칭

		동료나 아래 직원의 아내	동료나 아래 직원의 남편	동료나 아래 직원의 자녀
호칭		○○ 씨, ○○○ 씨, 아주머님, 아주머니, ○ 선생님, ○○○ 선생님, ○ 과장님, ○○○ 과장님	○○ 씨, ○○○ 씨, 선생님, ○ 선생님, ○○○ 선생님, 과장님, ○ 과장님, ○○○ 과장님	○○[이름] ○○○ 씨, 과장님, ○ 과장님, ○ 과장
지칭	당사자에게	○○ 씨, ○○○ 씨, 아주머님, 아주머니, ○ 선생님, ○○○ 선생님, ○ 과장님, ○○○ 과장님	○○ 씨, ○○○ 씨, 선생님, ○ 선생님, ○○○ 선생님, 과장님, ○ 과장님, ○○○ 과장님	○ 이[이름], ○○○ 씨, 과장님, ○ 과장님, ○ 과장, 아드님, 아들, 따님, 딸, 자제분
	해당 동료 및 해당 아래 직원에게	아주머님, 아주머니, 부인, ○○ 씨, ○○○ 씨, ○ 선생님, ○○○ 선생님, ○ 과장님, ○○○ 과장님	남편, 부군, 바깥양반, ○○ 씨, ○○○ 씨, 선생님, ○ 선생님, ○○○ 선생님, 과장님, ○ 과장님, ○○○ 과장님	아드님, 아들, 따님, 딸, 자제분, ○ 이[이름], ○○○ 씨, 과장님, ○ 과장님, ○ 과장
	그 밖의 사람에게	과장님 부인, ○ 과장님 부인, ○○○ 과장님 부인, 과장 부인, ○ 과장 부인, ○○○ 과장 부인, ○○○ 씨 부인	과장님 남편, ○ 과장님 남편, ○○○ 과장님 남편, 과장 남편, ○ 과장 남편, ○○○ 과장 남편, ○○○ 씨 남편, 과장님 바깥양반, ○ 과장님 바깥양반, ○○○ 과장님 바깥양반, 과장 바깥양반, ○ 과장 바깥양반, ○○○ 과장 바깥양반, ○○○ 씨 바깥양반	과장님 아드님, ○ 과장님 아드님, ○○○ 과장님 아드님, 과장님 아들, ○ 과장님 아들, ○○○ 과장님 아들, 과장 아들, ○ 과장 아들 ○○○ 과장 아들 ○○○ 씨 아들, 과장님 따님, ○ 과장님 따님, ○○○ 과장님 따님, 과장님 딸, ○ 과장님 딸,

			○○○ 과장님 딸, 과장 딸 ○ 과장 딸, ○○○ 과장 딸, ○○○ 씨 딸, 과장님 자제분, ○ 과장님 자제분, ○○○ 과장님 자제분

14. 지인에 대하여

- 친구의 아내에 대한 호칭, 지칭

<table>
<tr>
<td colspan="2">호 칭</td>
<td>아주머니,
○○ 씨, ○○○씨,
○○[친구 자녀] 어머니, ○○ 엄마,
○ 여사, 여사님, ○ 여사님,
과장님, ○ 과장님,
○ 선생, 선생님, ○ 선생님</td>
</tr>
<tr>
<td rowspan="5">지
칭</td>
<td>당사자에게</td>
<td>아주머니,
○○ 씨, ○○○ 씨,
○○[친구 자녀] 어머니, ○○ 엄마,
○ 여사, 여사님, ○ 여사님,
과장님, ○ 과장님,
○ 선생, 선생님, ○ 선생님</td>
</tr>
<tr>
<td>해당
친구에게</td>
<td>부인, 집사람, 안사람,
○○ 씨, ○○○ 씨,
○○[친구 자녀] 어머니, ○○ 엄마,
○ 과장님</td>
</tr>
<tr>
<td>아내에게</td>
<td>○○[친구] 부인, ○○[친구] 집사람, ○○[친구] 안사람,
○○[친구] 처, ○○[친구] 씨 부인, ○○[친구 자녀] 어머니, ○○ 엄마,
○ 과장 부인,
○ 과장님</td>
</tr>
<tr>
<td>자녀에게</td>
<td>○○[친구 자녀] 어머니, ○○ 엄마,
아주머니, ○○[지역] 아주머니,
○ 과장님</td>
</tr>
<tr>
<td>다른
친구에게</td>
<td>○○[친구] 부인, ○○[친구] 집사람, ○○[친구] 안사람,
○○[친구] 처, ○○[친구] 씨 부인,
○○ 씨, ○○○ 씨,
○○[친구 자녀] 어머니, ○○엄마,
○ 과장 부인</td>
</tr>
</table>

– 친구의 남편에 대한 호칭, 지칭

호칭		○○씨, ○○○ 씨, ○○[친구 자녀] 아버지, ○○ 아빠, 과장님, ○ 과장님, 선생님, ○ 선생님
지칭	당사자에게	○○ 씨, ○○○ 씨, ○○[친구 자녀] 아버지, ○○ 아빠, 과장님, ○ 과장님, 선생님, ○ 선생님
	해당 친구에게	남편, 바깥양반, ○○ 씨, ○○○ 씨, ○○[친구 자녀] 아버지, ○○ 아빠, ○ 과장님
	남편에게	○○[친구] 남편, ○○[친구] 바깥양반, ○○[친구] 씨 남편, ○○[친구 자녀] 아버지, ○○ 아빠, ○ 과장 남편, ○ 과장님
	자녀에게	○○[친구 자녀] 아버지, ○○ 아빠, 아저씨, ○○[지역] 아저씨, ○ 과장님
	다른 친구에게	○○[친구] 남편, ○○[친구] 바깥양반, ○○[친구] 씨 남편, ○○ 씨, ○○○ 씨, ○○[친구 자녀] 아버지, ○○ 아빠, ○ 과장 남편

– 남편의 친구에 대한 호칭, 지칭

호칭		○○ 씨, ○○○ 씨, ○○[남편 친구의 자녀] 아버지, 과장님, ○ 과장님, ○○○ 과장님, 선생님, ○ 선생님, ○○○ 선생님
지칭	당사자에게	○○ 씨, ○○○ 씨, ○○[남편 친구의 자녀] 아버지, 과장님, ○ 과장님, ○○○ 과장님, 선생님, ○ 선생님, ○○○ 선생님
	남편에게	○○ 씨, ○○○ 씨, ○○[남편 친구의 자녀] 아버지, ○ 과장님, ○○○ 과장님, ○ 선생님, ○○○ 선생님
	자녀에게	아저씨, ○○[지역] 아저씨, ○○[남편 친구의 자녀] 아버지, ○ 과장님

	그 밖의 사람에게	○○ 씨, ○○○ 씨, ○○[남편 친구의 자녀] 아버지, ○ 과장님, ○○○ 과장님, ○ 선생님, ○○○ 선생님

− 아내의 친구에 대한 호칭, 지칭

	호 칭	○○ 씨, ○○○ 씨, ○○[아내 친구의 자녀] 어머니, 아주머니, ○ 선생, 선생님, ○ 선생님, ○○○ 선생님, 과장님, ○ 과장님, ○○○ 과장님, ○ 여사, 여사님, ○ 여사님, ○○○ 여사님
지 칭	당사자에게	○○ 씨, ○○○ 씨, ○○[아내 친구의 자녀] 어머니, 아주머니, ○ 선생, 선생님, ○ 선생님, ○○○ 선생님, 과장님, ○ 과장님, ○○○ 과장님, ○ 여사, 여사님, ○ 여사님, ○○○ 여사님
	아내에게	○○ 씨, ○○○ 씨, ○○[아내 친구의 자녀] 어머니, ○ 과장님, ○○○ 과장님, ○ 선생, ○ 선생님, ○○○ 선생님
	자녀에게	아주머니, ○○[지역] 아주머니, ○○[아내 친구의 자녀] 어머니, ○ 과장님
	그 밖의 사람에게	○○ 씨, ○○○ 씨, ○○[아내 친구의 자녀] 어머니, ○ 과장님, ○○○ 과장님, ○ 선생님, ○○○ 선생님

− 아버지, 어머니의 친구에 대한 호칭, 지칭

	아버지의 친구	어머니의 친구
호칭 및 지칭	아저씨, ○○[지역] 아저씨, ○○[아버지 친구의 자녀] 아버지, 어르신, 선생님, 과장님, ○ 과장님	아주머니, ○○[지역] 아주머니, 아줌마, ○○[지역] 아줌마, ○○[어머니 친구의 자녀] 어머니, 어르신, 선생님, 과장님, ○ 과장님

- 친구의 아버지, 어머니에 대한 호칭, 지칭

<table>
<tr><td colspan="2"></td><td>친구의 아버지</td><td>친구의 어머니</td></tr>
<tr><td colspan="2">호 칭</td><td>아저씨, ○○[지역] 아저씨,
○○[친구] 아버지,
아버님, ○○[친구] 아버님,
어르신,
○○[친구의 자녀] 할아버지</td><td>아주머니, ○○[지역] 아주머니,
아줌마, ○○[지역] 아줌마,
어머님, ○○[친구] 어머님,
○○[친구] 어머니,
○○[친구] 엄마,
어르신,
○○[친구의 자녀] 할머니</td></tr>
<tr><td rowspan="2">지
칭</td><td>당사자에게</td><td>아저씨, ○○[지역] 아저씨,
○○[친구] 아버지,
아버님, ○○[친구] 아버님,
어르신,
○○[친구의 자녀] 할아버지</td><td>아주머니, ○○[지역] 아주머니,
아줌마, ○○[지역] 아줌마,
어머님, ○○[친구] 어머님,
○○[친구] 어머니,
○○[친구] 엄마,
어르신, ○○[친구의 자녀] 할머니</td></tr>
<tr><td>해당
친구에게</td><td>아버님, 아버지, 아빠,
어르신,
부친, 춘부장</td><td>어머님, 어머니, 엄마,
어르신,
모친, 자당</td></tr>
</table>

- 남자 선생님의 아내와 여자 선생님의 남편에 대한 호칭, 지칭

<table>
<tr><td colspan="2"></td><td>남자 선생님의 아내</td><td>여자 선생님의 남편</td></tr>
<tr><td colspan="2">호 칭</td><td>사모님,
선생님,
○ 선생님, ○○○ 선생님,
과장님, ○ 과장님</td><td>사부(師夫)님,
선생님, ○ 선생님, ○○○ 선생님,
과장님, ○ 과장님</td></tr>
<tr><td>지
칭</td><td>당사자 및
해당
선생님에게</td><td>사모님,
선생님, ○ 선생님, ○○○ 선생님,
과장님, ○ 과장님</td><td>사부(師夫)님,
선생님, ○ 선생님, ○○○ 선생님,
과장님, ○ 과장님, 바깥어른</td></tr>
</table>

15. 직원과 손님 사이

- 식당, 상점, 회사, 관공서 등의 직원에 대한 호칭, 지칭

<table>
<tr><td>호칭 및 지칭</td><td>아저씨, 젊은이, 총각,
아주머니, 아가씨,
○○ 씨, ○○○ 씨,
과장님, ○ 과장님, ○○○ 과장님,
○ 과장, ○○○ 과장,
선생님, ○ 선생님, ○○○ 선생님,
○ 선생, ○○○ 선생,
[주로 식당, 상점 등에서의 호칭]: 여기요, 여보세요</td></tr>
</table>

– 식당, 상점, 회사, 관공서 등의 손님에 대한 호칭, 지칭

호칭 및 지칭	손님, ○○○ 님, ○○○ 손님

16. 가정에서

– 경어 사용의 예

부모를 조부모께	할머니/할아버지, 어머니/아버지가 진지 잡수시라고 하였습니다. 할머니/할아버지, 어머니/아버지가 진지 잡수시라고 하셨습니다.
부모를 선생님께	저희 어머니/아버지가 이렇게 말씀하셨습니다. 저희 어머니/아버지께서 이렇게 말씀하셨습니다. 우리 어머니/아버지가 이렇게 말씀하셨습니다. 우리 어머니/아버지께서 이렇게 말씀하셨습니다.
남편을 시부모나 손위 사람에게	아범이 아직 안 들어왔습니다. 아비가 아직 안 들어왔습니다. 그이가 어머님/아버님께 말씀드린다고 했습니다.
남편을 시동생이나 손아래 사람에게	형님은 아직 안 들어오셨어요. ○○[자녀] 아버지는 아직 안 들어오셨어요. ○○[자녀] 아버지는 아직 안 들어왔어요.
배우자를 그 밖의 사람에게	그이는/집사람은 아직 안 들어왔습니다. ○○[자녀] 어머니/○○[자녀] 아버지는 아직 안 들어왔습니다.
자녀를 손주에게	○○[손주]야, 어머니/아버지 좀 오라고 해라. ○○[손주]야, 어머니/아버지 좀 오시라고 해라.

17. 직장, 사회에서

– 공손의 표현

공식적인 상황이거나 덜 친밀한 관계에서	거래처에 전화하셨습니까? 거래처에 전화했습니까? 거래처에 전화하십시오. 거래처에 전화하시지요.
비공식적인 상황이거나 친밀한 관계에서	거래처에 전화하셨어요? 거래처에 전화했어요? 거래처에 전화하세요. 거래처에 전화해요.

18. 아침, 저녁의 인사말

- 아침 인사

상황 대상	가정에서	이웃 사람에게	직장에서
윗사람에게	안녕히 주무셨습니까? 안녕히 주무셨어요?	안녕하십니까? 안녕하세요?	
동년배와 손아래인 성인에게	잘 잤어요? 잘 잤니?	안녕히 주무셨습니까? 안녕히 주무셨어요?	안녕하십니까? 안녕하세요?
아랫사람에게		안녕? 잘 잤니?	

- 저녁 인사

상황 대상	가정에서
윗사람에게	안녕히 주무십시오. 안녕히 주무세요.
아랫사람에게	잘 자. / 잘 자라. / 편히 쉬게.

19. 만나고 헤어질 때의 인사말

- 만나고 헤어질 때 하는 인사(가정)

가정에서	나가는 사람이	다녀오겠습니다. 다녀올게요. 다녀올게.
	보내는 사람이	안녕히 다녀오십시오. 안녕히 다녀오세요. 잘 다녀와.
	들어오는 사람이	다녀왔습니다. 다녀왔어요. 아빠/엄마/나 왔다.
	맞이하는 사람이	다녀오셨습니까? 다녀왔어요? 다녀왔어?

- 손님과 만나고 헤어질 때 하는 인사

손님을 맞이할 때와	손님을 맞이할 때	어서 오십시오.
손님과 헤어질 때	손님과 헤어질 때	안녕히 가십시오.

- 만나고 헤어질 때 하는 인사(사회)

오랜만에 만나는 사람에게		그동안 안녕하셨습니까? 그동안 잘 지내셨습니까? 그동안 잘 지내셨어요? 그동안 잘 지냈니?
이웃 사람에게	만났을 때	안녕하십니까? 안녕하세요? 안녕?
	헤어질 때	안녕히 가십시오. 안녕히 가세요. 안녕.
직장에서	만났을 때	안녕하십니까? 안녕하세요?
	나가는 사람이	먼저 가겠습니다. 내일 뵙겠습니다.
	남아 있는 사람이	안녕히 가십시오. 안녕히 가세요.
식사 시간 전후로에 만났을 때		점심/진지 잡수셨습니까? 점심/진지 드셨습니까? 식사하셨어요? 점심/밥 먹었어?

20. 전화 예절

- 전화를 받을 때 하는 말

집	여보세요.
직장	네. ○○○○[회사/부서/받는 사람]입니다.

- 전화를 바꾸어 줄 때 하는 말

잠시 기다려 주십시오. 바꾸어 드리겠습니다.
잠깐 기다려 주십시오. 바꾸어 드리겠습니다.
조금 기다려 주십시오. 바꾸어 드리겠습니다.

네, 잠시 기다려 주십시오. 바꾸어 드리겠습니다.
네, 잠깐 기다려 주십시오. 바꾸어 드리겠습니다.
네, 조금 기다려 주십시오. 바꾸어 드리겠습니다.

– 상대방이 찾는 사람이 없을 때 하는 말

지금 안 계십니다. 들어오시면 뭐라고 전해 드릴까요?

– 잘못 걸려 온 전화를 받을 때 하는 말

아닌데요, 전화 잘못 걸렸습니다.
아닙니다, 전화 잘못 걸렸습니다.

– 상대방이 응답하면 하는 말(전화를 걸 때)

집	안녕하십니까? 저는 ○○○입니다. ○○○[찾는 사람] 씨 계십니까? 안녕하십니까? 여기는 ○○○입니다. ○○○[찾는 사람] 씨 계십니까?
직장	안녕하십니까? 저는 ○○○입니다. ○○○[찾는 사람] 씨 좀 바꾸어 주시겠습니까? 안녕하십니까? 여기는 ○○○입니다. ○○○[찾는 사람] 씨 좀 바꾸어 주시겠습니까? [교환일 때] 안녕하십니까? ○○[부서명] 부서 좀 부탁합니다.

– 친지에게 전화해서 자기를 밝힐 때 하는 말

부모, 조부모에게		○○[이름]
부모의 동기에게		○○[이름], ○○[자녀] 어미/아비
배우자에게		나
동기에게	손위 동기에게	○○[이름]
	손아래 동기에게	언니, 누나, 오빠, 형
동기의 배우자에게	내게 자녀가 있을 경우	○○[자녀] 엄마/어미/어머니, ○○[자녀] 아빠/아비/아버지
	내게 자녀가 없을 경우	○○[상대방의 자녀] 이모/고모/삼촌
시부모에게		○○[이름], ○○[자녀] 어미/어멈
시가 쪽 손위 친척		○○[자녀] 어미/어멈/엄마, ○○[남편] 처
시가 쪽 손아래 친척		○○[자녀] 어미/어멈/엄마, 올케/형수/동서

처부모, 아내의 손위 동기에게		○ 서방
아내의 손아래 동기에게		매부, 매형, 자형, 형부
처가 쪽 동서에게	손위 동서에게	○○[이름], ○ 서방, 동서
	손아래 동서에게	○○[자녀] 아버지, 동서
자녀에게		어머니, 엄마, 아버지, 아빠
손주에게		할머니, 할미, 할아버지, 할아비
조카에게		이모, 고모, 큰어머니, 작은어머니, 이모부, 고모부, 큰아버지, 작은아버지, 삼촌
배우자의 친구		○○○[배우자] 씨의 아내/집사람/처(妻)입니다. ○○○[배우자] 씨의 남편/바깥사람입니다. ○○○[배우자] 씨가 제 아내/남편입니다.
동기의 친구		○○○[동기] 씨가 제 언니/누나/오빠/형입니다. ○○○[동기] 씨의 동생입니다.

– 직장에서 전화로 자기를 밝힐 때 하는 말

상사가 아래 직원에게	사장입니다. 총무부 ○ 부장입니다.
아래 직원이 상사에게	총무부장입니다. 총무부 ○ 부장입니다. 총무부장 ○○○입니다. 총무부 ○○○입니다.
다른 회사 사람에게	○○[회사명] 상무이사입니다. 총무부 ○ 부장입니다. 총무부장 ○○○입니다. 총무부 ○○○입니다.

– 통화하려는 사람이 없을 때 하는 말(전화를 걸 때)

죄송합니다만, ○○[이름]한테서 전화왔었다고 전해 주시겠습니까?
죄송합니다만, ○○[이름]한테서 전화왔다고 전해 주시겠습니까?
말씀 좀 전해 주시겠습니까?

– 전화를 대신 걸 때 하는 말

직장	안녕하십니까? ○○○[전화 부탁한 사람] 님의 전화인데요. ○○○[찾는 사람] 씨를 부탁합니다. [부탁한 전화가 연결되었을 때] ○○○[전화 부탁한 사람] 님의 전화인데요. 바꾸어 드리겠습니다.

– 전화가 잘못 걸렸을 때

죄송합니다, 전화가 잘못 걸렸습니다.
미안합니다, 전화가 잘못 걸렸습니다.

– 전화를 끊을 때 하는 말

안녕히 계십시오.
고맙습니다.
이만/그만 끊겠습니다. 안녕히 계십시오.

21. 소개할 때

– 자신을 소개하는 말

자기를 소개할 때	인사	안녕하십니까? 처음 뵙겠습니다.
	이름 말하기	저는 ○○○입니다.
	상황에 맞는 말	
	끝인사	고맙습니다.
[두 사람이 만났을 때] 자신을 남에게 소개할 때	처음 뵙겠습니다. ○○○입니다. 처음 뵙겠습니다. 저는 ○○○입니다. 인사드리겠습니다. ○○○입니다. 인사드리겠습니다. 저는 ○○○입니다.	
여러 사람 앞에서 자기를 소개할 때	처음 뵙겠습니다. ○○○입니다. 안녕하십니까? ○○○입니다.	
자기의 성씨나 본관을 소개할 때	'○가(哥)', '○○[본관] ○가(哥)'	

- 자신을 가족의 주변 사람들에게 소개하는 말

부모에게 기대어 자신을 소개할 때	저희 아버지/어머니가 ○[성] ○자 ○자를 쓰십니다. 저희 아버지/어머니의 함자가 ○자 ○자 이십니다. 저희 아버지/어머니의 성함이 ○[성] ○자 ○자 이십니다. ○○○[부모] 씨 아들/딸입니다. ○○○[부모] 부장 아들/딸입니다. ○○○[부모] 부장님 아들/딸입니다.
자녀의 친구에게	○○○[자녀] 어머니/아버지이다. ○○○[자녀]의 어미/아비이다. ○○○[자녀]의 어미/아비 되는 사람이다.
자녀의 스승에게	○○○[자녀]의 어미/아비입니다. ○○○[자녀]의 어미/아비 되는 사람입니다. ○○○[자녀]의 어머니/아버지입니다.
동기의 친구에게	○○○[동기] 씨가 제 큰형님/큰누님/큰오빠/큰언니입니다. ○○○[동기] 씨가 제 큰형님/큰누님/큰오빠/큰언니이십니다. ○○○[동기] 씨의 형/누나/오빠/언니/동생입니다.
동기의 직장에 전화를 걸어서	○○○[동기] 씨의 형/누나/오빠/언니/동생입니다. ○○○[동기] 씨의 형/누나/오빠/언니/동생 되는 사람입니다. 제 형/누나/오빠/언니/동생이/가 ○○○[동기]입니다.
배우자의 친구에게	○○○[배우자] 씨의 남편/바깥사람/아내/집사람/안사람/처입니다. ○○○[배우자] 씨가 제 남편/바깥사람/아내/집사람/안사람/처입니다.
배우자의 직장에 전화를 걸어서	○○○[배우자] 씨 집입니다. ○○○[배우자] 씨의 남편/바깥사람/아내/집사람/안사람/처입니다.

- 중간에서 다른 사람을 소개할 때의 순서

(1) 친소 관계를 따져 자기와 가까운 사람을 먼저 소개한다.
   예) 어머니를 선생님에게 먼저 소개함.
(2) 손아래 사람을 손위 사람에게 먼저 소개한다.
   예) 아래 직원을 상사에게 먼저 소개함.
(3) 남성을 여성에게 먼저 소개한다.

그리고 이러한 상황이 섞여 있을 때에는 (1), (2), (3)의 순서로 적용한다.

22. 연말연시

– 연말연시 인사말

	인 사 말
연말연시	새해 복 많이 받으십시오. 소원 성취하게.

23. 생일 축하

– 특별한 생일(나이)의 이름

연 령	이 름
60세	육순(六旬)
61세	환갑(還甲), 회갑(回甲), 화갑(華甲)
62세	진갑(進甲)
70세	칠순(七旬), 고희(古稀)
77세	희수(喜壽)
80세	팔순(八旬)
88세	미수(米壽)
90세	구순(九旬)
99세	백수(白壽)

※ 연령은 만 나이가 아니고 세는 나이임.

– 생일 축하 인사말

상 황		인 사 말
돌 때	아기 부모에게	축하합니다.
	아기에게	건강하게 자라라.
동년배나 손아래 사람의 생일에	당사자에게	축하한다. 생일 축하한다.
환갑, 고희 등의 생일에	당사자에게	축하합니다. 생신 축하합니다. 내내 건강하시기 바랍니다. 더욱 강녕하시기 바랍니다.
	당사자의 배우자에게	축하합니다.
	당사자의 자녀에게	축하하네. 수고했네.

환갑, 고희 등의 잔치에서 헌수할 때의 말	내내 건강하시기 바랍니다. 만수무강하십시오.

24. 축하, 위로

– 결혼 축하 인사말

대 상	인 사 말
본인에게	축하합니다. 결혼을 축하합니다. 혼인을 축하합니다. 경축합니다. 결혼을 경축합니다. 혼인을 경축합니다.
부모에게	축하합니다. 경축합니다. 얼마나 기쁘십니까?

– 출산 축하 인사말

대 상	인 사 말
산모, 남편, 이들의 부모에게	축하합니다. 경축합니다. 순산하셨다니 반갑습니다. 순산하셨다니 축하합니다.

– 문병할 때 하는 말

대 상		인 사 말
환자에게	들어가서	좀 어떠십니까? 좀 어떻습니까? 얼마나 고생이 되십니까? [불의의 사고일 때] 불행 중 다행입니다.
	나올 때	조리 잘 하십시오. 조섭 잘 하십시오. 속히 나으시기 바랍니다. 쾌차하시기 바랍니다.

		좀 어떠십니까?
보호자에게	들어가서	좀 어떻습니까? 얼마나 걱정이 되십니까? 고생이 많으십니다.
	나올 때	속히 나으시기 바랍니다. 쾌차하시기 바랍니다.

- 축하하거나 위로하는 말

축하해야 할 일 (신축, 개업, 이전, 합격, 입학, 졸업, 취직, 승진, 영전, 정년 퇴임)	축하합니다. ○○을 축하합니다. 경축합니다. ○○을 경축합니다.
위로해야 할 일	그 상황에서도 우리의 삶에 도움이 되는 점을 찾아내어 그 점을 드러내 인사하는 정신이 중요하다.

25. 문상

- 문상 인사말

상 황	문상객의 말	상주의 말
일반적으로 두루 쓸 수 있는 말	[말없이 인사만 한다.] 삼가 조의를 표합니다. 얼마나 슬프십니까? 뭐라 드릴 말씀이 없습니다. 고인의 명복을 빕니다.	고맙습니다. 드릴 말씀이 없습니다.
부모상의 경우	[말없이 인사만 한다.] 얼마나 망극(罔極)하십니까?	

26. 건배할 때

- 건배할 때 하는 말

선 창	화 답
○○을 위하여!	위하여!
지화자!	좋다!
건배!	건배!
축배!	축배!

저자소개

최형용　서울대학교 국어국문학과를 졸업하고 동대학원에서 박사학위를 받음. 저서에 『국어 단어의 형태와 통사—통사적 결합어를 중심으로—』, 『발표와 토의』(공저), 『글쓰기의 전략과 실제』(공저), 『한국어 형태론의 유형론』 등이 있고 논문으로 「국어의 단어 구조에 대하여」, 「품사의 경계」, 「한국어 형태론의 현저성에 대하여」, 「형태론과 어휘부」, 「복합어 구성 요소의 의미 관계에 대하여」 등이 있음. 공군사관학교 전임강사, 아주대학교 인문대학 국어국문학 전공 조교수를 거쳐 현재 이화여자대학교 인문과학대학 국어국문학 전공 교수로 재직하고 있음.

김수현　이화여자대학교 국어국문학과를 졸업하고 동대학원에서 박사학위를 받음. 논문으로 「방송에서의 외래어 사용 실태 분석」, 「외국인을 위한 문화 교육으로서의 한국어 교재 분석과 교재 구성의 방향」, 「방송에서의 남녀의 역할과 여성에 관한 언어 표현 분석」, 「여성에 관한 한국 사회의 인식 고찰」 등이 있음. 이화여자대학교 강사, 국립국어원 강의전담교수, 이화여자대학교 국어문화원 박사후과정 연구원, 일본 교토여자대학 문학부 준교수를 거쳐 현재 이화여자대학교에서 강의를 하고 있음.

조경하　이화여자대학교 국어국문학과를 졸업하고 동대학원에서 박사학위를 받음. 저서에 『국어의 후두음 연구』, 『국어 음운 연구사(1)』(공저), 『한국어문학 여성주제어 사전1~5』(공저)이 있고 논문으로 「현대국어의 사잇소리 현상」, 「국어 후두음의 자연 부류」, 「국어의 후두 자질과 유기음화」, 「'부엌' 계열 어휘의 변화에 관한 일 고찰」 등이 있음. 이화여자대학교 · 한림대학교 · 경기대학교 강사, 이화여자대학교 국어문화원 박사후과정 연구원, 이화여자대학교 인문과학대학 국어국문학 전공 전임강사를 거쳐 현재 이화여자대학교에서 강의하고 있음.